Das Buch

Authentischer und schonungsloser ist wohl kein Tagebuch des Fin de siècle. Nicht auf eine spätere Publikation hin konzipiert, halten die Tagebücher die persönlichen Erlebnisse, die Bedürfnisse, das Selbstverständnis und die Arbeitsweise Frank Wedekinds ohne jede Stilisierung und Beschönigung fest. In chronologischer Folge und thematisch bunt durcheinandergewürfelt finden sich neben Reflexionen über moderne Literatur, Theateraufführungen, Regisseure, Schauspieler, Verleger und vor allem Journalisten Zeugnisse depressiver Stimmungen, selbstquälerische Eingeständnisse, Gedanken über Liebe, Ehe, Prostitution, Sexualität und deren gesellschaftliche Bedingtheit. Im Mittelpunkt stehen die Jahre 1889 bis 1894: das Berlin des literarischen Naturalismus, die Münchener Boheme um Otto Julius Bierbaum – und schließlich Paris. In der Welt der großen Kokotten der Folies-Bergère und des Moulin Rouge, die Toulouse-Lautrec malte und deren Liebhaber Wedekind wurde, entdeckt und erfährt Wedekind die Selbstverherrlichung des Körpers – die zu einem Kult, zur gelebten Religion wird. Die Frau als Jungfrau und Hure, als Berauschende und Todbringende – dieses Thema verbindet Wedekind mit der europäischen Décadence. Die schonungslose Notierung der denkbar privatesten Details hat für die hier erstmals vollständig publizierten Tagebücher einen besonderen Reiz.

Der Autor

Frank Wedekind, am 24. Juli 1864 in Hannover geboren, studierte Jura, wurde Journalist, Werbechef und Zirkussekretär. Danach freier Schriftsteller. Er war Mitarbeiter beim »Simplicissimus« (1899/1900 Festungshaft wegen Majestätsbeleidigung), Dramaturg am Schauspielhaus München und Regisseur im Kabarett »Die elf Scharfrichter«. Am 9. März 1918 in München gestorben.

Frank Wedekind:
Die Tagebücher
Ein erotisches Leben

Herausgegeben von Gerhard Hay

Deutscher
Taschenbuch
Verlag

Von Frank Wedekind
ist im Deutschen Taschenbuch Verlag erschienen:
Der Verführer (10618)

PT
2647
.E26
Z469
1990

156503
May 1992

Ungekürzte Ausgabe
1. Auflage Februar 1990
Deutscher Taschenbuch Verlag GmbH & Co. KG,
München
© 1986 Kadidja Wedekind Biel und
Athenäum Verlag GmbH, Frankfurt am Main
ISBN 3-7610-8405-6
Umschlaggestaltung: Celestino Piatti unter Verwen-
dung des Gemäldes ›Frau beim Anziehen eines
Strumpfes‹ von Toulouse-Lautrec
Satz: Computersatz Bonn GmbH, Bonn
Druck und Bindung: C. H. Beck'sche Buchdruckerei,
Nördlingen
Printed in Germany · ISBN 3-423-11092-9
1 2 3 4 5 6 · 95 94 93 92 91 90

Inhalt

Die Originale befinden sich in der Handschriften-Abteilung der Stadtbibliothek München.

Am Ende von Wedekinds Lustspiel »Kinder und Narren«, erschienen 1891, in der zweiten Fassung 1897 unter dem Titel »Die junge Welt«, wird eine Ehe gerettet, die an der naturalistischen Sucht des Schriftstellers Meier, sich ständig Notizen zu machen, zu zerbrechen drohte:

Alma: Die Sache war sehr einfach. Wenn er mir einen Kuß gab, hatte er immer das Notizbuch in der einen Hand, und mit der andern Hand schrieb er hinein, was ich für ein Gesicht dazu machte. Ich war eifersüchtig auf das Notizbuch, ich dachte, er küßt dich nur deiner Gesichter wegen (unter Tränen) und − und −
Anna: Nun?
Alma (heulend): Ich machte überhaupt kein Gesicht mehr dabei. − Darauf warf mir Meier vor, mein Benehmen sei unnatürlich, es sei gekünstelt und ich hätte keine Spur von Ursprünglichkeit. Das machte mich so unglücklich, daß gerade ich keine Ursprünglichkeit haben sollte, daß ich Meier kniefällig, laut heulend beschwor, er möchte sich doch nur von meiner Ursprünglichkeit überzeugen. Statt aller Antwort − Oh, ich werde diesen Tag in meinem ganzen Leben nicht vergessen . . .
Erna (sie streichelnd): Sprich dich doch aus, liebe Alma. Dazu sind wir ja hier zusammengekommen, damit du dich aussprechen kannst.
Alma: Statt aller Antwort zog Meier sein Notizbuch aus der Tasche und schrieb auf, was ich für Gesichter dabei machte . . . Wenn ich fragte: Wie hast du geschlafen? dann schrieb er es in sein Notizbuch. Wenn ich erzählte, es sei ein Kind überfahren worden, dann schrieb er es in sein Notizbuch. Wenn ich ihn beschwor, er möchte doch das gottverdammte Aufschreiben lassen, dann schrieb er es in sein Notizbuch. Schließlich dachte ich: Wenn nur

eins von uns beiden nicht mehr in dieser Welt wäre, ich oder sein Notizbuch ...

Oskar: Und Meier schrieb es in sein Notizbuch.

Meier: Ich habe Alma nicht den geringsten Vorwurf zu machen. Aber wenn ich meine naturalistischen Studien an Alma machte, dann wurde Alma unnatürlich. Wenn ich meine naturalistischen Studien an einem andern Objekt machte, dann wurde sie eifersüchtig. So blieb mir denn weiter nichts mehr übrig, als meine naturalistischen Studien an mir selber zu machen. Und das hat mir den Rest gegeben!

Alma: Schließlich stellte ich Meier die Wahl: Entweder sollte er mich kurzerhand umbringen, um einen großen Roman darüber schreiben zu können, oder wir wollten uns scheiden lassen! [...]

Meier (heulend): Kinder – Kinder –

Karl (nimmt ihn bei der Hand): Und nun komm, lieber Freund. Dein Realismus hat dich die Poesie vergessen lassen. Aber deiner Poesie verdanke ich das Teuerste, was mir das Leben bis jetzt beschieden hat. Du sollst es ihr auch verdanken. Der wahre Poet dichtet ja nicht, indem er die Menschen belauert, sondern indem er seine helle Freude an den Menschen hat. (Ihn zu Alma führend) Hier ist deine Muse. (Zu Alma.) Die wahre Poesie hat sich noch nie zwischen Liebende gestellt. Der Poet dichtet ja doch nur, weil er lebt, weil er liebt, weil er sich seines Daseins freut. Wollen Sie es in diesem Sinne noch einmal mit unserem Freunde versuchen?

Alma (unter Tränen): Ja. Ja. – Aber ohne – ohne – ohne ...

Karl: Das ist die erste Bedingung: Ohne Notizbuch!

Der Lustspielschluß: »Das ist die erste Bedingung: Ohne Notizbuch!« zeigt, daß Frank Wedekind sich der Problematik von Poesie und Verismus bewußt war: »So blieb mir denn weiter nichts mehr übrig, als meine naturalistischen Studien an mir selber zu machen. Und das hat mir den Rest gegeben!« Auch wenn diese Schlußszene ein Seitenhieb auf den Naturalismus ist, Gerhart Hauptmanns Notizbuchsucht wird in den Erkner Tagen in den Tagebüchern festgehalten. Auch Wedekind war es ein Bedürfnis, sich selbst zu notieren, natürlich in sehr verschiedener Form – und auch er schrieb Notizbücher und Tagebücher.

Seit dem 18. Jahrhundert, mit dem Beginn der Aufklärung, der Förderung des Individualismus und Psychologismus, der Pflege des Persönlichkeitskults, wird diese persönliche Tagebuchart gepflegt, Tagebücher werden für eine mögliche Öffentlichkeit geschrieben oder ausschließlich für die eigene Seelenkammer. Sie sind Zwiesprache des Ichs – von der Selbsttherapie bis hin zur Droge der Eitelkeit. Wie der Brief kann das Tagebuch eines Schriftstellers fiktionalen Charakter gewinnen, also Literatur werden. Wie sehr sich aber in der Darstellung Brief und Tagebuch unterscheiden, mag ein Beispiel bei Wedekind zeigen. Es ist die Darstellung der Geliebten seines Freundes Heinrich Welti, der Sängerin Emilie Herzog. Im Brief an seine Mutter vom 11. Juni 1889 erscheint sie als liebenswerte Persönlichkeit:

»Frl. Herzog würde Dir jedenfalls nicht nur eine angenehme, sondern auch eine liebe Bekanntschaft sein. Sie ist im ganzen sehr anspruchslos, eine durch und durch gediegene Künstlerin, sogar mit einem leisen Anflug von Genialität. Sie ist liebenswürdig und heiter, gescheit und ohne Zweifel die beste Seele, die unter Gottes Sonne einhergeht. Ihre Erscheinung ist etwas allzuwinzig, aber ihre Stimme von einer fast überirdischen Frische. Die Berliner sind offenbar ganz entzückt von ihr. Ich habe sie noch nicht singen hören, ohne daß sie den Löwenanteil vom Beifall erntete, was um so erstaunlicher ist, da sie durch ihr Spiel schwerlich irgendeine Seele begeistert. Ihre Soubrettenrollen sind so weit von aller Koketterie entfernt, daß sie meinem Gefühl nach manchmal sogar ein wenig albern wird. Offenbar kann sie's nicht anders. Im Umgang ist sie durchaus natürlich und einfach, so daß Du ohne Zweifel Deine helle Freude an ihr haben würdest.«

Wie anders wird sie aber in den Tagebuchnotizen des Monats Juni erscheinen!

Wedekinds erhalten gebliebene Tagebücher werden hier zum ersten Mal als in sich geschlossene Stationen vorgelegt. Sie gliedern sich in zwei Teile: neben den von Wedekind selbst zu Lebzeiten schon publizierten – und das heißt überarbeiteten – Tagebucheintragungen aus dem Jahre 1888 auf Schloß Lenzburg im Schweizer Kanton Aargau, der Pariser Milieustudie »Bei den Hallen« von 1893 und einer Londoner Episode aus dem Jahre 1894 erscheinen die vom Autor selbst noch für eine mögliche Publikation bestimmten, aber bisher noch ungedruckten Tagebücher der Berliner und Münchner Zeit 1889/90 und vollständig die Aufzeichnungen der Pariser Aufenthalte der Jahre 1892 bis 1894. Ergänzt werden diese von Wedekind selbst als »Tagebuch« oder »Memoiren« bezeichneten Komplexe durch die schmalen Eintragungen im Kalender des Todesjahres 1918.

Gerade aus der unterschiedlichen Form der Texte, dem vollkommen privaten und dem für die Öffentlichkeit bestimmten Schreiben, wird die veränderte Wortgebung, die Arbeit des Schriftstellers deutlich. Aus den Pariser Tagebüchern, dieser veristischen Darstellung vom Erleben ohne Reflexion, hat Wedekind ein Stück für die Öffentlichkeit bestimmt, das er gleich mit dem Problem des Ich- oder Er-Erzählers einleitet. Der Tenor jedoch, die nachgeholte Selbstreflexion, wird in der Strukturierung des Textes im Vergleich zu den monotonen Aussagesätzen des wirklichen Tagebuchs deutlich:

»Warum soll ich in der dritten Person erzählen, was mir in der ersten begegnet ist. Der Leser wird sich vielleicht bekreuzigen vor dem Erzähler, aber das ist immer noch besser, als wenn er gähnt. Zudem ist die Geschichte ja auch nicht so außerordentlich. Es gibt Leute genug, denen sie passiert ist und die mich daraufhin kontrollieren können, ob ich die Wahrheit sage. Für den einen ist sie entscheidend, für den andern nicht. Was sie für mich sein wird, weiß ich heute noch nicht.

*Es war gestern abend, als ich im Restaurant bezahlte,
zählte ich meine Habe. Ich hatte noch einen Louisdor und
einige Sousstücke. Ich rechnete aus, wie lange das noch
reicht. Höchstens vier Tage. Und dann? – Sehet die Li-
lien auf dem Felde, sagte ich mir. Sie säen nicht, sie ernten
nicht, und unser himmlischer Vater nährt sie doch.*
*Sollte ich nach Hause gehen? – Was tun? – Geld verdie-
nen! – Aber bis der Louisdor zu Ende war, konnte das
Geld, das ich mir verdienen wollte, unmöglich eingetroffen sein. Ich war übrigens in ausgezeichneter Stimmung.
Ich fühlte mich so frisch und frei. So beschloß ich denn
auf Abenteuer auszuziehen. Ich ging über den Pont
St. Michel zur Opéra Comique und sah mir das Publikum
an, das hineinströmte, um Carmen zu hören.«*

Zwar wird der Er-Erzähler zum Ich-Erzähler zurückstili-
siert, aber wie selbstverständlich schreibt dieses Ich im
erzählerischen Präteritum. Die Distanz, und damit die
Fiktion, soll bei aller Authentizität erhalten bleiben.
Auffällig ist dabei auch der direkte Leserbezug. Direkt
oder indirekt reflektiert Wedekind in den Tagebüchern
über das Tagebuch. Nach der Lektüre des ersten Heftes
notiert er: »Der Gesamteindruck scheint mir ein durchaus psychopathischer zu sein. Hätte ich nicht die Überzeugung, daß mein Seelenleben im großen und ganzen
ein sehr diszipliniertes ist, so könnten mich jene Aufzeichnungen erschrecken.« (21. 6. 1889)
Tagebuch ist dem umstrittensten Dramatiker unseres
Jahrhunderts Seelenkontrolle, die ihren Ausdruck nur im
Schreiben findet. Schreiben ist ihm Berufung, selbst
wenn Erfolge noch ausbleiben. Der therapeutische Ge-
sichtspunkt wird erkannt: »Ich für mein Teil werde diese
Aufzeichnungen wieder mit Ausdauer fortsetzen. Sie
üben eine zu vorteilhafte Wirkung auf das Gemütsleben
aus. Andere halten sich an ein Mädchen. Ich halte mich
an ein Tagebuch, ich Joseph! Ich Tugendheld! das fehlte
gerade noch, daß ich mir noch was darauf einbilde. O
Ironie, deine Wege sind wunderbar.« (10. 11. 1889)

Wedekind weiß für sich: Tagebuch ist Ersatz – Leben das wirkliche Tagebuch. Am Ende eines von ihm publizierten Tagebuchauszugs der Pariser Jahre reflektiert er: »Wie ich diese Zeilen wieder durchlese, fällt mir etwas an ihnen auf. Das ist das Eigentümliche an Tagebuchblättern, wenn sie echt sind, daß sie keine Ereignisse enthalten. Sobald die Ereignisse ins Leben eingreifen, verlieren sich Freude, Interesse und Zeit für das Tagebuch, und der Mensch findet die spontane Naivität des Kindes oder des Tieres in seiner Wildnis wieder.«

Doch Leben und Werk sind eine Einheit, von der auch diese Tagebücher berichten: Da ist das Ringen um Stoff und Form für die Dramen »Kinder und Narren«, »Frühlings Erwachen«, »Fritz Schwigerling« und dann auf dem Pariser Boulevard der Einfall zur »Lulu«-Tragödie. In Paris wird aus dem »Joseph«-Wedekind mit seinen sexuellen Phantasien ein Amant, hier wird Phantasie Leben, ohne daß die Schere der Zensur beim Schreiben in den Kopf vorläuft: Tagebuch! Wedekind, dessen Lieblingsautor Casanova war, findet zu sich und hat den Mut, es niederzuschreiben, es sprachlich umzusetzen. In dieser Hinsicht sind die Tagebücher sicherlich eine Ausnahme. So merkte beispielsweise Ludwig Marcuse in seiner Autobiographie »Mein zwanzigstes Jahrhundert« selbstkritisch an: »Ich hab's erst recht nicht gewagt, die soziale Geschichte meines Fleisches aufzuschreiben: seine Wirkung mit zehn, zwanzig, dreißig, vierzig … auf Männer, Frauen und Kinder, auf Aristokraten, Bürger und Dienstmädchen. Die Wirkung (vielmehr: die Vorstellung davon) ist eine der mächtigsten Triebkräfte in jedem Leben.«

In verschiedenster Form nimmt das Thema »Eros« in Wedekinds Tagebüchern eine dominierende Rolle ein – das Thema, das Wedekind in allen seinen Dramen aufgegriffen hat. Es ist das Anti-Thema seiner Zeit, oft tragisch, aber oft auch komisch verarbeitet.

In den Tagebüchern wird aus dem Studenten Wedekind, dann aus dem durch finanzielle Mittel freigestellten

literarischen Debütanten ein die Bühne beherrschender Autor, der sich von der von seiner Zeit auferlegten Prüderie und Unterdrückung der Libido befreit. In Berlin und München ist Wedekind noch eher Voyeur, in Paris erlebt er Sinnlichkeit und nimmt sie dankbar an. Pointiert formuliert: Wedekind *lebt* die Themen der Dekadenz-Literatur.

Aber auch in jenen Pariser Jahren war er sich der Verantwortlichkeit in Fragen der Liebe bewußt. Diese ethische Haltung drückt sich in einem Ausschnitt eines verlorengegangenen Tagebuchs des Jahres 1892 aus, Liebesklage und Selbstsuche:

»Kopf hoch! Kopf hoch! Ihr gegenüber die Maske nicht fallen lassen. Sie ist verliebt. Traurig aber wahr! Wenn ich sie begeistert sprechen höre, scheint es mir, meine Art zu sprechen möchte der entsetzliche Anlaß gewesen sein. Der Geist hat den Sieg errungen. Er wird es fürchterlich büßen müssen. Kopf hoch! Zeit gewonnen heißt alles gewonnen. Aus der Luft gegriffene Vorwände, um um jeden Preis Zeit zu gewinnen. Kopf hoch! Ich suche nicht X. Ich suche das Weib. In jeder Gestalt soll es mir willkommen sein. Einmal muß der Schleier zerreißen. Ich bin nicht weniger, ich bin mehr als jeder andere. X repräsentiert für mich ein ganzes Lebenselement; Diplomatie, nicht Liebe, ist das Leitmotiv. Sie ist Opfer, nicht Gottheit. Sie erfüllt ihren Beruf und geht. Die Zügel nicht fallen lassen. Die Situation beherrschen. Die Elemente dirigieren – und keine Tölpelhaftigkeit begehen! Ich suche das Weib . . . Ich bin von ihr verbannt heute den achten Tag. Sie hat mich aus der Einsamkeit herausgerissen, ist über mich hergefallen, und ich ging zum Teufel. Ich gedachte, Schule zu genießen und als Heros zurückzukehren. Das wird nicht gehn. Meine einzige Hoffnung beruht noch darauf, daß ich moralisch zu ihr zurückkehren werde. Dann fällt die Entscheidung über Tod und Leben.«

»Ich suche das Weib.« Wedekinds Spannung zwischen Eros und Ehe wird in den Tagebüchern sichtbar. Ehe und Kinder erscheinen schon früh als Projektion der Libido, und doch weiß er um die Gefahr der Ehe für einen Schriftsteller seines Typus: »Für den Schriftsteller wäre die Ehe ein Verderb. Wenn ich gar aus Liebe heiratete, mich mit der Welt versöhnte, dann könnte ich mich nur gleich begraben lassen.« (1. 3. 1888)

Beglückenden Eros im spannungsvollen Dreieck Eros-Familie-Beruf fand Frank Wedekind mit Tilly Newes, die die Mutter seiner Kinder wurde. Sein letzter Text war dann auch »An Tilly«.

Gerhard Hay

Geboren 24. VII. 1864 in Hannover.

Mein Vater, aus einer alten ostfriesischen Beamtenfamilie, war ein vielgereister Mann. Er war Arzt und war als solcher zehn Jahre lang im Dienste des Sultans in der Türkei gereist. 1847 kam er nach Deutschland zurück und saß 1848 als Kondeputierter (Ersatzmann) im Frankfurter Parlament. 1849 ging er nach San Francisco und lebte dort fünfzehn Jahre. Mit 46 Jahren heiratete er eine junge Schauspielerin vom deutschen Theater in San Francisco, die genau halb so alt war wie er selber. Diese Tatsache scheint mir nicht ohne Bedeutung. Der Vater meiner Mutter war ein Selfmademan. Er hatte als ungarischer Mausefallenhändler angefangen und gründete Ende der zwanziger Jahre eine chemische Fabrik in Ludwigsburg bei Stuttgart. 1830 organisierte er im Verein mit Ludwig Pfau eine politische Verschwörung, und beide wurden auf der Festung Asperg eingesperrt. Dort erfand mein Großvater, wie Sie aus dem betreffenden Artikel im Konversationslexikon ersehen können, die Phosphorstreichhölzer. Nach seiner Freilassung errichtete er eine chemische Fabrik in Zürich und starb 1857 im Irrenhaus in Ludwigsburg in vollkommener Geistesumnachtung. Er hieß Heinrich Kammerer. Vor zehn Jahren errichtete ihm die Bürgerschaft von Ludwigsburg ein Denkmal. Er war in hohem Grade musikalisch begabt. Was meine Schwester Erika und meine Wenigkeit an musikalischer Begabung besitzen, stammt entschieden von ihm.

1864 kehrte mein Vater nach Deutschland zurück, lebte acht Jahre in Hannover und kaufte 1872 das Schloß Lenzburg im Kanton Aargau in der Schweiz, einen der schönsten Flecken Erde, die ich je gesehen. Dort wuchs ich auf als zweitältester von sechs Geschwistern, deren drittjüngstes meine Schwester Erika ist. Ich besuchte in Lenzburg die Bezirksschule und darauf das kantonale Gymnasium in Aarau. 1883 machte ich mein Abiturium. Ich beschäftigte mich dann mehrere Jahre journalistisch als Mitarbeiter der »Neuen Zürcher Zeitung« und anderer Schweizer Blätter. 1886 wurde in Kempthal bei Zürich das indes weltberühmt gewordene Etablissement Maggi für Suppenwürze gegründet. Maggi engagierte mich gleich bei der Gründung als Vorsteher seines Reklame- und Pressebüros. In dieser Zeit verkehrte ich hauptsächlich mit Karl Henckell, dem ich die Schätzung aller modernen Bestrebungen verdanke.

Außerdem gehörten Gerhart Hauptmann und Mackay zu unserem Kreis. Dann verkehrte in Zürich auch so ziemlich alles, was sich in der jungen Literatur hervortat oder hervortun wollte. Zürich war damals ein hervorragendes geistiges Zentrum, eine Bedeutung, die es seit Aufhebung des Sozialistengesetzes vollkommen verloren hat.

1888 reiste ich ein halbes Jahr lang als Sekretär mit dem Zirkus Herzog und ging nach dessen Auflösung mit meinem Freunde, dem bekannten Feuermaler Rudinoff, nach Paris und begleitete ihn als sein Mitarbeiter auf einer Tournee durch England und Südfrankreich. 1890 kehrte ich mit Rudinoff nach München zurück und schrieb dort mein erstes Buch, »Frühlings Erwachen«. Dann ging ich, da mein Vater indessen gestorben war, nach Paris zurück und wurde dort schließlich Sekretär eines auch in Berlin bekannten dänischen Malers und Bilderhändlers namens Willy Grétor, in dessen Dienst ich auch ein halbes Jahr lang in London tätig war. Während meines Londoner Aufenthaltes machte ich durch Dauthendey zum ersten Male die Bekanntschaft der neuen deutschen symbolistischen Literatur, die damals eben im Aufblühen war. Den Winter 95 auf 96 verbrachte ich wieder in der Schweiz, und zwar unter dem Namen eines Rezitators Cornelius Mine-Haha. Als solcher rezitierte ich in Zürich und anderen Schweizer Städten Szenen aus Ibsenschen Dramen. Meine Hauptnummer war die voll-

Scharfrichter Frank Wedekind

kommen freie Rezitation der »Gespenster« mit ausführlicher Markierung jedes einzelnen Bühnenbildes, indem ich durch mein Spiel in jeder Szene hauptsächlich die jeweilige Hauptperson darstellte. In diese Zeit fällt auch der Plan einer Gründung eines reisenden literarischen Tingel-Tangels, den ich, wie ich Ihnen schon schrieb, damals mit Bierbaum und einigen jungen Damen erörterte.

Im Frühjahr 1896 reiste ich zur Gründung des »Simplicissimus« nach München, dessen politischer Mitarbeiter ich während zweier Jahre blieb. Im Herbst 97 gründete Dr. Carl Heine sein Ibsen-Theater in Leipzig und engagierte mich als Sekretär, Schauspieler und Regisseur. Als Schauspieler führte ich bei ihm den Namen meines Großvaters Heinrich Kammerer. Wir bereisten ganz Norddeutschland und kehrten über Breslau und Wien im Hochsommer 98 nach Leipzig zurück. In Leipzig, Halle, Hamburg, Braunschweig und Breslau hatten wir auch den »Erdgeist« aufgeführt, in Leipzig erlebte das Stück zehn Wiederholungen. Da sich das Ensemble damals auflöste, ging ich nach München und wurde Dramaturg, Schauspieler und Regisseur am dortigen Schauspielhaus. Dann kam der »Simplicissimus«-Prozeß, dessen sofortiger Erledigung ich nur deshalb auswich, um ein halbes Jahr Zeit und Ruhe zu einem Bühnenstück zu gewinnen. Ich stellte mich dem Richter, sobald ich das letzte Wort am »Marquis von Keith« geschrieben hatte. Auf der Festung Königstein schrieb ich den Roman »Mine-Haha«, der gegenwärtig in der »Insel« erscheint. Seit meiner Freilassung bin ich nur wenig mehr als Schauspieler aufgetreten, zweimal am Stadttheater in Rotterdam und fünfmal am Münchner Schauspielhaus, und zwar als Kammersänger. Augenblicklich singe ich hier allabendlich meine Gedichte nach eigenen Kompositionen bei den »Elf Scharfrichtern« zur Gitarre.

1901   *Frank Wedekind*

Schloß Lenzburg
9. Februar − 25. März 1888

Ich langweile mich so entsetzlich, daß ich wieder meine
Zuflucht zu meinem Tagebuch nehme, das ich seit zehn
Monaten nicht mehr weitergeführt habe. Zu Tisch
kommt Wilhelmine, und wie Karl und ich sie den Schloßberg hinunterbegleiten, überlege ich mir, wie es am besten anzufangen wäre, sie für den Winter zum Austausch
von Zärtlichkeiten zu bewegen. Sie ist in der Tat ganz
reizend geworden, ihre schwarzen Augen, ihr hübsches
Köpfchen, die hübschen vollen Arme, mit denen sie nach
Herzenslust prahlt. Sie steht offenbar erst jetzt, wiewohl
schon siebenundzwanzig Jahre alt, in ihrer vollen Blüte.

12. Februar 1888

Wilhelmine läßt mir sagen, ich möchte sie zur Eisbahn
abholen und daß sie bis über die Ohren verliebt sei. Wie
ich eintrete in ihr Boudoir, drückt sie mir eine Photographie in Kabinettformat in die Hände; das sei er. Während ich ihn mir betrachte, pflanzt sie sich mit dem Album in der Hand vor mir auf und rezitiert mir mit haar-
sträubenden Gebärden einige Knittel, die sie an ihn gerichtet. Auf der Eisbahn, während wir Hand in Hand
Schlittschuh laufen, zieht sie die Photographie wieder
aus der Tasche, beliebäugelt sie und verliert alle zehn
Schritt einen Schlittschuh. Das nämliche Spiel vollzieht
sich während des Heimwegs. Auf meiner Stube bedeckt
sie das Bild mit Küssen und läßt es von oben nach unten
und von unten nach oben langsam aus der Enveloppe
gleiten, um die verschiedenen Reize gradatim und detail-
liert genießen zu können. Nur vier Wochen möchte sie
mit ihm zusammen reisen können; er ist nämlich ein be-
rühmter Tenor. Für ein halbes Jahr mit ihm gäbe sie gerne ihr ganzes übriges Leben hin. Ich kann es ihr nicht
verdenken; ihr Leben war bis jetzt ziemlich eintönig und
freudlos und wird es voraussichtlich auch in Zukunft
sein. Während wir vierhändig spielen, drückt sie bei jeder Viertelspause einen Kuß auf die angebeteten Züge.

Nach Schluß der Etude verfällt sie in absolute Agonie, sinkt in der Sofaecke zusammen und läßt sich ohne das geringste Widerstreben von mir liebkosen. Nur hin und wieder stammelt sie mit ersterbender Stimme: Ach, du bist so unappetitlich, so unappetitlich!

Gott segne dich, göttlicher Tenor. So freilich hatte ich mir die Entwicklung nicht vorgestellt. Ich scheine mich nicht mehr so fürchterlich langweilen zu sollen.

13. Februar 1888

Wilhelmine empfängt mich mit offenen Armen. Sie hätte am Abend ihre Arie nicht singen können, wenn ich sie nicht vorher in Stimmung versetzt hätte. Der Cäcilienverein will nämlich den »Waffenschmied« aufführen. Sie behauptet, ich hätte zu weichliche, weibliche Lippen. Ich alter Schafskopf exekutiere meine alten probaten Komödien. Sie besteht übrigens darauf, daß von Liebe zwischen uns nicht die Rede sein könne. Mir ist es furchtbar gleichgültig, wovon die Rede ist. Wenn ihr Mund nur zum Sprechen da wäre, würde ich ihn ihr zunähen. Der Wolkenbruch ihrer Gefühle läßt mich zu keinem Angriff gelangen. Ich liebe den Ernst und die Ruhe, wenn es sich um Vergnügungen handelt. Nach zehn Minuten erklärt sie sich, Gott sei Dank, für gesättigt. Sie hat auch schon ein Gedicht an mich gemacht, das indessen trotzdem von Liebe handelt. Sie beherrscht offenbar die Sprache nicht genug, um das Wort zu vermeiden. Darauf erzählt sie mir, wie und wo sie küssen gelernt habe, eine langweilige, larmoyante Geschichte ohne Höhen und Tiefen, aus der ich aber die Überzeugung gewinne, daß sie ihren Mädchennamen noch mit voller Berechtigung führt. Plötzlich fragt sie mich, wo ich es gelernt habe, aber ich hülle mich, so unerwartet überrascht, in düsteres Schweigen, indem ich mich meiner ersten Lehrerin, der guten alten Tante Helene, herzlich schäme.

Nach Tisch gehe ich, um Wilhelmine zum Abendbrot abzuholen. Sie sagt, von heute ab müsse alles zwischen uns
aufhören. Ich entgegne, ich hätte ja noch gar nicht angefangen, ob sie ungeduldig sei, mir eile es durchaus nicht.
Sie hat nicht weniger als sechs Gedichte gemacht, die
ihren Entschluß variieren. Sie holt ihren Revolver,
drückt mich ins Sofa, stemmt mir das Kinn gegen die
Brust und liest mir, den gespannten Revolver gegen meine Stirn gerichtet, ihre Gedichte vor. Zitternd an allen
Gliedern, bitte ich sie, aufzuhören. Plötzlich wirft sie mir
ein weißseidenes Tuch über den Kopf, fällt mir um den
Hals und küßt mich dadurch, gerät dann über sich selbst
in Wut und wirft mir ihren Pantoffel ins Gesicht. Darauf
beschwört sie mich, ich möchte auch einmal ein Gedicht
an sie machen. Ich schreibe drei kurze Strophen zusammen, in denen ich aber Brodem auf Sodom reime,
wodurch sie tief beleidigt ist.

Abends auf dem Söller in der Fensternische gesteht sie
mir, sie habe nur einmal schmecken wollen, wie das Küssen tue, und sei an der Angel hängengeblieben. Übrigens
wolle sie aufhören, bevor sie beiseite gelegt werde. Dann
verlangt sie auch von mir volle Aufrichtigkeit. Ich frage
sie, ob sie wisse, was das Entsetzlichste im Leben sei. Sie
antwortet: Begierde ohne Befriedigung. Ich schüttle den
Kopf; ich flüstere ihr ins Ohr: Langeweile! – Sie empfin-
det tiefes Mitleid mit mir.

Beim Souper wird die Frage aufgeworfen, ob der Weg
zu den Lippen durchs Herz, oder ob der Weg zum Herzen über die Lippen gehe. Die Meinungen sind sehr
geteilt, und die Diskussion wird lebhaft. Meine Mutter
verteidigt den Weg durchs Herz; Wilhelmine spricht mit
aller Entschiedenheit für den über die Lippen. Karl, der
seit acht Tagen von früh bis spät Holz spaltet, um seine
Nerven zu beruhigen, meint, der Weg zum Herzen führe
nicht über die Lippen, sondern durch die Ohren, und der
Weg über die Lippen führe nicht zum Herzen, sondern in
den Magen. Wilhelmine will mein Gedicht zum besten

geben, kommt aber nicht dazu, da sie es in ihrem Busen verwahrt hält. Meine Mutter meint, wir seien ja unter uns, aber meine Teure entgegnet, es sitze zu tief. Bei diesen Worten schlägt Karl errötend die Augen nieder.

Nach dem Souper zünden Karl und ich im Saal eine große Reiswelle im Kamin an. Darauf holen wir vom Estrich über den Verliesen den Koffer mit den türkischen Kleidern. Als wir ihn über den Hof tragen, schlagen die hellen Funken aus dem Schornstein über dem Saal und verlieren sich oben in den Sternen. Karl meint, wenn das Dach Feuer fange, hätten wir nicht einmal Wasser, da der Weiher zugefroren sei. Ich beruhige ihn: was es denn schaden würde, wenn das ganze Schloß in Flammen aufginge; die Herrlichkeit dauere ja doch nicht mehr lange.

Im Saal kostümiert sich die ganze Gesellschaft türkisch. Meine Mutter trägt einen bis zur Erde reichenden Mantel aus Genueser Samt mit goldenen Borten. Darin tanzt sie mit unvergleichlicher Verve und Biegsamkeit eine Samaqueca auf dem Smyrnateppich. Wilhelmine, Karl, die beiden Kleinen und ich sitzen auf Sofakissen um sie herum und trinken Kaffee. Karl spielt die Handharmonika, und ich begleite ihn auf der Gitarre. Darauf tanzen Gretchen und Elsa ein Pas de deux, das ihnen meine Mutter einstudiert hat. Dann erzählt sie von ihren einstigen Bühnenerlebnissen in San Francisco, in Valparaiso, von dem Leben auf den Haziendas und von ihrem ersten Mann, der am Schluß jedes Konzertes schon immer alles wieder verspielt hatte, was er beim Beginn an der Kasse eingenommen. Er sollte nicht weniger als dreimal in seinem Leben erschossen werden, einmal bei einem Aufstand in Venezuela, einmal bei der Kommune und zum letztenmal im russisch-türkischen Krieg. Gegenwärtig fungiert er als Zeremonienmeister im Palais de Glace in Paris. Ich freue mich unendlich darauf, ihn kennenzulernen. Plötzlich entdeckt Gretchen mit ihrem alles durchdringenden Blick einen blutroten Flecken an meinem Hals. Es wird mir schwer, das Lachen zu verbeißen. Als ich Wilhelmine den Berg hinunterbegleite, bringe ich

Schloß Lenzburg (Aargau) um 1880

ihr, um sie zu trösten, auf allerhand Schleichwegen bei, daß sie nicht die einzige sei, sondern nur eine Repräsentantin: daß das gerade für mich das Interessante sei, sie in erster Linie als Typus und dann erst als Individuum zu betrachten. Ich sage ihr, die Menschen glaubten so häufig, die einzigen in ihrer Art zu sein, so auch die Männer, wenn sie an eingebildeten Krankheiten litten. Würden sie sich vergegenwärtigen, daß das fast jedermann begegnet, so wäre die Krankheit schon geheilt.

17. Februar 1888

Zwischen zwei und drei Uhr gehe ich zu Wilhelmine. Ihre Schwester ist zu Hause. Als sie endlich in ihren Frauenverein geht, sehen wir beide ihr mit Gefallen zum Fenster hinaus nach. Es gibt Menschen, die man lieber von hinten als von vorne sieht, die von vorne gesehen Schmerz, von hinten gesehen Freude verursachen. Ich erkläre Wilhelmine, das sei der Grund der griechischen Liebe. Sie begreift nicht, wie ein so auf das Alleräußerlichste gerichteter Geist wie ich überhaupt nur über eine so ernsthafte Frage nachdenken könne. Dann sprechen wir über Zylinderhüte. Wenn ich sie völlig abkühlen wolle, dann brauche ich nur im Zylinder zu ihr zu kommen. Wir wollten uns im Künstlerhut trauen und im Zylinder scheiden lassen. Beim Abschied bittet sie mich, wenn ich nur einen Funken Gefühl für sie habe, solle ich bis morgen ein Gedicht an sie machen. Wir wollten zusammen nach Aarau fahren, und ich sollte es ihr im Bahncoupé vorlesen. Gretchen kommt, um ihre Klavierstunde zu nehmen. Wilhelmine schiebt mich lautlos ins Nebenzimmer, würgt mich, daß ich blau und rot werde und kehrt mit der mütterlichen Ruhe einer Madonna ins Musikzimmer zurück, während ich mich auf den Zehenspitzen aus dem Haus hinausschleiche.

Nach dem Souper durchsuche ich meine sämtlichen Gedichte, kann aber nichts Passendes finden. Ich strecke mich der Länge nach auf den Diwan, aber es gelingt mir nicht, meine Gedanken auf sie zu konzentrieren. Ich schlafe ein.

Der große Tag. Nach Tisch stecke ich einen leeren Bogen Papier zu mir in der Hoffnung, daß mir auf dem Weg den Berg hinunter noch etwas einfällt. Auf dem Bahnhof stürzt mir Wilhelmine entgegen, wo mein Gedicht sei. Ich sage, ich könne es ihr hier nicht vorlesen und führe sie zu einer abgelegenen Bank in den Anlagen. Dort überreiche ich ihr den zusammengelegten Bogen, den sie mit vor Stolz und Freude strahlendem Gesicht entfaltet. Als sie nichts darauf geschrieben findet, sage ich, ich müsse die beiden Blätter zu Hause verwechselt haben. Sie gibt mir mit zornfunkelnden Augen eine Ohrfeige. Gott sei Dank fährt gleich darauf der Zug herein. Im Coupé küsse ich ihr ununterbrochen die Hand und versichere sie meiner aufrichtigen Liebe. In Aarau gelingt es mir bei einem Glas Bier im Gasthaus »Zum wilden Mann« ihre Nerven völlig zu beruhigen. Auf der Rückfahrt sitzen wir im ersten Wagen hinter der Lokomotive, und das Coupé liegt direkt über der Wagenachse. Wir werden bei der ersten Weiche von den Polstern emporgeschleudert, und ich halte sie in den Armen, geradeso wie vor drei Jahren auf der nämlichen Strecke, in dem nämlichen Coupé vielleicht, die rotlockige kleine Delila. Es war im letzten Jahr, da ich in Aarau das Gymnasium besuchte; und wir, Delila und ich, fuhren jeden Morgen zusammen zur Schule und abends wieder zurück. Morgens überhörten wir uns gegenseitig unsere Arbeiten, und abends rauchten wir zusammen Zigaretten. Jetzt ist sie irgendwo Lehrerin und erzieht die kleinen Mädchen zur Tugend und Sittsamkeit. Der Unterschied ist immerhin ein bedeutender. Dort selige Hingabe, hier immer noch ängstliche Verschämtheit. Aber hier und dort die nämlichen läppischen Zwischenbemerkungen. Trotz der trüben, flackernden Beleuchtung sehe ich den Flaum auf der Wange, dazwischen einige Leberflecke und neben dem Auge zwei Runzeln, alles wie unter dem Mikroskop in fünfhundertfacher Vergrößerung. Und ich frage mich, ob wohl der zarteste Teint in solcher Nähe standhält. Ich suche keine weitere Unterhaltung mehr anzuknüpfen, indem ich sie zur Genüge mit sich selber beschäftigt sehe und bringe sie unter absolutem Stillschweigen nach Hause.

19. Februar 1888

Zu Tisch kommt Wilhelmine, hält darauf auf meinem Diwan Siesta und versinkt sofort in tiefen Schlaf. Beim Erwachen erklärt sie mir, sie sei einerseits zu jung und andererseits zu alt für mich; ich müsse eigentlich zwei Frauen haben, eine von sechzehn und eine andere von sechsundvierzig Jahren. Darauf bittet sie mich, zu ihrer Schwester, der Frau Gerichtspräsidentin, zu gehen und ihr zu sagen, daß sie, Wilhelmine, morgen nicht zum Kaffeekränzchen kommen könne, da sie beim Stadtschreiber eine Klavierstunde zu geben habe. Unter fortwährenden Wonneschauern gehe ich darauf zum Gerichtspräsidenten. Ich klopfe an, Elisabeth öffnet und reicht mir freundlich die Hand. Das genügt, um mich für den ganzen Abend zum aufrichtigsten Ehestandskandidaten zu machen. Elisabeth ist fünfzehn Jahre alt, ein klein wenig plump, mit der strotzenden Büste und den wonnigen Hüften, wie sie dem Alter manchmal eigen sind. Sie hat weder kleine Hände noch Füße, aber einen angenehmen, ernstgemessenen Gang. Ihre Züge sind voll und blühend, wenn auch etwas scheu, die großen, dunkelblauen Augen blond, wenn auch etwas düster umrahmt. Ihr Anblick verwirrt mich, und ich muß bereuen, ihr nicht ein freundliches Wort gesagt zu haben. Ihre Mutter empfängt mich im Salon. Es macht einen eigentümlichen Eindruck auf mich, dieses Haus, das ich nicht mehr betreten, seit es eben gebaut war, nun so vollständig durchwohnt zu finden. Die jüngeren Brüder tollen ums Haus herum, mit dem Wegfahren eines großen Aschenhaufens beschäftigt. Die Mutter erzählt mir mit

Behagen und Stolz von ihrem Mann. Der Alte tritt ein und kneift seiner Frau immer noch zur Begrüßung in den Arm. Auf dem Heimweg träume ich aufs lebhafteste davon, das hübsche kleine Tier baldmöglichst zu heiraten, sie in die große Welt hinauszuführen, auf Reisen und Abenteuer, in unserem Schloß uns ein herrliches Buen-Retiro wahrend. Ich träume mir den ehrenfesten Gerichtspräsidenten als Schwiegerpapa, ich träume mir die Elisabeth als Gattin, als Mutter, als Matrone an meiner Seite im Kreis einer Schar kräftiger Kinder und Kindeskinder.

1. März 1888

Bei leichtem Schneefall führe ich Wilhelmine die Straße nach Seon hinaus und in den Wald hinein, wo sie in den frischen Fußstapfen ihres Vaters zu wandeln glaubt, der um Mittag auf die Jagd gegangen ist. Die feierliche Stille, der Friede der toten Natur begeistern uns zu endlosen Liebesgesprächen. Wäre ich Maler, ich würde sie heute heiraten. Für den Schriftsteller wäre die Ehe ein Verderb. Wenn ich gar aus Liebe heiratete, mich mit der Welt aussöhnte, dann könnte ich mich nur gleich begraben lassen. Sie sehnt sich danach, noch einmal recht innig zu lieben, aber nicht jetzt, später, so spät wie möglich. Sie behauptet, wenn ich jetzt auch wollte, sie würde gar nicht einschlagen. Darauf beginne ich aus voller Brust zu renommieren. Eine halbe Stunde nur, nur der Weg von hier bis nach Hause, und sie wäre bis zum Wahnsinn in mich verliebt. Sie schluchzt abgewandt in ihr Taschentuch. Ich sage, ich brauchte nur dem Idealismus die Zügel schießen zu lassen; er würde um so unfehlbarer auf sie wirken, da sie mich nur als Müßiggänger kenne. Sie bittet mich, sie nach Hause zu bringen. Ich sage, es würde das durchaus kein Meisterstück meinerseits sein. Es ständen diese Mittel jedem zu Gebote, dem einen körperlich, dem anderen geistig. Sehr gestärkt kehre ich zurück. Zu Hause ist alles still. Ich lege mich früh zu Bett und sehne mich nach Paris.

9. März 1888

Wilhelmine predigt Moral; sie fühle, sie habe eingebüßt, sie sei nicht mit sich einig, sie sage sich dann und wann, es sei unrecht. Sie fährt freudig auf und fragt mich auf Ehre und Gewissen, was sie mir sei. — Wozu sie das wissen wolle? — Das könne mir gleich sein. — Ich sage, ich könnte sie ja auch anlügen. — Sie läßt den Kopf sinken: das sei eben das Traurige: damit behalte ich immer die Oberhand. — Ich frage sie, warum sie denn so plötzlich aufgefahren sei, wozu sie überhaupt gefragt habe. — Sie sagt, sie würde sich freier fühlen, wenn sie Gewißheit habe. — Ich sage: Gesetzt den Fall, sie sei mir nur Spielzeug. — Sie sieht über mich weg: Ich sei ihr eine angenehme Unterhaltung gewesen. — Vielleicht auch eine Fundgrube, eine Art Konversationslexikon? — An ihr, sagt sie, hätte ich an einem festgeschnallten Kaninchen Vivisektion geübt. — Aber wozu denn das alles? — Sie fühle sich freier. — Ich frage sie, ob sie nicht geglaubt, es habe doch vielleicht ein tieferes Gefühl bei mir Wurzel gefaßt. — Oh, nie und nimmer! Sie frage mich einzig und allein ihrer selbst wegen. — Abschied unter endlosen Umarmungen. Unter der Bahnbrücke begegne ich richtig noch der kleinen Elisabeth. Sie grüßt mich mit freundlichem Kopfnicken, was mir wohltut bis in die kleine Zehe. Ich erwidere ihren Gruß so würdevoll als möglich. Lächeln mag ich nicht. Ich fürchte den Scharfblick der Unschuld. Sie hat übrigens herrliche Lippen und tiefdunkelblaue Augen. Zu Hause ergehe ich mich noch eine Stunde in gehobener Stimmung auf der Schanze in der lauen Frühlingsluft. Die Amseln haben zu singen begonnen. Auf Schwarzwald und Jura leuchten die Fastnachtfeuer. Langweiliger Abend im Saal.

20. März 1888

Nachdem ich seit vierzehn Tagen zum erstenmal wieder gefrühstückt, gehe ich ins Turnexamen der Mädchenschule. Die zweite Klasse hegt in ihrem Schoß nur ein einziges hübsches Mädchen, ein äußerst feines Gesicht, Teint wie Milch, schwarze Augen, feine Nase. Ausdruck ist wenig da bis auf einen Anflug von Verschmitztheit, der hinter der Maske lauert. Ein feiner Fuß und eine sehr schlechte Haltung. In der dritten und vierten Klasse, die zusammen turnen, ist ebenfalls nur eine bemerkenswert, aber dafür ein Prachtstück, meine Elisabeth. Sie hat ihren Platz dicht vor uns. Ein strotzender Körper, ein gesundes Gesicht, frisch, ernst und nicht dumm. Musterhafte Haltung und eine durch die Fülle bedingte Weichheit in der Bewegung. Geradezu entzückend ist ein von den Mädchen aufgeführter Stabreigen, wozu der alte Lehrer ein altmodisches Menuett geigt.

25. März 1888

Nach Tisch kommt meine Orsina herauf. Sie hat wieder ein ganzes Schock Gedichte an mich gemacht. Ich fühle mich außerstande, sie anzuhören. Wilhelmine ist tief gekränkt. Ich tröste sie, indem ich ihr zeige, daß ich ihren Kummer begreife. Sie ist hausbacken sinnlich. Beim Kaffee werfe ich Gretchen aus purer Enervation einen Butterbrotteller an den Kopf. Sie weint und schließt sich in ihr Zimmer ein. Darauf gehe ich ins Examen der Mädchenschule, setze mich Elisabeth direkt gegenüber und ziehe einen zweiten Stuhl als Lehne heran. Dabei setze ich eine mißvergnügte Miene auf, teils um mir die übrigen Besucher vom Leib zu halten, teils um sie desto ungenierter fixieren zu können. Übrigens zeigt auch niemand das Bedürfnis, mich anzusprechen. Die Herren der Schulpflege bewegen sich mit unglaublich lächerlicher Wichtigkeit um die Tische, klappen die großen Hefte auf und wieder zu und bemühen sich, ohne an Würde einzubüßen, um die Luftheizung. Elisabeth bleibt vollkommen unbefangen, obwohl ihr mein Benehmen nachgerade aufgefallen sein muß. Ihre Lektion kann sie ausgezeichnet, wie übrigens alle. Im ganzen berührt mich das Examinieren höchst widerlich, besonders das Aufhalten der Finger, was bei einigen von giftigen Blicken begleitet ist.

Ich nehme Elisabeths Aufsatzhefte zur Hand und schreibe ihr, da ich gerade einen Bleistift zwischen den Fingern halte, meine Gefühle als Randglossen hinein. Ihre Hefte sind nicht allzu sauber, die Schreibart ist stellenweise eigenartig. Ich lese einen ganzen Aufsatz über eine Ferienreise. Darauf entferne ich mich, wie ich glaube, mit Effekt; es ist mir übrigens gleichgültig. Im Saal nebenan sehe ich noch ihre geometrischen Zeichnungen an, die auch nicht allzu geometrisch sind. Ich freue mich schon darauf, auch sie zum Narren zu halten. Die Heiratsgedanken sind verschwunden. Der alte Gerichtspräsident hat alle Anziehungskraft für mich verloren und sie als gefeierte Gefährtin nicht minder. Am Abend arbeite ich in meinem Turmzimmer. Da kommt der alte Bautz, der Goldige, die Pusi, und miaut vor der Tür. Ich antworte. Da ich aber nicht sofort öffne, beginnt sie an der Tür zu kratzen. Gestern hat sie es ebenso gemacht. Als ich sie dann hereinließ, ging sie direkt auf meinen Wandschrank zu und versuchte, ihn mit der Pfote zu öffnen. Ich lasse sie herein, sie geht auf den Schrank zu, steigt behutsam in das unterste Fach, macht es sich auf meinen symbolischen Manuskripten bequem und knurrt. Ich lehne die Tür etwas vor, damit nicht das volle Licht hineinfällt. Nach einer Weile beginnt sie, sich zu drehen und zu krümmen. Sie ächzt und schnurrt, biegt sich rückwärts und leckt sich. Darauf ein straffes, regelmäßig wiederkehrendes Spannen des Körpers. Bisweilen schnappt sie nach den zur Seite aufgestapelten Gedichten. Dann dirigiert sie das erste mit dem Maul heraus. Ich höre sie etwas verspeisen und sehe, wie sie heftig zubeißt. Die Prozedur wiederholt sich fünfmal. Die Entbindung dauert eine gute Stunde. Nachdem sie die Jungen gehörig abgeleckt, beginnen sie zu piepsen. Ich hole meine Mandoline und trage ihnen Brahms' Schlummerlied vor. Jetzt ist es halb vier. Ein feuchter, erfrischender Wind weht voll zum offenen Fenster herein. Im ganzen Schloß klappen Türen und Fensterläden zu, und in der alten Linde rauscht es wie ferne Brandung.

Berlin
24. Mai – 4. Juli 1889

24. Mai 1889

Ich kann mir nicht verhehlen, daß Welti, während sich seine Braut unter dem Einfluß ihres Glücks nach innen und außen entwickelt hat, gewissermaßen in Gedanken stehengeblieben ist. Ihre schlechte Stimmung ist nichts als der Ausdruck des Unwillens über die massenhaften unausgesprochenen Mitleidsbezeigungen, die sie um seinetwillen, wo sie hinkommt, auf den Gesichtern zu lesen bekommt. Sich gegen außen zu verteidigen, zu verantworten oder gar zu klagen, dazu ist sie natürlich zu stolz. Ihm selber gegenüber bringt sie es zum Ausdruck, wenn sie einen harmlosen Ton eben bei der Hand hat. In der Einsamkeit wird sie sich's wohl schon oft genug offen eingestanden haben. Welti tut mir von Herzen leid, aber er spielt eine zu lächerliche Figur, als daß ich seine Partei nehmen könnte. Beim Weggehen überläßt sie mir ihre Mantille und protestiert dagegen, als sie Welti abtreten will.

Die Redaktion der Täglichen Rundschau besteht aus sehr liebenswürdigen Herren, die sämtlich hundemüde von der Arbeit des Tages mich mit einem gewissen scheuen Entsetzen erfüllen. Nachdem die Gesellschaft auseinandergegangen, führt mich Julius Hart ins Café Preinitz, wo das massenhaft zur Verfügung gestellte Mädchenfleisch anfangs etwas befangend auf mich wirkt. Café Preinitz und Café National, die Börse für diesen Artikel. Unter sämtlichen Objekten gefällt mir nur eine einzige von schlanker Figur und intelligentem Gesicht. Sie geht durch den Saal und wedelt mit dem spitzen Ende ihrer Taille: Mein Cul, mein Cul! das ist mein Cul!

Julius Hart gegenüber benehme ich mich etwas naiver als ich bin in der Überzeugung, daß der Großstädter einem das nicht schiefnimmt.

25. Mai 1889

Stützen der Gesellschaft im Deutschen Theater. Welti ist in der Tat nicht um vieles weitergekommen, seit wir uns

35

in München getrennt. Seine Erinnerungen kulminieren noch immer in seinen Kantonsschülerstreichen, daß er sich nämlich eines Tages halb betrunken in Lenzburg von einer Sauferei weggestohlen, um sich in Aarau beim Cäcilienball einzudrängen. Es kommt mir beinahe so vor, als sei er damals am originellsten gewesen. Dabei gebraucht er fortwährend fremde Bonmots und ist naiv genug, mich jeweilen von der Seite zu mustern, was sie für einen Effekt auf mich hervorbringen. Für Beobachtung des Lebens scheint er alles Interesse verloren zu haben. Er hält sich einzig und allein an die Kunst. Er will unablässig Kunst genießen, und wo ihm dies Bedürfnis verkümmert wird, da fühlt er sich nicht wohl. Ich besuche mit ihm das Café National. Alles, was er bemerkt, ist, daß das Leben nichts gegen Paris sei. Was würde Thomar an dieser Stelle für Schätze gegraben haben!

26. Mai 1889

Ich frage einen Polizisten, wo Erkner liege. – Das existiere gar nicht. Das kenne er selber nicht. Bei Tisch lasse ich mir einen Fahrplan reichen und fahre mit der Stadtbahn hinaus. Halbwegs steigt ein blindes, aber ganz anständig gekleidetes Mädchen ein, zieht eine Blechflöte aus der Tasche und hat eben zu spielen begonnen, nicht viel besser, als ich es tun würde, als sie vom Kondukteur barsch zurechtgewiesen wird. In Erkner weist mir ein Bahnwärter den Weg zur Villa Lassen. In einiger Entfernung sehe ich hohe Schlote ragen und denke an den bleichen Wärter und die Kalköfen aus Hauptmanns Gedichten. Der Weg ist grauendlos sandig, so daß ich alle Mühe habe, vorwärts zu kommen. Am Ende des Dorfes liegt die Villa, ein einfaches Haus mit hohem, herrschaftlichem Hochparterre und niedrigem zweiten Stock, in einem nicht sehr üppigen, aber doch behaglichen Garten. Beim Eingang kommt mir ein Eskimohund entgegen, der mich zu kennen scheint. Ich sehe aber doch sofort, daß es nicht Hela ist. Hinter dem Hause finde ich die Gesellschaft Croquet spielen. Gerhart Hauptmann empfängt mich mit offenen Armen, führt mich zu seiner Frau und seiner Schwägerin und stellt mich seinem Freund Schmidt und dessen junger Frau vor. Die Partie Croquet wird fortgesetzt, wobei ich nicht über den zweiten Bogen hinauskomme.

Alle freuen sich offenbar sehr, mich wiederzusehen. Hauptmann lädt mich ein, nun recht oft herauszukommen, da er sich oft unglaublich langweile. Papa Hamlet, von Arno Holz und noch einem, sei ein epochemachendes Werk, wodurch dargetan werde, einzig und allein das Drama sei das der Wirklichkeit entsprechende Kunstgebilde. Daß es von Arno Holz ist, soll Geheimnis bleiben. Julius Hart hat es mir am Freitag mitgeteilt in der Voraussetzung, ich wisse es bereits. Hauptmann ist im Begriff, es mir zu verraten, schluckt es aber glücklich noch hinunter, da er sieht, daß ich bereits darum weiß. Er erkundigt sich nach Karl Henckell, nach Hammis Hochzeit, wobei ich sofort kleinlaut werde und mich selber auf dem Sprung fühle, wieder mal mein ganzes Herz auszuschütten. Er fragt, was man Freitagabend gesprochen. Ich erinnere mich keiner Einzelheiten. Tatsächlich bildete am Freitag zuerst Karl Henckell das Thema. Worauf Dr. Lange behauptete, die Berge verengen den Horizont, während er durch die Ebene und das Meer erweitert werde. Darauf ließ er sich in eine Apologie des Wortes »Scheißen« aus, und schätzte sich glücklich, solch ein Wort zu besitzen. Dann schwärmte die ganze Gesellschaft vom Kasperletheater als von den schönsten Jugenderinnerungen. Als ich zufällig das Wort »psychopathisch« brauche, entgegnet Dr. Lange, das verständen sie hier nicht. Das Wort »psychopathisch« kenne man nur in der Schweiz. Dann sank das Gesprächsniveau. Café National und Preinitz seien Börsen. Café Bauer sei keine eigentliche Börse. Ob man wisse, was für eine Beschimpfung »Du Vater« sei und was es heiße, »in den Salatkeller hinuntersteigen«. Er, Julius Hart, habe sich danach erkundigt, »Vater« sei die Bezeichnung für eine, die sich der lesbischen Liebe ergebe, und »in den Salatkeller steigen« bedeute das Traktieren der Vagina mit der Zunge.

Den Realismus hätten die Deutschen nicht von den Franzosen übernommen, sondern umgekehrt. Zolas Ästhetik basiere Satz für Satz auf den Goetheschen Kunstanschauungen, wie sie in den dreißiger Jahren nach Frankreich hinübergekommen seien. Man kenne eben die deutschen Realisten nicht. Ich solle nur mal »Zwischen Himmel und Erde« lesen von O. Ludwig. Die Ermahnung, »Zwischen Himmel und Erde« zu lesen, rapportiere ich an G. Hauptmann, der entgegnet, von mir habe er seinerzeit so was wohl begriffen, aber wenn ein Fachmann wie Julius Hart das sage, so sei das ein sehr bedenkliches Zeichen. Während des Croquets fällt mir auf, daß Hauptmanns Frau wiederum schwanger ist, was mich um so mehr wundert, da er in Zürich davon gesprochen, Präservative anwenden zu wollen. Sie bewegt sich nur mühsam und sitzt meistens auf der Bank, ist aber um nichts weniger drollig als früher. Nach beendigtem Croquet ziehen sich die Damen zurück.

G. Hauptmann liest auf seinem Arbeitszimmer den ersten Akt eines Dramas vor. Er hat nämlich auf Papa Hamlet hin seinen Roman ohne Besinnen beiseite geworfen und in sechs Wochen ein Drama geschrieben. Er liest das Stück mit allem Ausdruck, mit dem sich etwas lesen läßt. Das Arbeitszimmer ist sehr geschmackvoll mit Büsten, Bildern und Raritäten dekoriert, ohne überladen zu sein. Der Schreibtisch steht zwischen den Köpfen von Sokrates und Herodot, die bei starkem Auftreten auf ihren Postamenten allerdings sehr bedenklich wackeln. Über dem Tisch schwebt mit ausgebreiteten Fittichen ein Adler, der einen aufgespannten chinesischen Sonnenschirm in den Klauen hält. Nach beendigter Lektüre und einem kurzen Gang durch den Garten wird zum Abendbrot gebeten. Der Tisch ist mit dreierlei Fisch, zweierlei Fleisch, viererlei Kompott und einem schweren Reispudding besetzt. Frau Hauptmann hat Ahnungen. Sie hat geahnt, daß ich nicht allein aus der Schweiz hergereist bin, worüber sie dunkelrot wird, und daß es mit meinem amerikanischen Bürgerrecht einen Haken habe. Zur Verdauung begibt man sich in den Garten, wo für die Kinder ein

Trapez aufgehängt ist, in dem sich's der Hausherr so bequem wie möglich macht. Die Damen sitzen auf Stühlen im Kreis herum, teilweise rauchend, um nämlich die Mücken zu vertreiben. Gerhart H. sieht übrigens auf ein Haar aus wie ein Tollhäusler, mit seinem grotesken, etwas blöden Profil, mit rattenkahl geschorenem Kopf, in schweren, nußfarbig dunklen Wollkleidern, die ihm um den Leib hängen, als hätte sie der erste beste Dorfschneider verfertigt. Die Frauen tragen sich sehr geschmackvoll. Frau Gerhart in schwarzer Seide, ihre Schwester in weißer Wolle. Während des Verdauens wird mit lebhafter Teilnahme die Frage ventiliert, welche Art von Selbstmord die bequemste sei. Ich tische die Äußerung von Frau Hilger auf, die sich besonders für den Sturz in einen Lichthof hinunter erwärmte. Nach Sonnenuntergang begleiten Gerhart und ich das Ehepaar Schmidt nach Hause. Der Weg führt durch herrliche Föhrenwaldungen. Der Himmel zeigt das lebhafteste Farbenspiel, von dem sich die düsteren Stämme brillant abheben. Frau Schmidt ist eine schlanke, effektvolle Erscheinung mit etwas harten Zügen, großem Mund und großen blauen Augen unter geraden, herrischen Brauen. Der Anblick eines Blitzzuges, der sich mit beispielloser Hast über den Weg stürzt, läßt für einen Moment etwas wie Begeisterung in ihr auflodern. Ihr Blick fällt Bestätigung suchend auf mich, und ich fühle mich zu Asche zusammensinken. Herr Schmidt kennt übrigens Welti von München her, scheint aber nicht viel von ihm zu halten. Er macht in seinem Wesen den Eindruck der trockensten Nüchternheit. Es berührt mich über die Maßen stimmungsvoll, wie das junge hübsche Paar in ruhigem Gespräch seinen Weg durch den einsamen Wald verfolgt, während wir uns zurückwenden. Gerhart H. meint, daß mir die Liebe vielleicht doch nicht so gänzlich fehle, er halte mich für aufopferungsfähig etc. Ich gebe ihm das gerne zu, doch bedeuten für mich diese Gefühle nicht Stärke, sondern Schwäche. Sie würden mich in meiner sittlichen Kraft nicht befestigen, sondern untergraben.

Nachdem ich von den Damen Abschied genommen

und noch zwei Apfelsinen habe einstecken müssen, geleitet er mich zum Bahnhof. Ich nehme Abschied von ihm,
indem ich mich durch den Anblick seines ungetrübten
Glücks wohltuend berührt, ja fast gehoben fühle. Ich be-
neide ihn nur mit den reinsten Gefühlen und empfinde es
schmerzlich, daß er bei alledem fürchtet, es könnte diese
Nacht bei ihm eingebrochen werden. Welti aufzusuchen,
hege ich kein Verlangen. Ich bleibe bis gegen zwei im
Café Bauer.

Als ich Gerhart H. fragte, wie es mit der Gesundheit
stände, entgegnete er mir, er habe den Winter über gefürchtet, an Rückenmarksstarre zu leiden. Ich entgegne,
daß ich noch wenig junge Menschen unseres Alters in
unseren Verhältnissen gefunden hätte, die nicht gefürchtet hätten, an Rückenmarksstarre zu leiden. Es ist ihm
nicht gut möglich, sein Behagen darüber zu verbergen.

27. Mai 1889

Diem perdidi.

28. Mai 1889

Regimentstochter. Die Herzog hat nicht das geringste
Schönheitsgefühl in den Beinen. Sie stellt die Füße aus-
nahmslos parallel in einen Abstand von mindestens 30
Zentimetern. Dagegen trommelt sie brillant. Auch ihr
Singen gefällt mir. Welti erzählt mir, wie die Dreßler
Kammersängerin geworden sei und wie er ein Epigramm
auf sie gemacht und im Café Viktoria in verschiedene
Überzieher geschoben habe. Das Epigramm ist auffal-
lend durch seine Plumpheit. Mir fällt dabei folgendes
ein:

> Die Kammersängerin, so lautet das Gerücht,
> Erfüllt bis dahin erst zur Hälfte ihre Pflicht.
> Die Kammer kennt sie wohl,
> doch singen kann sie nicht.

Welti ist sehr bescheiden in seinen Ansprüchen auf Witz, auf Komik, auf gesellschaftliches Talent. Er wirkt nachteilig auf mich, indem er mich mit übermäßigem Selbstgefühl erfüllt. Er ist mir nicht mehr, was er mir gewesen. Aber er hängt mit unbegrenzter Liebe an mir. Ich bringe es doch nicht übers Herz, ihn beiseite zu werfen. Ja, ich beschließe bei mir, ihn nicht beiseite zu werfen.

29. Mai 1889

Ein kleiner niedlicher Jude erzählte Freitagabend die Geschichte von der züchtigen Familie. Else sagt zu ihrem Bruder Fritz: Ach Gott, lieber Fritz, Mama behauptet immer, du könntest es besser als Papa, und das kann ich so gar nicht finden.

Gegen Abend verirre ich mich in den Zoologischen Garten, wo eine Menge Erinnerungen an Hannover in mir wach wird. Die Flamingos stolzieren im Wasser in rhythmischem Bühnenschritt. Auch ihre Gangart auf dem Lande hat noch etwas Pathetisches. Die Eisbären liegen vorn am Gitter im elektrischen Licht in fieberhaft unruhigem Schlaf. Jeden Augenblick fahren sie empor und kratzen sich oder holen stöhnend Atem, als würden sie von schweren Träumen beunruhigt. Das Publikum macht zwischen den beiden Musikkapellen einen Contremarsch. Wenig hübsche Gesichter und gewöhnliche Toiletten.

Ich gehe ins Café Bauer und von dort ins Elysium, wo die Kellnerinnen, einige hübsche Mädchen darunter, die Aufgabe haben, ihre Gäste zu unterhalten. Jede hat eine Reihe von sechs Tischen, der Tisch zu sechs Plätzen, macht sechsunddreißig Gäste oder zweiundsiebzig Hände, von denen sie sich ihre vier Gliedmaßen und speziell die von der Natur zum Geschlechtsgenuß, zum Gebären und Ernähren bestimmten Teile ihres Körpers von früh bis spät bereitwillig befühlen und drücken lassen müssen. Falls ein Gast nicht von selber damit beginnt, haben sie die Pflicht, ihn auf die ihm zustehenden Freiheiten aufmerksam zu machen, indem sie sich an seine Seite setzen, ein Gespräch einleiten und dasselbe so lange unterhalten, bis der Betreffende warm geworden. Es ist das zweifelsohne eine der gründlichsten Ausnutzungen, wie sie mit einem für einen bestimmten Zweck in Dienst genommenen Mittel überhaupt statthaben kann, indem diese Mädchen zur nämlichen Zeit aktiv sowohl wie passiv Geld einbringen. Sie bieten im Aufwarten ihre Arbeitsleistung und haben sich dabei zwischendurch zur Erhöhung der Frequenz selber bearbeiten zu lassen. Sie fördern das Geschäft durch die ihrem Körper innewohnende Kraft und zugleich durch die äußere seiner Gestaltung. Bei einem schön gebauten Equipagenpferd, gesetzt den Fall, daß dasselbe vermietet wird, trifft insofern nicht das nämliche Verhältnis zu, als die Schönheit des Pferdes zwar bezahlt, aber nicht systematisch aufgebraucht wird. Selbstverständlich halten die Mädchen bei dieser Lebensweise nicht lange aus. Doch kann das dem Geschäftsinhaber insofern gleichgültig sein, als er sie nicht zu kaufen, sondern nur zu mieten braucht. Ob eine dreißig Jahre aushält oder dreißig je nur ein Jahr aushalten, hat auf seine Bilanz keinen Einfluß, zumal in einer Stadt wie Berlin das Angebot die Nachfrage immer noch weit übersteigt. Der Geschäftsinhaber steckt gewissermaßen eine Menge fremder Kapitalien in sein Geschäft, die er lediglich solange verzinst, und zwar zum gewöhnlichen Zinsfuß, bis sie im Geschäft aufgegangen sind. Bei besonders schweren Arbeiten, bei Straßenanlagen etc. findet ein ähnlich rasches Verbrauchen des Pferdematerials statt. Doch besteht dabei immer der Unterschied, daß hier die Tiere käuflich erworben werden müssen, somit das Kapital als solches vergütet wird. Es würde keinem Pferdeverleiher einfallen, seinen Bestand für derartige Unternehmungen zu vermieten.

Ich gehe ins Café National und setze mich an den Mitteltisch, um das Lokal überblicken zu können. Es sind zum großen Teil die nämlichen Gesichter wie das vorige Mal. Mir gegenüber sitzt ein schneeweißer alter Herr mit weißem, zugespitztem Vollbart, der die Hände gefaltet vor sich auf der Marmorplatte hält und sein beinahe see-

lenvolles Auge unruhig umherschweifen läßt. In seinen
Mienen liegt der sehnlichste Wunsch ausgeprägt, sich
nichts entgehen zu lassen. Er mustert jede Neueintreten-
de von oben bis unten und von unten bis oben. Für kurze
Zeit bleibt dann sein Blick an diesem oder jenem Kör-
perteil der Betreffenden haften. In einer Fensternische
sitzen zwei Gymnasiasten mit fieberhaft starren, weit
aufgerissenen Augen und gefurchter Stirn. Sie wechseln,
solange ich dort bin, keine Silbe untereinander. Weiter
vorn bemüht sich ein geschniegelter, schlanker junger
Mann um eine Dame, die neben ihm auf dem Diwan sitzt
und mindestens 250 Pfund wiegen muß. Sie hat ein stark
ausgeprägtes, aber durchaus nicht abstoßendes Judenge-
sicht mit einem viereckig auf dem kolossalen Busen nie-
derhängenden Doggenkinn. Dabei eine Taille wie ein
Faß, so daß ich eigentlich nicht recht begreife, was sie
hier noch zu suchen hat. In dem freudig erregten Ausdruck ihres Gesichts liegt auch in der Tat etwas Mütterli-
ches. Sie kommt mir ungefähr vor wie eine Pensionsmut-
ter unter der Schar ihrer Zöglinge, wenn dieselben gerade Freistunde haben. Beim Verlassen des Cafés ruft mir
ein Mädchen nach, sie habe meinen Sonnenschirm auf
der Pariser Weltausstellung gesehen. Ich gehe ins Café
Preinitz, wo ich nichts als Ausschuß finde, nicht ein einziges annehmbares Gesicht. Eine mit einem ausgespro-
chenem Schafsgesicht in elegantester Toilette sitzt mit
gespreizten Beinen da und kitzelt sich die Geschlechtstei-
le. Um ungenierter zu sein, breitet sie ihr Taschentuch
über die Hand. Ihre Nachbarin, die das offenbar unan-
ständig findet, schlägt ihr mit dem Fächer darauf, woraus
zu beider Erheiterung eine neckische Unterhaltung resul-
tiert. Die meisten der Mädchen haben die Cognacflasche
vor sich stehen.

30. Mai 1889

Don Juan. Die Stimme der Herzog bereitet mir entschieden am meisten Genuß. Don Octavio brüllt wie ein Och-
se und verwässert sämtliche Konsonanten. Er ist Italie-

ner. Donna Anna tremoliert bis zum Gewieher. Donna Elvira mit einer messerscharfen Stimme ist die personifizierte Langeweile. Sie spielt, als hätte sie gar keine Augen im Kopf. Don Juan ist der vollendete Rattenfänger. Er bekommt übrigens für den Abend 700 Mk. Ich kann nicht umhin, die Herzog in ihrem Spiel albern zu finden. Welti entschließt sich, auch endlich mal an ein freies Schaffen gehen zu wollen. Er hat ein Lustspiel im Kopf, dessen erster Akt im Kletzengarten spielen soll. Doch weiß er nicht, wie seine Gesellschaft dann aus dem Kletzengarten wegbringen. Ich rate ihm, sie einen Verein gründen zu lassen. − O nein, es sei ihm auf der ganzen Welt nichts so verhaßt wie ein Verein. − Eben deshalb gerade. − Hm, hm, das sei schon recht. − Er verteidigt sich dagegen, daß er sich vom Leben entfernt habe. Er fühle nur den neueren Kunstströmungen gegenüber − er scheue sich fast, das Wort auszusprechen, wolle es nun aber doch tun −, er fühle den neueren Kunstströmungen gegenüber eine unerschütterliche, gewissermaßen olympische Ruhe: Macht ihr, was ihr wollt, gebärdet euch, wie ihr nur könnt, wir werden seinerzeit auf dem Platze sein.

31. Mai 1889

Abends im Zoologischen Garten. Trübe Stimmung. Gegen elf Uhr gehe ich nach Hause, das erste Mal in Berlin, daß ich vor Mitternacht nach Hause gehe und schreibe, bis es Tag wird. Brief von Minna.

1. Juni 1889

Gegen Abend im Zoologischen Garten. Viele geschmackvolle Toiletten, bei denen mich besonders das Fehlen der Tournüren angenehm berührt. Und doch habe ich mich selber seinerzeit für die Tournüre begeistert. Ich kannte es eben nicht anders. Ich atme auf wie einer, dem seine geschätzte Gattin entrissen wurde. Zwei hübsche schwarzlockige Mädchen in Himmelblau prome-

Berlin, Potsdamer Platz, um 1900

nieren in der Menge mit, die das Nichtvorhandensein ihres Busens durch eine quer über die Brust gezogene Crèmespitze markieren. Im Raubtierhaus sind vier oder fünf junge Löwen mit einer großen Hündin als Amme zusammengesperrt. Sie behandeln ihre Amme vollkommen gleich wie wir seinerzeit unsere Kindermädchen, d. h. durchaus en canaille. Sie lassen sich von ihr liebkosen, werfen sich ihr vor die Füße, kriechen unter ihr durch, aber ohne eine Spur von Gegenliebe zu bezeigen. Im Gegenteil leben sie durchaus unter sich. Daß sie die Amme nicht auffressen, scheint viel zu sein. Dabei stoßen sie in hohem Grade ein ungnädiges Geheul aus und zeigen alles erdenkliche Verständnis für die Unwürdigkeit ihrer Haft. Der Wärter steigt in den Käfig, um sie zu krabbeln und von Ungeziefer zu reinigen. Auch das lassen sie gnädigst geschehen. Er betitelt sie per liebe Kinder und liebe Kleinen und sagt: Was wollt ihr denn, ich kann euch doch nicht auf den Arm nehmen. Seid doch zufrieden, ja, ja, und legt euch schlafen. Die Amme heißt Minkel. An sie wendet er sich, sie müsse nachher noch einen Ausflug machen. Die jungen Löwen haben große Köpfe, unverhältnismäßig breite Beine und Tatzen und schmale Leiber. Der Königstiger, der im Käfig nebenan gegen das Gitter springt, betitelt der Wärter per: Du Grobian, ich will dir schon was eintrichtern für deine Grobheiten. Ein alter Herr, der das Tränken des Königstigers mitansah, äußerte zu seiner Umgebung: Grad so wie meiner! Genauso wie meiner! Der Wärter meinte, daß die Hunde denn aber doch noch lange nicht so schön lecken.

Bis zwei im Café Bauer.

Die unerträgliche Hitze und der Andrang von Zerstreuungen aller Art lassen mich vierzehn Tage keinen Buchstaben notieren. Abends gehe ich meistens in den Zoologischen Garten, wo ich mich im Gewoge der vornehmen Welt vorzüglich meinen Gedanken überlassen kann. Meine Gedanken drehen sich um Skizzen und Feuilletons, bleiben aber mit einem Mal an einer Pensionsszene haften. Der zweite und dritte Akt spielen

4 Jahre später. Im vierten, der wiederum zwei Jahre hinter sich läßt, werden schließlich die letzten Überbleibsel des Vereins gegen die Ehe versorgt. Die nächsten Tage fesselt mich die zum Stoff gehörige Lektüre. Eine Broschüre von Helene Lange über Frauenstudium droht, mich den Humor verlieren zu lassen. Sie ist klar und einfach geschrieben, bietet sehr viel Material und weckt durch ihre Schilderung englischer Institute für den Augenblick eine ganz zweckwidrige Begeisterung in mir. Darauf nehme ich Michelets Buch »Die Liebe« zur Hand. Eines schönen Morgens weckt mich Gerhart Hauptmann in Begleitung seines Freundes Schmidt. Der Tag vergeht trotz der unmenschlichen Hitze sehr animiert. Den Höhepunkt bildet eine breite Klatscherei über Thomar und Henckell im Café Passage. Die Schaffensfreude der beiden Freunde wirkt äußerst erfrischend auf mich im Gegensatz zu der unfruchtbaren, fast hochmütigen, in vielen Fällen sehr kurzsichtigen Kritik, von der Weltis Lippen bei jeder Gelegenheit überströmen. Dann kommt Onkel Erich von Hannover. Er ist das größte Kind, das mir je in seinen Jahren begegnet ist. Er inquiriert mich sofort über Papas Tod und im Anschluß daran über unsere Vermögensverhältnisse. Ich werde das begreiflich finden, Papa sei sein Bruder, ja er dürfe wohl sagen, sein liebster Bruder gewesen. Wenn wir über die Straßen gehen, packt er mich krampfhaft am Arm, um nicht überfahren zu werden. Im leisesten Flüsterton entlockt er mir das Geständnis, daß Berlin eigentlich nichts Besonderes sei und hält sich ebenso leise über die Renommiersucht der Berliner auf. Fast unhörbar raunt er mir ins Ohr, daß der Kaiser etwas Brutales in seinem Gesicht habe. Dabei schwatzt er ohne Unterbrechung. Ist ein Thema abgehandelt, so greift er ohne Umstände zu einem früheren, rekapituliert das darüber Gesagte und sucht noch einiges mehr herauszupressen. So müssen die drei oder vier Themata seiner Unterhaltung von Stunde zu Stunde abwechselnd herhalten wie die Euterzitzen einer Märchenkuh. Er ist nach Berlin gekommen, um seinen ältesten Sohn Eduard zu besuchen, der im

evangelischen Johannisstift in Plötzensee untergebracht ist. Bis abends vier schleppt er mich von Weißbierkneipe zu Weißbierkneipe, wobei er fortwährend vergebens mit sich darüber ins klare zu kommen sucht, in welcher das Bier besser und in welcher es schlechter ist. An ein Mittagessen denkt er nicht, dagegen muß ich ihn ins Nordlandpanorama begleiten. Auffallend ist, mit welch weltmännischer Nonchalance er sich überall der naheliegenden Verführung überhebt, für mich auszulegen. Um vier Uhr steigt er aufs Tram und läßt mich mit unbehaglichstem Kopfweh zurück. Ich suche das Belle-Alliance-Theater auf, sehe mir eine echte Berliner Posse »Kyritz – Pyritz« an, ein Unsinn ohnegleichen, der mich wieder einigermaßen mit Stolz erfüllt, und höre zum Schluß noch ein Duett aus Mikado von einem riesenhaften Dänen und einer zierlichen kleinen Dänin vorgetragen. Die Dänin hat eine weiche, angenehme Stimme und stellt in den Fermaten die reizendsten Posen mit dem großen Fächer, der im Auftakt zuweilen geräuschvoll wieder aufgeschlagen wird. Auf dem Heimweg über den Belle-Alliance-Platz fällt mir auf, wie sämtliche Bänke mit Arbeitern angefüllt sind, die hier übernachten. Wohin mögen sich die bei Regenwetter alle verkriechen! Bis auf den Spittelmarkt laufe ich einem hübschen schlanken Mädchen nach, das sehr nachlässig durch die Straßen schlendert. Ich gäbe viel darum zu wissen, ob sie Priesterin ist oder nicht, und weiß nicht, welche Gewißheit mir willkommener wäre.

Am Pfingstmontag suche ich Onkel Erich in Plötzensee auf. Vetter Eduard ist geistig und körperlich sehr zurückgeblieben. Er hat einen breiten, knochigen Mongolenschädel mit abstehenden Ohren und scheint seiner Figur nach nicht mehr als 10 Jahre zu zählen, obschon er 14 ist. Onkel Erich nimmt sein altes Gewäsch wieder auf. Zum Kaffee führt er mich zu Pastor Dummrese, einem eingebildeten Pfaffen, dem es vor lauter Beschränktheit nicht möglich ist, die notdürftigste Unterhaltung in Gang zu halten. Er hat eine spürige, spürnasige, durchscheinend blasse Frau und einen intelligent dreinschauenden, aber schrecklich skrophulösen Bengel. Aus seiner Sprechweise geht hervor, daß er die ganze Schöpfung als ganz speziell für ihn geschaffen betrachtet. Dessenungeachtet reicht aber sein Horizont nicht über die von ihm gepflanzten Tännchen vor seinem Haus und den nächsten Gemüsegarten hinaus.

Um halb fünf wird in einem im Stift gelegenen Kiefernhain ein sog. Volksfest abgehalten. Unter den verkrüppelten, spärlichen Bäumen sind acht Bänke aufgeschlagen, und zu beiden Seiten wird Kaffee und Bier ausgeschenkt. Im Vordergrund auf einer Erhöhung steht eine Bühne mit primitiver Kanzel und dahinter ein langer Tisch für den Vorstand, an dem die Pastöre mit ihren Frauen Platz nehmen. Das Publikum besteht aus kleinen Leuten, meistens aus Moabit, die mit Kind und Kegel auf dem Platz erschienen sind. Zuerst predigt Pastor Kirstein, Vorsteher des Johannisstiftes, der augenscheinlich keine Rednergabe besitzt. Er spricht wie ein nervöser Schulbube, der durchzufallen fürchtet. Darauf betritt der Vorsteher des in der Nähe gelegenen Magdalenenstiftes für gefallene Mädchen die Kanzel. Er ist glattrasiert, hat scharfgeprägte Züge und trägt halblanges Haar. Anfangs scheint er mir für einen Franz Moor passender als für einen Seelenhirten. Dagegen erwacht in seinen Augen während des Sprechens eine begeisterte Glut, die mir die Überzeugung gibt, daß seine gefallenen Mädchen insgesamt in ihn verliebt sein müssen. Zwischen den einzelnen Reden werden einschläfernde Choräle gesungen, begleitet von einer unbarmherzigen Blechkapelle. Es wird nunmehr eine Pause anberaumt zur Erfrischung, und die Kinder werden unter Gesang, von einer Fahne geführt, auf einen Spielplatz geleitet. Dann beginnt der zweite Teil. Frau Pastor Dummrese hat Onkel Erich und mich an den Vorstandstisch gebeten als Gäste der Anstalt, wo übrigens auch noch einige sehr hübsche Mädchen angelangt sind, die sich redliche Mühe geben, die Choräle mitzusingen. Zum Beginn des zweiten Teils wird ein Choral geblasen und daraufhin von der Kanzel aus ein etwa 10jähriger Bengel ausgerufen, der seine Eltern verloren hat. Der Pastor hebt ihn auf die Schulter, er hält ein mächtiges Butterbrot im Maul und heult aus Leibeskräften. Es wird verkündet, daß man ihn am Vorstandstisch behalten wolle, bis sich die respektiven Eltern gemeldet haben. Darauf spricht der Held des Tages, Hofprediger Stoecker. Er ist von untersetzter Figur, hat einen breiten Doggenschädel, eine feine gerade Nase und scharfe, kluge Augen ohne Begeisterung. Er macht keinen unangenehmen Eindruck. Er spricht in Berliner Dialekt, katechisiert die Kinder, die sich im Vordergrund höchst ungeniert um ihn versammelt haben, halb aufmerksam, halb geringschätzig, als seien sie durchaus noch nicht so ganz mit ihm einverstanden. Einige bekommen Streit während der Predigt, andere hören mit halbem Ohr hin und bohren sich gedankenvoll in der Nase. Zum Schluß seiner Ansprache geht Stoecker in ein schlecht akzentuiertes Gebrülle über, welches offenbar den heiligen Geist dokumentieren soll. Nachdem er geendet, herrscht Totenstille. Er tritt an den Tisch zurück, zieht möglichst rasch seinen Sommerüberzieher an und singt erst wieder mit, nachdem er die Kehle durch ein volles Glas befeuchtet.

Das Abendbrot bei Pastor Dummrese ist etwas spärlich, aber dafür um so ungemütlicher. Während es für die andern höchst gemessen anständig zugeht, frißt der Alte zwischendurch aus den Schüsseln wie ein Schwein. Seinem Jungen, der bedauert, Stoecker nicht gehört zu haben, entgegnet er, er habe nichts verloren, er habe ja heute morgen seinen Vater predigen hören. Nachdem wir uns noch kurz bei einer sehr liebenswürdigen älteren Dame von X und einer noch liebenswürdigeren Schwester Emma verabschiedet, begleitet mich Onkel Erich durch die Sandwüste zum Stift hinaus zur Straße, in einer Verzweiflung darüber, daß sein Eduard einem solchen Egoisten wie Pastor Dummrese überlassen sei. Er bittet mich, ihn alle Monat einmal aufzusuchen, ihm eine Apfelsine mitzubringen und Pastor Dummrese meine Aufwartung zu machen. Erschütternd lächerlich war die armensünderhafte Höflichkeit, mit der sich Onkel Erich um die verschiedenen Pastöre und Pastorinnen drehte; kaum daß er sich, den Hut in der Hand, von einem abgewandt, so kreist er auch schon mit der nämlichen Geste um den nächsten und kann dabei seiner Bücklinge niemals ein Ende finden. Dienstagvormittag treffen wir uns im Café Bauer. Meinem Beispiel gemäß läßt er sich Zitronenlimonade geben. Ja, ich sage dir, lieber Franklin, es ist dies das einzig richtige Getränk für diese Jahreszeit. Wir wollen aber dennoch nachher noch eine Weiße trinken. Er läßt so lange nicht ab zu bekräftigen, daß Zitronenlimonade das einzig richtige Getränk für die Jahreszeit sei, bis er 50 Pf dafür bezahlen muß. Die 50 Pf scheinen ihn doch noch mehr abzukühlen als die Zitronenlimonade.

Darauf begeben wir uns in Hilsebeins Weißbierhalle, gerade dem Bahnhof gegenüber. Es ist 11 Uhr, und um 12 fährt sein Zug. Sobald wir uns niedergelassen, wird Onkel Erich vom Reisefieber gepackt, das sich von nun an von Minute zu Minute steigert. In einer Aufregung denkt er an unsere Alpentour vor fünf Jahren zurück und rekapituliert eine Erinnerung nach der anderen. Er spricht mit dem wehmütigen Pathos eines sterbenden Löwen, hat sich aber noch immer nicht damit versöhnt, daß wir damals auf dem Hörner Grat statt rechts links gegangen sind. Im Bahnhof Friedrichstraße vergewissert er sich der Reihe nach bei sämtlichen Bahnangestellten, auf welchem Perron der Zug hält, und als der Zug angefahren ist, läuft er wie ein gehetzter Hase längs des ganzen Zuges auf und nieder, bis ihn schließlich ein Kondukteur mit Gewalt ins nächste Coupé bugsiert. Kaum sitzt er drin, so behauptet er, er sei zu spät gekommen, wir hätten nicht so lange bei Hilsebein sitzen sollen, nun habe er keinen Eckplatz bekommen. Endlich dampft er ab, nachdem er mir zum Wagenfenster hinaus noch einmal die Losungsworte unserer Gesprächsthemata zugerufen. Aus dem Bahnhof tretend finde ich die Menschen auf der Friedrichstraße in unverkennbarer Panik. Der Himmel ist schmutziggrau und die Aussicht nach den Linden in düsteren Nebel gehüllt. Alles sucht ein Unterkommen.

Ich trete zum Essen ins Monopol und warte, bis sich das Gewitter entladen. Es hinterläßt eine sehr angenehme Kühle, und ich beschließe, von heute ab zu arbeiten, komme aber noch die ganze Woche zu nichts.

Nicht zum wenigsten zerstreut mich, sooft ich auf meine Stube komme, mein reizendes Vis-à-vis eine Treppe tiefer. Augenscheinlich fungiert sie als Stütze oder etwas der Art, hat 2 oder 3 Kinder zu beaufsichtigen und arbeitet von früh bis spät. Sie hat ein hübsches, rosigblasses Gesichtchen, blonde Haare, eine schlanke, nicht zu schlanke Figur und eine zierliche bleiche Hand. Ich denke nicht anders, als ich müsse ihr meiner unaufhörlichen Neugier halber ein Gegenstand des Abscheus sein, zumal ich meist nur in Hemdsärmeln im Fenster erscheine. Um darüber ins klare zu kommen, beobachte ich sie längere Zeit aus der Fensterecke hinter der Gardine versteckt und glaube zu bemerken, daß sie nach dem leeren Fenster mindestens ebensooft hinaussieht, wie ich zuvor hinunter. Einmal, als im Nebenzimmer die Kinder zu Bett gebracht werden und sie eben die Gardinen schließt, lacht sie mir zwischen den Gardinen durch sogar ganz offen ins Gesicht. Nachdem die Kinder zu Bett sind, kommt sie wieder herüber, setzt sich an ihre Arbeit und arbeitet ohne Unterbrechung bis gegen elf. Darauf verschwindet sie wieder und kehrt mit einem dicken Buch, anscheinend einem Lesebuch, zurück, in dessen Inhalt sie sich aber nur mit geteilter Aufmerksamkeit zu vertiefen scheint. Kurz darauf begibt sie sich endgültig ins Nebenzimmer und stellt das Licht dicht hinter die Gardinen. Durch die Spalten in den Vorhängen vermag ich das Fallen ihres Unterrocks zu bemerken. Dann sehe ich einen zierlichen Fuß, an dem weiße, schlanke Finger zwischen den einzelnen Zehen durchstreifen. In der Tiefe meiner Seele keimen Heiratsgedanken. Ich begebe mich ins Café Bauer und kehre erst gegen zwei zurück. Seit zwei Tagen sehe ich das süße Mädchen nicht mehr. Durch das geöffnete Fenster sehe ich ihren leeren Arbeitstisch und ihr leeres niedriges Bettchen, das dicht am Fenster steht und von früh bis spät unberührt bleibt.

Die ganze Familie scheint sich in die Sommerfrische begeben zu haben. Nur eine alte Magd ist zurückgeblieben. Sie sitzt in der Küche über das Plättbrett gebeugt und schläft. Eines Abends kam Welti auf seinen Freund Öhler zu sprechen und erzählte mir von dessen Braut Anna Spichart, sie sei 7 oder 8 Jahre mit ihm verlobt gewesen. Während der Verlobung hätten sie sich aber nicht ein einziges Mal allein gesprochen von wegen der Mutter, einer verrückten Alten, und den Frankfurter Philistern. Öhler habe ihr allerhand zu lesen gegeben, habe sie herangebildet, bis er sie schließlich wieder entlobt habe in der Voraussetzung, daß sein Einkommen als Arzt nicht ausreichen würde. Darauf sei die Anna zur Emilie nach München gekommen im Zustand äußerster Nervenzerrüttung, habe alle Tage Ohnmachten gehabt, sei dessenungeachtet noch nach Bayreuth zu den Festspielen gefahren, indem sie eine verrannte Wagnerianerin sei und vollends aufgelöst von dort zurückgekommen. Am Tag ihrer Abreise von München sei ihr Bräutigam eingetroffen, ebenfalls in höchster Exaltation, verschlossen, unberechenbar. Beide seien dann in Heidelberg zusammengetroffen, hätten sich ausgesprochen und schrieben sich seither Briefe innerhalb Frankfurts Mauern, wobei sie sich bedeutend besser verstünden als je zuvor. Tags darauf teilt er mir mit, daß Frl. Anna Spichart in den nächsten Tagen hierherkommen werde, um sich einem Theateragenten zu präsentieren. Sie sei nämlich angehende Sängerin, und da suche ihr die Emilie auf die Beine zu helfen. Bei meinem nächsten Besuch bei Frl. Herzog werde ich ihr vorgestellt. Sie ist stattlich von Figur und hat eine ausgesprochene Gouvernantenphysiognomie. Das Gespräch kommt auf künstlerische Reproduktion, wobei sie mit einer Hartnäckigkeit sondergleichen die These verficht, daß der Mensch alles reproduzieren könne, was in ihm schlummere, ganz gleich, ob es schon je im Leben praktisch zum Ausbruch gekommen oder nicht. Während sie die Ansicht verficht, hält sie die Augen meist gesenkt, sitzt aufrecht auf ihrem Sessel, gewissermaßen wie auf Nadeln und zerrt mit beiden

Händen an ihrem Taschentuch, das sie mit aller Kraft um die Finger wickelt. Abends beim Bier sagt mir Welti, er habe sie nun doch ad absurdum geführt, und zwar durch Exemplifizierung mit der ganzen Menschheit. Ich werde begreifen, daß sich auch das widerspenstigste Geschöpf einer solchen Tatsache gegenüber nicht länger im Sattel behaupten könne. Wenige Tage darauf läßt mir die Herzog ein Billett zur Frau vom Meer übermitteln. Beim Eintritt ins Theater erwähne ich Frl. Spichart gegenüber ihre Niederlage, die sie aber unter keiner Bedingung eingestehen will. Welti versetzt mir einen Rippenstoß und bittet mich im Flüsterton, nicht mehr darauf zurückzukommen. Mit der Frau vom Meer ergeht es mir wie seinerzeit in München mit Torquato Tasso. Was mir bei der Lektüre unzusammenhängend, unklar, langweilig war, tritt mir auf der Bühne als organische künstlerische Wahrheit entgegen. Auf dem Heimweg verabrede ich mich mit Anna Spichart auf morgen ins Museum. Die Herzog schließt sich uns an. Anna Spichart in einer Ekstase über den Pergamenischen Altar, über den sich Welti geringschätzig geäußert. Sie will es ihm unter die Nase reiben, ein Vorsatz, worin sie von der Herzog lebhaft bestärkt wird.

Tags darauf mit ihr allein in der Nationalgalerie. Angesichts des Gastmahls von Feuerbach verspreche ich ihr die Reclamsche Übersetzung. Welti habe sie nichts gesagt, die Herzog sei sehr gereizt bei Tisch gewesen, so daß sie nicht noch nötig gehabt hätte, Öl ins Feuer zu gießen.

Am Montagnachmittag beim Tee geht es über die Maßen ungemütlich her. Die Herzog ist unausstehlich unruhig, und Welti phlegmatischer denn je. Während wir die Damen ins Theater begleiten, schüttet mir Anna Spichart ihr Herz aus. Er werde eben immer der Mann seiner Frau bleiben. Es sei um so bedauerlicher, da sie sich nicht damit abfinde, da sie es ihn fühlen lasse. Bei Tisch sei es manchmal unerträglich. Sie stehe nie auf. Immer müsse der Heinrich springen, müsse der Heinrich dies holen und das holen. Dabei halte er sich allerdings auch über jedes geringe Versehen der Magd auf, was auch nicht sonderlich männlich sei. Es gehe ihm eben alles Ritterliche ab, aber sie beschimpfe sich ja schließlich selber damit, wenn sie ihn beschimpfe. Auf dem Heimweg ist ihr erstes Wort, daß sie ganz offen mit ihr gesprochen und daß die Herzog gesagt habe, sie habe ganz recht. Ich wende ihr dagegen ein, daß das eine einseitige Behandlung der Sachlage sei. Sie schwäche dadurch die Widerstandskraft der Herzog, und wenn sich die Herzog ihm unterwerfe, so sei sie geliefert, indem er als von seinem höchsten Ziel davon träume, sie von der Bühne wegzunehmen. Ich frage sie, ob sie sie nicht auf diese Tatsache aufmerksam machen wolle. Sie entgegnet, das könne sie nicht. Ich kneipe mit Welti noch bis gegen ein Uhr, im Innern nur wenig durch das Bewußtsein geniert, daß ich hinter seinem Rücken gegen ihn intrigiere. Während ich Anna Spichart das Gastmahl gebe, gesteht sie mir, es habe ihr mal jemand Demosthenes' Olynthische Reden zu lesen gegeben. Und sie habe sie gelesen. Es sei aber schrecklich gewesen. Wie mir Welti nachher bestätigt, war dieser Jemand ihr Bräutigam.

Welti sitzt am Schreibtisch seiner Braut und schreibt eine Postkarte. Die beiden Damen sitzen auf dem Balkon und ich ihnen gegenüber in der Balkontür. Sie arbeiten an einer sehr feinen Stickerei für eine Taschentuchschachtel. Anna Spichart teilt mir mit, daß sie für den Doktor sei, daß man ihn aber habe wissen lassen, sie sei für sie, Anna, bestimmt, damit man ungestörter daran arbeiten könne. Er werde ohne Zweifel große Freude daran haben, bemerkt die Herzog. Mir fällt es indessen seit geraumer Weile auf, wie sie fortwährend mit den Knien bebt, und ich sage, sie sei heute aber auch wieder mal in einer beispiellosen Aufregung. Diese Worte fängt Welti über seiner Postkarte auf und ruft zurück: So laßt doch aber endlich mal diese verdammte Handarbeit weg! Könnt ihr euch denn nicht einen Augenblick ruhig unterhalten? Die Herzog verbeißt ihren Grimm mit der größten Mühe, während ich Welti zu beruhigen suche. Nachdem er sich entfernt, meint Anna Spichart, man müsse

die Stickerei jetzt aber doch für einen Augenblick ruhen
lassen, da ja all sein Groll auf sie fallen müsse. Diese
Bemerkung, die die Taktlosigkeit Weltis erst im vollen
Licht zeigt, scheint mir wieder ganz dazu angetan, bei
der Herzog die Glut unter der Asche zu schüren. Mit
Welti ist das Mißverhältnis schwer zu erörtern. Bei der
Herzog handelt es sich in erster Linie nur um ihr Betragen, das man sich wohl zu tadeln unterfangen darf. Bei
Welti handelt es sich um den Wert seiner Persönlichkeit.
Es würde bei ihm schwerlich ohne die tiefsten Erschütte-
rungen abgehen. In Gedanken sehe ich ihn bereits wieder sein schwarzes Pudelhaupt auf meine Schulter legen
und in heiße Tränen ausbrechen, wie vor 5 Jahren in
München in der Schwabinger Allee nach der Vorstellung
der Zenobia. Die Herzog hatte ihm am nämlichen Morgen mitgeteilt, daß sie verlobt sei.

17. Juni 1889

Im Laufe vom Vormittag bringt mir Frau Pansegrau einen Brief von Mama, der niederschlagend auf die Stimmung des ganzen Tages wirkt. Donald befindet sich wieder auf der Route nach New York. Er hat Mrs. Fleck,
Obenanders und Heralds angepumpt. Mama hat alles bezahlt. Nun sei's aber vorbei damit. Willy kneipt in der
Krone. Seine Braut sei willkommen. Ich beginne die erste Szene mit großer Vorsicht und wenig Sicherheit. Ich
schrecke gewissermaßen davor zurück, etwas zu fixieren.
Bis 3 im Tiergarten. Mit Michelets Liebe beschäftigt.
Dann zum Essen ins Karlsbad. Nach Tisch kaufe ich mir
»De l'amour — Physiologie der Liebe« von Stendhal,
dessen Titelblatt mir viel Vergnügen macht. Ich schlafe
von sechs bis acht. Nach dem Abendbrot schreibe ich an
Hammi wegen Rekruten und treffe zwischen 11 und 12
mit Welti im Karlsbad zusammen. Das Verhältnis Welti/
Herzog hat sehr viel Ähnlichkeit mit dem Sadi/Mieze.
Nur daß hier die Verhältnisse um vieles ernster sind.

Von Papa geträumt. Nach Tisch lasse ich mir einen Anzug anmessen, wobei ich über die Maßen in Verwirrung gerate. Ich drücke mich wie ein armer Sünder zur Ladentür hinaus und setze erst draußen auf der Straße meinen Hut auf. Es fällt mir dabei ein, daß dieses Benehmen meinen Kredit nicht sonderlich heben möchte. Nach dem Abendbrot bummle ich durch die Stadt und begegne einer Menge hübscher Priesterinnen. Aber ich habe jetzt keine Zeit. Später, später. Wenn sich das Behagen eingestellt hat und ich ganz bei der Sache bin. Und doch tritt auch in diesen Träumen bereits der Forscher in den Vordergrund. Das Fleisch sinkt im Preise. Ich fühle es, wie ich von Tag zu Tag frommer, harmonischer werde. Heute nehme ich mir sogar vor, von nun an alle acht Tage an Mama zu schreiben. Es war übrigens kurz nach Tisch und meine elegische Stimmung Begleiterscheinung der ungestörten Verdauung. Ich werde den Vorsatz übrigens doch ausführen. Ich gehe ins Karlsbad und warte sehnlichst auf Welti. Es ist eigentümlich, mit welcher Naivität sich Welti über Henckells unglückliche Verlobung aufhält, steckt er selbst doch durchaus im nämlichen Sumpf, nur noch um einige Ellen tiefer. Er klagt über den Fluch des Broterwerbs, aber ohne Titanenstolz und Wut, ohne Galgenhumor. Er klagt nicht wie ein Pegasus im Joch, sondern wie ein Packesel, der von ferne die Marseillaise hört. Sein tiefster Kummer ist die Verteuerung des Bieres. Er rechnet mir aus, daß er in München für 42 Pf täglich 1 $\frac{1}{3}$ L. guten Bieres getrunken und daß er hier für 55 Pf nur 1 $\frac{2}{5}$ L. miserabelsten Berliner Bieres bekomme, daß, wollte er hier soviel Münchner Bier trinken, wie in München, er täglich 1 Mk. 10 Pf ausgeben müsse. Manchmal halte er's nicht länger aus, es sei ihm, als müsse er jetzt um alles in der Welt Münchner Bier haben. Aber dann ärgere er sich, solange er dabei sitze. Darauf erzählt er mir zum drittenmal die Geschichte seiner Furunkeln. An den Hoden habe er die meisten gehabt, es habe ganze Knollen gegeben, jetzt bekomme er

wieder eine am Kopf. Er habe sie mit Lanolineum einge-
rieben, aber nun schilfere die Haut ab, nur so teelöffel-
weise. Wie ich bemerkte, nimmt seine Braut den lebhaf-
testen Anteil an den Furunkeln ihres Geliebten. Was
bleibt ihr auch anderes übrig! Ihr Geschmack scheint es
aber doch nicht gerade zu sein. Und dabei gebärdet er
sich noch so wehleidig wie möglich. Er kokettiert förm-
lich mit diesen Furunkeln. Wenn er ihr auf dem Weg
vom Theater nach Hause den Arm bietet und sie drückt
ihn an ihr Herz, dann ächzt er auf, als hätte sie seine
Todeswunde getroffen – der Esel!

19. Juni 1889

Brief von Onkel Erich, worin er mir unsere vier oder
fünf Gesprächsthemata noch einmal rekapituliert. Neues
steht nicht ein einziges Wort darin. Bei meinem Schneider gelingt es mir, mich etwas unbefangener zu benehmen als gestern. Schon vor dem Essen muß ich unwillkürlich an Rückenmarksschwindsucht denken. Die Even-
tualität, selber daran zu leiden, beunruhigt mich nicht
einmal besonders. Aber meine Gedanken kommen immer wieder darauf zurück. Als ich mit meinem Schneider
fertig bin, bemächtigt sich meiner das Gefühl, als besuche mich jemand zu Hause. Ich denke, es wird Welti
sein, der mir ein Billett zum Figaro bringt. Ich eile so
rasch ich kann und gönne mir kaum Zeit, beim Buchhändler das Recht der Frau in Empfang zu nehmen. Ich
hoffe, Welti vielleicht noch auf dem Rückweg zu begegnen. Aber ich begegne ihm nicht, und zu Hause ist auch
niemand. Ich nehme, wie von einem inneren Drang getrieben, Niemeyers »Pathologie« zur Hand und lese fünf
Seiten über tabes dorsualis. Es ist mir dabei, wie schon
gesagt, gar nicht besonders um meine eigene Gesundheit
zu tun, aber es beruhigt mich doch, daß ich offenbar keine Symptome aufweise. Kurz vor dem Tee meldet mir
Frau Pansegrau, Gerhart Hauptmann sei um Mittag dagewesen, einmal vor und einmal nach Tisch, nachdem er
mich bei Bischoff verfehlt. Auf dem Lokus mache ich die

unangenehme Entdeckung, daß ich an Hämorrhoiden leide, einstweilen nur an blinden. Ich nehme unverzüglich eine Dosis pulvis pectoralis liquiritii compositus haemorrhoidarius Curellae vel Hufelandii und arbeite bis 11. Darauf begebe ich mich ins Café Bauer, wo ich zwei Stunden vergebens auf die Wesen warte. Gegen zwei begebe ich mich nach Hause, noch immer von dem drückenden Gefühl belastet, als ob ich unverschuldet Unrecht leide. Während der stillen Dämmerstunden des Morgens kommt dann die Katastrophe zum Ausbruch.

20. Juni 1889

Nach einer etwas strapaziösen Nacht fühle ich mich den ganzen Tag über doch sehr sensibel. Um Mittag herrscht im Tiergarten eine berauschende Ruhe. Es hat kurz vorher geregnet, so daß die Luft ungemein erfrischend wirkt. Außer bei Tisch mit dem Kellner wechsle ich den ganzen Tag über mit keinem Menschen ein Wort.

21. Juni 1889

Vormittags vollende ich die erste Szene und schreibe an Mama. Bei Tisch sitzt ein einfach gekleideter junger Mann neben mir mit kurz geschorenem blonden Haar, einem Bart und ausdruckslosem Milchgesicht. Er läßt sich einen großen Teller voll Gemüse reichen und trinkt Selterswasser dazu. Er ißt vollständig über seinen Teller gebückt, indem er mit der schlaff gehaltenen Gabel große Haufen in den Mund schiebt, den er kaum dabei öffnet. Verschiedene Male ist er nahe am Einschlafen, rafft sich aber immer wieder zusammen und rülpst zwischendurch wie eine Saugpumpe. Nachdem er mit dem Gemüse fertig ist, zieht er seinen Geldbeutel und zählt den Inhalt auf dem Knie, wobei ihm zwei Stücke zur Erde fallen. Das eine Stück scharrt er mit dem Fuß unter meinem Stuhl vor, ohne im geringsten von meiner Anwesenheit Notiz zu nehmen. Darauf bestellt er sich eine »Speise«, wie man hierzulande ein Stück Pudding nennt, hat sie aber kaum hinunter, als sie denselben Weg wieder retour kommt. Er zieht sein Taschentuch, putzt sich den Rock ab und nimmt die nachfolgenden Brocken damit in Empfang.

Ich habe indessen allerdings etwas schüchtern versucht, ihn anzureden, aber durchaus ohne Erfolg. Nun empfinde ich das lebhafte Bedürfnis, ihn am Arm zu nehmen und hinauszuführen. Dagegen sträubt sich aber meine Eitelkeit, indem ich fürchte, von den anwesenden Gästen oder gar von den Kellnern für seinen Freund gehalten zu werden. Vor den Kellnern hege ich nämlich eine fast abgöttische Ehrfurcht, der ich mich fortwährend vergebens zu erwehren suche. Schließlich mache ich einen der Kellner, der den Unglücklichen schon seit geraumer Zeit beobachtet, auf seinen Zustand aufmerksam. Er fordert ihn ziemlich barsch auf, doch hinauszugehen und sich abzuputzen, fragt mich darauf, ob sich der Herr übergeben habe und erklärt auf meine Bejahung, es sei doch unbegreiflich, daß jemand so etwas nicht im voraus fühle. Ich suche ihn zu beruhigen, indem ich einwende, daß der arme Mann jedenfalls sehr unwohl sei und bestelle mir einen Kaffee. Nun hält es mich aber nicht länger. Was gehen mich Gäste und Kellner an! Der arme Junge ist allerdings wider mein Erwarten aufrecht, verhältnismäßig sicher durchs Lokal geschritten, aber draußen ohne Zweifel sofort zusammengesunken und krümmt sich jetzt vielleicht hilflos auf dem schmutzigen Pissoirpflaster. Ich habe die Tür noch nicht erreicht, als ich schon ein großes, mir von früher her bekanntes Behagen an meiner bevorstehenden Samariter-Rolle empfinde und mich eines Lächelns nicht enthalten kann. Zu meiner Enttäuschung finde ich aber das Pissoir leer. Offenbar sitzt der Patient auf dem Lokus. Ich nehme diesen Umstand für Grund genug, mich überflüssig zu fühlen und kehre ziemlich abgekühlt auf meinen Platz zurück. Nebenbei fällt mir auch ein, daß der junge Mann, offenbar Student, vielleicht nicht an Blutleere und Überanstrengung leidet, sondern lediglich an einem grandiosen Katzenjammer, eine Vermutung, die ich immerhin als nicht ganz ehrlich von mir gemeint zurückweise. Nach wenigen Minuten tritt mein Nachbar wieder ein, augenscheinlich um einiges erleichtert, wenn auch immer noch totenblaß. Ich rate ihm an, einen Bittern zu nehmen, was er aber ziemlich ungnädig von sich weist. Er berichtigt seine Rechnung, wofür der Kellner mit gemessener Zurückhaltung dankt, und entfernt sich, ohne mich eines Grußes zu würdigen. Der Kellner schwänzelt noch einiges um den Tisch herum und meint, er habe von Anfang an so bleich ausgesehen. Ich bezahle mit möglichst weltmännischem Gleichmut meinen Kaffee und verabschiede mich, wobei ich es als große Ehre empfinde, daß mir sämtliche Kellner, im Gegensatz zu meinem unglücklichen Nachbarn, Mahlzeit nachrufen.

Ich gehe durch den Tiergarten nach Hause und schreibe an Mati. Zwischendurch lese ich mit Wohlgefallen im ersten Heft meines Tagebuchs. Der Gesamteindruck scheint mir ein durchaus psychopathischer zu sein. Hätte ich nicht die Überzeugung, daß mein Seelenleben im großen und ganzen ein sehr diszipliniertes ist, so könnten mich jene Aufzeichnungen erschrecken. Unendlich kleinlich erscheint mir meine Tändelei mit Minna, eine klägliche Mißgeburt aus Eitelkeit und Rammelei, die wenigen Momente subjektiver Befangenheit abgerechnet, die aber unproduktiver sind als bei einem Gymnasiasten. Um zehn Uhr gehe ich in die Stadt mit dem Vorsatz, ein Tingeltangel aufzusuchen, bringe aber, nachdem ich bei zweien eine Weile vor der Tür gestanden, den Mut nicht zusammen, einzutreten. Ich verwünsche meine Einsamkeit. Ich habe wieder den ganzen Tag mit keinem Menschen mehr als drei Worte gewechselt. Ich fasse den festen Entschluß, wenn irgend möglich, in den literarischen Verein einzutreten. Ich muß Umgang mit jungen Menschen haben, je jünger desto besser. Welti ist selber alt, er ist noch zehnmal älter als ich. Im literarischen Verein habe ich Aussicht, ausnehmend junge Leute zu treffen. Ich gehe schließlich ins Café Bauer, finde jedoch auch hier keine Gelegenheit, mich meinen Gedanken zu überlassen, und gehe wieder zurück ins Karlsbad in der

Hoffnung, entweder Welti oder die Harts oder beide an-
zutreffen. Ich finde niemand, bin nach wenigen Minuten
der letzte Gast, stürze mein Bier hinunter und begebe
mich leichten Herzens auf den Heimweg. Ein junges
Mädchen im grauen Kleid ohne Mantel, einen hellen
weißgarnierten Strohhut auf dem Kopf, tritt aus einer
dunklen Einfahrt und schreitet zielbewußt, wenn auch
etwas zaghaft, quer über die Straße. Sie geht wie von
einem inneren Drang getrieben. Ich gehe dicht an ihr
vorüber und suche sie zu fixieren. Sie scheint mich aber
gar nicht zu bemerken. Wie ich mich umwende, sehe ich
sie am gegenüberliegenden Garten haltmachen und mit
gestrecktem Arm eine dunkle Rose über den kleinen
Garten weg in die offene Veranda der Parterrewohnung
schleudern. Ebenso ruhig wie sie gekommen, kehrt sie
über die Straße zurück und läßt die schwere Tür hinter
sich ins Schloß fallen. In ihrem ruhigen, unverrückt geradeaus gerichteten Blick schien mir etwas unendlich
Weibliches zu liegen, eine gewisse wehmütige Entschlos-
senheit, als fühle sie sich in diesem Augenblick selber
nur als das Opfer einer unabänderlichen Fügung.

22. Juni 1889

Den ganzen Tag über bedrückt mich das Gefühl der Einsamkeit. Gegen Abend gehe ich zu meinem Schneider
und ersuche ihn, mir den Anzug morgen nicht zu schikken, sondern erst einige Tage später. Er versteht mich
sofort und meint, ganz wie ich wünsche. Ich erwartete, er
werde sagen, das mache gar nichts, er vertraue mir soviel. Deshalb bin ich unwillkürlich stehengeblieben, sage
dann etwa Dienstag oder Mittwoch und empfehle mich.
Ich trage mich mit dem Gedanken, in St. Helena einen
Kaffee zu trinken, kaufe mir aber den Don Quichotte
und lese darin im Tiergarten bis acht. Zu Hause angekommen, höre ich, Welti sei dagewesen und habe mich
ins Theater holen wollen. Ich treffe ihn gegen 12 im
Karlsbad und atme auf, nach drei Tagen wieder einem
Menschen gegenüber zu sein. Ich sage ihm, ich hätte vor,

morgen nach Erkner zu fahren. Er teilt mir mit, seine Braut erwarte mich. Anna Spichart reise am Montag nach Frankfurt zurück. Übrigens solle ich mich nicht abhalten lassen.

23. Juni 1889

Das herrliche Wetter bestimmt mich, nach Erkner zu fahren. Gerhart Hauptmann empfing mich mit der Mitteilung, er erwarte täglich das kleine Wurm. Seine Frau entgegnet auf meine etwas trübselig gestellte Frage, wie es ihr gehe: Ganz gut, sie müsse selber lachen. Sie komme dann und wann noch zum Vorschein. Hauptmann und sein Bruder wollen sich in Pankow ankaufen. Holz und seine Freunde bezögen dort ebenfalls Sommerwohnung, ich solle doch auch kommen. Ich teile ihm mit, ich hätte indessen wieder einen Rückenmarkleidenden gefunden. Seine Frau meint, es sei immer besser, es glaube einer, daran zu leiden, und sei gesund, als wenn einer glaube, gesund zu sein, und daran leide. Nach einer Tasse Tee gehen Gerhart und ich nach Fangschleuse, um seinen Freund Schmidt zum Abendessen zu holen. Gerhart hat anläßlich eines in der Nähe begangenen Diebstahls dem Ortsvorsteher angezeigt, daß er einen ganzen Anzug nebst Hemd und Zubehör im Wald habe liegen sehen. Der Ortsvorsteher hat ihn dafür angeschnauzt und zur Rede gestellt, warum er den Anzug nicht mitgebracht. Er hat ihm hierauf sehr erregt erwidert und leidet nun noch an dem häßlichen Eindruck, den ihm der Vorfall hinterlassen. Wir weichen vom Weg ab durch Tannen und niederes Gebüsch und finden Schmidt schließlich am Waldsaum hinter der Staffelei, auf der eine halbfertige Studie steht. Hauptmann bietet alles auf, um mich zu bewegen, mein Urteil darüber abzugeben. Ich entgegne, ich verstände nichts davon, zumal das Bild noch unvollendet sei. Wir begleiten Schmidt in seine Wohnung, ein kleines Häuschen neben der Schleuse, in dem er ein Zimmer nebst zwei kleinen Gelassen zur Verfügung hat. Das Zimmer ist naiv ländlich, einfach ausgestattet. An

63

der längsten Wand stehen zwei sehr behagliche niedrige Betten. Schmidts Frau ist noch in Berlin, wo sie eine Bandwurmkur gemacht hat. Sie litt an Magenerweiterung.

Gerhart Hauptmann hat mir übrigens unterwegs erzählt, wie einer seiner Freunde Kritiker an der Deutschen Rundschau geworden. Es ist allerdings Geheimnis, aber er behauptet, nicht dichthalten zu können. Der Freund war in Geldnot und trägt ein Buch von Rodenberg zum Antiquar. Beim Verkauf fällt ihm ein, daß er eigentlich noch etwas darüber schreiben könne. Das tut er denn auch. Wenige Tage darauf wird er zu Rodenberg eingeladen. Rodenberg versichert ihm, er habe ihn stets für einen großen Dichter gehalten. Ob er nicht den kritischen Teil der Rundschau übernehmen wolle. Das Nähere wollten sie nächstens auf der Redaktion besprechen, oder, was noch besser sei, er solle in seine Privatwohnung kommen. In Schmidts Stube steht noch ein größeres Bild, ebenfalls unvollendet, an das sich die Kontroverse knüpft, ob es tunlich sei und der Wahrheit nicht widerspreche, wenn man etwas Barockes hineinmale. Vor dem Haus steht eine Bäuerin mit ihrer halbwüchsigen Tochter, die, weil es Sonntag ist, Schuhe getragen und sich darin die ganze Ferse aufgelaufen. Ich rate ihr, Öl darauf zu tun, nachdem sie die wunde Stelle gewaschen, und hernach mit Leinen zu verbinden. Schmidt spricht ganz entschieden für Arnika. Die Bäuerin sagt, sie habe bereits Provenceöl darauf getan. Gerhart Hauptmann bittet mich um ein Stück Papier, notiert etwas und steckt es ein. Ich denke nichts anderes, als er wolle der Frau Arnika zukommen lassen, und will ihm gerade etwas Schmeichelhaftes sagen, als er auf das Provenceöl zurückkommt. Da suche und suche man oft nach einer Verdrehung. Und alles, was man finde, sei Scheiße. Da habe man's nun. Es könne ja gar nicht anders heißen. Deshalb habe er's auch sofort notiert.

Auf dem Rückweg erzählt er mir von Henckell, er habe einst an Arno Holz ein Manuskript geschickt mit der Bitte, es durchzugehen. Holz habe manches geändert, ihm aber zum Schluß geraten, es doch lieber nicht zu veröffentlichen. In dem Manuskript sei auch ein überschwengliches Gedicht an Holz selber gewesen, und wie Holz nun das gedruckte Exemplar in die Hände bekommen, habe er alle Überschwenglichkeiten herabgemildert, stellenweise sogar ins Gegenteil verändert gefunden. Er habe sich den Spaß gemacht und die ursprünglichen Stellen dazugeschrieben. So habe er ihnen, Schmidt und ihm, das Gedicht gezeigt. Mir ist die Sache noch nicht ganz plausibel. An Böcklin hat Schmidt nur auszusetzen, daß er nicht gewöhnlichere Stimmungen male, sondern sich immer noch ans Außerordentliche halte. Der Ideengehalt seiner Bilder existiert für ihn gar nicht.

Nach Tisch werden Versuche in Gedankenlesen angestellt. Ich stecke eben hinter der Binde, als zwei junge Herren eintreten. Sie haben das Promethidenlos und Hauptmanns Novelle in der Gesellschaft gelesen und wünschen, ihn kennenzulernen. Die Unterhaltung verspricht sehr literarisch zu werden. Hauptmann schlägt Croquet vor, was ich sogar als Erlösung empfinde. Die beiden Jünglinge entwickeln anerkennenswerten Eifer. Frau Hauptmann bereitet indessen eine Erdbeerbowle. Ich fühle mich überglücklich, den beiden Fremdlingen gegenüber mehr zum Hause zu gehören. Ich entwickle sogar beim Croquet eine größere Geschicklichkeit, bemogle indessen nebenbei aus Leibeskräften. Bei der Bowle dreht sich die Unterhaltung lediglich um Karl Bleibtreu, den die Jünglinge für den ersten deutschen Dichter halten. Büchner haben sie zwar nicht gelesen, aber er sei gar nichts gegen Bleibtreu. Hauptmann regt sich auf und verteidigt seinen Standpunkt mit Wärme, aber auch mit Gemessenheit. Schmidt und ich halten uns an den Punsch, während Frau Hauptmann ihre Schwester immer wieder auf unsere leeren Gläser aufmerksam macht. Im übrigen verhalten sich die Damen mehr leidend als aktiv. Auf einmal protzt Schmidt los, und zwar ebenso ruhig wie unzweideutig. Bleibtreu habe Leixners Frau geradezu verleumdet, und das sei einfach Gemeinheit. Die Jünglinge retirieren sich hierauf hinter verschiedene Zugeständnisse, und das Gespräch beruhigt sich. Der Wortführer der beiden ist ein hagerer, blasser Student, dem man auf den ersten Blick den Literaturbeflissenen ansieht, hauptsächlich wohl an seinem nichts weniger als üppigen, aber durchaus zwanglos gehaltenen blonden Bartwuchs um Kinn und Lippen. Er spricht süddeutsch und hat auch in mir sofort den Süddeutschen wiedererkannt. Der andere, ein ehemaliger Maler, gegenwärtig Musikbeflissener, verhält sich meist schweigsam, und zwar ohne dabei den Verdacht zu erwecken, daß er sein Licht unter den Scheffel stellt. Er hat ein dickes, dunkles Mopsgesicht, trägt einen Zwicker und ist patent gekleidet. Wenn er die Augen aufschlägt, so wird ein ganz leiser Schimmer von Liederlichkeit darin bemerkbar, wohl das einzige, was seine Künstlerseele verraten könnte. Nach zehn geleiten Schmidt und Hauptmann uns zur Bahn. Hauptmann verspricht, morgen nach Berlin zu kommen. Im Coupé unterhalte ich mich mit dem Literaten über Lausanne, wo er das letzte Sommersemester studiert und fast ausschließlich in Gesellschaft deutscher Studenten verkehrt hat. Ich denke gar nicht daran, ihn nach Vetter Theo zu fragen. Er hat den alten Secrétan gehört, ist aber sonst nicht viel auf der Akademie gewesen. Die dortige Nation hat er sehr liebgewonnen und behauptet, sich oft mit Schmerzen danach zurückzusehnen. Auf dem Schlesischen Bahnhof steigen die beiden Zöpfe aus. Ehe sie zu Hauptmanns kamen, hatten sie schon einen anderen deutschen Dichter besucht, der in Grunewald wohnt, dessen Name mir aber unbekannt war und trotz seiner Erwähnung geblieben ist. Aus dem Nebencoupé tritt ein etwa 10jähriger Junge mit auffallend bleichem, hübschem Gesicht ein. Um die schmalen Schultern trägt er die schwarze, von Perlen glitzernde Mantille seiner Mutter, die ihm fast bis zu den Knien reicht, so daß seine kurzen, schwarzen Hosen vollständig verdeckt sind. Gleich unter der Mantille kommen seine in weiße Strümpfe gekleideten, anmutig geformten Beine hervor. Auf dem Kopf trägt er ein in den Ecken zu Zipfeln geknüpftes weißes Taschentuch. Er streckt sich auf die Bank mir gegenüber aus und schläft sofort ein. Sein Schwesterchen, das aus dem nämlichen Coupé tritt, sucht ihn zu wecken, wird aber von dem im Hintergrund erscheinenden Vater davon zurückgehalten. Am Alexanderplatz steigt zu meinem Bedauern die ganze Gesellschaft aus. Ich begebe mich ins Café Bauer und trete gegen eins in angenehm angeregter Stimmung den Heimweg an.

24. Juni 1889

Gerhart Hauptmann kommt nicht. Ich fühle das lebhafteste Bedürfnis nach einer wirkungsvollen Anregung, um an meinem Lustspiel weiterzukommen. Ich beschließe, ins Deutsche Theater in »Romeo und Julia« zu gehen, verschlafe aber zu Hause die Zeit und treibe mich abends zwei Stunden in der Stadt herum, verfehle Welti und komme ziemlich verstimmt nach Hause. Ich bin von den aufrichtigsten Heiratsgedanken besessen. Die Auserwählte ist die jüngere Tochter Widmanns in Bern. Ich habe sie nie im Leben gesehen. Ich weiß nur von ihr, daß sie hübsch ist, dabei munter und ein wenig üppig. Sie schwebt mir in einem rosa Waschkleid vor. Ich denke mir an ihrer Seite ein vagabundierendes Künstlerleben von Berlin nach Rom, von Rom in die Schweiz etc. Wenn ich an unseren ersten Sohn denke, so will mir vor Freude das Herz zerspringen. Ich gehe an einer Parterrewohnung vorbei, in der Wagner gespielt wird, und denke, daß sie ohne Zweifel Musik versteht. Auszuüben braucht sie nicht viel. Wenn sie schließlich nur eine angenehme Stimme hat, daß wir in Stunden der Langeweile irgendeine Schnurre oder ein Volkslied zweistimmig singen können. Ich glaube, diese Träumerei datiert von den beiden behaglichen Betten her, die in Schmidts Behausung der Wand entlang standen.

25. Juni 1889

Vor Tisch fahre ich ins Museum. Ich schmachte nach Anregung. Meiner Arbeit gegenüber sehe ich mich wie am

Fuß eines unübersteigbaren Berges. Ich irre durch die Säle, ohne irgendwo dauernd gefesselt zu werden. Tizians Tochter gegenüber überkommt mich das Gefühl, daß mir die Beziehungen zur Wirklichkeit fehlen. Ich habe eine gefirniste Leinwand vor mir. Erst wenn es mir vergönnt gewesen sein wird, das Original eingehend zu studieren, werden diese Werke wieder Plastik für mein Auge gewinnen. Gegenwärtig wirken sie nur wie sehnsuchterweckende Träume, ins Nichts zerfließend, sobald sich der Arm danach ausstreckt. Aus der Berührung mit der Wirklichkeit heraus werden sie mir wieder die ruhespendenden Ideale werden, die ich in München in ihnen fand und verehrte. Wer das Leben nicht kennt, für den ist auch die Kunst auf die Dauer unfruchtbar. Aus dem ausschließlichen Genuß der Kunst entwickelt sich der Geschmack am unnatürlich Übertriebenen, am fieberhaft Raffinierten. Nur aus dem Lebensgenuß kann ein geläuterter Geschmack in der Kunst entstehen. Zu meiner eigenen Beschämung fühle ich mich zum Martyrium der Hl. Agathe hingezogen und suche emsig nach französischen Werken der Rokokozeit. Allerdings fesselt mich mehr als alle Bilder eine einfache junge Malerin in ihrem ruhigen, ungestörten Schaffen. Sie kopiert das Portrait einer alten Dame. Ich lasse mich hinter ihrem Rücken auf dem Diwan nieder und versenke mich in Betrachtung ihrer Bewegungen. Aber auch der Malerin gegenüber packt mich ein Gefühl tiefster Beschämung, das mich von hinnen scheucht. Die Holländer fesseln mich zwar, aber zerstreuen zugleich. Ich verlasse das Haus, ohne das Gesuchte gefunden zu haben. Mit wahrer Andacht lese ich, was Michelet in seinem Buch über die Liebe, Seite 267, 268, 269, über den Einfluß der Ehe sagt. Wie ich am Nachmittag mein Zimmer für einen Augenblick verlasse, sehe ich einen Polizisten in der Tür stehen und weiß sofort, was die Stunde geschlagen. Er bittet mich, auf die Polizei zu kommen, wo man einen Staatsangehörigkeitsausweis von mir fordert. Somit sind denn meine Tage in Berlin gezählt. Die Erregung, die das Vorkommnis in mir hervorruft, lenke ich aber sofort auf meine

Arbeit über, in der ich auch nach kurzem Suchen den richtigen Weg finde. Abends gehe ich zu Kroll und dann ins Karlsbad, wo Welti sehr bestürzt ist über mein Schicksal. Ich suche sofort den Kostenpunkt der Fahrt nach München im Kursbuch. Wenn man mich in München ebenfalls drangsaliert, dann gehe ich nach Venedig. Aber ich werde wiederkommen, so bestimmt ich wieder zur Tochter Tizians zurückkehren werde, oder dann ist mein Leben überhaupt keinen Heller wert, und brauche ich kein Bedenken zu tragen, mich der Arbeit ums liebe Brot auszuliefern. Anna Spichart ist nach Frankfurt verreist und läßt mich vielmals grüßen. Welti sagt, er sei ausgeschimpft worden, weil er mir nicht gesagt, daß sie Montagabend reise.

26. Juni 1889

Brief an Anna Spichart. Nach Tisch gehe ich zur Herzog, um ihre Adresse zu erfragen. Die Herzog ist um vieles gemütlicher als sonst. Dennoch spielt sie mit Welti wie die Katze mit der Maus. Sie erspart ihm keine Beschämung. Mustert vor meinen Augen sein Schuhwerk und sucht unaufhörlich an mir herumzunörgeln. Zu Hause finde ich einen Brief von Mama, die nicht mehr in ihre Schuhe zu können behauptet. Aber sie scheue sich, zum Arzt zu gehen. Wenn man einmal angefangen, so nehme das kein Ende mehr. Der Brief versetzt mich in große Unruhe. Willys Braut ist angekommen. Mama entwirft mir eine sehr eingehende, nicht eben vorteilhafte Beschreibung von ihr. Während ich Abendbrot esse, kommt Welti, dem ich dann aus Henckells Gedichten vorlese. Er kann sich eines bedeutenden Eindrucks nicht erwehren. Wir gehen zusammen ins Karlsbad und sprechen viel über meine Abreise. Welti scheint mein Verhängnis in der Tat tiefzugehen. Voraussichtlich werde ich noch im Lauf der nächsten acht, vierzehn Tage nach München abdampfen. Mama schickt mir eine Empfehlung von Tante Plümacher an Frau v. Hartmann. Ich bin noch unentschlossen, ob ich davon Gebrauch machen soll. In meinem Lustspiel bin ich noch um kein Haar weiter.

27. Juni 1889

Während der Arbeit beunruhigt mich fortwährend die Nachricht von Mamas geschwollenen Füßen. Und dabei kann ich gar nicht umhin, immer wieder der stumpfen Porphyrsäule zu gedenken. Ich frage mich, ob sie nicht selber das Geschick heraufbeschworen. Aber der Gedanke verfängt nicht. Gegenwärtig stehe ich über dem Mystizismus. Übrigens ist der Kausalzusammenhang ja zweifelsohne umgekehrt. Im großen Ganzen sind die Befürchtungen äußerst egoistischer Natur. Auf jeden Fall werde ich Hammi die Sache ans Herz legen. – Auf München freue ich mich schon gewissermaßen.

28. Juni 1889

Ein stiller Tag, an dem ich mir Des Knaben Wunderhorn beilege und in Gedanken um einiges weiterkomme. Abends eine Maß Hofbräu, die meine Stimmung nivelliert. Bis 12 im Café Bauer. Ich träume von München.

29. Juni 1889

Gegen Mittag treffe ich Welti im Karlsbad, von wo wir in den Spaten in der Stadt gehen. Welti gibt sich die erdenklichste Mühe eine Virginia zu rauchen, aber sein Blasebalg ist nicht stark genug. Alle fünf Minuten verlischt sie, was ihn sehr nervös macht. Übrigens bläst er auch mehr hinein, als daß er zieht. Er sagt, ich habe mich sehr verändert. Ich sei ernster geworden und weniger frivol, wiewohl ich immer noch sehr frivol sei. Wie wir zum zweiten Glas schreiten, erinnere ich ihn daran, daß er mir einst in München auf der Maximilianbrücke gesagt, ein starker Mensch müsse auch zuweilen etwas Schlechtes tun können. Er erinnert sich des Ausspruchs nicht mehr, obschon ich ihm die Veranlassung zu der Äußerung ins Gedächtnis zurückrufe. Es handelt sich um einen anonymen Brief, betreffend das Gerücht der Verlobung zwischen ihm und der Herzog, den er durch seinen Vetter von Rio de Janeiro aus an die Eltern des damaligen Bräutigams der Herzog schreiben ließ. Wir kommen auf die Äußerung zurück, wobei ich den Ausdruck dozieren brauche. Er fühlt sich deutlich in tiefster Seele getroffen. Er wisse wohl, das sei sein alter Fehler. Er wolle gar nicht dozieren und die Prätention liege ihm unendlich fern. Er habe damals wohl gefühlt, daß ich ihm in vielen Punkten überlegen gewesen sei, hauptsächlich in der Dialektik. Aber all diese Punkte habe er sich auch nicht verhehlen können, seien hohl gewesen. Ich sei überhaupt der Gegensatz von ihm. So auch mein Benehmen in Gesellschaft. Die Herzog habe gesagt, wenn der Wedekind nur mal um einen Grad gemütlicher sein wollte! Sie habe stets das Gefühl, ich halte sie für ein dummes Gänschen. Ich mache eben Konversation, der man es ansehe, daß sie gemacht sei. Man habe den Eindruck, von mir düpiert zu werden. Schon durch meine übergroße Höflichkeit. Das alles wirke nicht echt. Auf meine Entgegnung, daß ich nur immer das Bestreben hätte, möglichst natürlich zu sein, und daß ich mir eingebildet, mich gerade der Herzog gegenüber äußerst natürlich gegeben zu haben, weist er mir nach, daß es mir nicht gelungen sei, indem die Herzog ja die Naivität selber sei, und daß ich somit schließlich der Düpierte sei, indem sich die Menschen unwillkürlich vor mir einkapseln. Z. B. habe ihm die Herzog gesagt, daß ich sie gebeten, doch nicht so grausam mit ihm umzuspringen. Das könnte nun doch unmöglich mein Ernst gewesen sein, da ich doch ihr Verhältnis ganz genau kenne. Es wird mir ziemlich schwer, bei dieser plötzlichen Wendung meine Fassung zu bewahren, während ich alles aufbiete, um meine damalige Äußerung möglichst harmlos erscheinen zu lassen. Eine solche Durchtriebenheit hätte ich der Herzog trotz allem nicht zugetraut. Das erinnert schon mehr an Isa im Fall Clemenceau. Kein Wunder, daß sie sich durch das Stück so abgestoßen fühlte. Rechne man dazu, daß sie in ihrem

Verstandesleben offenbar ein wenig beschränkt ist, so ist das Bild harmonisch. Und mein guter Welti hält das alles Zug für Zug für Naivität. Der Wirt erscheint im Lokal und konstatiert, daß es nahe an drei sei. Ich sage, jetzt werden wir aber hinausgeschmissen. Einmal muß ja doch geschieden sein, erwidert er mit liebenswürdigem Lächeln.

Es ist heller Tag auf den Straßen. Wir gehen in den Tiergarten, wobei Welti sich noch immer über meine verfehlten gesellschaftlichen Berechnungen verbreitet. Es sei zu hoffen, daß ich meine Unnatur noch ablege. So wie ich sei, könne ich auch in großer Gesellschaft nur eine lächerliche Rolle spielen. Ich hätte die gesellschaftlichen Formen durchaus inne, aber ich übertreibe sie auf Schritt und Tritt. Ich entgegne ihm, daß ich mich in der Tat auch einer jeden Gesellschaft gegenüber, und bestehe sie nur aus zwei Personen, als der Unterlegene fühle, daß ich mir hingegen einbilde, jeden Menschen, mit dem ich allein sei, vollkommen in meiner Gewalt zu haben. Diese Äußerung macht ihn momentan stutzig, doch kommt er bald wieder ins Fahrwasser, indem er auf den Fall Anna Spicharts übergeht.

Auf der Brücke vor dem Lehrter Bahnhof sehen wir die Sonne über Berlin aufgehen. Sie steigt ungemein langsam empor und dringt nur mühsam durch den dicken Dunst, der über der Spree liegt. Die Straßen sind noch vollkommen leer, nur hin und wieder eine Droschke mit einer übernächtigten Gesellschaft darin. Auf dem Lehrter Bahnhof trinken wir Kaffee, wobei ich Welti zur Verzweiflung bringe durch die Frage, was er von Schiller halte. Wir projektieren, uns Fleischwaren zu kaufen und auf meiner Bude ein Gabelfrühstück einzunehmen. Aber kaum haben wir den Bahnhof verlassen, so schlappt Welti ab. Ich begleite ihn nach Hause und wende mich dann selber meinem Heim zu, indem ich durch die Kurfürstenstraße gehe, um der Polizei nicht über den Weg zu laufen. Im Bett lese ich noch einiges aus Des Knaben Wunderhorn und schlafe gegen 7 ein.

Ziemlich verkatert begebe ich mich nach Tisch zur Herzog, um ihr Lebewohl zu sagen. Sie hat alle Hände voll zu tun. Welti versiegelt ihre Wertpapiere, die auf der Reichsbank deponiert werden sollen. Wir bedauern gemeinsam das Sinken des Zinsfußes. Ich begleite Welti zu seiner Behausung und lese ihm, während er packt, Fritz Fleiners Artikel über Berliner Musikverhältnisse vor. Darauf essen wir zusammen Abendbrot im Dessauer Garten und wandern von dort ins Theater. Ich gebe dem Gefühl Ausdruck, daß, wenn man auch persönlich nicht gerade Glück habe, es immerhin hochinteressant sei, soundsoviele Fäden, die man sich habe knüpfen sehen, zu beobachten, wie sie sich weiterspinnen, zu beobachten und abzuwarten, was aus all den Persönlichkeiten noch wird, die Schulter an Schulter mit einem nach demselben Ziel streben, die Entwicklung derjenigen Menschen zu verfolgen, die man selber hat werden sehen und deren Existenzpräzedenzien man auf das genaueste kennt. Indessen beruhige einen andererseits wieder die Erwägung, daß es länger als 60, 70 Jahre schwerlich dauern wird und daß von diesen 70 gut ein Drittel schon abgetan sei. Welti meint, der Mensch könne aber in 70 Jahren viel Unglück erdulden müssen. Für die übrigen Punkte der Betrachtung zeigt er nicht das geringste Verständnis. Nachdem er mir das Billett besorgt, verabschieden wir uns bis morgen nachmittag. »Der Freischütz« ist mir ein willkommener Genuß. Die Herzog gefällt mir vorzüglich, auch in ihrem Spiel. Sie sieht auch sehr gut aus, was freilich damit zusammenhängen mag, daß ich kein Opernglas habe. Die Leisinger stolziert über die Bühne wie ein Schulpferd. Der letzte Akt rührt mich fast bis zu Tränen, während ich mit größtem Interesse der Wolfsschluchtszene gefolgt bin, meine Aufmerksamkeit hauptsächlich den Höllenfratzen zuwendend. Es ist die letzte Vorstellung vor den Ferien. Demgemäß nehme ich Abschied von diesem Musentempel.

Brief von Mati erhalten.

Adresse von Frl. Herzog jun. in München
Herzogstraße 19, Schwabing

Bennats Adresse
Theresienstraße 6. III.

Heinrich Harts Adresse
Karlstraße 18 A Berlin N.

1. Juli 1889

Stehe um elf auf und rechne mit Herrn Pansegrau ab. Er
will mir vom nächsten Monat an keinen Heller erlassen.
Ich kaufe mir den Quixote 2 und begebe mich damit in
den Tiergarten, gehe dann zum Essen und wieder in den
Tiergarten, wo ich an einen Kinderspielplatz gerate. Die
Bonnes kommen mit ihren Schutzbefohlenen, von denen
sie per Fräulein angeredet werden. Sie geben sich hier
offenbar Rendezvous, nehmen die Arbeit aus der Tasche, unterhalten sich und geben zwischendurch acht,
daß die Kinder nicht mich statt mir und nicht Stöckern
statt Stöcken sagen. Bei den Kindern fällt mir sofort wieder der Unterschied zwischen aristokratisch und gewöhnlich auf. Ein Mädchen, etwa 6 Jahre alt, gefällt mir durch
ihr kluges Gesicht, ihren hübschen Kopf und die gemes-
sene Art, wie sie die Füße setzt. Auch in ihrer Haltung,
wenn sie dasteht und andere Kinder beobachtet, liegt ein
unbewußter Adel. Sie hat einen etwas jüngeren Bruder
zur Seite, der ausnehmend dumm aussieht. Ihre Gespiel-
in ist eine lärmende Geksnas, auch nicht häßlich, aber
ohne die geringste Sonderheit in der Erscheinung. Jedenfalls ist sie aber auch geistig ein Gutteil gemeiner. Sie
nimmt ihre Freundin am Arm und führt sie vor drei Kinder, ein Mädchen und zwei Knaben, zeigt ihr dieselben
wie Raritäten und sagt, das Mädchen sage wasch statt
was. Eben erst habe es wasch statt was gesagt. Die drei
Kinder stehen unbeweglich da, wie wenn sie nicht hier-
hergehörten. Alle drei haben etwas ausschließlich Beob-
achtendes, Nachdenkliches, fast Finsteres in den Mienen. Sie scheinen mir Kinder eines Unterbeamten zu

sein, der sich emporgearbeitet hat in eine ihm neue Sphäre und dem das Leben nicht leicht wird. Der eine der beiden Knaben, der in der Tat nicht dumm aussieht, macht mir den Eindruck, als werde er die ganze Gesellschaft, Aristokratisches und Plebejisches, dereinst hinter sich lassen. Nun kommen zwei sehr gut gekleidete Bengels von 7−10 Jahren, mit denen die beiden Mädchen sofort zu spielen beginnen. Sie sind offenbar sehr gut erzogen, und der ältere ist ausnehmend hübsch, zweifelsohne ein Erbteil seiner Mutter. Er ist schlank gewachsen, hat ein rundes, gesundes Gesichtchen und klarblaue, wenn auch etwas ausdruckslose Augen. Beide tragen das Haar in die Stirn gekämmt und horizontal geschnitten, darüber einen flachen weißen Strohhut mit kopfbreitem Rand und weißem Atlasband. Der ältere der beiden Brüder geht sofort auf die Geksnas zu mit den Worten: Du kannst ja nicht schreiben, Gretchen. Du schreibst ja lieber ohne E. Darauf spielt er ausschließlich mit der mit dem klugen Gesicht, der hübschen Kopfform und der gemessenen Art, die Füße zu setzen. Sein Bruder, der etwas kränklich zu sein scheint, hält sich zu den übrigen, die von der Geksnas eingeführt werden.

Ich gehe auf den Bahnhof Friedrichstraße, wo ich Welti und die Herzog bereits antreffe. Welti vertraut mir seine Braut an, da er dritte Klasse fährt. Ich bugsiere sie in ein Damencoupé und nehme Abschied. Muß aber noch verschiedentlich zwischen beiden Botschaften hin und wieder tragen. Schließlich gucken beide zum Fenster hinaus, sie zweite, er dritte Klasse, und nicken sich ein ›Wiedersehn‹ zu. Sie hat mich übrigens beauftragt, ihrer Schwester in München zu sagen, Welti sei noch in Berlin. Die Herzog ruft mich nochmal zurück, ich solle Heinrich sagen, in Hannover müßten sie aussteigen und warten, eine Botschaft, die er aufs freudigste begrüßt, da er dann wieder einige Zeit mit seiner Emilie zusammen sein kann. Er beauftragt mich, ihr zu sagen, er sei gleich im nächsten Wagen, hart an der Tür. Sie nickt mir freundlich zu für diese Meldung. Endlich braust der Zug hinaus.

Ich kehre zum Nachtessen nach Hause zurück, fühle mich sehr vereinsamt, schlafe nach dem Abendbrot bis gegen elf und gehe darauf noch zu einer Maß ins Pschorr. Auf dem Rückweg sehe ich zwei nette Mädels in ziemlich angeheiterter Stimmung zum Spaten heraustreten. Bei einem alten Bettler machen sie halt, und wie ich vorüberkomme, treten beide auf mich zu, ich möchte doch diesem alten Herrn etwas geben. Einige Herren, die dicht hinter mir kommen, halten sie ebenfalls an, und zwar auf das allerliebenswürdigste mit einem kleinen Anflug von Zungenschlag. Der Alte ist selig und stammelt ununterbrochen: Ich bin ein geborener Berliner. Ich bin ein geborener Berliner. Jeder der Angehaltenen zieht seinen Beutel und nimmt dafür einen angenehm originellen Eindruck mit nach Haus.

2. Juli 1889

Gedrückte Stimmung, nichts gearbeitet, meist geschlafen, schwer geträumt, abends bei Münchner Bier. Dabei fühle ich mich nachgerade recht unsicher, so daß ich beschließe, baldmöglichst das Weite zu suchen.

3. Juli 1889

Brief an Armin, an Gerhart Hauptmann, an Mama.

Ich trage mich mit dem Gedanken, auf der Redaktion des Tagblatts nach meiner Novelle zu fragen. Komme aber nicht zur Ausführung. Nach Tisch nach Hause kommend, finde ich sie vor mit einer höflichen gedruckten Ablehnung. Gegen Abend gehe ich durch den Tiergarten nach Charlottenburg in der Hoffnung, etwas von einem Schloß oder größeren Garten oder was der Art zu sehen. Da sich nichts finden läßt, fahre ich per Tram zurück, eine herrliche Fahrt durch die endlosen, hundertjährigen Alleen. Beim Abendbrot überrascht mich Frau Pansegrau mit einer Kritik über Frauenemanzipation. Sie hat in »Frauenbildung« geblättert. Wer denn Strümpfe stopfen solle, wenn die Frau Bücher lese. Die Frau von unserer Exzellenz stopft alle Strümpfe selber oft bis spät in die Nacht hinein. Und dabei hat sie 7 Mägde und 2 Bediente, und da redet ihr seine Exzellenz nicht drein. Die Frau Exzellenz weist jeder zu, was sie zu tun hat, und dann paßt sie aber auf, ob's gemacht wird. Jetzt reist sie fort für den Sommer in unsere Gegend. Die geht nicht ins Bad. Die reist auf ihre Güter nach Hinterpommern. Ob ich seine Exzellenz kenne. − Nein, ich kenne nur den Hofprediger Stoecker. − Ja, den habe ich auch mal gehört. Na, das war nicht von Stroh. − Seine Exzellenz ist der Kultusminister Freiherr von Geßler. Der komme eben da aus Hinterpommern, wo die Leute noch so dumm seien und glauben, nun, in Berlin, müßten sie auch noch so dumm sein. Deshalb sei er auch gegen die bessere Ausbildung der jungen Mädchen. Als ich Frau Pansegrau sage, daß bei uns die Mädchen auch die Universität besuchen, meint sie, nun ja, da haben sie ihre besonderen Appartements. Auf meine Verneinung entgegnet sie: Na, das fehlte hier gerade noch, wo so schon alles drunter und drüber geht.

Ich bedauere um ihretwillen erst recht, Berlin verlassen zu müssen. Kaum hat sie sich entfernt, so beginne ich mit Packen und packe noch den halben Koffer voll. Dann bis zwei im Panoptikum, wo ich eine sehr hübsche Priesterin in Gesellschaft zweier Herren sehe. Doch gelingt es mir nicht, mich so zu setzen, daß ich ihr Bild vor Augen habe. Ich vertiefe mich ins Kursbuch.

4. Juli 1889

Von elf bis zwei Koffer gepackt. Dann zu Tisch, wo ich im Kursbuch den Expreßzug finde. Ich gehe sofort auf die Güterexpedition und komme in fröhlicher Reisestimmung, wie alles so glatt abgeht. Zu Hause nagle ich die Kiste zu, wobei sich Herr Pansegrau unglaublich ungeschickt anstellt. Nehme Abschied und trage eigenhändig meinen Handkoffer zur Bahn, wobei ich mir ganz heldenhaft vorkomme. Ich fürchtete, Herr Pansegrau werde sich anbieten. Ich hätte ihm ein Trinkgeld geben müssen, hätte ihm nicht unter 3 Mk. geben können. Es wäre der dritte Teil meiner Barschaft gewesen, mit der ich in München ein neues Leben beginnen soll.

Beim Anblick des Anhalter Bahnhofs überkommt mich ein starkes Gefühl der Beschämung, wenn ich daran denke, mit wie keckem Mut ich vor 6 Wochen hier im herrlichsten Morgensonnenschein eingezogen. Rechts neben dem Bahnhof fällt mir der Schusterkeller auf, wo ich mir damals ein Paar Schuhbändel gekauft und zum erstenmal Berlinerisch habe sprechen hören. Ich hätte mir nicht träumen lassen, daß mein Aufenthalt nicht länger dauern werde, als die Schuhbändel halten. Jetzt brauche ich just wieder ein Paar. Beide sind abgerissen. Aber ich muß sparen, und wenn ich vorsichtig auftrete, so lassen sie sich noch einige Zeit knüpfen. Die Bändel sind übrigens das schlimmste nicht. Aber die Sohlen, die Sohlen! Sie sind dünn wie Papier und wie gewöhnlich meine einzigen. Ich wandre darauf seit Hammis Hochzeit. Seit mehr als vierzehn Tagen aber vermeide ich schon aufs ängstlichste jeden spitzen Stein auf der Straße und gehe des Nachts, wo es irgend möglich ist, auf dem weißen Straßenasphalt. Es berührte mich ganz wehmütig naiv, wenn ich im Tiergarten 10jährige Bengels mit einem Ausdruck von Selbstherrlichkeit, als wären sie im Begriff die Welt zu erobern, mit ihrem Schuhwerk den Boden scharren sah. Mir stieg dabei sofort jener Morgen im Botanischen Garten in Zürich im Geiste auf, wo sich an meinem einzigen Paar zu den klaffenden Seitenwunden mit einem Mal die Sohlen herausschoben. Ich darf mir aber gestehen, daß ich die zehnjährigen Bengels ohne Gehässigkeit betrachten durfte. Der Anblick war mir durch den Gegensatz wohltuend.

Ich gehe ins Spatenbräu, genieße eine Maß Münchner und eine Bockwurst dazu. Meine Tischgenossen sind zwei alte Herren in den Sechzigern, der eine offenbar verheiratet, nur mecklenburgischen Dialekt sprechend, der andere, ein pensionierter Major in etwas schäbiger Eleganz, mehr Berlinerisch sprechend, in gemütlichem Rendezvous mit einer etwas mageren, aber mir im übrigen ganz sympathischen Schneppe, welche Cognac mit Selterswasser trinkt, d. h. zuerst den Cognac stürzt, mit dem Selterswasser nachspült. Ich kaufe mir Zigarren und Aufgeschnittenes und begebe mich auf den Bahnhof. Der Zug ist überfüllt. Wir sind zu viert im Coupé, von denen zwei Herren endlos Abschied nehmen, der eine mit roter Nase, grauen Locken, aufgedunsenen Händen und patenter Toilette von seiner Frau, der andere, ein breites großes Ungetüm von Frau und Kindern. Der Graulockige will seiner Frau aus dem »Adler« in Nürnberg schreiben. Kennen Sie den auch, fragt das Ungetüm. Oh, ich weiß, wo's was zu pappeln gibt. – Gute Küche, gute Table d'hôte, Regensburger Würste. Da gebe ich nun nicht viel drum. – Leicht gesotten mit Kraut. Kalt sind sie ungenießbar. – Ja, gesotten, gesotten, Sie haben recht. Wie der Zug endlich abdampft, ruft der Dicke den Graulockigen nochmals ans Fenster. Wollen Sie nicht nochmal Abschied nehmen? Ihre Frau winkt noch immer. So geht er denn nochmal ans Fenster, und beide winken mit dem Taschentuch. Nachdem der Zug den Bahnhof verlassen, kommen sie dahin überein, daß es eigentlich das einzig richtige sei, zu Hause Abschied zu nehmen.

Ich sitze neben dem Dicken, der aus Leibeskräften stöhnt, da er sich nicht strecken kann. Das Coupé ist nämlich durch den Lokus zu einem Viertel verbaut. Der Graulockige macht es sich sofort bequem. In Leipzig verläßt er uns, und der Dicke geht an seinen Platz, um schlafen zu können, wälzt sich aber auf dem kurzen Sitz, dessen untere Armlehne ihm gerade bis zum Gesäß reicht, wie ein Nilpferd in einer Badewanne. Bis 1 Uhr liege ich ruhig, verzehre dann mein Aufgeschnittenes mit großer Wonne, strecke mich wieder nieder und schlafe bis 6. Es war der Jahrestag der Unabhängigkeitserklärung von Nordamerika, da ich um meines amerikanischen Bürgerrechtes willen von Berlin scheiden muß.

München
5. Juli 1889 − 4. Februar 1890

In Landshut kaufe ich die Neuesten Nachrichten, die ich vom ersten bis zum letzten Buchstaben durchlese und kann die letzte Stunde vor Ungeduld kaum ruhig sitzen. Endlich, kurz nach Freising, sieht man die Türme von München.

München erscheint mir auf den ersten Blick das reine Buxtehude. Die Straßen schmutzig und eng. In einem Zigarrengeschäft sehe ich noch die nämliche Auslage stehen, die ich vor 3 Jahren dort gesehen. Ich gehe in den Franziskaner, der mich durch sein schmieriges Äußere und Innere anekelt. Dann auf die Wohnungssuche. Finde eine reizende Bude, die aber erst auf den 1. August frei wird. Schließlich miete ich mich Adalbertstraße 41, IV ein bei einer alten Frau, die Vorausbezahlung wünscht. Nach Auseinandersetzung meiner Verhältnisse sieht sie davon ab. Mit einem ℔ Kirschen gehe ich in den Englischen Garten, der mich gegenüber dem Tiergarten sehr stimmungsvoll berührt und von dort ins Café Luitpold. Darauf zu Bennat, den ich wider Erwarten noch zu Hause treffe. Er hat eben eine Karte an Baumgartner geschrieben und fügt einen Gruß von mir bei. Abends 8 Uhr geht er, Hilpert mit Frau und Feurer auf den Hackerkeller. Da es erst 6 Uhr ist, gehe ich zum Bahnhof, um meinen Koffer zu holen. Beim Weg durch die Luisenstraße werde ich Paul Heyses ansichtig, der seinen Apollokopf zum Fenster hinausstreckt. Ich trage meinen Koffer nach Hause, nicht ohne mir viel darauf einzubilden, mache einigermaßen Toilette und sehe beim Fortgehen eine hübsche junge Dame in der Küche, die ich für meine Nachbarin, die Malerin, halte. Es ist aber die Tochter meiner Wirtin, Direktrice im Geschäft Schütze unter den Arkaden.

Auf dem Hackerkeller finde ich die ganze Gesellschaft versammelt: Bennat, Herrn Hilpert, der findet, ich hätte gewonnen, Frau Hilpert, die findet, ich hätte nicht gewonnen, Fritz Hilpert, einen kleinen vorwitzigen Bengel, den ich auf 12 Jahre schätze, der aber schon sechzehn ist.

Den alten Feurer mit seiner jungen Frau und deren Schwester, Fräulein Klingenfeld, die Ibsen-Übersetzerin, dann eine Cousine Hilperts, ein junges, nicht häßliches Mädchen, das sich beim Herzog von Bayern einen Zwikker hat ordinieren lassen und den Anspruch erhebt, die Gesellschaft zu unterhalten, und außerdem verschiedene mir unbekannte Herren und Damen. Das Gespräch ist sehr animiert, und ich fühle mich über die Maßen wohl, wozu der herrliche Abend, die freie Aussicht und die angenehme Luft nicht wenig beitragen. Gegen Berlin der reine Landaufenthalt.

Auf dem Heimweg wird mir die Cousine durch einen Cousin weggeschnappt, dafür schließt sich mir der alte Hilpert an und schimpft weidlich über den deutschen Kaiser. Bennat fragt mich eingehend nach den Berliner Tingeltangelverhältnissen, ob es wirklich ein Sodom sei.

6. Juli 1889

Nachdem ich vorzüglich geschlafen, gehe ich zu Dr. Muncker, verspüre aber schon auf dem Weg das lebhafteste Verlangen nach Bier. Dr. Muncker lebt in Fehde mit seiner Wirtin, die aus Rache eine Konfusion veranstaltet, statt mich zu melden. Er empfängt mich sehr liebenswürdig und sieht aus wie ein junger Seelsorger, seine beiden Stuben äußerst reinlich mit Bücherregalen ausgekleidet, er selber lang und proper, wohlwollend gesprächig, mit schwarzen Locken, wenig Hinterkopf, blauen Augen, starker, krummer Nase, einem weichen Mund und etwas vorstehendem Kinn. Auf mein Geständnis hin, daß ich an einem Lustspiel arbeite, gerät er einigermaßen in Verlegenheit. Wir verabschieden uns auf morgen abend Hofbräuhauskeller. Ich gehe zum Essen in die Engelsburg, die sich sehr herausgemacht hat. Das ganze Lokal voll Studenten und Einjährigen. Ich kaufe mir eine Pfeife und Tabak und gehe nach Hause, wo ich bald einschlafe und träume, Thomar sei nach München gekommen. Ich kann es kaum glauben und betaste ihn daher verschiedentlich, um mich davon zu überzeugen, daß ich nicht träume. Sodann träumt mir ein Rührstück, das sich ohne Störung und sehr harmonisch vor meinen Augen abspielt.

Um acht gehe ich in den Hofbräukeller zu einer Maß und einem Geräucherten. Ich fürchte beinahe, daß ich vor lauter Gemütlichkeit nicht werde arbeiten können. Ich fühle mich angesichts dieses Bierlebens in ein früheres Jahrhundert versetzt. Unendlich lächerlich kommt mir die Art und Weise vor, wie zu unserer Studentenzeit über den Wert der Kunstdenkmäler ganz bestimmte Parolen ausgegeben wurden, die dann von jedem mit überlegener Miene weiterverbreitet wurden. Bis 12 im Café Luitpold. Abends in meiner Nähe in der Nordendstraße eine fürchterliche Rauferei in einem Wirtshaus. Aus dem heillosen Lärm hört man nur das eine Wort »Raus! Heraus!« Die ganze Straße gerät in Aufregung und schimpft über die Polizei, die sich nicht blicken läßt. Einige Fiaker fahren vor, offenbar um die Beschädigten zu transportieren.

7. Juli 1889

Vor Tisch gehe ich nach Schwabing, wo ich zu Mittag esse. Nach Tisch zu Frl. Herzog jun. in Schwabing. Sie wohnt mit ihrer Schwester in einem kleinen Gartenhaus in ländlicher Einsamkeit. Ihre Schwester nimmt ihr die Unterhaltung bald ab, indem sie mir ihre Bühnenabenteuer erzählt. Die Schlechtigkeit der Direktoren, die Leichtlebigkeit der Kolleginnen und was mehr. Sie scheint mir allerdings auch besser zur Gouvernante als zur Schauspielerin zu passen; sie spricht keine Konsonanten, die Vokale sehr gequetscht, und ihr Organ ist nichts weniger als ausgiebig, dabei ist sie nichts weniger als schön, nicht einmal häßlich, Figur hat sie gar keine und höchst nichtssagende Allüren. Zur Schauspielerin scheint sie keine Anlagen weiter besessen zu haben als die Selbstüberschätzung und den Umstand, daß ihre Schwester singt. Wie ich mich erhebe, bieten mir die Damen Wein an, wobei ich mein Entzücken kaum zu verbergen weiß. So kneipt man einiges, und das Gespräch kommt auf Literatur. Frl. Herzog, die mittlere, liest Französisch und fragt nach französischer Lektüre, worauf ich ihr Paul de Kocks »Mon Ami Piffard« anbiete. Urplötzlich fragt mich Frl. Herzog jun., ob ich Goethe kenne. Nachdem ich mich vom ersten Schrecken erholt, entgegne ich: Persönlich nicht, ob sie, sie lese ihn vielleicht! − Nein, sie habe noch nichts von ihm gelesen.

Am interessantesten ist mir die Bekanntschaft mit dem kleinen Phylax, wirklich einem ausnehmend hübschen Hundsvieh. Er schmiegt sich sehr traulich an mein Knie und leckt meine Handgelenke, als wüßte er genau, wo ich herkomme. Nachdem ich fast 2 Stunden dort gewesen, gehe ich durch den Englischen Garten nach Hause und schlafe bis 7. Darauf auf dem Hofbräukeller, wo ich Dr. Muncker in Gesellschaft dreier Juden treffe, eines Assessors und zweier Studenten, die sich nach Kräften bemühen, Witze zu reißen. Dabei bildet das Gesprächsthema die klassische, d. h. lateinische und griechische Lektüre auf dem Gymnasium. Assessor Pariser erinnert mich in seiner Weisheit und der Art und Weise, sich ihrer zu entäußern, vollkommen an Hl. Port. Auf dem Heimweg ist Dr. Muncker so schläfrig, daß er sein eigenes Haus verfehlt. Bei Erwähnung des Hafis bemerkte einer der beiden Studenten, das sei eine abscheuliche Quinte.

8. Juli 1889

Ich erhalte Geld von Hammi. Meine Wirtin fragt mich, ob ich das Eisenbahnunglück schon erfahren. Der Berliner Zug, mit dem ich vor drei Tagen hier angekommen, ist diesen Morgen bei Schleißheim mit seinen zwei Lokomotiven über den Bahndamm hinuntergestürzt. Ich empfinde einen eigentümlichen Kitzel bei der Nachricht. Der ganze Bahnhof liege voll toter Damen.

Vor Tisch gehe ich in die Gemäldeausstellung, wo mich nichts so interessiert wie der junge Prinz Rupprecht, ein hübscher Offizier, der sich für Böcklin zu interessieren scheint. Vor drei Jahren ging er noch in Zivil mit seinem Hofmeister herum. Nach Tisch durch den Englischen Garten zum Forsthaus. Abends im Hacker-keller und Café Luitpold.

»Die Zukunft der Frau« von Frl. Meta von Salis Marsch-lins wirkt sehr anregend. Ich frage nach Frl. von Alten auf der Polizei und erfahre, daß sie vor zwei Jahren nach Dresden gegangen.

Nachmittags im Englischen Garten. Abends im Unge-rerbad. Dann zu Bennat, der seit Samstag verreist ist. Darauf in den Hofbräukeller, wo ich unversehens mit Dr. Güttler zusammentreffe und eine höchst angenehme Stunde in raschem Gespräch verplaudere. Auf dem Rückweg begegne ich im Pissoir an der Maximilianstraße einem bärtigen, eleganten Herrn, der mich fast ver-schlingt mit seinen Blicken. Er läuft mir auch wirklich ein gutes Teil nach, bleibt dann aber zurück. Ich kämpfe einen nicht unbeträchtlichen Kampf, ob ich nicht lieber wieder umkehren soll. Die Entscheidung finde ich darin, daß ich mir sage, später. Später, wenn ich für mich mein Schäfchen im Trocknen habe, wenn ich sicher bin, nicht Leidensgefährte zu sein. Im Hofbräukeller saßen zwei junge Leute neben uns, die über ihren Einjährigendienst sprechen. Der eine erzählt, wie der Feldwebel ihnen gleich zu Anfang erklärt habe, er nehme nichts von ihnen an, weder an Geld noch an Viktualien, aber er habe eine Frau. Sie hätten sich das denn auch gesagt sein lassen, hätten, solange sie in der Kaserne gewesen, den Kaffee bei ihr eingenommen und ihn nachher mit dem Doppel-ten bezahlt, hätten ihr zu Weihnachten einen Schinken geschenkt und so bei jeder Gelegenheit. Beim Schluß des Manövers hätten sie dem Feldwebel ihr übriggebliebenes Manövergeld »zum Aufheben« gegeben. Er habe dann auch immer gesagt, ich erinnere die Herren Einjährigen daran, daß ich noch Geld von ihnen in Händen habe,

habe es schließlich aber doch, da keiner es zurückgefordert, ruhig für sich behalten.

Im Café Luitpold haben die Kellnerinnen 3 Mk. monatlich Gehalt. Im übrigen sind sie auf Trinkgelder angewiesen, müssen aber von ihrem Einkommen noch das Wassermädel bezahlen. Sie sind beschäftigt von morgens 8 bis morgens halb drei Uhr.

Auf dem Heimweg fühle ich mich so selig, daß ich laut auflache und nicht mehr aus dem Lachen herauskomme.

10. Juli 1889

Lehrer Landgraf mit seiner Klasse in der Schloßwirtschaft Oberföhring getroffen. Mein täglicher Bierkonsum ist bis auf 3 ½ Maß gestiegen. Brief an Mama.

11. Juli 1889

Zunehmende Hitze, damit Abnahme meines Tagebuchs. Abends im Gärtnertheater Mme. Bonivard von Bisson und Mars. Das Gärtnertheater hat sich sehr verbessert. Dr. Güttler und sein Freund Roth im Hofbräuhauskeller getroffen.

12. Juli 1889

Ich lasse mir das Frühstück um 9 Uhr vors Bett bringen. Meine Wirtin hält sich eine Taube in der Küche, die in einem Zeitungshalter nistet. Ein wenig müsse sie ihr schon die Flügel schneiden. Sie lege Eier und habe ihre Freude daran. Solange die Eier im Nest liegen, verläßt sie das Nest nicht. Ausbrüten kann sie sie natürlich nicht, da kein Männchen da ist. Wenn allemal 3 oder 4 Eier beieiander sind, nimmt man sie ihr weg. Später, wenn sie keine Eier mehr legt, wird man sie schon besser hüten müssen. Jetzt wagt sie sich noch nicht über den Balkon hinaus. Vor der Küche liegt nämlich ein eiserner Balkon. Wenn man am Morgen in die Küche tritt, so gurgelt sie

Das Hofbräuhaus in München vor dem Umbau, 1896

einen guten Morgen. Sie macht einem viel Freude. Letzte Nacht holte ich mir Trinkwasser. Während ich das Wasser eine Zeitlang in den Trog laufen ließ, tönte aus dem Trog heraus ein gurgelnder Lockruf. Ich vermutete ein Heimchen. Offenbar war es die Taube.

Während ich morgens im Bett aufs Frühstück warte, lege ich meine Zähne auf den Nachttisch der Bequemlichkeit halber. Sofort fallen ein Dutzend Fliegen darüber her, weiden von Zahn zu Zahn und scheinen sich offenbar sehr daran zu erlaben.

Abends im Arzberger Keller mache ich die Bekanntschaft des Landschaftsmalers Engelmann. Die Jury der modernen Ausstellung findet er ungerecht, da sie der neueren Schule den Vorzug gebe und nichts aus der alten Schule mehr gelten läßt. Böcklin kennt er kaum dem Namen nach. Daß für Millets Angelus bis 550 000 frs bezahlt wurden, hält er für einen Kunsthändlerkniff. Übrigens hat er die ganze Geschichte nur vom Hörensagen. 1848 war er während der Revolution in Dresden und konnte 9 Tage vor lauter Revolutionieren nicht das Haus verlassen. Er war mit Weib und Kind schon nahe am Verhungern, als an einem öffentlichen Platz Brot verteilt wurde und seine Frau hinging (es durften nur Frauen hingehen) und ein großes Brot mit nach Hause brachte. Richard Wagner und Semper hätten sich damals entsetzlich aufgeführt. Semper habe Barrikaden gezeichnet, und Wagner habe den König bewegen wollen, abzudanken und ihn, Wagner, zum Regenten einzusetzen.

13. Juli 1889

Abends im Mikado, wo ich mich beträchtlich langweile. Nachher im Hofbräuhaus. Das Hofbräuhaus renoviert, es ist nicht mehr der klassische Schweinestall von ehedem, aber doch noch sehr gemütlich. Gleich beim Eintreten fällt mir an der Schenke ein junger Künstler im Lockenhaar mit unvergleichlich mehr Genialität als Geist im Gesicht auf. Das Herz lacht mir bei seinem Anblick.

Leider verliere ich ihn aus den Augen. Doch wünsche ich mir etwas derart sehnlichst zum Umgang.
Brief an Tante Plümacher.

14. Juli 1889

Trüber, schwüler Tag. Nachmittag verschlafen. Abends im Löwenbräu. Einige niedliche Priesterinnen. Ich lese »Die Gleichstellung der Geschlechter« (Im freien Reich) von Irma v. Troll Borostani.

15. Juli 1889

Hofbräuhauskeller.

16. Juli 1889

Ich suche nach einer Wohnung, könnte in der Amalienstraße eine mit »sehr feiner« Bedienung, wie sich der verschmitzte alte Schneidermeister ausdrückt, beziehen, miete mich dann um ein Haar in der Georgenstraße ein und finde schließlich was Passendes in der Akademiestraße: über vier Stiegen ein langes, darmartiges Zimmer mit Alkoven zu 15 Mk. Die Wirtin, die mich sehr an Frau Hilpert erinnert, scheint mir nicht recht zu trauen, da ich etwas leger mit einer Tüte Kirschen daherkomme. Auf dem Hofbräuhauskeller sehe ich abends Dr. Munkker an der Schenke und eile auf ihn zu in der Hoffnung, Gesellschaft zu finden. Er meint, es wären noch einige Herren dabei, sie kämen vielleicht herein, er wisse dann wenigstens, wo ich sitze. Er hat offenbar die stärksten Bedenken, ob ich seiner Gesellschaft würdig wäre. Nach einer Weile kommen sie in der Tat herein und lassen sich am anderen Ende des Saales nieder. Dr. Muncker setzt sich so, daß er mir den Rücken zukehrt. Ich denke nun, wenn er mich noch dasitzen sieht, könnte er sich einbilden, ich warte auf ihn und gehe meiner Wege − ins Hofbräuhaus, wo mir gleich beim Eintreten am hintersten Tisch in weltabgeschlossener Einsamkeit der alte Stahl auffällt. Er erscheint mir beinahe frischer als vor drei Jahren, obschon er indessen ein schweres Magen-Darm- und Nierenleiden durchgemacht hat. Aber wie er wieder genesen sei, habe ihm der Arzt gesagt, er solle jetzt ein gutes Bier aufsuchen. – Welches Bier denn ein gutes sei? – Das Hofbräu. Über den Kaiser von Deutschland urteilt er mit philosophischer Ruhe, man müsse abwarten. Dagegen will es ihm gar nicht recht einleuchten, daß in Berlin das Essen billiger sei als in München. Nachdem wir eine halbe Stunde geplaudert, fragt er mich plötzlich, ob ich noch lange dableibe, er würde sonst allenfalls den Abort aufsuchen. Ich bin zu sehr auf dem Quivive, um die Sache sachlich zu nehmen, trinke möglichst rasch aus und verabschiede mich, bei mir selber überlegend, wie rasch man fremd wird.

17. Juli 1889

Vor Tisch gehe ich in die Neue Pinakothek, wo mich vor allem die Maria von Bonveret fesselt, außerdem [...] und Böcklins Spiel der Wellen. Vollkommen kalt lassen mich die Pilotyschen Bilder. In der »Iphigenie« von Feuerbach suche ich vergebens den Geist, der mir aus seinem Gastmahl entgegentrat, wiederzufinden. Während ich im Antiquarium den Schleier von einer ausgewickelten braunschwarzen Mumie hebe, fragt mich eine dicke, dralle neben mir stehende Dame, ob das ein alter Ägypter sei: Ich bejahe, indem ich sehr im Zweifel bin, ob sie des alten Ägypters halber gefragt hat. Da sie sich aber in der Tat für den Gegenstand zu interessieren scheint, so teile ich ihr mit, was ich über die Särge, Hieroglyphen etc. weiß. Besonders scheint sie sich für den Umstand zu erwärmen, daß die Ägypter falsche Bärte getragen haben. Beim Verlassen des Lokales bittet sie mich, ihr den Weg nach dem »Deutschen Kaiser« zu zeigen, und da mich die Sache interessiert, begleite ich sie, nachdem ich ihre Garderobe eingelöst, wobei sich herausstellt, daß sie verheiratet ist, denn ihres Mannes Mantel ist auch dabei, den ich nun zu tragen die Ehre habe. Sie ist die Frau eines Leipziger Kunsthändlers namens Weyer. Da sie ihren Gemahl auf seinem Geschäftsgang nicht begleiten konnte, besuchte sie die Pinakothek. Ihr Mann hat jüngst eine Originalskizze von Lenbach um 1 500 Mk. gekauft, was nicht sehr teuer sei in Anbetracht, daß Lenbach so wenige Male und gar nichts hergebe. Apropos Lenbach erwähne ich den Photographen Hahn, wobei sie mir so zustimmend ins Wort fällt, daß ich fast vermute, daß ihr Mann die Bismarckskizze von Hahn bekommen habe.

Bei Alois Denk, wo ich zu Mittag esse, setzt sich die Kellnerin neben mich und sagt: Jetzt muß ich Ihnen aber was sagen. Die Frau in Rosa sagte, im Fall Sie fragen, im Fall der Herr mit dem Bart, der immer dasitzt, fragen sollte, wer die beiden Herren sind, mit denen sie gestern zusammengesessen, so soll ich Ihnen sagen, ich kenne sie nicht. Meine Gefühle sind geteilt. Einerseits bin ich froh, daß sich eine Menschenseele um mich bekümmert. Andererseits kommt mir die ganze Geschichte nicht ganz reell vor. Die Kellnerin fragt, was sie ihr antworten soll. Ich sage, ich dürfe sie ja nicht grüßen lassen, da ich sie nicht kenne. – Oh, die dürfen's schon grüßen lassen. Das freut die nur. Dazu kenn ich sie zu gut. – Also laß ich sie grüßen. Aber wie kommt sie eigentlich dazu? – Wissen's, die hat halt gemeint, Sie seien verliebt in sie. Möglich, daß sie auch ein wenig verliebt ist in Sie. Nu hat's da drüben schon einen Anbeter und hier zwei Anbeter. – Fräulein Rosa ist eine Konfektioneuse aus einem nahen Schnittwarengeschäft. Sie hat eine schlanke, große Figur und ein fideles Gesicht. Im Sprechen erinnert sie mich ihrer belegten Stimme halber stark an die Rothgang. So wäre nun der beste Weg gefunden, etwas anzuknüpfen, und dennoch ist mir alles andere als wohl dabei. Es fällt mir ein, daß ich eine große Dummheit begangen, daß ich der Kellnerin nicht gleich angesehen, daß sie zuerst über mich bei Frl. Rosa gesprochen, indem ich nämlich gleich, wie ich sie das erste Mal sah, nach ihr gefragt habe. Ich zittere und bebe beinahe dem kommenden Tag entgegen.

18. Juli 1889

Ich ziehe bei Frau Mühlberger ein. Morgens in der alten
Pinakothek, um Menschen zu sehen. Doch wirkt der An-
blick zerstreuend. Bei Tisch sagt mir die Kellnerin,
Frl. Rosa lasse mir danken und meinen Gruß erwidern.
Mir fällt dabei ein Stein vom Herzen, ich lasse ihr wieder
danken. Sie sagt, jetzt werde sie bald kommen, ob ich
nicht warten wolle, aber ich mache mich aus dem Staub.
Im Hofgarten Konzert, wobei mir der häßliche Typus der
Münchnerinnen auffällt. Alle haben skrophulöse Phy-
siognomien, dicke Nasen, unschöne Hälse, schlechte
Zähne und lederfarbene Haut. Wenn in München nicht
alle Schneppen hübsch sind, so sind doch alle hübschen
Mädchen Prostituierte. Ich fühle meine Vereinsamung
weniger, da die Arbeit rasch vonstatten geht.

19. Juli 1889

Morgens in der Neuen Pinakothek. Nachmittags im Englischen Garten spreche ich ein junges, einfach gekleidetes Mädchen an, das sich auf meine Bank gesetzt. Sie
liest in einer Anthologie namens Edelweiß und häkelt
dazu. Sie lernt ein Gedicht auswendig, um es in Gesellschaft vorzutragen. Sie hat vor einiger Zeit auch ein
schwäbisches vorgetragen, und hat es recht gut vorgetragen, wiewohl sie allerdings eine Schwäbin, doch nicht in
Schwaben aufgewachsen ist. Sie ist nämlich aus Regens-
burg. Vor einem Jahr war sie in der Schweiz und hat in
St. Gallen den Parsival aufführen sehen. Sie meint aber,
die Zuschauer hätten nicht viel Vergnügen gehabt. Auf
dem Bodensee wollte sie in einer Gondel Platz wechseln,
worauf alle ins Wasser fielen. Ihr Onkel hat sie wieder
herausgefischt. Ihr Onkel ist nämlich aus Stuttgart und
hat den Basar Hirschberg. Sie selbst macht mir einen
durchaus christlichen Eindruck. Sie hat sehr mit sich zu
kämpfen, da fortwährend die Versuchung an sie heran-
tritt, auf die Bühne zu gehen. Vor einigen Jahren sei sie
nahe daran gewesen, doch haben ihr verschiedene Leute

abgeraten. Wenn man eben auch nicht etwas Vorzügliches leisten könne, so sei es nichts damit. Sie scheint nahe liiert mit dem Gärtnertheater. Den Dreher kennt sie persönlich. Er sei im Umgang ein sehr ernster Mann. Sie habe übrigens auch schon gespielt, und zwar im katholischen Casino. Sie habe immer die ersten Rollen gehabt, so im letzten Fenster, im Versprechen hinterm Herd etc. und habe es immer gut gemacht. Tags darauf müsse sie immer den ganzen Tag weinen, weil sie nicht zum Theater gegangen. Sie gehe sehr viel allein spazieren. Vor einigen Tagen sei sie über Großhesselohe, Pullach, Höllriegelkreuth nach Grünwald gegangen, wo ein Kellnerverein getanzt habe. Da sei sie mitten dazwischengesessen, ohne einen Menschen zu kennen. Tagsüber sei sie am liebsten allein, aber des Abends, so nach sieben, im Englischen Garten, da sei sie oft recht dankbar, wenn ihr ein Herr seine Begleitung anbiete, da sie sich sonst fürchte. Ich verabschiede mich auf Wiedersehn und schlendere ins Café Putzer unter die Arkaden, wo ich in einer großen dänischen Dogge einen Leidensgefährten erblicke. Der Hund liegt an der Leine und leidet offenbar auch am Mangel an Umgang. Er ist äußerst aufgeregt und dabei offenbar geistig deprimiert, wie der Ausdruck seiner Physiognomie zeigt.

20. Juli 1889

Ein Paar Schuhe gekauft, die mir natürlich wieder zu klein sind. Abends treffe ich Dr. Muncker, Dr. Köppel, den jungen Kaula und stud. med. Geise mit seinem Bruder auf dem Hofbräukeller. Die Rede kommt auf Dr. Wörner, der in New York Vorträge in schwarzem Frack und weißer Binde halte, wobei sich Dr. Muncker dahin verspricht, daß er weißer Frack und schwarze Binde sagt. Allgemeines Gelächter in der Art, wie junge Hühner gackern. Darauf wiederholt jeder der Gesellschaft noch einmal extra weißer Frack und schwarze Binde und belacht den Ausdruck noch einmal persönlich. In dieser Weise geht es den ganzen Abend. Was will man?

Wenn der Teufel Hunger hat, so frißt er Fliegen. Was wunder, daß es mich, der ich nahezu am Verhungern bin, vor einer Spinne, wie diesem Dr. Muncker, nicht ekelt. Dabei ist diese Spinne noch giftig. Am ersten Abend unserer Bekanntschaft hatte ich kaum den Namen Dr. Güttler ausgesprochen, als er mir das Gerücht zum besten gab, Dr. Güttler habe eine Zeitlang die gehässigsten Artikel ins Fremdenblatt geschrieben, und das mit einer Stimme, als hörte man die Engel Adagio spielen. Da ist mir Dr. Güttler denn doch hundertmal lieber als dieser giftige Säugling, diese Knabenhyäne von Muncker. Auf dem Heimweg bin ich dumm genug, mich stud. med. Geise gegenüber zu einer Verteidigung des Frauenstudiums hinreißen zu lassen. Und richtig, er bringt der Frage alle erdenkliche Stupidität entgegen, die nur irgend zu erwarten war.

21. Juli 1889

Brief an die Fliegenden. Den Nachmittag im Café Putzer und in einem mohammedanischen Café an der Müllerstraße. Abends im Café Italia, dem alten St. Peter, wo sich seinerzeit Poldi Fröhlichs Münchner Novellette abgespielt mit dem hübschen Gretchen, mit der er sich den Zigeunerbaron ansah und so entsetzt über diesen Kunstgenuß war. Jetzt ist der St. Peter ein Tingeltangel mit recht guten Kräften. Was mir übrigens am besten gefällt, ist eine reizende Schneppe in Studentengesellschaft, eine vollendete Komödiantin, stolz, liebenswürdig, unnahbar anschmiegend. Ich habe das Laster noch nie in so durchgeistigter Erscheinung gesehen. Vor mir sitzt ein junger Mann, Anfang der Dreißiger, in patenter Toilette, mit stark gelichtetem Haar, der im Gegensatz zu seiner ganzen Erscheinung mit einem so hilflos flehenden, rückhaltlos gelieferten Gesichtsausdruck die allerdings ganz hübsche Kellnerin anschmachtet, daß ich ihn bemitleide. Er scheint mir ein sehr leerer Mensch zu sein, der mit seiner ganzen Leerheit plötzlich zum Opfer gefallen. Nach Schluß der Vorstellung gehe ich ins Hofbräu, wo ich ein Gespräch mit einigen Schweizern anknüpfe. Auf dem Heimweg tritt die Versuchung nahe an mich heran, mich zu erschießen.

22. Juli 1889

Was ich heute wieder für eine Dummheit begangen habe! Ich gehe aus dem Café Luitpold in den Englischen Garten, unglücklich darüber, daß ich in meinem E nicht weiterfinde. Schließlich zeigt sich eine Lichtung, ein Hoffnungsschimmer auf Durchweg. Ich bin nahe daran, mein Notizbuch zu ziehen, da fährt auf der Chaussee nebenan ein offener Wagen heran. Eine junge Dame steigt aus, schlägt den Fußweg ein, der zu meinem Weg führt, und geht nach einigen Augenblicken vor mir her. Sie trägt einen hellen, gestreiften Mantel, ist hübsch gebaut und geht einen ruhigen, ungezwungenen Schritt. Ich beeile mich, an ihr vorüberzukommen. Bei dieser Gelegenheit blickt sie mich mit unbefangenem Lächeln an, so unbefangen, daß ich kaum mehr darüber im Zweifel bin, daß ich es hier mit einer höheren Priesterin zu tun habe. Ich beschleunige deshalb meine Schritte nicht, so daß ich nur in geringer Distance vor ihr hergehe. Zur Rechten führt ein schmaler Weg ins Gebüsch zu einer Bank, von der aus man den Ausblick aufs freie Feld hat. Ich denke, wenn ich einbiege, so geht sie vorüber, obwohl sie vielleicht gerade des Plätzchens wegen hergekommen. Ich gehe also geradeaus, und sie biegt ein. Esel! Denke ich bei mir. Das schönste Plätzchen zur Unterhaltung verfehlt. Indessen ist ihr Wagen auf der Straße langsam nachgefahren und hält dem Kreuzweg gegenüber. Ich sehe mich nach der Bank um. Sie hat sich keineswegs zum Träumen niedergelassen, sondern steht da, mit dem Sonnenschirm auf dem Boden scharrend, als suche sie was. Nachdem ich bereits resigniert einige Schritte weitergegangen, höre ich den Huftritt der Pferde plötzlich in nächster Nähe. Ich sehe mich um, und richtig, meine Schöne kommt den Fußweg daher. Rasch verberge ich meine Pfeife, die ich mir bereits wieder angezündet, setze den Hut ein wenig zurecht, balanciere den Sonnenschirm auf der linken Schulter und verwünsche den Umstand, daß ich nicht rasiert bin. So erwarte ich sie, indem ich immer langsamer dahinschlendere, fest entschlossen, mir die Gelegenheit diesmal nicht entgehen zu lassen. Und ich lasse sie mir doch entgehn. Sie überholt mich, sieht dabei aber mehr zu Boden als zu mir hinüber, so daß ich wieder irre werde. Ich beschließe, sie auf jeden Fall per gnädige Frau anzureden. Es wäre jede Beleidigung dadurch ausgeschlossen. Der Wagen ist ziemlich weit vorausgefahren. Meine Schöne schreitet rüstig fort, so daß ich jeden Moment fürchten muß, sie aus der Schußweite zu verlieren. Sie geht auf dem rechten Straßenrand, ich auf dem linken. Jetzt bin ich wieder in gleicher Höhe mit ihr. Ich summe eine Arie vor mich her von wegen der Unbefangenheit. Sieht aus wie Gold. Jetzt fasse ich mir ein Herz, wobei ich denke, daß »sich ein Herz fassen« ein treffender Ausdruck sei. Es entwickelt sich folgendes Gespräch: Sie haben das schöne Plätzchen rasch wieder verlassen, gnädige Frau. – Ich bin gekommen, um spazierenzugehen. – Und höchstwahrscheinlich auch, um allein zu sein. – Allerdings. (Sie spricht übrigens mit dem liebenswürdigsten Lächeln.) – Dann habe ich Sie nur um Entschuldigung zu bitten, daß ich mir die Freiheit nahm, Sie in Ihren Gedanken zu unterbrechen. – O bitte! –

Trotz dieser Bündigkeit kann ich mich noch nicht dazu entschließen, das Feld zu räumen. Ich bleibe zurück, aber nicht mehr denn 7 oder 8 Schritt. Ich denke, vielleicht bereut sie. Ich will ihr die Gelegenheit nicht nehmen, ihr voreiliges Verfahren wiedergutzumachen. Es kommt ein Wagen, mit zwei schweren Ochsen bespannt, den Weg daher. Auf dem Wagen sitzt ein Bauer und eine Bäuerin. Mir schwebt es auf der Zunge, sie zu fragen: Was halten Sie von diesem Ochsen, mein Fräulein? Ich bin nahe daran, aber dann sage ich mir, es wäre aufdringlich, wenn ich noch einmal den Anfang mache. Nachdem ich endlich über diese Skrupel hinweggekommen, ist der Wagen schon in solche Entfernung gerückt, daß meine Frage auch gar zu dumm klingen müßte.

Indessen halte ich mich immer noch nur um wenige Schritte hinter ihr auf der anderen Seite der Chaussee. Ich gewinne es nicht über mich, sozusagen allmählich spurlos zu verschwinden. Es hieße das, meine Blamage eingestehen. Und doch weiß ich, daß ich der jungen Dame, die offenbar hier herausgekommen, um allein zu sein, ihren gehofften Genuß vollkommen vergälle. Endlich wird in der Ferne ihr Wagen sichtbar. Mir scheint, sie beschleunige ihre Schritte. Sie winkt. Der Wagen fährt heran. Ich bin derweil ein gutes Stück zurückgeblieben. Sie steigt ein und lehnt sich zurück, mir im Vorüberfahren noch einen gleichgültigen, neugierigen Blick zuwerfend. Ich kann mich nicht enthalten, ihr nachzuschauen. Nachdem sie verschwunden, murmle ich einige Male Kamel vor mich hin, ohne daß es mir eine bemerkenswerte Erleichterung verschafft. Zweifelsohne, so sage ich mir, hat sie das schöne Plätzchen mit der Bank und der weiten Aussicht nicht meinetwegen verlassen, sondern vielleicht nur deshalb, weil ein Kaktus dort gelegen. Meistenteils liegt ein Kaktus an derartigen beliebten Aussichtspunkten.

Ich begebe mich zu einer Bank im nahen Gebüsch, wo ich rasch in eine Art von Hypnose verfalle. Nachdem ich mich daraus emporgerafft, schreibe ich an dem kleinen Drama und wende mich wieder der Stadt zu. Ich erwäge den Gedanken, meine Predigt Buchholz und Wörner vorzulegen. Nach dem Tee auf dem Hofbräuhauskeller, wo mich gleich beim Eintreten stud. Geise an seinen Tisch bittet. Pariser ist anwesend, außerdem ein junger Konservatorist namens Weinhöppel und ein Hamburger Gymnasiallehrer, der ein ehrfurchtgebietendes Schweigen wahrt. Ich fühle mich recht wohl. Auf dem Heimweg frage ich Weinhöppel, ob er vielleicht eine Marie Gingele gekannt habe. O ja, er sei sogar sehr intim mit ihr gewesen. Sie habe ihm gesagt, er sei dumm, worauf er ihr entgegnet, er habe sie aber noch lange nicht erreicht in der Dummheit. Er erzählt mir das nur, um mir zu zeigen, wie intim er mit ihr gewesen sei.

Ich träume dieser Tage Nacht für Nacht von meinem

Vater. Wenn ich tagsüber an ihn denke, so überkommt mich ein Weh, das mir die Kehle zuschnürt. Übermorgen ist mein Geburtstag, das erste Mal, daß ich ihm freudig entgegensehe in der Hoffnung, Nachrichten von zu Hause zu bekommen.

23. Juli 1889

Fast den ganzen Tag zu Hause. Troll Borostani fertig gelesen. Abends auf dem HBK Dr. Güttler getroffen, der mir eine Moralpredigt wegen des politischen Gesprächs von neulich hält. Roth sei eben nicht nur Ostpreuße, Königsberger, sondern auch der Mann einer Offizierstochter und vor allem Hofkünstler. Er hat Moltke und Bismarck radiert und hätte gern auch den Kaiser bekommen. Er hatte seinerzeit die Erlaubnis, den Prinzen Wilhelm zu radieren. Als er sich aber durch die hiesige Gesandtschaft darum bewarb, von dieser Erlaubnis beim Kaiser Gebrauch machen zu dürfen, wurde er abgewiesen. Darauf war er noch 14 Tage in Berlin, um sein Ziel zu verfolgen, aber ohne Erfolg. Seitdem ist nun natürlich insbesondere die Physiognomie des Kaisers ein wunder Punkt für ihn.

24. Juli 1889

Mein fünfundzwanzigster Geburtstag. Vergebens warte ich bis zum Abend auf Nachrichten aus der Schweiz. Möglich, daß die Grenzschikane an einer Verzögerung schuld ist. Während der Arbeit grabe ich Minnas, Anny Barks, Oskar Schiblers und Moritz Sutermeisters Briefe aus, die mir einen genußreichen Tag verschaffen. Gegen Abend bin ich infolge der Lektüre in einer rührseligen Stimmung, so daß ich das Bedürfnis hege, allein zu bleiben. Ich gehe ins Münchner Kindl, in ein Tingeltangel, wo ich mich leidlich amüsiere, hauptsächlich deshalb, weil man die Beine besser sieht als in der Italia. Zu Hause lese ich noch Oskars Briefe zu Ende und schreibe an

*Acht von den »Elf Scharfrichtern« im Hof der Münchener
Gaststätte »Zum Hirschen«. Links stehend: Wedekind.*

ihn. Ibsens Komödie der Liebe gekauft. Sie wird einige Evolutionen in meinem Plan hervorrufen.

25. Juli 1889

Bei drückenden Stiefeln nachmittags im Englischen Garten. Brief von Mieze. Frl. von Mink ist zu Hause als Pensionärin. Desgleichen mehrere Engländerinnen. Willi will nächste Woche Hochzeit halten. Er hatte eigentlich vor, mich als Pfarrer kommen zu lassen. Nun will er aber doch die hergebrachten Pfade wandeln. Sehr angenehmer Kellerabend mit Assessor Pariser, Kaula und Herrn und Frau Dr. Seiß. Um Mitternacht auf Parisers Zimmer Genever getrunken und Literatur geholt. Er gibt mir Kellers Legenden und Dóczys »Letzte Liebe« mit.

26. Juli 1889

Brief an Minna. Abends Westendhalle, eine traurige Blütenlese, keine Gesichter, keine Stimmen, keine Waden. Das Publikum unglaublich schafsköpfig. Bis ein Uhr im Hofbräu.

27. Juli 1889

Meine Wirtin, Frau Mühlberger, hält sich einen kleinen weißen Hund und ein Katzenpaar. Mit diesen drei Genossen lebt sie, trinkt und schläft sie zusammen. Die Tiere leben unter sich in bestem Einvernehmen und halten sich ununterbrochen in der Wohnung auf. Sie erfüllen dieselbe mit einem Gestank, der einen schier zu Boden wirft. Als ich Frau Mühlberger frage, woher es so stinke, sagt sie, sie habe einen Katarrh, sie rieche nichts, sie wisse auch nicht, was es sein könne. Sie geht an den Herd, wo eben Kartoffeln brutzeln und deckt die Schüssel auf. Dann sieht sie unter meiner Wäsche nach und durchsucht schließlich ihre Taschen. Als ich wieder vorbeikomme, fragt sie mich, ob ich kein Mittel wüßte, womit man eine Katze schmerzlos aus der Welt schaffen könne. Er tue ihr so leid, er sei ein so guter Kerl. Dabei nimmt sie den Kater, der phlegmatisch in einem Sessel sitzt, und hebt ihn an ihre Brust. Er ist ein großes, mageres Vieh mit ungeheurem Buckel. Nachdem sie ihn herzinnig abgeküßt, wirft sie ihn aufs Sofa, auf dem der Hund schläft. Beide drehen sich einige Male umeinander herum und strecken sich dann Seite an Seite nieder. Auf meine Bemerkung, ich sei schon in manchen Häusern gewesen, wo man Katzen gehalten, aber so gestunken wie hier bei ihr habe es nirgends, wendet sie ein, sie könne ihn eben nicht hinauslassen, weil unten große Hunde seien. Er sei noch nicht ein einziges Mal aus der Wohnung gekommen, er würde ja gar seine Beine nicht zu gebrauchen wissen, wenn er angegriffen würde. Sie habe ihn schon chlorophormieren wollen, aber er sei ein so guter Kerl. Unreinlich sei er auch nicht. Die Tiere hätten ihren eigenen Napf mit Sägespänen drin, und der werde jeden Tag geleert.

Die Arbeit geht verzweifelt langsam vorwärts, und das macht mich melancholisch. Sooft eine Stockung eintritt, überwältigt mich die Schwermut stets im Gedanken an meinen Vater und was ich an ihm getan. Manchmal denke ich auch an Donald und hoffe zu meinem Geschick, daß es mir wenigstens noch vergönnt sein möchte, ihm auf die Beine zu helfen, ihn sich unter meiner Führung ausbilden zu lassen. Die letzte Nacht verfolgte mich ein wüster Traum, in dem sich mir unser Heim im unerquicklichsten Lichte zeigte. Es war eine Art Tingeltangel geworden, in dem meine Mutter und Donald die Hauptpersonen waren und Kunststücke machten. Ich saß unter den Zuschauern. Nicht selten quält mich auch der Gedanke, ob mein Arbeiten denn auch in der Tat ein Arbeiten sei. Dieses Gefühl überkommt mich meistens sonntags, wenn ich alle Welt faulenzen sehe, was mir unmöglich ist. Meine Arbeit ist auch tatsächlich keine Arbeit, wenn sie so schneckenhaft vorwärtsschreitet. Ich faulenze sehr viel dabei, ich faulenze weitaus den größten Teil des Tages. Die Arbeit ist eben etwas, das sich durch sich selber vermehrt.

Piccolo verhält sich ruhig, als wäre er gar nicht da. Ich weiß nicht, was mit ihm ist. Ob das nun sein letztes Stadium oder ob er sich noch dereinst zu nie geahnter Herrlichkeit erheben wird. Es liegt eine eigentümliche Ironie darin, daß gerade der Mensch, der sich zum Universalmenschen auszubilden sucht, gerade in der menschlichsten aller Funktionen hinter jeder Maschine, und habe sie sich noch so einseitig entwickelt, zurückbleibt.

Abends gehe ich in den Kletzengarten und treffe Bennat und Skerle an. Der Kletzengarten hat sich wenig verändert. Die grünen Birkenreiser an den Türpfosten sind verschwunden, und das Bier ist noch schlechter als vor Zeiten.

Die Kellnerinnen sind noch ebenso schmierig und die Wirtin ebenso dick, obschon sie nicht mehr Frau Salchner heißt. Sie sitzt mit einer goldenen Brille bewaffnet an der Herdecke und schneidet den ganzen Abend Rüben in einen großen Trog hinein. Skerle ist etwas behäbiger geworden und Bennat etwas bissiger. Das Gespräch kommt auf Politik, speziell Wohlgemuth, und da bemerke ich, daß ich mich nicht mehr so gleichgültig wie früher verhalten kann. Ich wäre beinahe warm geworden. Die Folge ist, daß ich mir Dr. Güttlers Prinzip zu eigen machen werde, nie über Politik zu sprechen. Pariser hat mir die sieben Legenden von Keller gegeben, von denen ich zwei mit Genuß gelesen: Eugenia und der schlimmheilige Vitalis.

28. Juli 1889

Erster Tag des Turnfests. Es regnet den ganzen Tag Bindfaden. Ich kann mich eines gewissen Gefühls der Genugtuung nicht erwehren, obschon ich mich seiner von Herzen schäme. Brief an Welti. Bis ein Uhr im Café Roth.

29. Juli 1889

Nach Tisch gehe ich dem Festzug nach und lasse ihn in verschiedenen Straßen Revue passieren. Physiologie der

Ehe gekauft und Clementine Halm geliehen. Ich lese den ganzen Tag über. Nachmittags Karambolage mit Frau Mühlberger wegen ihres Stinktieres. Abends in der Regensburger Wurstküche.

30. Juli 1889

Abends auf dem Festplatz, wo ich mir unendlich vereinsamt vorkomme. Auf weiten Umweg gehe ich zum HBK und treffe dort Pariser und Geise. Lebhafte Unterhaltung.

31. Juli 1889

Abends auf dem HBK mit Pariser und Dr. Xaver Hamburg. Das Gespräch dreht sich um die Frage, ob in der Weltgeschichte ein ethischer Fortschritt zu konstatieren sei. Brief von Minna. Tuschel hat ihr den meinigen ins Bett gelegt, und sie hat die ganze Nacht darauf geschlafen. Willy hat Hochzeit gehalten, augenscheinlich in Zürich.

1. August 1889

Abends König Lear in der neuen Shakespeare-Szenerie. Das Stück erschüttert mich tief. Nachher im Franziskaner. Zwischen 12 und 1 stößt noch Weinhöppel zu mir.

Wenn ich mich nach Tisch die Treppe hinaufarbeite, scheint es mir kaum denkbar, daß mir dieses Vergnügen nun noch eventuell dreißig Jahre lang bevorsteht. Während ich das dann zu Ende denke, stehe ich unversehens vor der Korridortür. Ich habe Briefschulden nach allen Himmelsgegenden, wohl am dringendsten Willy gegenüber, der mir seine Verlobung und Hochzeit angezeigt und dem gegenüber ich mich noch mit keiner Silbe darüber geäußert.

Wie leer mein Leben gegenwärtig ist, davon hätte ich mir selber kaum je einen Begriff gemacht. Und doch habe ich die weitaus größte Zeit meiner Studienjahre so verbracht − eine Zeitverschwendung, die eigentlich nur damit zu strafen wäre, daß man aufhört mitzuspielen. Letzten Winter kam ich mir als Bettler, als Einsiedler vor, und gegen heute war ich damals ein Krösus. Was sind diese gelehrten Männer, Assessoren, Professoren, Privatdozenten, alle miteinander gegen zwei Tage wie das Begräbnis von Onkel Wilhelm. Von außen besehen, haben sie den Anschein unerschöpflicher Fundgruben, in denen weiß Gott welche ungehobenen Schätze geborgen liegen. Tritt man aber ein, so sieht man sich in der erbärmlichsten Trödelbude von der Welt, in einem Antiquitätenspeicher, einem Verkaufslokal abgetragener Kleider, nicht ein einziges Stück lebendiges Gestein, alles Plunder, Bettelkram zusammenhausiert, geschachert, gebettelt und gestohlen aus den Archiven, Schatzkammern und Werkstätten der Weltgeschichte. Und dabei muß man noch alle naselang erröten, weil man nicht auch ein solches Pökelfaß ist.

2. August 1889

Krakeel mit Frau Mühlberger wegen Katzenstinkerei. Abends in der Regensburger Wurstküche. Brief an Willy.

3. August 1889

Abends im HBK wo ich keine bekannte Seele treffe, nachher im Café Central, Briefe an Mieze und Mati.

4. August 1889

Nachmittags im Maurischen Café, dann gearbeitet. Abends auf dem HBK und im Café Central. Seit Donnerstagabend wieder keine Seele gesprochen.

5. August 1889

Sommernachtstraum. Ich habe einen sehr schlechten Platz und sehe trotz Opernglas keine Physiognomie. Die

Stimme der Ramlo scheint mir seit drei Jahren doch um ein beträchtliches reduziert. Nach der Vorstellung mit Pariser und Doktor X. in der Scholastica. Das Gesprächsthema zum größten Teil Matthäi. Pariser erzählt, er habe früher mit Wörner zusammengearbeitet und sich gegenseitig kritisiert. Es seien ganze Szenen in den Ofen gewandert. Das ist nichts, muß bis morgen umgearbeitet werden. Ich spreche für den Druck. Verbrennen sei keine Vernichtung. Die Geister der Hingerichteten lebten fort wie diejenigen der verbrannten Ketzer, und das Urteil über das Verbrannte werde mit der Zeit optimistisch getrübt. Der Druck sei die einzig richtige Vernichtung. Er koste ja nichts, höchstens den Namen, aber es sei doch immer besser, einen schlechten Namen zu haben als gar keinen.

6. August 1889

Herrn Eder, meinen Zimmernachbarn, kennengelernt. Er arbeitet in der Pinakothek bei Professor Soundso als Restaurateur. Er sieht so nüchtern aus wie ein Schenkkellner, ist aber eine vorzügliche Kraft, erhält Preis auf Preis und steht bei seinen Professoren in hohem Ansehen. Auf seiner Stube hat er einige Bilder, die mir ausnehmend gefallen, vor allem ein altes Bauernweib mit rotgeweinten Augen.

Meine Arbeit geht sehr langsam vonstatten, den ganzen Vormittag bin ich in Gedanken noch beim gestrigen Gespräch. Als ich gegen Abend den Ausweg finde, gerate ich infolgedessen in hochgradige Erregung.

7. August 1889

Meine Erregung nimmt dergestalt überhand, daß ich ein kleines Mädchen zeichne. Das heißt, der Zusammenhang ist folgender: Der Backfisch Marguerite wird in die Handlung eingeführt. Um ihn mir recht vergegenwärtigen zu können, suche ich ihn zu fixieren. Das regt mich über die Maßen auf. Abends auf dem HBK denke ich

fortwährend des Goetheschen Distichons: Wende die
Füße zum Himmel etc.

8. August 1889

Marguerite setzt mir gewaltig zu, wiewohl sie das denkbar wenigste sagt. Das Distichon verläßt mich nicht
mehr. Gestern abend im Bett dachte ich an die Anekdo-
te aus Krafft-Ebing: Die Pariser Kokotte mit der Buldog-
ge. Ich male mir das aus, indem ich mir denke, daß das
Mädchen auf den Händen hereinspaziert kommt und
Geld einsammelt, indem es die Füße um weniges ausein-
anderhält. Dann läßt es sich durch Affen auskleiden, wobei die Hauptsache eine vollkommene Passivität ist.
Dann kommen mindestens drei bis vier Doggen gehetzt
und geprügelt. Das Mädchen wohnt und schläft mit einer
Hündin zusammen von wegen des Seelenduftes. Den
ganzen Nachmittag verwende ich auf die Zeichnung des
Mädchens. Auf dem Weg nach dem HBK denke ich mir
unter dem Mädchen meine eigene Tochter, wobei aber
nur das Auf-den-Händen-Gehen in Betracht kommt, das
ich ihr selber, überhaupt all meinen Kindern möglichst
früh beibringen werde. Schade, daß das Geldeinsammeln
sich nicht gut mit der Vaterrolle verträgt. Schade, daß
eine Grenze da ist, schade, daß alles ins sexuelle Gebiet
einschlägt, es wäre so hübsch, wenn sich das mit allem
Ernst, mit Würde und Liebe ausführen ließe.
　In den Anlagen der Isarinsel bei grellem Mondschein.
Ich denke, wie ich mein Söhnchen abstrafen wollte, indem ich es auf die Knie binde und 4 Stunden liegen lasse.
Die Gedanken wallen periodisch empor wie die Flut im
Meer. Die ganze Affaire gleicht einer Hochflut. Wer hätte sich diese Überrumpelung träumen lassen. Piccolo,
sonst schläfrig, ist auf einmal von peinlichster Empfindlichkeit. Er läßt nicht mit sich spaßen. Gleich steht er zu
Gebot. Bis 1 im Café Central, wo ich eine Sommer-
nachtsdarstellung im Puck studiere.

Die Hochflut hält an. Ich erwache mit dem Gedanken an die Züchtigung meines Bengels. Einen Tag mag er schließlich schon aushalten. Wie herzlich will ich ihn dafür durch meine Zärtlichkeit entschädigen. Mein Töchterchen soll das Auf-den-Händen-Gehen aus dem Effeff lernen. Ich hebe ihr zuerst die Füße in die Höhe in der Art, wie man mit Kindern Schubkarren fährt. Als Kleidung trägt sie Trikot und ein kurzes blaues Höschen. Dann lasse ich sie aufrecht stehen, die Füße nach oben, und lehne die Füßchen darauf rückwärts an die Wand. So wird sie die Hauptsache bald loshaben. Dann kommt die Verfeinerung, hauptsächlich das Strecken der Fußspitzen, das abwechselnde Beugen der Knie mit Gewichten an den Fußspitzen. NB. gestraft wird nicht, nur freundschaftlich angeregt mit einer recht feinen Gerte, die ich ihr über den Unterleib führe. Ich sah das in früher Jugend mal bei einem herumziehenden Hundedresseur, der einen Spitz auf den Vorderfüßen marschieren ließ und das arme Vieh fortwährend an den Genitalien kitzelte. Dann muß sie nicht nur auf den Fußboden wandeln, sondern auch die Leiter hinauf und hinunter, schließlich auf dem Tisch zwischen den Schüsseln durch. Ihre Schwester lernt Seiltanzen. Während des Vormittags konstruiere ich eine Variation des gestern gezeichneten Mädchens, und dann fällt mir ein, ich könne noch zwei dazu zeichnen und dann einen drehbaren Himmel daraus machen. Mittags im Café Luitpold fällt mir ein, ich könne auf meinem Himmel auch Hunde anbringen. Je zwischen zwei Mädchen ein Hundevieh. In aller Eile gehe ich nach Hause und versuche, den Hund zu zeichnen, bringe aber einstweilen keinen fertig. Dann stelle ich eine dritte Variante des Mädchens her, die aber desgleichen mißlingt. Nun denke ich, ist es höchste Zeit, der Wallung ein Ziel zu setzen. Ich fürchte nämlich, ich könnte am Ende verrückt werden. Eigentümlich wie mich das so unerwartet überrumpelte und vollkommen aus dem Sattel warf. Meine Vereinsamung mag auch nicht wenig daran schuld sein. Ich bin so hilflos meiner Arbeit gegenüber geworden, ich lebe so unter dem Bann dieser Vorstellung, daß ich selbst auf der Straße ohne allen Halt hinbummle. Ich komme mir, wie ich so den Häusern entlanghaste, vor wie ein Verbrecher. Ich sehe niemandem ins Gesicht. Mit Frau Mühlberger und der Kellnerin bin ich mürrisch, kurz angebunden. Ich beschließe also, ein Ziel zu setzen und schreibe mein Tagebuch. Mitten im Schreiben, bei der Stelle mit der Anregung, übernimmt es mich wieder. Es soll für einige Zeit das letzte Mal gewesen sein.

Gestern sah ich das »Höllriegelsgreut« von Diefenbach, ein bedeutendes Bild. Gestern abend die Katze durchgeprügelt.

Vollmacht an Mama. Auf dem HBK niemand getroffen. Im Münchner Kindl Tingeltangel mit sehr hübschen Leistungen. Bis eins im Café Central. Zu Hause noch am Neuen Firmament gearbeitet.

10. August 1889

Vor Tisch weiß ich nicht, ob es Freitag oder Sonnabend ist. Ich habe jeden Anhaltspunkt verloren. Arbeite am Firmament. Über Mittag beschäftigt mich die Idee, meine Tochter, wenn sie achtzehn, neunzehn geworden, vor Bleichsucht etc. zu beschützen, indem ich ihr anrate, sich den oder jenen Knecht oder Hausdiener aufs Zimmer kommen zu lassen. Natürlich rüste ich sie mit Präservativ aus.

Nur weniges an Eppur. Gegen Abend taucht das Auf-den-Händen-Gehen wieder auf, aber ohne Intensität. Durch das Tingeltangel im Münchner Kindl fühle ich mich in meiner Stimmung entschieden gehoben. Nach Verlassen des Lokales kommen mir die Phantasmen lächerlich vor. Leider bin ich schon etwas angekneipt. Ich trinke zwei Weiße im Café Luitpold mit dem sehnlichsten Wunsch, Hans Müller möchte plötzlich heiraten. Ich bin gewiß, ich würde vor Freude den Erdboden küssen. Zu Hause Neues Firmament. Allerhand Kostümprobe.

Nach Tisch mit Eppur beschäftigt ins Café Luitpold, dann in die Ausstellung, wo ich bis zum Schluß derselbe bleibe. Wie ich, in Betrachtung eines Bildes versunken, einen Schritt rückwärtsmache, trete ich jemanden auf die Hühneraugen, vermag aber, wie ich mich umwende, vor Lachen kaum eine Entschuldigung zu stammeln. Die alte Dame hüpft auf einem Bein im Kreis herum und sagt einmal über das andere: Entschuldigen Sie, entschuldigen Sie. Ich bin zu nahe getreten.

Zum Abendbrot gehe ich in den Franziskaner, wo sich ein junger Mensch zu mir setzt mit langen, dünnen Schlangenfingern, mit stark gebogener Schnüffelnase, mit geistlos finsterem Blick und einer Menge Schrammen im Gesicht. Er verwendet auf das Reinigen von Deckel und Rand am Bierglas circa fünf Minuten. Dann nimmt er Messer und Gabel und schließlich den Teller vor. Er ißt eine Bouillon und bestellt sich ein Beefsteak. Zwischendurch geht er ans Adreßbuch. Er schreitet mit einem leichten, pendelartig regelmäßigen Wiegen seines langen Oberkörpers durchs Lokal, indem er die Füße so lautlos setzt, als ginge er auf Sammet. Als sein Beefsteak kommt, hat er daran auszusetzen, daß Zwiebeln daran sind. Er hat nämlich zuerst Zwiebeln und ein Ei dazu bestellt, und nun hat ihm die Kellnerin eben beides gebracht. Nachdem er sich mit den Zwiebeln doch hat abfinden müssen, macht er in das Beefsteak einen tiefen Einschnitt, in den er für etwa fünf Minuten seine Nase vergräbt, während welcher Zeit er mit Messer und Gabel die Seitenwände des Einschnittes betastet. Plötzlich zieht er die Nase zurück, legt Messer und Gabel beiseite und schiebt das Beefsteak in die Mitte des Tisches. Darauf wartet er bis die Kellnerin vorbeikommt, winkt sie heran und deutet mit der geöffneten Hand nach dem Beefsteak. Sie begreift sogleich, daß es nicht genug gebraten sei und nimmt es wieder mit. Auf dem Weg zur Küche macht sie indessen noch einmal halt, um Geschirr mitzunehmen; wie sie sich umwendet, karamboliert sie dann dermaßen mit dem geschirrtragenden Piccolo, daß circa zehn Teller mit und ohne Inhalt zu Boden fallen. »Mein Beefsteak ist auch dabei«, wendet sich mein Nachbar, nicht ohne ein schadenfrohes Lächeln, an mich. Darauf vertieft er sich in die Neuesten Nachrichten in der Voraussetzung, offenbar nun noch ein gehöriges Zeitchen darauf warten zu müssen. Während ich ihn nun so betrachte, fällt mir ein, das ist doch noch ein ärgerer Hypochonder als ich, und ich lasse ihn nicht ohne Selbstgefälligkeit als abschreckendes Beispiel auf mich einwirken. Auffallend ist mir besonders die Art, wie ordentlich gescheitelt er sein dichtes dunkles Haar trägt, ohne die geringste Spur von Pomade, aber um so auffallender in seiner tadellosen Korrektheit. Das Beefsteak kommt über Erwarten früh aus der Küche zurück, und wie er es umkehrt, findet sich richtig noch der alte Einschnitt. Ich kann mich nicht enthalten zu bemerken, es werde nun doch wohl nicht zu Boden gefallen sein, indem ich mir wohl bewußt bin, wie problematisch diese Folgerung ist. »Ich will's doch lieber abkratzen«, entgegnet der Jüngling mit sauersüßem Grinsen. Ich habe indessen mit erhöhtem Behagen fertiggegessen und freue mich mehr denn je auf meine Pfeife, indem mir eine dunkle Ahnung sagt, wenn diesen Menschen irgend etwas auf der Welt zur Verzweiflung bringen kann, muß es meine Pfeife sein. Ich lasse ihm nicht einmal Zeit, fertigzuessen. Mit größter Ausführlichkeit nehme ich vor seinen Augen die Vorbereitung, Reinigen, Ausklopfen und Stopfen vor und setze sie dann so pompös wie nur möglich in Brand. Richtig, gleich beginnt er, giftige Blicke herüberzuschießen, die ich jedoch so kaltblütig pariere, als wäre ich eine dampfende Suppenschüssel. Da alles nichts hilft, beschließt er, den Teufel mit Belzebub auszutreiben und zieht eine feine Zigarette vor, setzt sie in Brand, vertieft sich wieder in die Neuesten und spuckt von nun an bei jedem Zug neben sich auf den Boden. Ich lasse mich aber auch dadurch nicht beirren, und nun entsteht eine Art Kampf ums Dasein zwischen der Pfeife und der Zigarette, kein Gegner kämpft je ohne Todesmut. Wie er mich aber, nachdem meine Pfeife ausgebrannt, ohne Verzug den Beutel wieder ziehen sieht, langt er nach seinem Mantel und verläßt das Lokal, nicht ohne mir eine überaus edle Verbeugung gewidmet zu haben.

Ich gehe ins Münchner Kindl, wo sich mir wenig Neues bietet. Frl. Scholz trägt nicht einmal ihr weißes Kostüm mit den langen Tressen. Sie tritt erst in Schwarz und dann als Backfisch auf. Beim Verlassen des Lokals wallt die Flut wieder empor. Ich denke, ich wolle meinem Töchterlein die Füße zusammenbinden, daß sie einfach nicht anders gehen kann als auf den Händen. Ich leide Höllenqualen. Ich mache mein Schicksal davon abhängig, ob ich einer begegne oder nicht. An jeder Straßenecke überblicke ich das nächste Trottoir mit banger Hast. Ich bebe wie ein Mädchen, eben deshalb, weil ich ganz ohne Frage mitgegangen wäre. Ich finde aber niemand und stürze mich schließlich wie ein Schiffbrüchiger auf den Fels in den Kletzengarten, wo ich Bennat mit zwei Herren antreffe. Langweiliges Geträtsch über Dramatik und Malerei. Nachdem wir uns getrennt, bin ich so angenehm erregt, daß ich hoffe, zu Hause noch arbeiten zu können. Zu Hause angekommen, setzt sich aber die Erregung sofort wieder um, und zwar dergestalt, daß ich meine Zuflucht zu blutigen Freveln nehme. Ich schlafe ein mit dem Beginn eines Couplets für Frl. Scholz im Kopf.

12. August 1889

Nach Tisch verirre ich mich bei bedecktem Himmel durch die Vorstadt Münchens in die Pfarrauen. Drüben in der Au sitzen vor einer Mietskaserne eine Schar Mädchen, jede ihr Strickzeug in der Hand und singen: »Steh ich in finstrer Mitternacht.« Im breiten Bett der Isar tummeln sich zwei schlanke Mädchen mit einem großen Fleischerhund herum, den sie ins Wasser schicken und der sie mit dem apportierten Zweig im Maul schier über den Haufen rennt. Dicht neben der Brücke unter niedrigen Weiden machen einige barfüßige Knaben gymnastische

Spiele, indem sie einander über Hände und Füße wegspringen und zusammen Krebse bilden. Schließlich bleiben die letzten Häuser hinter mir, und vor mir, auf mehr als haushoher Böschung, erhebt sich eine Kirche im neugotischem Stil. Ich trete ein, froh darüber, einen Ruhepunkt gefunden zu haben. In einem der beiden Seitenschiffe lasse ich mich nieder. Ich bin dort vollkommen ungestört. Die andächtigen Kirchenbesucher sehen mich nur, wenn sie dicht vor den Hochaltar treten. Ich ziehe mein Notizbuch hervor und schreibe an dem Couplet für Frl. Scholz weiter. Es lautet mit seinem Refrain: *Der goldne Mittelweg.* Bald nach meinem Eintreten nimmt mir gegenüber im jenseitigen Seitenschiff ein junger Mensch Platz, der sich, solange ich in der Kirche bin, nicht von der Stelle rührt. Seine Andacht scheint ebenfalls nicht weit her zu sein. Wenigstens läßt die nachlässige Position, in der er sich hingeflegelt, nicht darauf schließen. Ich habe ihn im Verdacht, daß er sich dieses lauschige Plätzchen im Gotteshaus ausgesucht hat, um ungestört seinen Gedanken nachhängen und onanieren zu können.

Einige Studenten erscheinen vorn vor dem Hochaltar und wenden sich zu mir herüber. Da ich keine Miene verziehe, treten sie ganz dicht an mich heran. Dann gehen sie weiter. Ein Vater führt seine zwei Kinder bis vorn an die Stufen, aber da er mich in meiner Ecke sitzen sieht, schickt er sie gleich in die Bänke zurück. Ein Rekonvaleszent mit eingewickeltem Fuß verrichtet endlose Gebete vor einem der Seitenaltäre. Schließlich kommt ein altes Weib mit zwei hübschen Kindern. Sie führt sie von Altar zu Altar, von Station zu Station. Vor jedem Bild knien alle drei, die Frau in der Mitte, nieder, bekreuzigen sich, verrichten ein kurzes Gebet und gehen weiter, nachdem sie noch einmal das Knie gebeugt. Als ich die Kirche verlasse, beginnt es wieder gelinde zu tröpfeln. Es streift ein gleichmäßiger, angenehmer Wind über die Höhe hin, und zwischen den Gärten sieht man überall Drachen steigen. Ich gehe über die Höhe nach Haidhausen zurück, dann durch die Quai- und Maximilianstraße nach Hause, wo ich mein Couplet vollende. Abends gegen zwölf Uhr treffe ich Bennat vor der Residenz und begleite ihn in den Kletzengarten und nach seiner Wohnung. Darauf gehe ich noch ein Stündchen ins Central.

13. August 1889

Ich schreibe in ausgesucht höflichen Worten an Frl. Scholz und übersende ihr mein Couplet mit der festen Zuversicht, es werde ihr der Beitrag sehr willkommen sein. Dabei träume ich mich bereits unter dem Publikum sitzend. Ich habe Bennat eingeladen, mich zu begleiten. Bennat hat Geschmack an dieser Art Enervationen. Ich habe meinen Zylinder aufgesetzt, um meiner Angebeteten − Angebetete ist nicht das richtige Wort; ich verehre in ihr nur die Kunst −, um derjenigen, der ich meine Unterstützung angedeihen lasse, keine Schande zu machen. Wäre sie von der Hofbühne, ich würde den Zylinder aus dem Spiel lassen. Aber man darf die berechtigten Ansprüche derjenigen Verhältnisse, die man sucht, nicht außer acht lassen. Ich sitze also mit Bennat mitten unter Schustern und Schneidern (es gehen übrigens auch anständige Leute hin) und schwelge in innerer Glückseligkeit, ohne mir das geringste merken zu lassen. Frl. Scholz hat das Lied schon einige Abende vorher vorgetragen, so daß es den Stammgästen bereits bekannt ist. Und richtig, nachdem sie »Nun gerade nicht« und »Es muß doch gar zu reizend sein« mit mäßigem Applaus zum besten gegeben, erhebt sich erst schüchtern aus entlegenen Winkeln, aber sich rasch über das ganze Publikum verbreitend, der Ruf »Der goldne Mittelweg«. Der Applaus schwillt an zum Ohrbetäuben und dazwischen wiederholt sich bald einstimmig der bewußte Ruf. Die ganze Bewegung hat etwas Elementares, wenn ich offen sein wollte, Tierisches. Bennat wendet sich mit hochgezogenen Brauen und kurzem Kopfnicken mir zu: Das muß etwas Gepfeffertes sein. Die Zigarre hat er aus dem Mund genommen und streift mit möglichster Überlegen-

115

heit die Asche herunter. Und nun tritt sie wieder vor die
Lichter, in ihrem kurzen weißen Backfischkostüm mit roter Schärpe, roten langen Strümpfen und roter Capotte
und pointiert jeden Effekt exakt so wie ich mir die Wiedergabe gedacht. Der Beifall ist hauserschütternd. Nachdem er ausgetobt, wende ich mich Bennat zu und flüstere
möglichst gleichgültig, ja selber mit ungläubigem Lächeln: Das war nämlich von mir. Meine Erregung bringt
sich gewissermaßen selber zu Papier in einem Backfisch
mit strammen Beinen, der eine große Dogge am Halsband hält. Erst nachdem mein Blut wieder ruhiger fließt,
bemerke ich, daß die große Dogge im Verhältnis zu den
strammen Beinen eigentlich ein junger Bengel in Mäd-
chenkleidern ist.

Im Kletzengarten treffe ich Bennat mit einem Buchhändler namens Foth, einem Norddeutschen, und einem
unansehnlichen kleinen Baron. Bis nach Mitternacht
sehe ich im Café Central den Billardkugeln zu. Mein Interesse für das Gehen auf den Händen hat sehr nachge-
lassen.

14. August 1889

Trüber Tag mit leisem Regenschauer. Nach Tisch irre ich
durch die Sendlinger Straße, die mich wegen ihres mehr
materiellen Äußeren besonders anzieht. Es ist entschieden die belebteste Straße Münchens. Die Priesterinnen
machen hier schon am hellen Tage Proselyten. Unversehens befinde ich mich auf dem südlichen Kirchhof. Die
großen Familiengräber berühren mich über die Maßen
philiströs. Am Eingang der Kolonnaden wird eben eine
Leiche zu Grabe getragen. Ich dränge mich heran und
höre noch die letzten Worte des Segens. Da es eben wieder regnet, nehme ich davon Abstand, ihr die letzte Ehre
zu erweisen. Während sich der Zug von der Halle zum
Grab organisiert, stößt eine der Teilnehmenden, offenbar eine der nächsten Angehörigen, mit einigen groben
Flüchen ein junges Mädchen, das allerdings etwas idio-
tenhaft aussieht, um einige Reihen zurück, ob sie nicht

wisse, wo sie hingehöre; da gehöre sie hin. Dabei keift sie, als befände sie sich in ihren vier Wänden. Kaum unter den Kolonnaden hervorgetreten, bemerke ich einen zweiten Zug, der sich durch den mittleren Gang des hinteren Friedhofs bewegt. Ich schließe mich rasch an und gelange mit den Leidtragenden bis zum Grab, einem Familiengrab, das nur um weniges aufgeworfen. Der Priester verliest, nachdem ein kleiner Sarg von zwei Gurten in die Tiefe gesenkt, die Personalien. Es handelt sich um das uneheliche Kind einer Bäckers- und Hausbesitzertochter, das vierzehn Tage nach seiner Geburt, aber versehen mit der christlichen Taufe, demnach im Stande der Unschuld, gestorben ist. Ich stehe in einiger Entfernung und gebe mir ehrliche Mühe, den Zeremonien gerecht zu werden. Der Priester verliest einige Gebete und unterbricht sich, um eine Schaufel Erde auf den Sarg zu werfen, um den Sarg zu besprengen, um die Gruft zu beräuchern. Nachdem er abgezogen, werfen die Umstehenden weiße Kränze hinein und jeder eine Schaufel voll Erde nach. So hat die Handlung vollkommen den Anschein, als würden die weißen Kränze eingepökelt. Ein Knäblein von etwa 5 Jahren und skrophulös dummen Zügen wird von seiner Mutter an das Grab geführt, um ebenfalls einen Kranz hineinzuwerfen. Es stellt sich dabei so unbeholfen an, daß sein kleines Genital aus dem Hosenlatz hervorlugt. Wahrscheinlich ist das Knäblein ein Onkel des verblichenen Kindes. Die Frau, die es führt, schwimmt in Tränen. Ihr Gatte, vermutlich der Bäckermeister und Hausbesitzer, in schwarzem Rock und Zylinder, lächelt schon wieder sehr gefaßt, nachdem er dem offenen Grab den Rücken gekehrt.

15. August 1889

Ein Hundewetter ohnegleichen. Vormittags erhalte ich einen Brief von Mati, der mich in Schrecken setzt durch die Nachricht, die Schanze solle abgebrochen werden. Ich fühle mich gegen Abend sehr unwohl, gehe aber dessenungeachtet noch ins Residenztheater, um »Nora« zu sehen. Während der Vorstellung fürchte ich verschiedentlich, ohnmächtig zu werden, und sitze während des ganzen zweiten Aktes auf dem Klappstuhl im Foyer. Nachher im Kletzengarten.

16. August 1889

Ich habe einen grauenhaften Magenkatarrh, verschlafe den ganzen Tag. Dessenungeachtet abends im Kletzengarten bei Spalato. Während der folgenden Nacht lese ich meinen Fall im Niemeyer nach, woraus ich vielen Trost schöpfe. Mit wahrer Wollust lese ich noch die Darstellung der Cholera asiatica, wobei mich besonders die Reiswasserstühle humoristisch anmuten.

17. August 1889

Bis um vier Uhr nachmittags streife ich durch die Stadt, ohne etwas zu genießen. Dann trinke ich mit Hochgenuß eine Schokolade, bummle auf der Maximilianstraße und besuche gegen Abend die Italia, wo ich mich besonders an einem Niggertanz amüsiere. Meine Umgebung findet ihn frech, weil das Mädchen, eine überaus hübsche, sehr eigenartige Erscheinung, bei den Schlußpausen derart in die Höhe springt, daß sie ihre in schwarzen Trikots steckenden Beinchen unter dem halblangen Röckchen bis obenhin sehen läßt. Das ist nun einmal deutscher Geschmack. Die plumpsten Zoten dürfen auf Beifall rechnen. Sobald etwas ein wenig raffiniert ist, so erfüllt das Publikum eine fieberhafte Angst. Es sehnt sich zurück nach Rührung. Drei Sennerinnen mit sentimentalen Jodlern werden als Erlösung begrüßt und singen dabei so falsch, daß man Halsweh kriegt. Im ganzen fühle ich mich sehr heimisch im Tingeltangel.

18. August 1889

Ich habe Frau Mühlberger gebeten, mir die Rechnung auszustellen, und bekomme kein Geld. Ich arbeite den ganzen Nachmittag.

19. August 1889

Ich schreibe zum zweitenmal an Hammi.

20. August 1889

Frau Mühlberger zeigt sich sehr vernünftig. Ich vertröste sie auf morgen.

21. August 1889

Noch immer kein Geld, ich schreibe zum drittenmal. Brief von Minna, worin sie behauptet, an einem Babyfieber zu leiden. Am Nachmittag trifft die Sendung ein.

22. August 1889

Ich kaufe mir eine Krawatte und einen Regenschirm und gehe am Nachmittag zur Herzog, mit der ich zwei gemütliche Stunden verplaudere.

23. August 1889

Abends in der Scholastica, wo eine sehr hübsche Kellnerin funktioniert.

24. August 1889

Abends in der Monachia. Großes Tingeltangel. Hermaphrodit als Backfisch.

25. August 1889

Abends im Residenztheater »Ein Großstädter. Un Parisien«. Ich habe den ersten Aufzug vollendet.

26. August 1889

Die ganze Nacht über träume ich von Matthäi. Er führt ein mysteriöses Leben in den Kanalisationsanlagen und

Badeanstalten Münchens. Über allerhand schmale Stege, stellenweise auch mitten durchs Wasser und immer beim strömenden Regen, bin ich nach ihm auf der Suche. Einmal hätte ich ihn um ein Haar gefunden in einer baufälligen Badekabine, aber kurz zuvor war er weitergegangen in ein dicht am Wasser gelegenes Café. Die Tür geht auf, und ein Dienstmann bringt ein Plaid und eine Reisetasche. Eine halbe Stunde später kommt Welti. Während ich im Bett liegen bleibe, macht er Toilette und erzählt mir, daß der alte Rauthenstein gestorben sei, nachdem er zuvor noch kindisch geworden, daß das Kloster Muri abgebrannt sei und die Freiämtler Katholiken mit den Händen in den Hosentaschen dabeigestanden hätten. − Ja, das seien verfluchte Kerle dort oben. − Und daß sich seine Schwester mit einem wohlhabenden Fabrikbesitzer verlobt habe. Darauf trinken wir zusammen Kakao. Während er mit entblößtem Oberkörper vor dem Waschtisch steht, war es mir nicht gut möglich, ihn anzusehen, aus Furcht, ich möchte etwas entdecken, dessen Entdeckung meinerseits ihm unangenehm wäre. Ich erinnerte mich, daß er stets eine ausgesprochene Aversion gegen öffentliche Badeanstalten gehabt. Nun konnte ich aber auch nicht unverwandt an ihm vorbeiglotzen, das hätte ihn erst recht beleidigen müssen. So gab ich mir denn die größte Mühe, mehr oder weniger zwischendurchzusehen. Und dabei fällt mir auch richtig auf seiner Brust ein ganz unsymmetrisch plazierter pechschwarzer Bartwuchs auf in der Art, wie ihn Hermann Eichenberger auf dem Rücken trägt. Übrigens vergesse ich dabei vollständig, mich nach seinen Furunkeln zu erkundigen. Nachdem er Abschied genommen, um seine Braut in die Arme zu schließen, sitze ich den ganzen Vormittag in gehobener Stimmung am Schreibtisch und blase die Flöte. Mich beschleicht ein eigentümliches Gefühl von Glückseligkeit. Nicht einmal der Gedanke an die Ironie des Schicksals vermag mich in meinem Blasen zu stören. Mir ist zumute, als sei ich an Leib und Seele mit einem Mal um die Hälfte leichter geworden. In dieser Stimmung gehe ich zu Tisch und daraufhin ins Café Luitpold, wo es mir nicht im Traum einfällt, eine Zeitung in die Hand zu nehmen. Zu Hause revidiere ich die erste Hälfte des ersten Aktes. Mir ist, als könnte ich nicht weiterbauen, bevor das Fundament vollständig geschlossen.

Gegen Abend kommt Welti mit der Nachricht, er müsse mit seiner Braut ins Theater; da er Matthäi von seiner Anwesenheit nicht hat benachrichtigen können, erbiete ich mich mit wahrem Feuereifer, ihn aufzusuchen. Ich esse also rasch zu Abend und gehe die unendlich lange Heßstraße hinaus. Die Hausnummer habe ich vergessen, dagegen weiß ich, es ist das letzte Haus. Vor mir heben sich die Türme der Artilleriekaserne vom Abendhimmel ab. Zur Linken kommt grauenhaftes Klaviergeklimper aus einer Wirtschaft. Da es das letzte Haus ist, so trete ich ein.

Im Hausflur befindet sich die Gassenschenke. Das Treppenhaus ist stockfinster. Auf halber Höhe pralle ich auf ein junges Mädchen, anscheinend von zarter Gestalt, das mich fragt, wen ich suche. Sie gibt mir die Weisung, Herr Matthäi wohne über drei Stiegen links. Ich steige weiter und tappe mich dann mit den Händen bis zu der bezeichneten Tür. Nachdem ich geklingelt, geht die Tür auf, und eine Stimme fragt aus der Dunkelheit, wer da sei. Matthäi ist ausgegangen. Wann er nach Hause komme, weiß die Stimme nicht. Das sei sehr verschieden. Ebensowenig weiß die, wo er allenfalls zu finden wäre. Auf meine Bitte, ihm etwas Schriftliches hinterlassen zu dürfen, werde ich in sein Zimmer geführt und erkenne im Widerschein des klaren Abendhimmels eine kleine alte Frau in weißem Haar mit einem runden, durchaus nicht häßlichen Gesicht. Da ich mich vergebens nach einer Kerze umsehe, geht sie, um Licht zu holen und kommt mit einer unangezündeten Lampe zurück, deren Kuppel und Zylinder sie in der anderen Hand trägt. Die Zündhölzer habe sie nicht finden können. Ich mache sofort Licht und kann nun das enge, schmale Zimmer mit einem Blick übersehen. Kein Waschtisch, kein Nachttisch, kein Schreibtisch, kein Sofa. Nichts, was die geringste Bequemlichkeit gestattete. Nur ein Bett, das kaum Decken zu haben scheint, niedrig wie ein Schragen, einige Stühle mit Kleidern und an den Wänden hin Regale mit Massen alter Bücher. In einer Ecke neben dem Fenster steht ein ganz kleiner Tisch, auf dem sehr säuberlich geordnet einiges Schreibzeug liegt. Das heißt, ich finde doch nur einen harten Bleistift, mit dem ich meinen Auftrag auf meine Karte schreibe. Ich gebe mir die größte Mühe, eine gediegene, bescheidene Ausdrucksweise zustande zu bringen und fürchte schließlich doch, daß ich mich nicht höflich genug gefaßt habe. Ich lese die Karte noch einmal durch und finde orthographische Fehler. Kein Wunder. Die Wirtin steht ununterbrochen hart an meiner Seite, hält die Lampe und sieht mir auf die Finger. Außerdem tönt in grellster Weise das Klavier aus der Wirtschaft herauf, als würde im Zimmer selber gespielt. Welche Höllenqualen muß der Mann unter diesen Umständen täglich zu leiden haben!

Da Tür und Fenster angelweit offen stehen, streift ein scharfer Luftzug über meinen vom raschen Gehen erhitzten Kopf. Ich empfinde das so unangenehm, daß ich nicht dazu komme, das um mich her herrschende Elend in seiner ganzen Gewalt zu erfassen, und schäme mich daraufhin meiner Selbstsucht. Die alte Frau fragt mich nach den ersten paar Sätzen, ob ich Preuße sei. Sie schließt es aus meiner Sprache. Sie scheint Munckers Verhältnisse genau zu kennen. Wie ich später von Welti erfahre, zieht Matthäi seit zehn Jahren mit ihr herum und überläßt und vertraut seine materiellen Angelegenheiten durchaus ihrem praktischen Sinn. Sie macht mir den Eindruck einer recht guten, resoluten Frau, die eines solchen Vertrauenspostens wohl würdig wäre. Über seine Freunde weiß sie vollkommen Bescheid. Den Welti kennt sie selbstverständlich und erklärt die Intendanz für dumm, weil sie die Herzog nicht habe heiraten lassen. Da die Herzog doch nichts weniger als eine Schönheit sei. Wo Matthäi zu finden ist, weiß sie, wie gesagt, nicht. Wenn er im Theater sei, gehe er mit seinen Bekannten meist noch in den Franziskaner, um zu kritisieren. Ich frage, ob er in einer Münchner Zeitung schreibt. In

Münchner nicht, aber in Berliner, Hamburger etc. Sie hat mir meine Frage fast übelgenommen. Zu Hause sei er höchst selten. Sehr oft bringe er den Abend bei Elias zu, im Kletzengarten esse er häufig Abendbrot. (Also doch nicht gar so schlimm, denke ich bei mir.) Heute sei er vermutlich in Familie. Wenn er zeitig nach Hause komme, werde sie ihm meinen Auftrag ausrichten, doch zweifle sie, ob er noch kommen werde. Morgen sei Dienstag, da esse er bei ihr zu Mittag, da werde ich ihn also zweifelsohne treffen.

Ich empfehle mich und schlendre möglichst langsam die Heßstraße zurück in der Hoffnung, ihm doch noch zu begegnen. Da es aber kaum acht Uhr vorbei ist, so ist die Aussicht recht gering, und schließlich beginnt es auch noch zu regnen. Nach Hause gehn mag ich nicht. Ich bin in größter Verlegenheit, wo mich hinwenden. Schließlich schlage ich den Weg nach der Scholastica ein. In der Scholastica bedient ein junges Mädchen, in der ich die Nixe aus Goethes Fischer wiedererkenne. Gesichtszüge wie eitel Wellenschlag, einen üppigen, schön gegliederten Körper und ein helles Lachen, das einen gewissen Mangel an tieferer Empfindung, une certaine froideur du coeur, wie Papa schreibt, verrät. Bei schönem Wetter bedient sie im Garten. Sie trägt dabei einen schwarzen Rock und eine blaue Kattuntaille mit Ärmeln bis zum Ellbogen, mit Umschlagkragen und Spitzenbesatz. Sie hat einen schönen, aufrechten Gang mit leichtem Wiegen in den Hüften. Bewundernswert schien es mir, wie sie bis in die späte Nacht hinein immer noch rüstig bleibt. Ihre Stammgäste, darunter einige kahlköpfige Offiziere, behandelt sie mit unveränderlicher Munterkeit. Andern gegenüber benimmt sie sich exklusiv geschäftlich. Sie hat übrigens eine jüngere Schwester, die neben ihr arbeitet, sich in nämlicher Weise trägt und sofort durch große Familienähnlichkeit auffällt. Doch repräsentiert sie in ihrem Äußeren kaum einen Schatten von der Pracht ihrer Schwester. Sie dient dieser gewissermaßen als Folie. Ich setze mich also mitten ins Lokal, lasse mir eine Maß bringen und beginne, meine Schöne anzuschmachten. Es mag das dem Mädchen nicht ungewohnt sein, und, wie ich nach einiger Zeit bemerke, beschließt sie, Gnade über mir walten zu lassen. Sie beginnt, als mein Nachbar seine Zeche berichtigen will, in Verwirrung zu geraten und gar nicht addieren zu können. Er ist ein alter Sumpf und Mitglied des Vereins zur Unterbringung entlassener Sträflinge. Mit denen, die sie hätten auswandern lassen, hätten sie recht schöne Resultate erzielt, so erzählt er einem Bekannten. Ein junger Mann und ein junges Mädchen seien zur nämlichen Zeit hier in München entlassen worden und zusammen ausgewandert. Sie hätten sich im Zuchthaus schon kennengelernt. In New York hätten sie sich geheiratet und seien jetzt wohlhabende Leute. Weniger gute Resultate weisen diejenigen auf, die hier bleiben. In Haidhausen hat der Verein sein Bewahrungshaus, in dem sie nach ihrer Entlassung acht Tage vollkommen freie Station und Unterhalt haben mit der Bedingung, abends um acht Uhr zu Hause zu sein. Sobald sie Arbeit gefunden, dürfen sie bis neun Uhr ausbleiben. Freie Wohnung haben sie dort drei Wochen lang. Plötzlich bekommt der alte Sumpf einen Stickhustenanfall, der verrät, daß er die ganze Lunge voll Sputum hat. Er bekommt einen krebsroten Kopf und weiß sich kaum mehr zu helfen, da sich der Anfall mehrmals wiederholt, bricht er möglichst rasch auf, es sei ihm zu dunstig hier, empfiehlt sich und geht.

Die Kellnerin findet seinen Krug noch zur Hälfte voll und fragt mich, ob der Herr schon gegangen. Ich entgegne, er habe ihr ja seine Schuldigkeit entrichtet und fühle dann plötzlich, daß die Frage ja nichts als Gnade mir gegenüber war. Dann sehe ich, wie sie am Buffet den Inhalt aus dem Krug des alten Phthisikers in ihr eigenes Krügel gießt. Sie scheint überhaupt einen kräftigen Zug zu haben. Es vergehen kaum zwei Minuten, ohne daß sie ihr Krügel für einige Zeit ansetzt. Doch berührt mich dieser Umstand nicht unangenehm. Er gestaltet die Verhältnisse behaglicher. Er tilgt die Sentimentalität. Es drängen sich keine abstrakten Gespenster zwischen meinen Blick und die bewundernswerte Büste. Ob diese Büste wohl echt ist? Ich wende mich mit einer Grimasse von diesem Gedanken weg. Allerdings, wenn sie echt ist, dann muß sie anbetungswürdig sein. Besonders oben her ist sie so prachtvoll gewölbt wie die Hagia Sophia.

Ich bestelle mir noch eine halbe Maß, und das Mädchen bringt mir eine ganze. Es scheint das so ihre Art zu sein. Bei dem alten, entschlossenen Sträflingsvereinmitglied hat sie's gerade so gemacht. Ich fordere sie auf mitzutrinken. Sie trinke den Schaum nicht gern. Aber sie läßt Gnade für Recht ergehen. Ihr Gesicht ist übrigens trotz seiner Schönheit nicht mehr blühend. Ich schätze es auf etwa sechsundzwanzig. Ihr Name ist Fanny, ein echter Nixenname. Was ist Waltraute, Woglinde etc. gegen den Namen Fanny. Fanny hat etwas durchaus Konkretes und doch Feines, etwas Naturalistisches, es bezeichnet ein schlankes, schnellfüßiges junges Reh in sonnenbestrahlter Waldlichtung und charakterisiert dasselbe zugleich als Delikatesse. Fanny ist ein Kind und wird ihr Lebtag eins bleiben, das dabei doch überall, wo es gilt, mit überraschender Wärme das Weib repräsentiert. Fanny ist stets forsch, entweder munter oder launenhaft. Sie ist nicht heißblütig, aber sinnlich. Wer sie in den Armen hält, der fürchtet, unzüchtig zu werden. Es ist einem zumute, als befruchte man seinen eigenen Leib. Dabei schwebt man in fortwährender Besorgnis, die schönen, üppigen Glieder wären Zauberspuk und möchten mit eins ins Nichts zerfließen.

Im Kletzengarten treffe ich Welti in Gesellschaft von Hahn und einigen mir unbekannten Herren. Matthäi ist nicht gekommen. Er erzählt, daß das Orchester hier besser sei als in Berlin, daß aber in Berlin das Schauspiel besser sei. Die neue Shakespeare-Inszenierung hat ihm ebensowenig gefallen wie dem Photographen Hahn. Beide erklären, das sei gar nichts, ohne die geringsten Gründe aufzuführen. Den Hofnarren von Bonn findet er zu winselnd. Ich bemerke, daß der Narr gepeitscht würde, worauf er mir nichts zu entgegnen weiß, ohne sich indessen in seiner Ansicht beirren zu lassen. Hahn frage ich nach dem Kunsthändler Weyer aus Leipzig, den er nicht zu kennen vorgibt. Er meint, der habe mir gewiß recht viel Schlimmes über ihn erzählt. Nach Mitternacht kommt auch noch Bennat hereinstolziert, dem Welti wiederum erzählt, daß das Schauspiel in Berlin besser, das Orchester aber schlechter sei. Schuld daran sei, daß die Leute unter Kaiser Wilhelm I. soviel Ballett hätten spielen müssen. Betz sei noch immer ein vorzüglicher Sänger. Man wisse ja, mit welch objektiver Ruhe er, Welti, bei der Aufführung über dem Kunstwerk stehe, aber als Betz den Eremiten im Freischütz gesungen, habe er beinahe Tränen vergossen. Bennat hält sich sehr ruhig trotz der langen Trennung. Schließlich bemerkt er, es sei ganz so, als wäre er, Welti, nie fort gewesen. Es ist auch in der Tat so. Was Wunder, über die Grenzen des Kneiptisches hinaus ist ihre Freundschaft ja doch nie gegangen.

Auf dem Heimweg teilt mir Welti mit, daß mich die Herzog auf morgen fünf Uhr zum Tee bitten lasse. Das Kletzenbier hat ihm Sodbrennen gemacht. Da ich kein Natron besitze, gebe ich ihm Salzsäure zu trinken. Infolgedessen wird das Sodbrennen so stark, daß er sich kaum zu helfen weiß. Ich geleite ihn in seine Kammer hinüber und unterhalte ihn, während er sich entkleidet. Beim Hemde angelangt, glaubt er, an seinem Gesäß einen Furunkel zu spüren. Ich nehme die Stelle sofort in Augenschein und gebe ihm die Versicherung, daß es lediglich ein Flohstich ist, worauf er sich dann zur Ruhe legt. Besonders habe er lachen müssen über die Tatsache, daß Muncker in Verlegenheit geraten, als ich ihm gestanden, daß ich mich dramatisch beschäftige. Was die Kaulas anlange, so sei Muncker mit der Tochter so gut wie verlobt. Muncker sei übrigens nicht so schlimm, wie ich ihn mir denke. Er sei sogar imstande, ganz uneigennützig zu handeln. Ich wünsche ihm gute Nacht und kann, in meiner Stube angelangt, nicht umhin, über die Salzsäurekur zu lachen. Ich schlafe ausnehmend schlecht.

Gegen neun kommt Welti herüber. Da mir noch sämtliches Bier von gestern im Magen schwabbelt, bleibe ich im Bett und schlafe, nachdem sich Welti einen Kakao gekocht und entfernt hat, bis gegen eins. Dann stehe ich mühsam auf, gehe möglichst vorsichtig zum Essen, darauf zum Barbier, dann ins Café und schließlich nach Hause, um Toilette zu machen. Den ganzen Tag über hat es in Strömen geregnet. Gegen Abend heitert sich der Himmel ein wenig auf. Um fünf gehe ich nach Schwabing, ängstlich besorgt, nicht zu früh und infolge dieser Besorgnis hinwiederum auch nicht zu spät zu kommen. Frl. Herzog II nimmt mich in Empfang, freut sich, mich wiederzusehen, bedauert, mich das letzte Mal nicht gesehen zu haben und entschuldigt sich, daß sie mich bis jetzt noch nicht zum Tee gebeten. Im Salon treffe ich Matthäi und Welti nebeneinander sitzend. Bei Matthäi entschuldige ich mich sofort für den Fall, daß mein Billett gestern ein wenig verworren, wie ich mich ausdrücke, ausgefallen. Matthäi hat nur einen Augenblick Zeit, da um sechs eine Dame auf ihn am Theater wartet. Die Herzog ist noch nicht da. Sie ist bei der Blank zum Kaffee geladen. Phylax liegt unterm Tisch und hat das Verdienst, verschiedene Male dem Gespräch als Rettungsbalken zu dienen. Matthäi und Welti stecken bereits abgrundtief in einem literarischen Gespräch. Für das normale Auge sind sie längst außer Sehweite gerückt. Ich halte mich daher an Frl. Herzog II, indem ich so nach der andern Seite nichts zu verderben gewiß bin.

Frl. Herzog II spricht, als ob sie das Maul voll Brei hätte. Dabei spricht sie ziemlich viel und macht auf mich den Eindruck einer sehr dummen Person. Was sie ihrer Zeit auf der Bühne hat suchen wollen, wird mir immer unbegreiflicher. Ich spreche von der »Macht der Finsternis«, worauf sie mich fragt, ob das die Geschichte sei, wo der Held im Anfang einen Selbstmord begehe. Sie meint nämlich Raskolnikow. Da die Herzog noch immer nicht kommen will, erhebt sich schließlich Matthäi, er dürfe die Dame nicht länger warten lassen. Welti beredet ihn, sofort wiederzukommen, was er auch verspricht. Ich habe nur einmal das Wort an ihn gerichtet mit der Frage, ob er vielleicht die »Macht der Finsternis« kenne. Er versichert mich, er kenne sie recht gut, aber ob das vielleicht ein Drama oder was derart sei. Nachdem er fort ist, kommt das Gespräch auf die Kunstausstellung, speziell auf ein großes Bild von Jokisch, auf dem eine Märtyrerin mit gefesselten Händen nackend am Meeresstrand liegt, Kopf und Füße nach vorn gestreckt, so daß das in den Hintergrund gerückte Hinterteil hoch erhoben erscheint. An diesem Hinterteil hat sich Welti gestoßen. Er gibt sich nun die erdenklichste Mühe, das Warum dieser Tatsache dem Frl. Herzog II klarzumachen, die ihrerseits die allerbanalsten Phrasen ins Feld führt. Sie ist nämlich in Jokisch verliebt. Vor Jahren war er ihr und ihrer Schwester Zimmernachbar. Er liebt natürlich die Schwester, aber da diese ihn abweist, hat sich nun deren Schwester in ihn verliebt, die er wiederum nicht liebt. Die Herzog hat übrigens zwei Bilder bei ihm malen lassen, per Stück zu Mk. 500,−, die heute noch in ihrem Salon hängen. Welti beginnt schon ausdrücklich über Hunger zu klagen, als die Gartenpforte klingt.

Zwei Stimmen werden vernehmbar. Die eine ist die der Weckerlin, die die Herzog begleitet. Trotz des strömenden Regens begleitet die Herzog sie noch um einige hundert Schritte zurück. Dann begleitet die Weckerlin die Herzog wieder bis zur Gartenpforte. Die Glocke klingt zum zweiten Mal. Darauf wird Abschied genommen, wobei natürlich ununterbrochen beide zugleich sprechen. Bald darauf tritt die Herzog in den kleinen Salon in einem sehr geschmackvollen schwarzen Spitzenkleid mit einigen Goldposamenten. Der Kaffeeklatsch hat sie in eine gehobene Stimmung versetzt. Sie tritt mit einer gewissen Selbstverständlichkeit herein, lediglich geradeaus blickend, als dauere die innere Inspiration noch fort, und läßt sich von Welti und den beiden Schwestern Hut und Mantille abnehmen. Schließlich wirft sie sich in einem Zustand äußerster Seligkeit aufs Sofa. Nein, was die Weckerlin geschimpft hätte, über die Dreßler geschimpft hätte! Und dann in ihren Ausdrücken! Vorige Woche sei die Dreßler vollkommen berauscht in die Klavierprobe gekommen. Levi habe gesagt, er sei nicht da, um sich zum Narren zu machen. Oh, sie trinke eben! Sie trinke, um sich Mut zu verschaffen. Und über den Champagner sei sie bereits hinaus. Sie sei schon beim Schnaps angelangt. Welti, der sich mit einiger weitläufiger Bemühung bei ihrem Eintritt einen Begrüßungskuß verschafft hat, behauptet, die Dreßler heute begrüßt zu haben. »Du wirst doch nicht!« fällt ihm die Herzog ein. Er ist ihr begegnet, hätte sie um ein Haar angesprochen, ist dann aber doch vorbeigegangen, nachdem er sie höflich gegrüßt. Die Geschichte mit dem Schnaps erzählt die Herzog mit einer Wonne, mit der eine junge Frau allenfalls ihrem Gatten verkündet, daß sie sich Mutter fühle. Zuerst hat sie sich recht bequem dazu hingesetzt, sich dann vorgeneigt an Weltis Ohr, mehrmals angefangen, sich aber offenbar ein klein wenig geniert, bis sie schließlich nur so damit herausplatzte.

Man schreitet möglichst rasch zum Tee. Welti behauptet, er sei außerordentlich hungrig vom Anblick all jenen Fleisches in der Jahresausstellung, das er nicht genossen habe. Das Gesprächsthema bildet unter anderm Phylax, dem für seinen Berliner Aufenthalt heute morgen ein Maulkorb angemessen wurde. Er habe eine ganz eigentümliche Physiognomie dazu gemacht. Nun bekomme er noch ein schönes Schellenhalsband. Welti protestiert gegen dasselbe wegen des ununterbrochenen Geklingels. Ich frage sie, ob sie nicht fürchte, daß es den Hund nervös machen könne. Sie meint, daß in dieser Beziehung nichts zu befürchten sei. Matthäi kommt. Er hat sich rasieren lassen und wäre beim Verlassen der Trambahn noch fast der Länge nach in den Kot gefallen. Gelegentlich der Eitelkeit Matkowskys, der jedem weiblichen Geschöpf einen Blick zuwirft, als wollte er sagen: ich kondoliere, erzählt Matthäi die Geschichte eines Danziger Offiziers. Er erzählt nicht schlecht, aber sehr behäbig. Weltis Interesse wird schon nach den ersten Sätzen durch

Phylax abgelenkt, der der Herzog das Kleid beschmutzen soll. Die Herzog meint, er sei ja nicht draußen gewesen. Matthäi erzählt unentwegt weiter. Ich habe das schon mehrmals an Welti bemerkt, daß er in Gesellschaft nicht zuzuhören versteht. Er versteht eben auch nicht zu beobachten. Er mag das Auseinanderresultieren. Wenn jemand anders längere Zeit spricht, wird er nervös und sucht dann krampfhaft nach einem Grund, der diese Nervosität entschuldigen, d. h. auf sich nehmen soll.

Nach genossenem Tee geht man in den Salon zurück, wo die Herzog singt. Matthäi meint, der kleine Raum drohe, von ihrer Stimme gesprengt zu werden, worauf Welti die Tür zum Nebenzimmer und das Fenster im Nebenzimmer öffnet. Matthäi bittet sich Mozarts Wiegenlied aus, zu dem Welti sie begleitet, natürlich nicht, ohne zum Dank gerüffelt zu werden. Mir ist das Schmetternde − schmetternd ist nicht der richtige Ausdruck, da ihre Stimme nichts Unangenehmes, trotz ihrer Gewalt kaum etwas Vibrierendes hat −, das Gewaltige in der Stimme der Herzog sehr angenehm. Es kommt mir vor wie der Strahl einer Dusche gegenüber einem gewöhnlichen, erfrischenden Bad. Schließlich singt sie noch ein Gedicht von Stieler und ersucht die Herren, ihr eine zweite Strophe dazuzudichten, da sie es so nicht öffentlich singen könne. Beide weisen das Ansinnen mit Verachtung von sich zurück. Ich verspreche, mein Möglichstes tun zu wollen. Matthäi ruft mir noch eine spöttische Bemerkung zu, während er sich empfiehlt, vergißt dabei aber, Frl. Herzog II Lebewohl zu sagen.

Nachdem er fort ist, ziehe ich Welti mit einigen Bemerkungen auf, die er mir gegenüber über Heine und Byron getan. Die Herzog bezeigt mir ihre Freude an dem Scharmützel durch ein aufmunterndes Lächeln. Gegen neun Uhr stecken wir uns jeder ein Zigarillo an, und ich begleite Welti zum Theater. Wir sind ein Herz und eine Seele. Er beschreibt mir seine Empfindungen, als er München wiedergesehen, wie die verschiedenen Häuser, in denen er gewohnt, ein historisches Interesse gewonnen hätten, und wie er beim Wiedersehen in erster Linie daran erinnert worden sei, wie er als ganz naiver Fox (diesen Ausdruck braucht er nicht) mit seinem kleinen Gymnasiastenhütchen, ein Mensch, der noch gar nichts gesehen, zum ersten Mal in München eingezogen sei, und wie dann das Theater ein maßgebendes Element in seiner Entwicklung geworden sei. Er geht ins Theater, um Frl. Pewni als Waldvogel zu hören. Er muß der Herzog darüber Bericht erstatten. Ich gehe derweil in den Franziskaner und treffe dort Matthäi mit Dr. Buchholz, Theatersekretär und Dramaturg des Münchner Hoftheaters. Die Unterhaltung dreht sich um Dr. Wörner in Amerika und um mir unbekannte Themata. Dann kommt Welti und erzählt wieder, daß das Schauspiel in Berlin besser sei als hier, das Orchester dagegen schlechter, worauf verschiedene Künstler durchgehechelt werden. Matthäi wendet sich verschiedentlich mir zu und macht mich auf ein kleines Mädchen uns gegenüber aufmerksam, das uns sehr ernst ansieht, aber nachdem sie gemerkt hat, daß sie beobachtet wird, recht bald schon die ersten Ansätze zur Unnatürlichkeit, Affektiertheit, zum Posieren zeigt. Ich bin geradezu glückselig über Matthäis Liebenswürdigkeit und sein physiognomisches Interesse. Ich mäßige meine Begeisterung, um ihn nicht stutzig zu machen. Welti und Buchholz traktieren derweil eine neue Goethe-Ausgabe von Erich Schmidt. Gegen elf muß Matthäi wieder am Theater sein.

Man trennt sich, und Welti und ich begeben uns in den Kletzengarten, wo uns die Musiker mit aller erdenklichen Herzlichkeit empfangen. In erster Linie Kutschenreuter und Scherzer, dann Ölgärtner, Lehner, Rauftler und Brummer. Diejenigen, die Welti suchte, nämlich Bennat und Sander, lassen sich zwar nicht blicken, aber die Stimmung ist dessenungeachtet sehr animiert. Kutschenreuter erlaubt sich sogar, aufs Wohl von Weltis Braut zu trinken, wovon aber Welti keine Notiz nimmt. Einer solchen Intimität scheint ihm Kutschenreuter denn doch trotz aller Herzlichkeit nicht würdig zu sein. Dagegen erzählt er wieder, daß in Berlin das Schauspiel besser, dagegen das Orchester schlechter sei, was daher komme, weil die Musiker unter dem alten Kaiser soviel Ballett hätten spielen müssen und weil Abend für Abend Oper sei. Darauf wird auf die hiesigen Kapellmeister, auf die abwesenden Kollegen, auf den März, auf Bayreuth, auf die Cosima und den Siegfried geschimpft, und gegen 12 Uhr geht man mit den besten Wünschen für die Zukunft und manchem kräftigen Händedruck auseinander. Welti scheint sich durch Bennats Ausbleiben nicht einmal so düpiert zu fühlen, wie ich vermutete. Vor der Haustür fragt er mich nach Natron und läßt auf meine Erwiderung, ich hätte eine ganze Tüte oben, etwas von rücksichtsvoll fallen, was ich ausdrücklich auf einen Fiaker beziehe, der über der Straße hält. Auf meiner Stube koche ich ihm noch einen Kakao, wobei von unten geklopft wird. Ich greife unverzüglich zu meinem Stock und klopfe wieder. Welti geht, um sich schlafenzulegen. Ich befinde mich in sehr großer Erregung und gehe daher noch einige Zeit auf und ab.

28. *August 1889*

Da mich Welti noch im Bett findet, geht er ins Café Minerva, um nicht soviel Zeit zu verlieren. Ich schlafe bis halb zwölf und treffe ihn, wie ich vom Café komme, mit Sack und Pack vor meiner Haustür. Die Herzog habe doch darauf bestanden, daß er mit ihr reist, schon um des Phylax willen. Es möchte dies oder das passieren, und dann sei sie mit dem Hund allein. Vorher wolle er aber noch ein gutes Glas Münchner trinken, und so gehen wir in das Deutsche Haus. Ich habe noch stets die Bemerkung gemacht, daß man sich, wenn man auf längere Zeit auseinandergeht und sich deshalb vermutlich sehr viel zu sagen haben sollte, meistens nichts zu sagen weiß. Ein Glück, wenn man wenigstens nicht genötigt ist, dem Augenblick angemessen zu sprechen, sondern den Abschied als etwas nunmehr Selbstverständliches stillschweigend übergehen darf. Das ist dann auch im Deutschen Haus der Fall. Wir sprechen von der Baste und ihrer Gesellschafterin, bis mir Welti schließlich doch noch versichert, daß ihm ein Brief von mir stets willkommen sein werde, daß ich darum dann und wann was von mir hören lassen soll, indem ich ja doch immer noch mehr Zeit übrig habe als er, der erstens fürs tägliche Brot arbeiten und außerdem noch apporten – ich wisse schon – eben apporten müsse. Er meint nämlich apportieren und hat damit in der Tat den einzig richtigen Ausdruck gewählt, aber mit einer Harmlosigkeit, deren ich auch den Verliebtesten nicht für fähig gehalten hätte. Es scheint das in seiner Bestimmung zu liegen, nicht nur der Mann seiner Frau zu sein, sondern geradezu ihr Laufbursche. Er fühlt sich offenbar glücklich in dieser Rolle. Sie gereicht ihm in der nämlichen Weise zur Genugtuung wie anderen Schwärmern eine Rettung des geliebten Gegenstandes aus irgendwelcher Gefahr mit Aufbietung des eigenen Lebens. Wer hätte geahnt, daß sich aus diesem prahlerischen Subjektivisten ein Altruist dieser Spezies entfalten werde. Auf dem Bahnhof treffen wir Herzog I, II und III, II mit dem Phylax auf dem Arm. Welti und ich tragen das Gepäck ins Coupé, in dem ein Herr mit seiner Mutter sitzt. Kaum wird er des Hundes ansichtig, so beginnt er zu knurren, meint dann aber, man solle seine Mutter fragen. Diese Bemerkung wird aber von allen Beteiligten überhört. Die drei Frl. Herzog schwimmen in Tränen. Welti läßt es sich gleichfalls nicht einfallen, ein besänftigendes Wort für den Phylax einzulegen. Frl. Herzog II und III und ich verabschieden uns, und da sie durch nachkommende Freundinnen noch wieder zum Coupé zurückgeführt werden, verabschiede ich mich endgültig. Ich schlendre langsam meiner Wohnung zu. Auf dem Maximiliansplatz vor dem Goethe-Monument fällt mir ein, daß ich Goethe in der letzten Nacht leibhaftig vor mir gesehen. Er war ganz hell gekleidet im Kostüm seiner Zeit. Die Figur hatte er vom Schauspieler Matkowsky in Berlin. Ein eigentümlicher Lichtschimmer ging von seiner Erscheinung aus, wie von dem Leichnam Christi auf Rembrandts Grablegung. Mit einem Mal erinnere ich mich auch, daß heute Goethes Geburtstag ist.

29. August 1889

I. Akt. 1. Hälfte revidiert.

30. August 1889

Damit fertig geworden. Gebummelt.

31. August 1889

Gebummelt.

1. September 1889

Ich habe mir gestern fest vorgenommen, Dr. Elias aufzusuchen. Hauptsächlich habe ich es dabei auf Matthäi abgesehen. Zum zweiten Akt will sich mir um alles in der
Welt der Eingang nicht bieten. Einige Anregung möchte
mir daher sehr von Nutzen sein. Ich setze also meinen
Zylinder auf und gehe in den Kletzengarten zu Tisch.
Dort gesellt sich zu meiner freudigen Überraschung Matthäi zu mir. Gesprächsthema bildet Jungdeutschland,
dem er seine Verachtung in ungeschminktesten Ausdrük-
ken kundgibt.

Nachdem wir das Lokal verlassen, frage ich ihn, ob er
ins Café gehe. Gewiß, ob ich vielleicht eine Partie
Schach spiele? – Ich sei kein Held auf dem Schachbrett.
– Er habe vergessen, seine Krawatte vorzubinden. Im
übrigen sieht er im höchsten Grad proper und solid aus.
Auf dem Weg ins Café Karlstor in der Nähe der Synago-
ge spricht uns ein altes Weib an. Seit drei Stunden laufe
sie da herum, die Kinder habe sie auf der Promenade.
Ob wir nicht wüßten, wo sie was zu essen bekomme,
aber bei Israeliten natürlich und nicht zu teuer. Matthäi
fragt mich, ob ich mitgehe, und wir geleiten die Frau in
ein jüdisches Restaurant in der Nähe der Löwengrube,
wo, wie Matthäi mir nachher sagt, wohl das beste Essen
in ganz München zu haben sei. Die Frau ist aus Krakau

und kommt diesen Morgen von Wien gereist mit einem Brief an den hiesigen Rabbiner. Der wird ihr dann die weiteren Weisungen für die Reise geben. Sie ist nämlich mit ihren Kindern auf dem Weg nach Amerika.

Matthäi ist wohl noch kurzsichtiger als Tumarkin, obschon er nur Gläser No. 5 trägt. Daher sieht er dann aber auch allerhand nicht, so z. B. Frl. Herzog II, als er draußen Abschied nahm. Das Schachbrett kommt mir unglaublich fremd vor. Ich weiß mich gar nicht zu orientieren. Matthäi mopst sich augenscheinlich über die Maßen. Da aber Dr. Bernheim, mit dem er gern noch eine Partie gemacht, indessen aufgebrochen, so schlägt er mir noch eine vor mit der Bedingung, daß er mir nichts nehmen dürfe. Doch stellt es sich bald heraus, daß das nicht geht. So schenkt er mir denn seine Königin, woraufhin ich ihn glücklich besiege. Wir machen eine zweite Partie dieser Art, und ich besiege ihn wieder. Darauf begleite ich ihn nach Hause. Zu Dr. Elias ist es jetzt glücklich zu spät. Matthäi fragt mich über Zürcher Verhältnisse aus, ob die Schweiz kein stehendes Militär habe für den Fall, daß die Sozialisten die Stadt mal an allen vier Ecken anbrennen. Ich frage ihn, was er sich denn für Vorstellungen von Sozialisten mache. Apropos Rambergstraße, erzähle ich, daß sich ein Freund von mir aus Liebe zu seiner Wirtin vom Mythen gestürzt. Er finde es unbegreiflich, meint Matthäi, wie sich jemand aus Liebe das Leben nehmen könne. Aus Mangel an Geld ja. Aber aus Liebe?

Er spricht bei einer Frau Direktor vor, bei der er drei Wochen nicht gewesen, und ich stürze mich in eine Konditorei, um meine Nerven zu beruhigen, genieße dann die Dämmerung im Englischen Garten und esse zu Hause Abendbrot. Ich fühle mich sehr ermüdet und schlafe sofort auf dem Sofa ein. Beim Erwachen ist mir zu weihevoll zumute, als daß ich noch zu Bier gehen möchte. Ich lege mich also zu Bett, obschon es erst zehn vorbei. Seit undenklicher Zeit wohl das erste Mal, das ich vor Mitternacht schlafen gehe.

2. September 1889

Nach Tisch mache ich einen Spaziergang nach der Menterschwaige. Während ich dort hinter meinem Glas Bier sitze, kommt eine Gänseherde und bettelt mich mit großer Zudringlichkeit an. Der Hauptcharakterzug der Gans scheint mir »gottesfürchtig und dreist« zu sein. Darauf deutet ihre unbefangene Zudringlichkeit, mit der sie einem zu Leibe rückt, ihre Geschwätzigkeit, ihre Harmlosigkeit. Ob die Gans dümmer ist als andere Vögel, wage ich nicht zu entscheiden. Ihr Hang zum Lärm, ihr lautes Wesen erwecken allerdings die Vermutung. Dann deutet auch ihre Physiognomie darauf hin, die hohe Lage des Auges, die dadurch bedingte niedrige Stirn und der unglaublich flache Schädel. Man setze in ein menschliches Profil das Auge übermäßig hoch ein, und man wird die nämliche Wirkung beobachten. Das Profil der Gans ist übrigens ein griechisches. Karikaturen des griechischen Profiles werden stets eine auffallende Ähnlichkeit mit demjenigen der Gans zeigen. Das Profil des Schwanes charakterisiert sich durch den tiefliegenden Schnabelansatz, die infolgedessen gewölbtere Stirn und das weitüberschattete Auge. Diese Züge verleihen dem Schwan den ernsten sinnigen Ausdruck, der sich zu demjenigen des griechischen Profils verhält wie die Madonnenköpfe Andrea del Sartos zu denjenigen Raphaels. Die Konversation der Gänse, wenn sie im Kreis herumsitzen, läßt im großen ganzen auf mehr Vernunft schließen als diejenige einer weiblichen Kaffeegesellschaft. Bei den Gänsen schnattert nämlich immer nur eine, während bei der Kaffeegesellschaft mindestens die Hälfte der Anwesenden das Wort führt. Das Geschnatter der Gans zeigt dabei die verschiedensten ganz ausdrucksvollen Variationen und wird dadurch besonders eindringlich, daß sich die Sprecherin meistens an eine einzelne aus der Versammlung wendet, der sie dann eindringlich den Kopf entgegenstreckt. Das läßt ohne Mühe darauf schließen, daß das Geschnatter nicht lediglich Ausfluß der eigenen Empfindung ist, sondern auch den Zweck verfolgt, diese Empfindung jemandem mitzuteilen. Es trägt, wenn man genau zusieht, einen ausgesprochen agitatorischen Charakter. Erst wenn durch irgendeinen störenden Zwischenfall die Aufregung gesteigert wird, schnattern auch die Gänse einen Corpore.

Hinter dem Haus ertönt plötzlich das laute Geschrei einer Gans, worauf alle Anwesenden die Köpfe zusammenstecken und drauflosschnattern. Mit einem Mal erheben sich alle wie auf ein gegebenes Losungswort, brechen in ein herzzerreißendes Geschrei aus, schlagen mit den Flügeln, ordnen sich im Gänsemarsch und eilen so rasch wie möglich auf den Ort zu, von dem aus das Geschrei erscholl. So laut das Geschrei einer Gänseherde aber auch sein mag, auf den Zischlaut Pst! verstummt es augenblicklich. Dieses Pst! scheint in der Tat mehr physiologisch auf die Organe zu wirken, als daß sein Erfolg auf Konvenienz beruhte. Ich denke dabei an den stud. med. Gehring im Spital, der Tag und Nacht in bewußtloser Lethargie lag und beim Atmen unaufhörlich stöhnte. Während er auf Vorstellungen und Ermahnungen zugunsten der Nachtruhe nicht im geringsten mehr reagierte, stellte sich sein Gestöhn doch augenblicklich ein, sobald jemand Pst rief. Die Kellnerin reicht den Gänsen Brotbrocken dar und bemerkt dabei, daß das weibliche Mitglied der Gesellschaft ihr dieselben ganz zart aus der Hand pickt, während die männlichen nur so drauflosfahren. Das sei halt eine Dame, sagt sie. Diese Dame trägt sehr sinnreich und bezeichnend den Namen Gretchen. Die übrigen tituliert die Kellnerin per Grobiane wie der Wärter im Berliner Zoologischen Garten den Königstiger. Bei herrlicher Abendstimmung gehe ich nach Großhesselohe und fahre per Bahn nach München, schlendere die Neuhauserstraße entlang und falle schließlich ins Münchner Kindl. Das Lokal ist ziemlich leer, und das Publikum wenig animiert. Ich setze mich direkt vor die Bühne und habe Gelegenheit, mich in aller Ruhe an den hübschen Beinen von Frl. Scholz zu erfreuen. Zu Hause angekommen, wasche ich mich von oben bis unten, wobei das Wasser die Farbe von Salvatorbier annimmt.

3. September 1889

Die ganze Nacht über werde ich von Wanzen gepeinigt, und als sich die Tierchen gegen Morgen in ihre Verstecke zurückziehen, fängt im Nebenzimmer der Tischler an, den neuen Boden zu legen. So stehe ich ziemlich mißmutig auf, zumal es unerträglich heiß ist. Nachdem ich im Schweiße meines Angesichtes Mittagbrot gegessen, gehe ich in die Galerie Schack, wo mich besonders die geistreichen Kompositionen von Genelli interessieren. Ein kühner Naturalismus liegt in diesen ungenierten Nymphen, in diesen etwas dämonisch buckligen Amoretten. Zudem ist alles behaglich und legt Zeugnis von vollkommener Geistesfreiheit ab. Die Venezia von Tintoretto hatte ich mir im Laufe der Jahre bedeutend anziehender gedacht. Ihr Leib entspricht allerdings meiner Erinnerung. Dagegen finde ich ihre Züge in einer Weise gealtert, als wären die Jahre Lustra gewesen. Lange Zeit verbringe ich vor der Madonna von Andrea del Sarto. Das ist wirklich ein Mädchen, dem der heilige Geist auf der Stirne leuchtete. Das wäre mein Geschmack. Der kluge Ernst in diesen Zügen wäre mir zehntausendmal lieber als die Liebe in denjenigen der Sixtinischen. So wie diese heilige Jungfrau denke ich mir Anna Launhardt. Wäre ich Andrea del Sarto, ich hätte das Mädchen Medizin studieren lassen. Vor Tizians Lavinia geniere ich mich ein wenig. Ich sehe sie zuerst nur verstohlen von der Seite an, aber sie gefällt mir. Ich fürchte nur, sie könnte heraustreten. Beim Verlassen der Galerie sehe ich eine ältere Dame mit einem noch älteren Herrn die Treppe aus dem Schwindsaal herunterkommen. Die Dame sagt, indem sie zur Rechten auf die Schöpfung des Menschen von Michelangelo deutet: »Ist das Adam? – Der ist viel zu jung für Adam. Adam sieht älter aus.« – Der Herr, der bereits um ein Gemälde weiter ist, entgegnet ihr: »Sieh, da ist der Alarich, wie sie ihn da in das Senkloch hinunterlassen.« Die Dame hat indessen das Fremdenbuch auf dem Tisch liegen sehen und fragt etwas wegwerfend: »Willst du dich nicht einschreiben?«

Im Garten der Glyptothek finde ich endlich den ersten Ansatz zum zweiten und dritten Akt. Auf einer Bank an der Maximilianstraße spinne ich den Faden weiter. Gehe zum Abendbrot nach Haus und kehre ins Café Roth zurück, wo ich den Faden wieder aufnehme.

4. September 1889

Nach Tisch gehe ich bei bedecktem Himmel in die Isarauen aufs eifrigste mit E beschäftigt, werde aber gegen sechs von einem schweren Gewitter überrascht, stürze mich in eine Konditorei und aus dieser gegen sieben ins Gärtnertheater. Man gibt »Die Glocken von Cornville«. Die Operette behandelt einen lieblich romantischen Stoff in reizenden leichten Melodien. Ich erinnere mich noch wie heute, wie Schaffner vor 10 Jahren davon entzückt war, als er sie im Schachen in Aarau auf einer Schmiere gesehen. Frl. Meininger mit ihren tiefdunklen Augen und ihrem griechischen Profil ist eine ganz passable Soubrette, besonders von vorne gesehen. Im Profil hängt die Nasenspitze über und wird, wenn sie lacht, einwärts gezogen. Die Jüdin ist dann nicht mehr zu verkennen. Was mir an Frl. Meininger besonders gefällt, ist die graziöse Art, wie sie ihre Füßchen setzt. Als Germaine trägt sie eine enganliegende Taille und ein halblanges blaues Röckchen, das ihr bis zur Mitte der Wade reicht. Diese Wade ist aber eher zierlich als üppig, vielleicht deshalb, weil sie in einem schwarzen Strumpf steckt. Schwarze und rote Trikots lassen die Beine dünner erscheinen als sie sind, während blaue, weiße und fleischfarbene das Gegenteil bewirken. Übrigens wird es einen unangenehmen Eindruck machen, wenn unter dieser schlanken Taille sich zwei korpulente Waden zeigen wollten. Singen kann die Meininger nicht, sie ist keine Nachtigall. Aber sie ist eine Lerche, sie zwitschert ganz hübsch, und ihre Stimme wird in keiner Lage unangenehm. Bis zwölf im Franziskaner.

Die Fünf scheint mir Ähnlichkeit zu besitzen mit dem Schauspieler Davideit. Ich weiß nicht recht warum; ob Davideit überhaupt mit einer Fünf Ähnlichkeit hat? Es scheint nicht der Fall zu sein. Denn diese Fünf erinnert mich, wenn ich sie mit etwas vergleichen will, an einen alten Pharao. Und diese an Hammi. Die letzte Nacht träumte mir wieder von Papa. Er war so bescheiden in seinen Ansprüchen. Der Dinge, die seit seinem Tode geschehen, tat er mit keiner Silbe Erwähnung. Er wünschte nur, daß man ihn die paar Jahre noch in Ruhe leben lasse. Etwas Gespensterhaftes hatte er freilich an sich, zumal in der ängstlich scheuen Art, mit der er seine Bitte flüsterte. Er schien zu fürchten, wenn andere dazukämen, daß sie ihn fortjagen möchten. Er stand mitten zwischen seinen Altertümern im Mittelzimmer der äußeren Flucht, dort, wo zu seinen Lebzeiten der große Tisch mit den Rüstungen, Geweihen und das Regal mit den türkischen Flinten aufgeschlagen war. Und jetzt erinnere ich auch deutlich, wie alles vor sich ging. Ich stand dem Fenster gegenüber am Tisch und kramte zwischen den Gardinen herum. Da trat er in einem leichten schwarzen Rock, überhaupt in etwas legerer Toilette in seiner gewohnten elastischen Gangart hastig aus der Tür zur Rechten, tat nur wenige Schritte ins Zimmer und sah sich ängstlich nach beiden Türen um. Daraus warf er mir einen so flehentlichen Blick zu, daß es mir die Kehle zuschnürte. Und doch bin ich ihm nicht einmal entgegengegangen.

Ein eigentümliches Einsiedlerleben, das ich jetzt führe. Seit Sonntag habe ich wieder mit keinem Menschen ein Wort gesprochen und werde wohl auch vor Sonntag keine Gelegenheit dazu finden. Aber ich habe mich schon daran gewöhnt. Ich dürste nicht mehr so nach Menschen wie in den ersten Wochen meines Hierseins. Tatsächlich bin ich auch meistenteils in erregtester Unterhaltung mit irgendeinem Bekannten begriffen. Gestern abend auf dem Weg aus dem Theater unterhielt ich mich mit Schaffner. Ich bot alles auf, um die alte Vertrauensseligkeit zwischen uns wieder aufleben zu lassen. Ich sprach Schweizerdeutsch. So saßen wir wohl eine halbe Stunde im Ratskeller in der Nische, in der ich vor vier Jahren mit Welti den Abschiedstrunk eingenommen. Täglich fast verkehre ich einige Stunden mit Thomar; aber wir streiten nie, wie wir es doch so häufig getan. Wir sind immer ein Herz und eine Seele und lachen mit einer gewissen Rührung über unsere Witze. Vor einigen Tagen deklamierte ich ihm Henckells Ausnahmegesetz mit Henckellscher Betonung vor. Er wieherte vor Vergnügen, klatschte in die Hände, korrigierte mich stellenweise in seiner barocken Art, und seine großen Augen wurden rotgerändert und füllten sich mit Tränen. Als wir uns nach meinen Triumphen zum erstenmal wiedersahen, ging ich ihn sofort um eine Gefälligkeit an. Er hätte es sonst nicht übers Herz gebracht, in der alten Art mit mir zu verkehren. Er hätte gesucht und gesucht, bis er ein Anzeichen dafür gefunden hätte, daß ich nicht mehr der nämliche sei wie vor meinem Siege. Daraufhin würde er sich mit Bedauern, aber mit einem unüberwindlichen Ekelgefühl von mir abgewandt haben, selbst auch dann, wenn er ganz und gar auf meinen Umgang angewiesen gewesen wäre. So selig und herzlich ich mit Thomar verkehre, so kritisch gestaltet sich indes mein Umgang mit Matthäi. Sooft ich seit Sonntag mit ihm zusammengetroffen, jedesmal wurde das nämliche Thema wieder aufgenommen, und jedesmal geriet ich trotz meiner in Wärme und Begeisterung. Ich exemplifizierte ihm gegenüber mit Welti. Überhaupt muß Welti ziemlich viel herhalten. Ich hege nun bald das, was Thomar die stille Wut nennt gegen ihn. Matthäi bleibt immer der nämliche kühle ernste Mensch. Heute mittag traf ich ihn auf einer Bank unter den Bäumen der alten Pinakothek. Während des Gesprächs wagte ich, einen Witz loszulassen, aber er glitt an ihm ab wie Wasser an einer Erzstatue. Nicht die flüchtigste Spur, die er zurückließ. Das Fiasko mag seinen Grund freilich auch in einer servilen Befangenheit haben, mit der ich das Experiment durchgeführt. Gestern morgen gegen drei saß ich mit Assessor Pariser und noch einem auf dem HBK und schlug Pariser vor, mit mir zu wetten, daß ich, respektive daß ich nicht binnen sechs Wochen Matthäis intimster Freund sein werde. Nur dürfe er vor Ablauf der Frist mich bei Matthäi nicht verraten. Nachher möge er sagen, was er wolle, indem ich, falls ich die Wette gewonnen, vermutlich auch diesen Streich würde parieren können.

Inzwischen beschäftige ich mich hin und wieder noch aufs angelegentlichste mit der Erziehung meiner Tochter. Soviel steht jetzt bei mir fest, so hoch ich in den letzten Jahren das Leben in einer großen Stadt anschlug, wenn ich mich einmal irgendwo festsetze, sei es mit Familie oder als Einsiedler oder als Ali Baba Pascha von Janina, so wird es auf dem Land geschehen, am liebsten in der Schweiz, am liebsten im schönen Aargau, am liebsten auf Lenzburg, aber da das nun doch höchst wahrscheinlich nicht gehen wird, Lenzburg gegenüber auf Wildenstein. Wildegg ist mir ein sehr unsympathisches Nest. Dagegen möchte ich leben und sterben auf Wildenstein, sterben speziell auf der breiten, mit Kies belegten Terrasse nach Westen hin angesichts der untergehenden Sonne, der blauen, duftigen Jurakette und der silbern aus dem Tal heraufschimmernden Aare. Da fände ich alles, was das Leben behaglich macht, und vor allen Dingen Raum, viel Raum und eine geradezu elysische Ruhe. Da könnten meine Kinder sich tummeln, wie wir es dereinst getan, im Feldheimer, im Kastler Tal, unten auf der breiten Wiese, wo wir mit den Drummond einst Fußball spielten, würden sie Drachen steigen lassen. Und im Winter ließe ich ihnen in einem der weiten Kemenaten des Schlosses eine Bühne errichten, auf der sie alles, was ihnen die Phantasie gebiert, verwirklichen könnten. Genaugenommen wünschte ich mir aber nur eine Tochter. Über ihren Namen habe ich schon nachgedacht, aber noch keinen gefunden. Ich für meinen Teil würde sie zweifelsohne Mati nennen. Daß sie klug ist, versteht sich. Vor allem aber muß sie schön sein, wie ihr Urbild, ihre Tante. Wenn diese Tante mal zu Besuch kommt,

Wedekinds Schwester Erika als Susanna in Mozarts Oper »Die Hochzeit des Figaro«

wird ihr die Ähnlichkeit nicht auffallen, aber das Kind wird nach ihrem Geschmack sein, und mich wird es so mit doppeltem Stolz erfüllen. Mati soll nicht aufwachsen wie eine Heiderose. Mati soll den Ernst des Lebens so früh als möglich kennenlernen, aber ohne die Frische der Jugend darüber im geringsten einbüßen zu müssen. Sie soll nicht ärmer, sondern reicher werden als andere Mädchen. Ich werde sie zu den Armen von Feldhein schicken, über deren Verhältnisse sie mir rapportieren muß, und ich werde ihr meine Habe zur Verteilung übergeben. Ich werde sie so früh als möglich daran gewöhnen, mir vorzulesen, gleichviel, ob sie das Gelesene versteht oder nicht. Sie muß sich durchaus nur als Mittel zum Zweck fühlen. Das eigene Interesse wird dadurch um so ernster geweckt werden. Ich werde sie nicht Klavier lernen lassen, wohl aber Mandoline, auf der sie an den langen Winterabenden ihrer Mutter Gesang oder auch ihren eigenen begleitet. Kurz, ich werde sie soviel als nur möglich dazu anhalten, ihren Mitmenschen zur Freude zu leben, so wird ihr die froheste Jugend beschert sein, die einem Menschenkinde zuteil werden kann, besonders reich und froh in der Erinnerung, und das ist doch schließlich die Hauptsache. Und vom ersten Erwachen ihres Bewußtseins an wird sich, losgelöst von uns allen, selbständig wie ein Gott das eigene Seelenleben in ihr entfalten, selbstherrliche, kindlich phantastische Kombinationen aus den Elementen der Wirklichkeit, ein unschuldig harmloser Reichtum, der dennoch mit den Jahren nicht als eitler Märchen- und Flitterkram spurlos dahinfällt, denn aus einem Schoß wird sich, wenn der Körper zur harmonischen Fülle heranreift, wenn die Ansprüche positiver werden, ein mindestens ebenso harmonisch abgeschlossener Ideenkreis gestalten, der die Nachtseite des Lebens sowohl wie seine Lichtseiten, in sich schließt, ohne doch dadurch getrübt oder gar befleckt zu werden.

Einen geheimen Herzenswunsch hege ich dabei noch in der Tiefe meiner Seele; aber die Stimmung scheint mir fast zu weihevoll, um ihn laut werden zu lassen. Und doch ist der Wunsch so harmlos, wie das ganze Phantasiegebilde und hat ja vielleicht das Verdienst, der Wanderung als Ausgangspunkt gedient zu haben. Es ist eben die ewige Wiederholung des nämlichen alten Themas, aber dessenungeachtet: Ehre, wem Ehre gebühret. Auf jener Terrasse nach Westen hin, auf der Turmzinne, in den Korridoren, im Treppenturm, im Hof und Garten würde ich Mati in schwarzem Pagenkostüm einhergehen lassen. Möglich, daß das nur zur Folge hätte, daß sie Veranlassung fände, ein wenig mehr auf körperliche Grazie zu halten, als das die Mädchen von heutzutage, dank ihren langen Kleidern, durch die Bank weg zu tun gewohnt sind. Man muß ihnen nur auf die Füße sehen, zumal wenn sie sitzen. Gleitet das schönheitsdurstige Auge von einem hübschen Gesicht auf ein hübscheres Mieder herab und langt schließlich wonnetrunken bei den Füßen an, so möchte es sich erbrechen, wenn es könnte, beim Anblick der nach vorn und nach innen schief gestellten Haxen, die den nämlichen Abscheu erregen wie ein altes Paar Schuhe, das ein Betrunkener abends in den Winkel geschleudert.

Stoff zu einem Schauspiel: Ein Künstler, trotz seiner Armut unterstützt er ein Modell, das dann und wann kommt, um ihn anzupumpen. (Maler, Bildhauer) lebt in größtem Elend. Sein Freund expliziert ihm das Axiom, daß es keine verkannten Genies gibt. Dem Mädchen gegenüber, mit dem er seit Jahren zusammenlebt, äußert er, so wie es gehe, werde er es wohl noch Jahre lang aushalten. Aber wenn nun plötzlich das langersehnte Glück eintrete − er stehe nicht dafür, daß er nicht wahnsinnig werde. Zum Schluß des ersten Aktes tritt das Glück ein. Durch Zufall ist er zu irgendeiner Konkurrenz zugelassen, und die Kritik hat ihn für unsterblich erklärt. Die Damen aus den höchsten Kreisen streiten sich um die Ehre, ihm Modell werden zu dürfen. Im zweiten Akt läßt er seiner Prachtliebe freien Lauf. Das Mädchen will ihn verlassen, sie werde ihm jetzt nur hinderlich sein. Er macht sie zum Mittelpunkt seines Glücks. Es zeigen sich indessen bereits Spuren von Größenwahn. Im letzten

Akt kommt dieser Größenwahn gelegenheitlich der Hochzeitsfeierlichkeit zum Ausbruch. Sein letztes Wort ist: Wenn ich nur nicht wahnsinnig werde.

Nach Tisch gehe ich in die alte Pinakothek, wo ich indessen meine Aufmerksamkeit hauptsächlich dem Publikum zuwende. Im letzten Saal zur Rechten sehe ich ein Mädchen von schlanker Figur und energischen Zügen mit einem Skizzenbuch in einer Ecke gedrückt stehen, um das gegenüberhängende Bild zu skizzieren. Meine Beobachtung scheint ihr lästig zu sein. Sie ist im Begriff, ihr Buch zuzuklappen. Ich entferne mich mit einer gewissen Verehrung und frage mich, ob ein derartiges Sammeln von Erinnerungen mir nicht auch vielleicht möglich wäre. Ich bin gewiß, es würde mir übergroßes Vergnügen gewähren und schließlich wäre doch auch mehr dabei zu lernen als bei dem unablässigen Wiederholen der nämlichen wesenlosen Schemen, wie ich sie täglich zu Papier bringe. Die Beobachtung, wie das Mädchen ihre Versuche mit einer Art von Keuschheit vor dem Neugierigen verbirgt, gibt mir das Selbstvertrauen, in ähnlicher Verlegenheit das nämliche zu tun. Sie muß übrigens vorzügliche Augen haben, da sie sich dem Original so fern postiert. Ich vermute, eine Engländerin.

Auf meinem Weg durch die niederländischen Kabinette begegne ich wieder zwei Engländerinnen. In ihrer Gesellschaft befindet sich ein Bengel von etwa fünfzehn Jahren, der sich sehr schlecht hält und in seinen Zügen jeder Jugendfrische entbehrt. Er hat ein stark ausgeprägtes Profil, ohne darum intelligent dreinzuschauen, ist ausnehmend bleich und hat ein müdes, glanz- und ausdrucksloses Auge. Um so anziehender wirken seine Beine, die in grauen Kniehosen, schwarzen Strümpfen und bequemen, mit Glanzleder galoschierten Schnürschuhen stecken. Diese beiden Beine leiden unter seiner nachlässigen Körperhaltung nicht. Er nimmt keine unförmlichen Schritte, hält die Knie gestreckt und wendet sich gelegentlich auf den Fußspitzen um. Was die Bilder betrifft, huldigt er nicht ganz dem nämlichen Geschmack wie seine Begleiterinnen. Vor verschiedenen Gemälden, an denen sie vorbeigehen, als hingen sie nicht da, macht er einen längeren Aufenthalt, die linke Hand ununterbrochen in der Tasche haltend. Ich gehe ihm durch die niederländischen Kabinette und durch sämtliche Säle bis zum Ausgang nach.

Darauf kehre ich zurück, um womöglich meine Skizzenzeichnerin wiederzutreffen. Ich finde sie auf dem Diwan sitzend in starrer Betrachtung eines charaktervollen Männerkopfes. Ich setze mich Rücken gegen Rücken mit ihr, wechsle einen stummen Gruß mit Angelika Kauffmann, wende mich um und betrachte meine Schöne über die Schulter weg. Auf ihrem üppigen, dunkelblonden Haar sitzt ein geschmackvolles weißes Hütchen mit senkrecht emporgeschlagenem, in hellblauem Sammet gefaßten Rand. Mit besonderer Andacht versenke ich mich in die ausdrucksvolle Linie ihres Halbprofils, das vom Auge nichts als die Wimper sichtbar werden läßt. Aber wie klug und ernst springt diese Wimper vor! Während ich noch staune, um zu begreifen, hebt sie die linke Hand zum Mund und legt die eingebogenen Finger nicht eben sehr graziös an die Lippen. Das große Fenster, durch das der Saal sein Licht empfängt, ist zur Rechten. Das Licht fällt mit voller Kraft durch die hohle Hand, die ganze Innenseite beleuchtend und mit einem Mal hundert kleine Schatten werfend. Das ist ein Anblick für Götter. Die Hand ist nicht sonderlich klein, auch nicht groß, aber in dieser Haltung, unter dieser Beleuchtung von einer Energie, wie ich sie an so jungen Händen noch nicht beobachtet. Die Falten, die hier Schlagschatten und Reflexe werfen, sind nicht die Falten des Alters, nicht die der Arbeit. Sie sind der unverfälschte, unkontrollierte Ausdruck der gehobenen Seelenstimmung. Kein kleiner Finger wird gestreckt, kein Ringfinger zart gebogen, keine Grazie, geschweige ein Zugeständnis an das Hergebrachte. Diese Hand ist in des Wortes wörtlichster Bedeutung durchgeistigt. Daher ihre Schönheit. Der Genuß währt übrigens nicht länger als zwei Sekunden.

6. September 1889

Ich kaufe mir ein Skizzenbuch, einen Bleistift No. eins, einen Gummi und finde beide Pinakotheken geschlossen. Während des Vormittags sollte in der Ludwigskirche eine Trauung stattfinden. Da das Paar den höchsten Ständen angehört, versammelt sich eine Menge Volkes. Der Priester steht bereits am Altar, als die Trauung abgesagt wird. Derweil hat sich aber ein kleiner Pinscher, ein ganz reizendes Tierchen, sterblich verliebt in die Bella der Frau Mühlberger und läuft derselben bis in die Küche nach. Bella zeigt sich seinen Bewerbungen gegenüber nicht nur unempfindlich, sondern pharisäisch gemein. Sie läßt den hübschen Kavalier, der in der größten Aufregung mit hilflos flehendem Blick um sie herumtrippelt, wiederholt nahekommen und schnappt dann unversehens zu. Auf den Pinscher hat das aber nicht im geringsten Einfluß. Nur wird sein Blick noch etwas wehmütiger. Frau Mühlberger, die ihn aufrichtig bemitleidet, sperrt ihre Bella schließlich in die anstoßende Kammer. Der Pinscher lagert sich auf der Schwelle. Bald aber springt er auf, eilt zu Frau Mühlberger, die im vorderen Zimmer beschäftigt ist, und wirft ihr flehende Blicke zu. Während zweier Stunden läßt er kein Mittel unversucht, schmeichelt, macht Männchen und bellt zuweilen recht indigniert, um Frau Mühlbergers Herz zu rühren. Zwischendurch läuft er zuweilen für wenige Augenblicke zu Bellas Kerkertür, um rasch an dem Pfosten zu schiffen, kehrt aber sofort wieder zurück und nimmt seine Bemühungen wieder auf. Schließlich hält es auch Frau Mühlberger nicht mehr aus und beschließt, einen neuen Versöhnungsversuch zu wagen. Die gute Frau ist dem Weinen nahe. Aber Bella zeigt sich um kein Haar weniger gehässig. Sie drängt sich an ihre Herrin, läßt den unglücklichen Schwerenöter nahekommen und schnappt auf ihn ein. Auf der Straße, sagt Frau Mühlberger, seien sie ganz gut miteinander ausgekommen. Bis vor die Haustür hätten sie miteinander gespielt. Offenbar ist Bella erst in den eigenen vier Wänden auf den Eindringling eifersüchtig geworden, wie die niedliche Jeannette auf ihren Theophil, nachdem sie mit demselben von ihrer Herrin, der gefeierten Miss Oceana, entdeckt worden. Frau Mühlberger treibt die Menschlichkeit so weit, daß sie Bella den Kopf festhält. Aber der Pinscher ist kein Gianettino Doria; es ist ihm nicht möglich, den Gegenstand seiner Liebe zu notzüchtigen. Er läßt traurig die Ohren hängen. Oh, diese Idealisten!

Nach Tisch benachrichtigt man Frau Mühlberger, der Pinscher werde vermutlich in die Georgenstraße gehören. Sie trägt ihn sofort in das bezeichnete Haus, wo man ihn hochbeglückt bewillkommnet und sie, ohne auch nur ein Wort des Dankes, ziehen läßt. Wenn ihr wieder ein Hund ohne Halsband bis in die Stube nachlaufe, so werde sie ihn auf die Polizei tragen, dann müsse die Herrschaft 30 Mark Buße zahlen.

Gegen Abend überkommt mich eine zärtliche Sehnsucht nach meiner Laute. Wenn sie noch existiert, werde ich sie mir doch vielleicht auf den Winter kommen lassen.

7. September 1889

Der erste Ansatz zu einem Zahngeschwür. Ich lege sofort Feigen auf. Nachts um 11 treffe ich am Hoftheater mit Pariser zusammen, der mich zu Denk führt. Die kupplerische Kellnerin ist durch eine andere ersetzt, die sich in einer bis auf den Boden reichenden Schürze ganz stilvoll von den Butzenscheiben des Buffets abhebt. Sie ist zwar etwas lang und mager, aber von klassischer Schönheit. Die Unterhaltung ist sehr lebhaft. Pariser erzählt mir von Bayreuth, vom heiligen Gral, in den man Kapellmeister Levi nicht habe aufnehmen wollen, und fügt, indem er mich von unten her vorsichtig scheu ansieht, hinzu, es würden eben nur Germanen aufgenommen. Nachdem ich ihn vor seine Tür geleitet, gehe ich ins Café Central. Ich klatsche ziemlich viel über die Schwestern der Herzog.

8. September 1889

Da ich die Nacht über nicht schlafe, bleibe ich bis halb eins liegen. Meine geschwollene Backe hindert mich, einen Gedanken festzuhalten.

Ich schlendre durch die Straßen, kaufe mir einige Feigen und einen Taschenspiegel und gelange in der Herzogspitalstraße vor eine Kirche, aus der Gesang tönt. Auf der Empore werden eben die letzten Sätze gesungen. Die Solostimmen sind nicht schön, indessen scheint die Musik in ihrer würdevollen Gediegenheit keiner schönen Stimmen zu bedürfen. Da die Mitwirkenden nicht falsch singen, so tut die Härte, die Einfachheit ihres Organs, der Wirkung nicht Abbruch. Das Publikum kniet um den Seitenaltar, die Kirche bis zum hintersten Winkel anfüllend. Auf dem Seitenaltar ist die Hostie ausgestellt. Der eine Chorknabe, mit einem bornierten Schafsgesicht, hält die Blicke gesenkt und hebt dann und wann die Hand zum Mund, um zu gähnen. Der andere, mit feingeschnittenen, äußerst klugen Zügen, richtet seine schönen Augen unverwandt empor auf die Hostie. Nachdem die Messe zu Ende, wird gebetet, wobei wieder der eine der Chorknaben die Augen zur Erde richtet und keinen Ausdruck zeigt, während der andere mit unverkennbarer Andacht an dem kindlichen Muttergottesbild hängt, von Zeit zu Zeit kaum merklich den Kopf verneigend. Der Priester hat eine Schusterphysiognomie, über der ein rührseliges Leiden schwebt. Kein Leiden um den Gekreuzigten, sondern Mitleid mit sich selber. Ich verdenke es ihm nicht. Die Perlen gleiten so langsam unter den Fingern wie Jahrhunderte im Stundenglas der Ewigkeit. Ich möchte wohl wissen, wovon er, indessen die Lippen das Ave plappern, träumt, um die Zeit totzuschlagen. Wenn im Krankenhaus die Jungfrau zum Abendgebet niederkniete, hatte ich mir regelmäßig ein anziehendes Thema vorbereitet, um mich solange in Gedanken damit beschäftigen zu können. Hatte mich das Gebet überrascht, bevor ich Vorkehrung getroffen, so war kein Entrinnen mehr. Es liegt eine gedankenverscheuchende

Wirkung darin. In solchem Fall blieb mir nichts übrig, als gläubiger Christ zu sein, da das immerhin die Zeit noch besser verkürzte als der geistige Stillstand, den man sonst während des Gebets hätte empfinden müssen. Beim Morgengebet waren die Vorsichtsmaßregeln nicht nötig, da man meist mit gefalteten Händen, das Thermometer unter dem Arm, weiterschlief, bis der Kaffee auf dem Nachttisch stand.

Ich schlendre mehrmals die Maximilianstraße auf und nieder und gehe zum Abendbrot nach Hause. Ich habe ganz respektable Zahnschmerzen und fühle mich auch sonst unwohl. Ich gehe ins Café Roth und leere Maß auf Maß, bis die Schmerzen nachlassen. Nach Mitternacht kehre ich noch im Café Central ein. In der Amalienstraße betrachte ich mir dann mit wahrer Wollust eine Rauferei. Vor einem Café stehen gegen zwanzig Mann einander gegenüber, jeder in einer Verteidigungsrede begriffen. In den anstroßenden Häusern öffnet sich ein Fenster um das andre. Weiße Gestalten werden sichtbar und jammern, ob man nicht Ruhe halten könne bei der Nacht. Einige rufen nach der Gendarmerie. Da sich aber keiner der Redner aus seinem Konzept bringen läßt, ziehen sich die Gestalten zurück. Ein Velozipedist kommt angefahren, gibt seinem Vehikel in einiger Entfernung an ein in Blau gekleidetes Mädchen und mischt sich in die Rauferei. Ich nähere mich dem Mädchen, das mit seiner schlanken Gestalt im einfachen Waschkleid ohne Kopfbedeckung einen ganz anziehenden Eindruck macht. Aber sie weicht zurück, der Velozipedist kommt zurück, noch in einer Aufregung, nimmt die Maschine ab und führt sie an der Hand die Straße hinunter. Das Mädchen sucht ihn zu beruhigen und bittet ihn, sie doch mit aufsitzen zu lassen. Oder dann wolle sie sich vorn draufstellen. Er sagt, das gehe nicht, sie gehen ziemlich rasch nebeneinander die Schellingstraße hinunter und biegen in die Türkenstraße ein. Ich hinterher. Mitten auf der Straße gibt er ihr wieder sein Velo und nähert sich einem Haustor. An das Tor gelehnt, liegt ein Betrunkener auf dem Trottoir. Der junge Mann sucht ihn zu wecken, es ist erfolglos. Ich zünde ein Streichholz an, und das Gesicht zeigt sich blutüberströmt, ebenso Hemd und Krawatte. Auf dem Kopf eine starke Schramme. Nun treten von der entgegengesetzten Seite drei junge Leute heran, man könne ihn ja so doch nicht liegen lassen. Ich frage, wo denn der nächste Polizeiposten sei. Da kommen sie ja eben her.

Eine Viertelstunde hätten sie an allen Glocken geläutet. Nicht eine Maus hätte sich geregt. Hieran knüpft jeder der Anwesenden seine Bemerkung an über die Polizei. Das junge Mädchen in blauem Waschkleid hat sich indessen auch genähert, bezeugt ein tiefes Mitleid mit dem Verunglückten und möchte ihn um alles in der Welt gern mit einem Streichholz beleuchtet sehen. Ihr Begleiter fragt sie, was sie denn dran zu sehen hoffe. Ich zünde ein Streichholz an, und das Mädchen bricht in Entsetzen aus mit ihren schlanken weißen Fingern die eingetrockneten Wunden betastend. Der Velozipedist drängt indessen zum Weitergehen, es werde gleich der Morgen anbrechen, und sie folgt ihm, wenn auch widerwillig. Ich schicke mich indessen an, den Polizeiposten aufzusuchen und zwei der Herren, die eben dort gewesen, schließen sich mir an, um mir das Haus zu zeigen. Einer von ihnen, ein kleiner Bäckergeselle erzählt mit konfusen Worten den Hergang. Ein Velozipedist kam des Weges gefahren, und der Betrunkene habe vom Trottoir aus auf ihn eingeschimpft, darauf hätten seine 5 bis 6 Begleiter mit Knütteln auf ihn eingeschlagen, bis er zusammengebrochen sei. Er und sein Freund hätten ihn dann in die Türkenstraße geschleppt, aber man könne ihn doch dort nicht liegen lassen.

Ich läute wohl zehn Minuten am Haustor, ohne daß sich was regt. Schließlich wird im zweiten Stock ein Fenster geöffnet, ein Polizist wird sichtbar und sagt, ja, es sei schon recht. Darauf abermals tiefe Stille. Nun kommen aber zwei Polizisten des Weges, die wir an Ort und Stelle führen, indem wir ihnen die Verwundungen in den grellsten Farben schildern. Der Verunglückte wird sehr eindringlich nach seinem Namen gefragt, worauf er angibt, er heiße Georg Scheffler, wohne Türkengraben 28, sei von hier und sei den ganzen Tag, es ist Sonntag, auf Arbeit gewesen. Es seien zehn Mann über ihn hergefallen; besoffen sei er allerdings schon gewesen. Der Polizist stellt seine Frage in so liebevoll ruhigem Ton wie eine Mutter dem Kind gegenüber, das sein Unglück selber verschuldet hat. Nachdem man den Hilflosen auf die Beine gestellt, wird er von zwei Seiten gestützt und die Anamnese aufgenommen. Sei die Wunde tief, so müsse man ihn ins Krankenhaus bringen. Es zeigt sich aber nichts Tiefgehendes, obschon er an Stirn und Hinterkopf von Blut überlaufene dicke Beulen hat. Einer der Polizisten nimmt den ganzen Vorfall und besonders die Aussagen des Bäckers nebst dessen Personalien, Wohnort, Alter, Herkunft, ob ledig oder verheiratet etc. zu Protokoll, wobei ihm der Bäcker mit seinen eigenen Streichhölzern Licht spendet. Darauf heißt's, auf nach dem Türkengraben! Die Polizisten nehmen den schiffbrüchigen Helden in ihre Mitte, und wir übrigen schließen uns an. Indessen zerstreut sich das Gefolge schon bei der nächsten Straßenecke.

Vor meiner Haustür angelangt, sehe ich die lange Front der Akademie bereits im Dämmerlicht des Morgens aus dem sie umgebenden Dunkel deutlich hervortreten. Nach etwa zwei Stunden ruhigen Schlafes erwache ich unter den heillosesten Schmerzen. Nachdem ich mich eine Stunde lang gewunden, stehe ich auf, zünde, trotzdem es schon hell ist, die Lampe an, lege auf den Messingring Heines Wintermärchen, worauf ich dann mit Hilfe einer Schachtel Pulvis pectoralis meinen neu erworbenen Taschenspiegel postiere. Darauf die Operation. Der Berg tut sich auf, und die Quelle rinnt so reichlich, daß man einen Pudding hätte damit begießen können. Während ich mich gestern den Tag über in Schmerzen wand, las ich im Niemeyer das ganze Kapitel über Syphilis. Bei derartiger Lektüre gewinne ich regelmäßig meinen Humor wieder. Sie wirkt nicht nur fesselnd, sondern auch anregend und neutralisiert einigermaßen die lästige Lethargie, in der sich der Geist befindet.

Beim Mittagessen im Kletzengarten treffe ich heute mit Bennat zusammen, der gleichfalls an Zahnweh laboriert. Uns gegenüber sitzt eine junge Dame, die sich ein Zahngeschwür hat aufschneiden lassen und infolgedessen nichts essen kann. Derartige Begegnungen haben gleichfalls etwas Erleichterndes, indem man seinen Stolz dareinsetzt, lieber zu bedauern, als sich bedauern zu lassen. Ein recht lebhaftes, aufrichtiges und deshalb wohltuendes Mitgefühl fand ich bei den Kellnerinnen im Café Luitpold. Lina Höpfl empfahl mir siedend heiße Überschläge. Helfen würden sie allerdings nichts.

9. September 1889

Wie ich nach Tisch ins Café komme, sitzt Lina Höpfl, ein kleines unscheinbares Poesiealbum in der Hand, neben ihrem Pfeiler und macht einige Bleistiftnotizen. Sie sagt, sie schreibe hier alles auf, was sie ihm sagen werde, damit ihr das Wort nicht ausgehe. Wer weiß, ob sie überhaupt dazu Gelegenheit findet. Dieser Er ist nämlich ein japanischer Dr. med. namens Koîkzi Shibato. Sie sagt, wenn er ihr heute sage, sie solle mit ihm nach Japan kommen, sie würde sich keine Minute besinnen. Aber wie mir scheint, ist er ihr untreu geworden. Wenigstens hegt sie einen heftigen Groll gegen ihn. Sie habe um seinetwillen sowieso schon soviel leiden müssen. Ich wisse eben nicht, was sie für Verhältnisse zu Hause verlassen. Niemand könne es begreifen, wie sie an diesen Japanesen käme. Man nenne sie schon allgemein die Japanesische Prinzessin. Augenscheinlich schämt sie sich ihres Liebhabers. Sie versteht es nicht, stolz auf das Exotische zu sein. Für ihn und seine Freunde hält sie sich das Medizinische Wochenblatt, das sie mir jedesmal gleich zu lesen gibt, sobald es neu erschienen. Ich bitte sie, mir ihr Poesiealbum für einen Moment zu überlassen. Sie reißt die begonnene Gardinenpredigt heraus und gibt es mir, es seien einige sehr hübsche Gedichte drin, das erste sei aus dem Trompeter von Säckingen.

Das Café Luitpold ist mir jetzt in der Tat ein zweites

Das Café Luitpold in München um 1900

Heim geworden, wie ich schon in Berlin erwartet hatte. Zwar werden einem die Knöpfe von den Hosen gestohlen, und wer einen neuen Paletot mitbringt, tut gut, sich gleich draufzusetzen. Er möchte später keine Gelegenheit mehr dazu finden. Die illustrierten Zeitungen verschwinden meistens schon den ersten Tag aus ihren Mappen; die leeren Mappen erfüllen den Leser mit einiger Beschämung vor sich selbst, wenn er sie sich mühsam herausgesucht, an seinen Platz geschleppt und dort eine nach der anderen mit sinkender Zuversicht aufschlägt. Dagegen weist das Lokal so mancherlei Vorzüge auf, daß man über vieles hinwegsieht. Was mir besonders gefällt, ist die Beleuchtung, bei Tag ein mildes Oberlicht, das jeden Winkel erreicht, ohne zu blenden, und nachts die Beleuchtung der helldekorierten Kuppeln durch unsichtbare Lichtquellen, wodurch die Säulengänge und seitlichen Kolonnaden etwas anmutig Feenhaftes erhalten. Sodann kommt für mich Einsiedler die Menge Publikum sehr in Betracht, die unablässig die Säle durchströmt. Hin und wieder findet man einen Bekannten darunter oder glaubt ihn wenigstens zu finden. Die Schwiglin mit ihrem griechischen Profil und ihrem revolutionären Schritt sah ich mehrere Tage hintereinander. Aber bis ich den Entschluß gefaßt, mich ihr zu nähern, war sie offenbar längst nicht mehr in München.

Aus Lina Höpfls Poesiealbum:

Ach könnt' ich mit dir in die Ferne ziehn,
Wo im dunkeln Laub die Orangen blühn,
Wo vom blauen Himmel die Winde wehn,
Wo Myrte und Lorbeer verwoben stehn.
Dahin, ach wie gerne, zög ich mit dir.
Was bleibt, wenn du ferne, sodann noch mir.

Wo über den Berg durch Wolken der Weg,
Wo über den Waldstrom manch grausiger Steg,
Wo in dem Felsen nistet der Drachen Brut,
Wo der Fels stürzt und darüber die Flut,

Dahin, ach wie gerne, zög ich mit dir!
Was bleibt, wenn du ferne, sodann noch mir!

Ich gehe in den Garten,
Atme Blumenduft,
Will dort auf ihn warten,
Weil er kommen muß.

Der Lehrer von Mezodur

In Mezodur war ein Lehrer,
Sigmund Zus war er genannt,
Als ein braver Mann geachtet,
In der Gegend wohl bekannt.
Er war Gatte und auch Vater
Von drei Kindern noch so klein.
Dennoch lebte er nicht glücklich.
Denn die Eh' war ihm zur Pein.
Ein Verdacht regt sich im Herzen,
Seine Frau sei ungetreu,
Daß ein andrer, nicht er selber,
Vater seiner Kinder sei.
Und von Eifersucht gepeinigt,
Lebte fürder er den Wahn,
Als er sich betrogen glaubte,
Reifte leider rasch der Plan.
Eines Nachts zwang er die Gattin,
Daß sie ein Bekenntnis schrieb,
Das er ihr dann selbst diktierte,
Und ihr Todesurteil blieb.
Als sie drin den Vater nannte
Ihrer Kinder – ach! o Gott! –
Schoß er die drei armen Kleinen
In dem Bett mit Kugeln tot.
Als er damit fertig war,
Hat sie es noch unterschrieben
Jeden Mutes voll und bar.
Darauf hat er ihr befohlen,
Sich zu legen auf das Bett,
Hat sie dann auch totgeschossen,

Wie sie ihn auch angeflehet.
Er legt nun selber Hand an sich
Und endete dann fürchterlich.
Das Dienstmädchen, das zugegen war,
Mußte leuchten mit dem Licht
Und erzählt's voll Schauder und Entsetzen
Dem Gericht.

Die erste Seite des Albums enthält einige Strophen aus
»Es war zu schön gewesen«. Auf der zweitletzten Seite
steht mit Bleistift geschrieben eine Reihe von Freiherren
und Rittern, vermutlich Gäste der Lina. Auf der letzten
Seite prangen die Zirkel sämtlicher Münchner Verbin-
dungen: Schwaben, Pfälzer, Bayern, Isaren, Franken,
Makaren, Braunschweiger.

10. November 1889

Seit dem 9. September arbeite ich am zweiten Akt und
bin noch immer nicht damit zu Ende. Es fehlen noch 3
Szenen, und meine Schaffenskraft ist erschüttert. Gegen
Ende vorigen Monats zogen zwei Herren bei meiner Wirtin ein, beides Maler, der eine Wiener, der andere Hannoveraner. Der Hannoveraner, Herr Frische...

31. Januar 1890

Heute ist, wenn mir recht ist, der letzte Januar 1890.
Notgedrungen beginne ich wieder zu schreiben. Ich hatte
es mir freilich schon in Lenzburg vorgenommen. Aber
Lenzburg und hier ist ein Unterschied. Hier habe ich ja
meine Arbeit, mein Eppur si muove, das sich so wenig
von der Stelle bewegt, daß ich mir nachgerade als Penelopeia erscheine, die jede Nacht wieder abraspelt, was
sie den langen Tag über gewebt. So lang ist der Tag für
mich freilich nicht. Ich verschlafe in der Regel zehn Stunden und stehe nicht vor zwölf Uhr auf. Soll ich alles nie-
derschreiben, was mir seit Unterbrechung dieses Buches
begegnet? Warum nicht? Schreibe ja doch nur um des

Schreibens willen. Ich könnte mich ebensogut wie eine wohlerzogene Jungfrau mit einer Handarbeit beschäftigen.

Am 9. November 89 hatte ich mir vorgenommen, eine anschauliche Schilderung meines Lebens, wie es sich mehr und mehr um das Café Luitpold konzentrierte, zu entwerfen. Ich hatte damals noch weiter keine Gesellschaft als den Kletzengarten und den Germanisten und wußte nicht, welche mir mehr zuwider war. Ich führte ein Traumleben, das sich meist auf sexuellem Waldpfade verlor. Ich haßte meine Einsamkeit und nahm mir doch das Herz nicht, ihr zu entfliehen. Im Café Luitpold fühlte ich mich am wohlsten. Das Menschengewoge, das feenhafte Oberlicht, das Regiment Kellnerinnen, denen ich für mich meist eigene Namen gegeben, als da sind: Gespenst, Elefant, Astarte, Frosch etc. Insgesamt erschienen sie mir mit ihren schwarzen Röcken und weißen Schürzen wie eine Schar Elstern. Ich selbst wurde vom Elefanten bedient. Dieser Elefant war hochgradig skrophulös und hatte einen etwas stupid sinnlichen Ausdruck, der mich für ihn einnahm.

Es war übrigens Lina Höpfl, aus deren Tagebuch ich obige Gedichte exzerpiert. Lina Höpfl hatte damals zwei Schätze, einen Regensburger und einen Japaner namens Koîkzi Shibato, einen Mediziner, um dessentwillen sie, wie sie mir sagte, das medizinische Wochenblatt hielt, was übrigens nicht wahr war. Lina Höpfl war, wie gesagt, keine Augenweide und dabei noch ziemlich anspruchsvoll. Und dennoch blieb ich ihr treu, teils aus Bequemlichkeit, teils weil ich die übrigen um so besser betrachten konnte, ohne Gefahr zu laufen, poussieren zu müssen oder hintenangesetzt zu werden.

Lina Höpfl gab das Café Luitpold auf und ließ sich für das neu eröffnete Café Dengler anwerben. An ihre Stelle trat ihr bisheriges Wassermädel Marie, der Frosch, ein höchst indifferentes, liebes Kind, demgegenüber ich nur immer unter meinem eigenen Zartgefühl zu leiden hatte. Ein Service weiter bediente damals eine andere Lina, das Gegenstück zu Lina Höpfl, für die ich vergebens nach einem Beinamen suchte. Sie schien direkt aus dem Journal amüsant herausgekrochen, Stumpfnase, steinerne Augen, volle Lippen und eine schön gedrechselte Figur. Auf der Hofbühne hätte sie Klara Ziegler ersetzen können. Ihr Temperament war nicht zum Umbringen, ihr Maul nicht zum Totschlagen, und dabei poussierte sie von früh bis spät wie ein Hengst. Der sechzigjährige Hofopernsänger Nachbauer bewarb sich angelegentlichst um ihre Gunst, und sein Sohn, ein zwanzigjähriger Laffe, mietete ihr schließlich ein Zimmer und ließ sie allerhand lernen, wie sich ihre Kolleginnen ausdrückten. Diese Kolleginnen, darunter das Ebenbild der Maxschen Astarte, schimpften über sie, sie sei überspannt und komme sicher nochmal nach Giesing. Beim Zubettgehen habe eine mal zu ihr gesagt: Ich wollte wetten, die Lina ist auch keine Jungfrau mehr. So was nehme man eben hin, wie es sei und verbitte es sich ganz einfach. Die Lina aber sei aufrecht auf ihrem Bette gesessen im bloßen Hemd und habe die Hände gerungen und geschrien: So wahr wie ich auf dieser Matratze sitze, so wahr ein Gott im Himmel lebt, auf Ehr und Seligkeit, ich bin eine Jungfrau, und sei die ganze Nacht nicht mehr zur Ruhe gekommen. Sobald alles still gewesen, habe sie immer wieder von neuem begonnen, ihre Jungfräulichkeit zu beteuern.

Nachdem sie dieselbe ganz zweifelsohne eingebüßt, ließ sie Herr Nachbauer junior wieder Kellnerin werden. Ich traf sie schon vier Wochen später ebenfalls im Café Dengler. Sie war bleicher und ruhiger geworden. Im Luitpold sei es angenehmer gewesen. Nun aber würde sie eher Hungers sterben, als dort wieder eintreten. Zur Bühne könne sie ja nicht gehen, weil sie arm sei. Und nur so aufs Geratewohl möchte sie auch nicht. Daß Papa Nachbauer sich die Haare färbe, werde sie übrigens nie und nimmer glauben. Ich für meinen Teil werde diese Aufzeichnungen wieder mit Ausdauer fortsetzen. Sie üben eine zu vorteilhafte Wirkung auf das Gemütsleben aus. Andere halten sich an ein Mädchen. Ich halte micht an mein Tagebuch, ich Joseph! Ich Tugendheld! Das

fehlte gerade noch, daß ich mir noch was darauf einbilde.
O Ironie, deine Wege sind wunderbar.

Um neun Uhr rasselt der Wecker herunter. Ich habe mir
vorgenommen, Mauer zu besuchen. Seine Mutter ist
krank, und dann arbeitet er gegenwärtig nach einem Modell, das sehenswert sein soll. Wenn sie so vor ihm liege,
sei sie zum Küssen und wecke doch seine Begierde nicht,
vielleicht deshalb, weil sie ein wenig dumm sei. Tauche
ihm sonst das sexuelle Bedürfnis einem Modell gegenüber auf, so mache er die Geschichte vorweg ab, um ihr
während der Arbeit geschlechtslos gegenüberzustehen.
Ich bleibe liegen, bis mir meine Wirtin gegen zwölf die
Monatsrechnung bringt, die ich nicht bezahlen kann,
nebst einem Brief von Donald.
   Donald hat vergeblich beim Gymnasium in Zürich an-
zukommen versucht, worauf man dahin übereingekom-
men sei, er solle die Fremdenmaturität machen. Am anderen Morgen widerruft Mama telegraphisch ihre Einwilligung, kommt dann nach zwölf persönlich und stellt ihm
die Alternative, Buchdrucker zu werden oder aufs Gymnasium in Aarau zurückzukehren. Mit freundlicher Miene praktiziert sie ihm seine Uhr weg und nimmt ihn mit
nach Lenzburg zurück, von wo er mir am nämlichen
Abend schreibt, ich möge ihm Geld schicken, daß er
hierherkommen könne. Ich schreibe ihm sowohl wie
Mama, ich werde ihn auf meine Kosten die Fremdenmaturität absolvieren lassen und erwärme mich noch bis
nachts zwölf Uhr an meiner Großmut, ohne etwas zu arbeiten. Darauf gehe ich bei schneidiger Kälte ins Luitpold in der Hoffnung, Masken zu Gesicht zu bekommen.
   Mauer, der einsam am Tisch sitzt, eröffnet mir gleich,
es seien heute keine Redouten, da morgen Feiertag, Ma-
riä Lichtmeß, sei. Wir sprechen über Makart und kommen dahin überein, daß er kein sinnlicher Genußmensch
gewesen sein kann, er sei ein sinnlicher Theoretiker, ein

sensualistischer Idealist. Wir sprechen über Frische, an dessen Karriere ich nachgerade gelinde zu verzweifeln beginne. Er bat mich heute nach Tisch in sein Atelier, um den neuen Goldrahmen anzusehen. Vor seinem Bilde kann er nicht Worte genug finden, um mir darzutun, wie das Bild durch den Rahmen gewinnt. Er fragt mich, ob die Gewandung des Engels nicht fliegt, sie fliege doch, das müsse man doch Fliegen nennen. Er hat dem Engel, der nachgerade in drei verschiedenartigen Glorien schwimmt, einen lehmgelben Unterrock gemalt. Er sagt, er male keinen Strich mehr daran, jetzt sei es fertig, nur noch die Hand ein wenig aufhellen und die Kopfform präzisieren, den Himmel umstimmen, den Kelch anders machen, dann werde er sich den Direktor einladen, um womöglich ein Stipendium zu erlangen. Der Rahmen hat ihn 58 Mark gekostet. Ohne einige glänzende, echt vergoldete Stellen wäre er 10 Mark billiger gekommen, aber die Stellen heben eben dort gewaltig. Je schlechter sein Bild wird, um so sanguinischer wird Frische, aber er ist ein unglückseliger Mensch. Er hat nunmehr eine lebensgroße holländische Fischerin begonnen, die der lebensgroßen italienischen Fischerin von Eugen Blas jetzt schon so ähnlich sieht, wie eine Holländerin einer Italienerin nur ähnlich sehen kann. Selbstverständlich hat er keine Ahnung davon. Diese Entdeckung wird ihm erspart bleiben, bis er sein Bild erst mal zu 3/4 fertig hat. Sein Modell, ein Mädchen von 18 Jahren, deren Mutter einer Südtirolerin war, hat ein hübsches, viehisch sinnliches Gesichtchen, fingerlange Wimpern, eine herrliche weiße Büste, übervolle Brüste und schon seit zwei Jahren ein Kind. Bei meinem vorletzten Besuch sehe ich durch die Türspalte Frische an ihrer Seite sitzen, beide in tiefstem Schweigen verloren. Nachdem sie sich entfernt, weist er aber meine diesbezüglichen Bemerkungen mit unerschütterlicher Entrüstung zurück. Es muß nachgerade ziemlich verworren in seinem Inneren aussehen. Ein anderes Modell, eine hübsche, schlanke Erscheinung, klopft an und fragt, ob die Theres schon fort sei. Frische erzählt mir, nachdem sie gegangen, sie sei schwanger und wisse nicht von wem. Sie habe sich am Turnerfest das Gut-Heil geholt. Es schleppten sich noch andere Modelle mit solchem Gut-Heil herum. Sie habe bis jetzt mit der Theres zusammen bei deren Eltern gewohnt. Nun sie aber schwanger sei, ließen sie die Eltern nicht mehr herein und habe sie jüngst eine ganze Nacht in einer daneben gelegenen leeren Wohnung auf der Schwelle der Verbindungstür zugebracht. Siebzehn Jahre zähle sie gegenwärtig.

Da es gegen zwei Uhr im Luitpold nichts mehr zu trinken gibt, machen wir uns auf den Weg in der Hoffnung, noch sonst irgendwo einen Unterschlupf zu finden. In der Türkenstraße im Goldenen Hirschen ist Musik. Wir treten ein und finden eine Gesellschaft Offiziere, deren jeder sein Mädchen mitgebracht hat. Bier gibt es nicht mehr, überhaupt für Zivil Polizeistunde. Wir irren weiter. Das kleine Luitpold ist noch bis auf den letzten Platz gefüllt, aber nichts mehr erhältlich als ein Schnaps, darauf wird alles hinausgeschmissen. Mit wenig Zuversicht steuern wir nunmehr der Blüte zu, dem letzten Hoffnungsort. Wir sind noch weit zurück in der Blütenstraße, da brummt Mauer schon ganz resigniert: Es ist nichts mehr. Ich denke, du abergläubischer Patron! Hoffe aber doch, daß er sich nicht verrechnet. Ich höre nunmehr ganz deutlich Baßgeigengebrumm und äußere es unumwunden, worauf mich Mauer zurechtweist, um gleich nachher aufzujubeln, als er die hellerleuchteten Saalfenster mit den vorüberhuschenden Paaren sieht. In der Küche weist man uns beide in eine Ecke, die Köchin drückt auf den Knopf, und die Fahrt beginnt. Mauer ist stumm vor Entzücken. Eiffelturm! Eiffelturm!! flüstert er beseligt. Der Köchin will er noch einen Kuß applizieren, aber der Aufzug entreißt sie seinen Armen. Es gilt alle Vorsicht, um die Köpfe nicht anzustoßen. Plötzlich stehen wir am Saaleingang. Ich mache Mauer auf einen Tisch Akademiker aufmerksam. Wir gehen darauf zu, als er mit einem Mal von meiner Seite verschwindet. Im nächsten Moment sehe ich ihn auch schon mit einer dicken Brünetten rasend an mir vorüberwalzen. Als der Tanz zu

Ende, führt er sie an unseren Tisch. Sie ist die Liebe eines anwesenden Akademikers namens Petin, eines Österreichers, der sich mit großer Zuvorkommenheit meiner annimmt. Er macht den Eindruck eines stillen, schweigsamen Menschen, eines Naturkindes, dessen Kraft durchaus nur im innersten Kern seines Wesens liegt. Seine Liebe ist offenbar Dienstmagd, breit und groß, gewöhnlich, ohne gerade gemein zu sein, besitzt aber ausnehmend weiches Fleisch. Neben Herrn Petin sitzt sein Bruder, gleichfalls mit einem strammen Mädel im Arm. Es hat kohlschwarze Augen, starke Mundteile und ist orientalisch kostümiert. Der gnädige Herr habe ihr gesagt, wenn sie zur Redoute gehe, müsse sie als Orientalistin gehen, und so sei sie denn als Orientalistin gekommen. Mauer fragt sie, wer denn der gnädige Herr sei. Der gnädige Herr sei Herr Pigelhain, worauf sie von der gesamten Tafelrunde nur noch per Frau Pigelhain tituliert wird. Hinter mir sitzt ein schlankes Modell im hellen Mädchenkleid und zwei Tische weiter eine Schwäbin mit einem sehr feinen Profil, in die sich Herr Petin senior etwas vergafft hat und sich nicht genug darüber ärgern kann, daß sie stupid sei. In der Tat macht sie en face auch einen äußerst spießbürgerlichen Eindruck, bei aller Fülle und Frische, ohne eine Spur jugendlichen Geistes. Außer diesen wenigen ist nichts Bemerkenswertes mehr in der Menge von Gevatter Schneider und Handschuhmacher mit Weib und Kind. Eine alte dicke Schnapsliese in kurzer Jacke und krachledernen Hosen ruft Lose zu einer an der Wand plazierten Lotterie aus, wobei sie unmenschlich kräht und sich allgemach von Tisch zu Tisch vollsäuft. Der ganze Rummel stellt den Ballabend irgendeines Gesangvereins dar, der sich auch in der Tat von Zeit zu Zeit in der Mitte des Saales versammelt, um vierstimmig einen Jodler zu krächzen. Getanzt wird leider nicht mehr. So kneipen wir denn in aller Gemütlichkeit, bis wir die einzig Übriggebliebenen sind und der Hausknecht mit der Stange kommt, um die letzte Gasflamme auszudrehen. Er mahnt uns aufs eindringlichste zum Aufbruch. Nun stehen aber noch drei volle Flaschen auf dem Tisch, und wir erklären, nicht eher weichen zu wollen, als bis wir in aller Ruhe ausgetrunken. Er möge in Gottes Namen auslöschen und uns eine Kerze bringen. Das tut er denn auch, als er sieht, daß nichts weiter zu machen ist, bringt uns die Kerze, löscht alles aus und sagt, es komme nun vor halb acht niemand zum Haus hinaus. Ich beruhige unsere Damen, hinaus komme man immer, da sei keine Not, und nun wird gesungen, werden Reden gehalten, die Damen rauchen ihre Zigaretten, und die Brüder Petin zeigen sich als Liebhaber so liberal, wie es der zugelaufene Gastfreund nur wünschen kann. Gegen 7 drängen die Damen zum Aufbruch. Mauer ist etwas verblüfft, als er noch 6 Flaschen zahlen soll, aber er hat den ganzen Abend ankreiden lassen. Auf der Straße bemerke ich, daß er ziemlich angerissen ist. Jedem weiblichen Geschöpf fällt er um den Hals, um es abzuküssen. Die meisten sind uralte Weiber, die Milch oder Brot holen. Nunmehr separieren sich die Brüder Petin mit ihren Frauen und gehen voraus. An der Ecke der Theresienstraße reiche ich Mauer die Hand zum Abschied. Er steuert eben wieder quer über die Straße auf eine alte Scheuerfrau los.

3. Februar 1890

Abends im Luitpold, wo ich mich unter hundert weiblichen Masken unglaublich verlassen und einsam fühle. In der trübseligsten Stimmung lege ich mich gegen vier zu Bett und lese zu meiner Aufrichtung noch die ganze Berliner Revolution von 48. Darauf schlafe ich wie ein Stein von 7 bis 1.

4. Februar 1890

Aus dem Café Luitpold vertreibt mich Herr Bachmann mit seiner Konversation. Ich gehe ins Café Maximilian, von dort in eine Konditorei und schließlich bei schneidender Kälte ins Gärtnertheater, um »Die Ehre« von Sudermann zu sehen. Das Stück gefällt mir in solchem

Maße, daß ich es auch jetzt noch nicht übers Herz bringe, auch nur ein Wort darüber zu schreiben. Ich hole
Bennat aus der »Götterdämmerung« ab und gehe mit
ihm in den Kletzengarten, wo ich die Bekanntschaft des
Afrikareisenden Dr. Schwarz mache.

Paris
1. Mai 1892 − 23. Januar 1894

1. Mai 1892

Brief von Mama, daß das Schloß verkauft ist. Weinhöppel assistiert bei meinem Lever, indem er mir zur Gitarre vorsingt. Darauf holen wir Katja zum Essen ab. Nach Tisch ziehen wir uns zu dritt auf meine Stube zurück und trinken Tee. Plötzlich erscheint Amsel, der es sich sehr gemütlich macht. Zum Abschied singt er zwei italienische Arien. Mit Katja zu Tisch, darauf ins Café Divans de la Madeleine.

2. Mai 1892

Ich komme zu spät ins Schweizer Konsulat, hole Katja zum Diner ab und zeige ihr den Nouveau Cirque: Le roi Dagobert. Bis zwei Uhr mit ihr im Pont Neuf.

3. Mai 1892

Unterschreibe auf dem Konsulat meine Vollmachtserklärung, wobei mich Dr. Stumm zum Schweizer stempelt. Schreibe an Mama. Diniere mit Katja und Weinhöppel und bespreche mit ihm das Ballett Roquanedin im Eden Théâtre. Bis um 2 im Pont Neuf, wo wir die Gesundheit des Baron Habermann in Américain trinken. Darauf führe ich die beiden in ein Nachtcafé in den Hallen, in dem sich Katja vollkommen betrinkt. Sie weist meinen Arm zurück, und ich überlasse sie Weinhöppel, der siegesfroh mit ihr die rue Montmartre hinaustrabt. Ich halte mich unsichtbar stets etwa hundert Schritte zurück. Weinhöppel fragt endlich einen Passanten, der ihn nach der entgegengesetzten Richtung weist. So gelangen sie glücklich über den Pont Neuf, der im ersten Tageslicht liegt, auf den Boulevard St. Germain, wo ihnen wieder die Fährte ausgeht. Sie schlagen den Weg nach der Bastille ein. Am Boulevard St. Michel fragen sie wieder und kehren um. Wie sie an mir vorüberkommen, fordert mir Katja ihren Schlüssel ab. An der Eglise St. Germain-des-Prés finden sie sich wieder nicht zurecht und warten auf mich. Ich gehe aufs andere Trottoir hinüber, sie verfolgen mich, ich flüchte in ein Pissoir und lasse sie lange auf mich warten. Katja lehnt sich an einen Baum und weint. Weinhöppel sucht sie zu trösten. Schließlich beginnen sie, das Pissoir zu umkreisen, kommen zu der Überzeugung, ich sei nicht mehr drin, und machen sich von neuem auf die Suche nach der rue Bonaparte. Nach langem Umherirren kehren sie wieder zu meinem Pissoir zurück, unter dem ich meinen Regenschirm hervorstrekke. Sie haben endlich doch den rechten Weg gefunden. Ich verfolge sie wieder in hundert Schritten Distance, bis Katja in der Tür des Hotel St. Georges verschwindet. Weinhöppel kommt noch mit auf mein Zimmer. Gegen 6 lege ich mich zu Bett.

4. Mai 1892

Gehe zu Katja, ohne sie zu treffen. In der Meinung, sie habe ihren jour fixe, fahre ich zu Frl. Huny, werde indessen abgewiesen. Abends im Café d'Harcourt. Nachdem ich mich zu Bett gelegt, kommt Leontine; ich bin ziemlich ungnädig, küsse sie nicht ein einziges Mal.

6. Mai 1892

Abschiedsbrief an Leontine, den ich ihr selbst überbringe. Sie hat mich von neuem mit Filzläusen beschenkt. Ich habe ihre Schweinerei gründlich satt. Ich habe Katja versprochen, sie zur Vernissage im Champs de Mars abzuholen, komme indessen drei Stunden zu früh. Sie ist in entsetzlicher Stimmung, hat eben einen Brief von Rosa Krüger erhalten, daß sie nicht kommen könne, da Elisabeth einen Anfall bekommen. Ich diktiere ihr einen Brief in die Feder und verspreche ihr, daß daraufhin alle beide kommen werden. Katja schimpft auf Paris. Sie fühlt sich alles andere als wohl, sie spricht davon, morgen abzureisen. Nachdem wir den Abend im Café [...] verbracht, begleitet sie mich auf meine Stube, läßt sich indessen zu nichts herbei, indem sie vorgibt, ihre kritischen Tage zu

Manuskriptseite aus dem »Pariser Tagebuch«

Titelblatt von Wedekinds »Pariser Tagebuch«, 1892

haben. Sie will zärtlich werden, was ich mir indessen verbiete.

7. Mai 1892

Ich besorge Billetts zu »La vie de la bohème« und gehe am Abend mit Katja ins Odeon. Nachher auf meiner Stube dieselbe Szene wie gestern. Katja bittet mich, wenn Krügers kommen, mit Elisabeth nicht zu kokettieren. Wir verabreden auf morgen, Sonntag, einen Ausflug nach Versailles. Ich soll sie um elf Uhr abholen.

8. Mai 1892

Gegen eins kommt Weinhöppel zu mir, ich liege noch im Bett. Ich stehe langsam auf und schicke ihn zu Katja voraus. Sie hat ein Telegramm von Krügers, daß beide am Mittwoch hier sind. Während wir in ihrer Stube Kaffee trinken, erscheint Miss Marx und erzählt viel Schönes von der Vernissage. Zum Diner gehen wir ins Restaurant Marguerite, trinken vier Flaschen Champagner und fahren gegen Morgen ins Café du chien qui fume bei den Hallen. Bei hellichtem Tag kehren wir zurück. Weinhöppel kann kaum mehr auf den Füßen stehn. Auf meiner Stube angelangt, liest er mir noch einige Briefe von Geliebten aus München vor. Er spricht die Erwartung aus, daß man ihm von München aus nachreist.

9. Mai 1892

Nach Tisch mit Katja im Folies-Bergère, nachher in der Brasserie Pont Neuf, darauf im Chien qui fume bis 2 Uhr morgens, dann im Fiaker zu mir. Nach einiger Ziererei legt sie sich zu Bett. Wir bleiben bis zwölf Uhr liegen. Darauf begleite ich sie zum Déjeuner. Nachmittags schleppt sie mich ins Champs de Mars, wo ich schreckliches Zahnweh kriege. Abends bis 12 Uhr im Pont Neuf. Darauf im Fiaker zu mir. Gegen drei Uhr morgens begleite ich sie nach Hause.

11. Mai 1892

Gegen zwei Uhr nachmittags stehe ich auf, kuriere mein Zahnweh, gehe spazieren, esse zu Abend und lege mich zu Hause aufs Bett. Um elf Uhr kommt Leontine, lügt mir einiges vor, ich gebe ihr 20 frs. Sie zieht ab. Ich lege mich zu Bette schlage mich noch einiges mit den Wangen herum und schlafe sehr spät ein.

12. Mai 1892

Wie ich mittags ins Duval trete, sehe ich Katja mit den beiden Krügers dasitzen. Ich werde so kühl empfangen, daß ich mich an den nächsten Tisch setze. Ich hoffe, endlich wieder arbeiten zu können, komme aber zu nichts. Brief an Bierbaum. Lege mich um 11 Uhr schlafen.

13. Mai 1892

Sehnsucht nach Katja. Durchirre die Straßen, ohne sie zu finden. Abends zu Hause.

14. Mai 1892

Abends in der Brasserie Pont Neuf in der Hoffnung, Katja möchte kommen. Da kommt Leontine mit einem sehr hübschen Mädchen, Jeanne, gleichfalls im Hotel Hétaïr wohnhaft, das Ebenbild der Anastasia. Leontine ist mir im höchsten Grade unangenehm. Vor ihrer Haustür plündert sie mich noch aus — das letzte Mal, so Gott will.

15. Mai 1892

Ich mache fünf Gedichte und schicke sie an Bierbaum. Nachmittags im Salon Champs-Elysées, abends zu Hause.

16. Mai 1892

Jeden Abend gehe ich beim Hotel St. Georges vorbei, um mich zu überzeugen, daß meine Damen artig zu Hause bleiben. In der Tat haben sie immer Licht. Im übrigen bin ich sehr tugenhaft und fühle meine geistigen Kräfte dabei allmählich zurückkehren.

17. Mai 1892

Endlich den Brief an T. Plümacher geschrieben. Nach Tisch hole ich Prell zum Bier, nachdem ich vorher Marthe Barbot trotz ihrer funkelnden Augen links habe liegen lassen. Nachmittags in der Ausstellung von Ribot. Meine Sehnsucht nach Katja und meine Wut auf sie lassen nach. Zu meiner Erholung mache ich Gedichte und spiele dabei viel Gitarre.

18. Mai 1892

Tagsüber gearbeitet. Abends entschließe ich mich, die Damen aufzusuchen. Elisabeth Krüger ist wirklich ein ausnehmend hübsches Tier. Sie hat sich höchstens zu ihrem Vorteil verändert. Im Gespräch höre ich, daß am nämlichen Tage Emilie und Isidore Lengnick gekommen. Nach einiger Zeit tritt Emilie Lengnick ein, um die Damen zu begrüßen. Isidore ist müde von der Reise. Nachdem ich die Damen verlassen, gehe ich in die Brasserie Pont Neuf.

19. Mai 1892

Abends mit Prell, Geffken, Knopp und einem Berliner Maler zusammen, mit dem ich nach beendeter Sitzung im Pont Neuf noch bis 2 Uhr im Café d'Harcourt zubringe. Auf meiner Stube finde ich Leontine. Sie hat mir einen langen Brief geschrieben, den ich in ihrer Gegenwart lesen soll. Sie ist sehr elend und will morgen ins Spital gehen. Sie übernachtet bei mir.

Ein kurzer, ganz verzweifelter Brief von Mama, daß aus
dem Verkauf des Schlosses wegen der Felsenaffaire
nichts geworden ist.

Ich schlafe die ganze Nacht nicht, stehe um 7 Uhr auf
und arbeite. Um 12 kommt Weinhöppel. Er liest mir einige Briefe vor von zwei Schülerinnen, die ihm nachrei-
sen wollen. Um eins gehe ich ins Musée du Luxembourg
und schwatze eine Stunde mit Katja vor ihrem Bild. Sie
behauptet, an dem Auftritt im Duval nicht schuld gewesen zu sein. Ich entgegne ihr, sie möchte es mir nur durch
ihr Benehmen beweisen. Nachdem wir das Museum verlassen, kommen zu meiner nicht geringen Überraschung
die beiden Krügers heraus. Sie gehen nach Hause. Ich
hole Katja Theaterbillette für Kean im Odeon. Während
ich sie nach Hause begleite, sagt sie, ich möchte sie lieber im Luxembourg auflesen, da sie zu Hause immer
Krach habe. Außerdem bittet sie mich, den morgigen
Nachmittag mit ihr allein zu verbringen; wenn sie nur
schon wüßte, wie sich losmachen. Abends im Hippodrom.

Ich erwarte Katja im Café. Wir fahren per Droschke
nach St. Cloud, setzen uns vor die Restauration und trinken, bis es Zeit zur Rückkehr ist. Wir dinieren zusammen bei Marguerite, fahren um 1 Uhr auf meine Stube,
wo ich sie auffordere, sich zu Bett zu legen. Sie trägt ein
nagelneues Seidenkleid aus dem Louvre, das ihr zu kurz
und deshalb mit hundert Stecknadeln festgesteckt ist.
Der Schlitz ist sogar vernäht. Ich demoliere das ganze
Kunstwerk und werfe sie ins Bett. Trotz des guten
Abendessens mit Champagner gelange ich nicht über
zwei Opfer hinaus, woran ihre verfluchte Manier mit

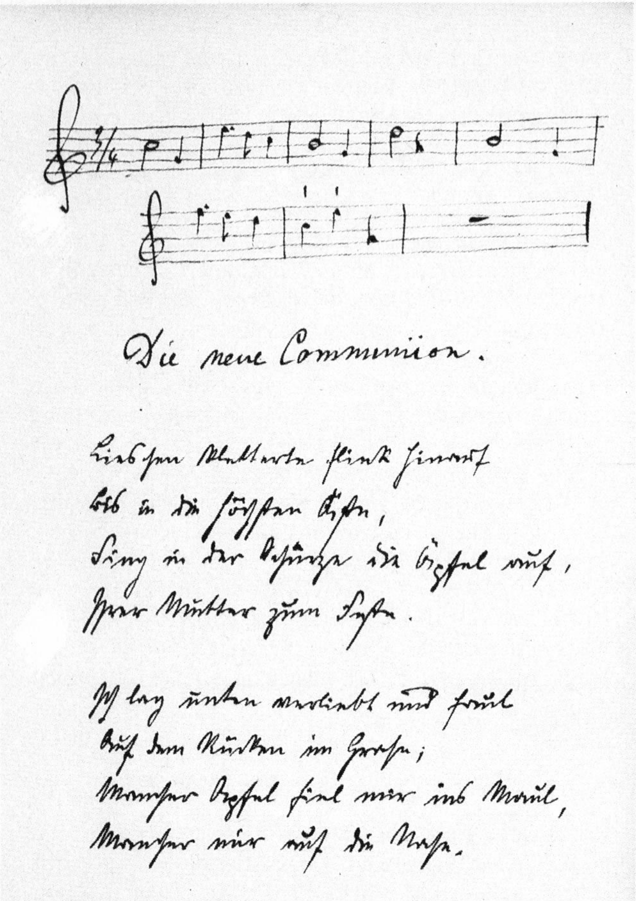

Die neue Communion.

Liebchen kletterte flink hinauf
bis in die höchsten Äste,
Fing in der Schürze die Äpfel auf,
Ihrer Mutter zum Feste.

Ich lag unten verliebt und faul
Auf dem Rücken im Grase;
Mancher Apfel fiel mir ins Maul,
Mancher nur auf die Nase.

Das bisher unveröffentliche Chanson »Die neue Communion«

Jetzt fand Liebchen auch starken Ost,
Schmiegt sich zu einander;
Ihre Liebes Ueblichen Lost
Wiegten sich hin und wieder.

Innig umschlungen halten sich
Schütternde ihre Süße,
Öffneten sich und beschützten sich,
Winkten mir tausend Grüße.

Durch das Rückkehr sandte der Tag
Seine goldnen Strahlen,
Was darunter geborgen lag
Farbenprächtig zu malen.

Schimmernd rings um die weiße Haut
Wob sich gedämpfte Helle;
Welcher Meister hätt' zu gebaut
Prächtiger eine Capelle!

Aus Gewölben so lüftig leicht,
Gestalten, stolze Pilaster,
Unter Blumenküssen erweicht
Lebender Lebababer;

Voller Ströme das Licht herein,
Bunter bei jedem Schritte;
Ach und ein stimmender Heiligenschein
Floß um das Haupts Mitte.

Kindlich faltet' ich die Hände,
Bete fromm und brünstig:
Ist mein heiliges Sacrament,
Werde dem Sünder gnädig.

Laß mich küssen in deinem Schein,
Lieblicher Hummelbote;
Laß mich wiegen an deinem Stein,
Naschen von deinem Brot.

Auch und am nämlichen Abend schon
Tief in die Kissen gebettet
Ward in andächtiger Communion
Meine Seele gewartet.

schuld sein mag, die Unterkleider nicht ausziehen zu
wollen. Ihre Liebkosungen mißfallen mir im höchsten
Grade. Ihre Lippen sind schlaff, sie überzieht mir das
ganze Gesicht mit Speichel. Dabei schütte ich ihr unablässig Cognac ein, der mir dann sehr penetrant entgegen-
duftet. Elle me veut tailler une [. . .], mais elle me mord
les testicles que je crie par douleur. Dabei macht sie so
ungeschickte Anstrengungen mich zu duzen, daß ich es
nicht vermag, darauf einzugehn. Zwischen vier und fünf
bringe ich sie bei hellichtem Tage nach Hause und lege
mich gegen 7 Uhr schlafen.

23. Mai 1892

Abends im Cirque d'Eté.

24. Mai 1892

Am Nachmittag gehe ich ins Hotel St. Georges, finde
Katja allein und bitte sie um Aufklärung über ihr Benehmen. Das hat zur Folge, daß man nach Moulin Rouge
geht. Vorher sehe ich noch Isidore Lengnick für einen
Augenblick. Katja benimmt sich den ganzen Abend so
abgeschmackt widerwärtig wie möglich.

25. Mai 1892

Nachdem ich einen Besuch bei der Huny gemacht, suche
ich Isidore Lengnick auf, finde sie nicht zu Hause, treffe
dafür Prell, mit dem ich im Goldfasan diniere. Ich gebe
ihm eine Karte an die Lengnick mit und lege mich früh
zu Bett, ohne indes vor Tagesanbruch einschlafen zu
können. Ich bin wütend über Katja und beschließe, der
Elisabeth Krüger durch die Lengnick habhaft zu werden.

26. Mai 1892

Im Hotel St. Georges finde ich niemand zu Hause. Die
Lengnick hat mir eine Karte hinterlassen, worin sie mich

180

auf morgen in den Louvre bestellt. Abends im Konzert Ambassadeur in den Champs-Elysées. Auf meinem Zimmer treffe ich Leontine.

27. Mai 1892

Ich treffe die Lengnick im Louvre, finde aber so wenig Verständnis bei ihr, daß ich es nicht übers Herz bringe, sie einzuladen, mit mir auszugehen. Ich gehe ins Luxembourg, wo mir Elisabeth Krüger sagt, sie, ihre Schwester und die Lengnick seien gestern mit Prell in der Ausstellung im Champs de Mars gewesen. Morgen abend möchten sie in den Hippodrom. Katja frage ich, wie sie sich denn am Sonnabend selber vorgekommen sei.

28. Mai 1892

Abends gehe ich ins Hotel St. Georges, um die Mädchen in den Hippodrom abzuholen. Elisabeth Krüger sagt mir, die anderen hätten keine Lust. Meiner Rolle vollständig satt, beschließe ich, auf die Fortsetzung des Kampfes zu verzichten, aber Katja die Situation dabei ebenso unmöglich zu machen, wie sie sie mir gemacht. Sechzehn Seiten langer Brief an Elisabeth Krüger. Ich fühle mich sehr erleichtert und besuche abends die »Femme de Narcisse« im Théâtre Renaissance noch einmal.

29. Mai 1892

Beim Déjeuner treffe ich die Geinsinger und die Neumann. Der Neumann erzähle ich von Amsel. Sie wünscht, seine Bekanntschaft zu machen. Um ihr seine Adresse schreiben zu können, suche ich Weinhöppel auf. Er erzählt mir die Geschichte von seinem Selbstmordversuch. Wir dinieren zusammen und gehen in den Jardin de Paris. Sehr feines Varieté. Brillante Tänzerin. Hochelegante Welt. Weinhöppel kommt gar nicht aus der Ekstase heraus. Bis um drei sitzen wir noch in einem Café hinter der Oper. Schließlich kommt noch ein wunderschö-

nes Tier im Schlafrock und Mantel, das ich für einige
Küsse an Weinhöppel verkupple. Weinhöppel beißt zö-
gernd an, da er morgen zu drei Damen zum Déjeuner
geladen ist.

30. Mai 1892

Nachdem ich mich von einem gehörigen Katzenjammer
rekreiert, suche ich die Schuppi auf, um sie in den Jardin
de Paris zu schleppen. Sie ist indessen seit drei Wochen
zum erstenmal wieder aufgestanden. Sie leidet an Neuralgie. Überdies kommt ein Gewitter, während ich bei
ihr bin. Nachdem wir zwei Stunden geschwatzt, gehe ich
zu Tisch und nachher auf die Suche nach einem zwölfjährigen Kinde. Nach langem Umherirren finde ich eins auf
dem Boulevard Rochechouart, das aber leider schon
achtzehn zählt. Ich führe sie in ein Hotel und befriedige
sie auch für 10 frs nur sehr mangelhaft. obschon sie mir
ganz gut gefällt und recht lieb ist. Ich bin aber zu zerrüt-
tet. Nach dem ersten schwachen Versuch zerfließe ich in
Schweiß. Ohne mich viel darum zu kümmern, pumpe ich
mir soviel Bier wie möglich in den Magen und trolle mich
nach Hause.

31. Mai 1892

Ich fasse den Verdacht, Katja habe meinen Brief unter-
schlagen.

1. Juni 1892

Ich gehe ins Luxembourg und erfahre auf allerhand Um-
wegen, daß Katja den Brief vorgelesen hat. Ich fühle
mich wie vergiftet. Ich schreibe ihr einen Brief, worin ich
sie der Unterschlagung zeihe. Ich sehe mich zu jeder Gemeinheit ihr gegenüber fähig.

2. Juni 1892

Katja fordert mich durch eine Karte auf, zu ihr zu kommen. Ich finde ein wahres Tribunal vor. Sie selber in

182

ihrer ganzen Unverschämtheit in der Mitte. Die beiden Schwestern ihr zur Seite. Sie hat ihnen den Brief gezeigt. Ich sage ihr, soviel ich ihr in Gegenwart der Damen sagen kann, und ziehe, nachdem man die Briefe verbrannt und sich versicherungsweise die Hände gedrückt, sehr befriedigt von hinnen. In der Maison Fara finde ich Prell, Schlichting, Langhammer, Höninger, Geffken und Knapp. Die ganze Gesellschaft außer Prell geht zu Bullier, ein anregendes Tanzlokal mit Sommergarten. Langhammer, Schlichting und ich kehren noch ins Café Harcourt ein. Ich bin kaum zu Hause, als Leontine eintritt, auch eine Unverschämtheit sondergleichen, nachdem sie mir ihre Photographie gestohlen hat. Ich habe nur einen hübscheren Abend mit ihr verlebt. Sie steigt mir auf die Schultern und reitet im Zimmer herum, wir tanzen zusammen. Schließlich wirft sie sich in Gesellschaftstoilette, schwarze Beinkleider, Frack, weiße Krawatte und Klapphut und imitiert Yvette Gilbert, Bruant, Paulus etc. Bei Tagesanbruch legen wir uns zu Bett. Sie schläft sofort ein. Nachdem wir im Bett zusammen gefrühstückt, zieht sie ab. Ich beschließe, sie nicht mehr hereinzulassen. Kaum ist sie fort, so erscheint Weinhöppel. Er singt mir drei Stunden lang vor. Ich bin selig. Wir gehen ins Café, und ich hoffe, nach dem Diner arbeiten zu können, bin aber so müde, daß ich dabei einschlafe. Ich erwache um 2, lege mich zu Bett und lese Nietzsche bis morgens um sieben Uhr.

4. Juni 1892

Um 7 stehe ich auf und kaufe mir ein Frühstück zusammen, arbeite bis 11, fahre nach Chois und wieder zurück. Nachmittags in der Ausstellung Champs de Mars. Abends bei Bullier, wo ich zwei reizende Kokotten traktiere, Madame Fernande etc. Ich verspreche ihr meinen Besuch. Um Mitternacht komme ich nach Hause und schreibe bis drei Uhr.

Abends nach Tisch gehe ich ins Café und dann zu Bullier. Das Lokal ist voll Pfingstgäste, Soldaten, Arbeiterinnen, die ihren ungeschickten Cancan tanzen. Ich bin noch nicht bis ans Ende gelangt, als mir die Freundin meiner Schönen von gestern entgegentritt. Froh, aus dem Getümmel herauszukommen, biete ich ihr eine Erfrischung an. Wir setzen uns in den Garten und plaudern. Sie hat einen Gabriel-Max-Kopf und eine vollendet schöne Figur, ist sehr ruhig und liebt nicht Cafés, sondern Opéra Comique, Théâtre français et la peinture. Elle monte aussi à cheval, aber nicht rittlings wie die übrigen, sondern als Dame. Ich fühle mich sehr behaglich an ihrer Seite und führe sie ins Café d'Harcourt. Nach einigen Schnäpsen wird soupiert. Wir leeren zwei Bouteillen Wein, während ich ihr, um die Unterhaltung zu animieren, in betreff ihres Metiers auf den Zahn fühle. Sie will es höchstens noch zwei Jahre treiben, um dann in ein Kloster zu gehen. Sie ist aus dem französischen [...] gebürtig und mit ihrem ersten Liebhaber nach Paris gekommen. Ihre Eltern vermuten sie in einem Modegeschäft. Es ist übrigens kein Wunder, wenn die Mädchen mit der Zeit bösartig werden, indem sich jede vorher soundsooft betrügen läßt. Sie gefällt mir durchaus, hauptsächlich ihres tragischen Phlegmas wegen.

Etwas angesäuselt treten wir den Heimweg an. Ich sage ihr bei ihrer Haustür, erstens habe ich nur noch 10 frs und zweitens etwas sehr viel getrunken. Sie führt mich in ein reizend ausgestattetes großes Zimmer mit dem Ausblick auf einen großen Garten mit himmelhohen Bäumen. Im geöffneten Fenster steht eine breite Palme, eine andere vor dem Spiegel. Durch meine eigene Lage in etwas ironische Stimmung versetzt, lasse ich mich in einen Lehnsessel fallen und gebe meiner Verwunderung ganz unverhohlen Ausdruck. Darauf beginnt meine Schöne zu weinen, daß ihr die Tränen stromweise über die Wangen laufen. Ich merguiere noch über sie, sie könne nichts dafür, daß sie nicht so hübsch und so chic sei wie andere Frauen. Um die deliziöse Szene etwas zu verlängern, lege ich meine 10 frs auf den Kamin und sage, ich hätte leider nicht mehr. Sie versichert unter Schluchzen, daß es sich nicht darum handle. Als ich sie schließlich zu trösten suche, fällt sie mir zu Füßen, umschlingt meine Knie und sagt, hier sei ihr Platz. Darauf streichle ich ihr das Haar und bitte sie, sich zu Bett zu legen. Sie trägt ein eng anliegendes geschlossenes schwarzes Kleid, so elegant wie ich es bei anderen anständigen Damen noch nicht zu sehen Gelegenheit gehabt. Ich werfe rasch meine Kleider vom Leib und lege mich zu ihr. Sie ist appetitlich wie ein geschälter Apfel, dabei von einer ungekünstelten Glut, wie ich sie noch bei keinem Weibe gefunden. Selbstverständlich versteige ich mich zu meinen gewohnten Liebhabereien, die ihr aber viel Vergnügen zu machen scheinen. Endlich bricht der Morgen herein, in den hohen Bäumen zwitschern die Sperlinge, ich ziehe mich rasch an und gehe meiner Wege. Rachel.

6. Juni 1892

Um 12 Uhr kommt Weinhöppel, um mich anzupumpen. Wir déjeunieren zusammen, gehen ins Café und durch den Tuileriengarten. Abends schlendre ich über die Boulevards und lege mich früh schlafen.

7. Juni 1892

Abends allein im Jardin de Paris. Um Mitternacht treffe ich in der Brasserie Pont Neuf M. Brehant und M. Moutreuil. Wir sprechen von Leontine. Die Herren kommen aus einem Bordell, in dem Brehant Kind des Hauses ist. Wir verabreden, daß ich ihn in nächster Woche gelegentlich hinbegleite.

8. Juni 1892

Nach Tisch begegne ich im Louvrehof dem Pastellisten Burger. Ich begleite ihn zu seinem Photographen und nachher in die Brasserie Pont Neuf. Wir sprechen viel über Pariser Damen. Er hat sich eine Maitresse aufgeladen, hat 6 Wochen mit ihr gelebt und ist sie nur mit den größten Schwierigkeiten wieder losgeworden. Jetzt freut er sich seiner goldenen Freiheit und haßt alles, was Weib heißt. Gegen zwölf trennen wir uns, nachdem er mich gebeten, ihn morgen in seinem Atelier zu besuchen. Auf dem Heimweg begegnet mir Leontine auf dem Boulevard St. Michel. Sie habe sehen wollen, ob ich nicht in der Brasserie P. N. sei, und mich dann eventuell zu Hause aufsuchen wollen. Ich kaufe ihr ein großes Rosenbouquet, gebe ihr zehn frs und schicke sie weiter. Bis zwei Uhr im Café d'Harcourt.

9. Juni 1892

Nachdem ich bis fünf gearbeitet, fahre ich zu Burger. Er hat ein wunderschönes Atelier am Montmartre. Er hat mehrere Damen aus der Pariser Gesellschaft in Pastell auf der Staffelei, außerdem den König von Württemberg auf dem Sterbebett, den er im Auftrag der Königin gemalt. Um 7 gehe ich in die Maison Fara. Knopp kommt mit zwei Freunden, darauf Prell und Geffken. Geffken sagt, Schlichting werde wahrscheinlich nicht erscheinen, worauf ich bei mir beschließe, die Gesellschaft sofort nach Tisch zu verlassen. Schließlich kommt Schlichting dennoch mit Langhammer. Wir machen uns zu dritt aus dem Staube unter dem Vorwand, ein Bordell besuchen zu wollen. Wir gehen zu Bullier, finden dort meine schöne Rachel und gehen mit ihr ins Café d'Harcourt soupieren. Schlichting und Langhammer sind von ihr entzückt, besonders was den Gabriel-Max-Kopf betrifft. Wir kneipen sehr animiert bis zwei. Darauf begleite ich Rachel nach Hause und bleibe bis Tagesansbruch in ihren Armen.

10. Juni 1892

Den ganzen Tag gearbeitet.

Frank und Tilly Wedekind in »Erdgeist«

11. Juni 1892

Frühmorgens kommt Weinhöppel, d. h. um 1 Uhr. Da ich zu arbeiten habe, geht er wieder. Ich verspreche, ihn morgen, Sonntag, eventuell abzuholen.

12. Juni 1892

Arbeite den ganzen Tag. Abends hoffe ich, Schlichting und Langhammer bei Prelle Gilbert zu treffen, gehe in die Champs-Elysées, wobei mir die Idee zu einer Schauertragödie kommt. Ich arbeite den ganzen Tag an der Konzipierung des ersten Aktes, gehe um 1 Uhr noch ins Café d'Harcourt, treffe Rachel, begleite sie nach Hause und bleibe bis vier bei ihr. Sie erzählt mir, sie habe ein Bébé von ihrem ersten Amant, zwei Jahre alt. Es sei bei einer Amme auf dem Land. Sie habe es mit Willen empfangen, um ein Andenken an ihren Geliebten zu haben. Mit 7 Monaten sei es zur Welt gekommen infolge eines Sturzes auf der Treppe und habe sie daher kaum in ihrer Figur verändert. Man habe es unter eine Glasplatte setzen müssen, um ihm die regelmäßige Temperatur zu geben. Man habe es mit Tropfen ernährt. Ihr Amant habe alles bezahlt. Sie werde es jetzt dann zu sich nehmen, um am Nachmittag mit ihm spazierengehen zu können.

13. Juni 1892

Um ein Uhr kommt Weinhöppel. Wir bummeln durch die Stadt, ins Café und nachher ins Casino de Paris. Mitten unter den Kokotten des Casinos im Premier liest er mir einen Brief von seiner letzten Geliebten, einem 17jährigen Münchner Schneidermädchen vor. Das Mädchen fürchtet, verrückt zu werden. Bis drei Uhr bleiben wir im Café Wetzel hinter der Oper. Morgen langen seine beiden Schülerinnen an. Er begleitet mich bis vor meine Tür, es ist heller Tag. Ich lade ihn noch zu einem Schnaps auf mein Zimmer, aber während wir eingetreten, sehe ich, daß Leontine meinen Schlüssel genommen.

Da ich willens bin, sie hinauszuwerfen, bitte ich ihn zu gehen. Auf meiner Stube finde ich Leontine im Bett. Sie hat mir eine Karte von Langhammer heraufgebracht, der mich morgen abend nach Moulin Rouge einlädt. Ich sage ihr, wir müssen uns trennen. Das Licht ist heruntergebrannt, es flackert schwach. Das sei unsere Liebe. Sie werde gleich verlöschen. Da sie keine Miene macht aufzustehen, biete ich mich ihr als Kammerzofe an. Darauf erhebt sie sich, kleidet sich an, während ich zum Fenster hinaussehe. Nachdem sie angekleidet, setzt sie sich ans Fenster und bricht in Tränen aus. Ich sage, ich hätte schon viele Menschen weinen sehen, Männer und Frauen, herzbrechend weinen. Ihr Weinen sei nichts dagegen. Sie bittet mich um ein Taschentuch. Warum weinst du, wenn du kein Taschentuch bei dir hast? Sie sagt, sie habe keinen Sou in der Tasche, ich solle ihr 10 frs geben. Wenn ich ihr die 10 frs nicht geben wolle, solle ich sie ihr leihen. Sie werde sie mir zurückbringen, so wahr sie da sitze, so wahr ein Gott im Himmel lebt. Sie schwöre es mir, daß sie sie mir zurückbringt. Ich sage ihr, statt daß ich ihr 10 frs leihe und sie sie mir zurückbringe, will ich ihr 5 frs geben, und sie brauche sie mir nicht zurückbringen. Der Vorschlag behagt ihr nicht. Nun bleibt ihr nur noch die Wahl, mit 5 frs zu gehen oder ohne 5 frs zu gehen. – Elle préfère avec! Sie werde mich auf der Straße grüßen, d. h. wenn ich es ihr erlaube, aber auf mein Zimmer setze sie keinen Fuß mehr. Nachdem sie fort ist, lege ich mich ins Bett.

14. Juni 1892

Abends mit Schlichting und Langhammer im Moulin Rouge. Ein sehr feiner Tag. Nachher im Café Wetzel, wo mir Langhammer seine Skizze vorliest – eine schlechte Nachahmung Hermann Bahrs. Ich gebe ihm einige sachliche Ratschläge. Nachdem ich die Herren noch zu Brie geführt, trennen wir uns. Ich lege mich schlafen.

15. Juni 1892

Tagsüber gearbeitet. Abends konzipiere ich im Café de l'Opéra den zweiten Akt meiner Schauertragödie, lege mich früh zu Bett, kann die ganze Nacht nicht schlafen und stehe um 7 Uhr auf.

16. Juni 1892

Nachdem ich bis 12 gearbeitet, gehe ich ins Luxembourg, wo ich Frl. Rosa Krüger treffe. Wie sie mich sieht, wird sie feuerrot, begrüßt mich mit ausgesuchter Liebenswürdigkeit, wir sprechen einige Minuten über den Salon, Elisabeth Krüger kommt ebenfalls, ich empfehle mich. In der Erwartung, Langhammer zu treffen, gehe ich in die Maison Fara dinieren, wo ich mutterseelenallein bleibe. Auf dem Heimweg packt mich vor der Brasserie Pont Neuf der Wirt am Arm: Voici les dames! Die Zwicker sitzt mit der Krüger auf der Terrasse. Ich grüße flüchtig und gehe weiter. Mich dürstet nach der kleinen Marie in der Ancienne Comédie. Ich finde sie nicht und gehe gegen eins ins Café d'Harcourt, wo Rachel in einem nagelneuen Kleid erscheint. Ich begleite sie nach Hause, sie zeigt mir ihre Photographien. Ich bleibe bis 4 Uhr bei ihr. Au ciel on mange des gâteaux, on boit du vin blanc.

17. Juni 1892

Arbeite bis drei in sehr guter Stimmung. Finde einen Brief von Tante Plümacher und eine Rezension von Milwaukee Freidenker im Fach. Expediere Exemplare an Maximilian Harden, Dr. Fr. Lange, Otto Brahm, Fritz Mauthner. Abends bis 1 gearbeitet, bis 2 im Café d'Harcourt.

18. Juni 1892

Brief an Dr. Paetow in Berlin. Um ein Uhr gehe ich ins Café d'Harcourt. Fernande setzt sich zu mir. Wir spre-

Herzlichen Gruß M.

Saharet, eine um die Jahrhundertwende sehr bekannte Tänzerin und Lebedame

chen über Rachel. Ich trage mich mit dem Gedanken, heute bei Fernande zu schlafen. Sie ist indessen unversehens verschwunden. Aufgeregt wie ich mich habe, suche ich bei den Brasserien in der rue Goufflot herum und finde ein Mädchen in schlampiger Toilette mit großen geheimnisvollen Augen. Nach längerer Unterhaltung begleite ich sie auf ihr Zimmer, das einen sehr angenehmen häuslichen Charakter trägt. Nachdem sie sich ausgezogen, setzt sie sich mir auf den Schoß: »Faites-moi un petit cadeau!« Ich streife dabei an ihrem Schenkel eine Narbe, die mich stutzig macht. Sie sagt mir, die Nadel sei ihr abgebrochen, sie ist nämlich Morphinistin. Krank könne sie nicht gut sein, da sie mehrere Internes aus dem Hospital zu Freunden habe. In der Tat sehe ich den ganzen Schenkel voll kleiner picures. Ich frage sie, ob sie denn überhaupt noch das Bedürfnis habe, de faire la noce. O ja, man sei sogar viel erregter. Ob sie denn menstruiere. Nein. Ich lege mich sehr behaglich und in keiner Weise nach Liebe lüstern zu Bett. Sie macht sich zwei Injektionen, wäscht sich und legt sich zu mir. Darauf beginnt sie, auf ihre Freundin zu schimpfen in einem ununterbrochenen Wortschwall, indem sie mir zur gleichen Zeit meinen Unaussprechlichen kajoliert. Schließlich ist es soweit, mais il faut le monter. Je sens très étroite. Sie hat nicht unrecht, scheint in der Tat erregt, elle grince des dents, wenn nicht alles Komödie ist. Nachdem sie ihre Toilette gemacht, mich gleichfalls pflichtschuldigst gewaschen und wir wieder im Bett liegen, gibt sie mir ein Journal, nimmt selber ein anderes und liest, indem sie mich zur gleichen Zeit wieder ganz mechanisch bearbeitet. Indessen kommen wir überein, daß wir eigentlich noch zu Baury gehen könnten. Es ist gerade Tag geworden, wir ziehen uns an. Sie nimmt ihren Hund auf den Arm, nachdem sie ihm vorher die Locken gekämmt, und wir gehen zu Baury, wo noch eine größere Gesellschaft versammelt ist. Nachdem wir uns mit Apfeltorte und einigen Gläsern Milch gestärkt, trennen wir uns. Sie heißt Marie Louise. Rue Honge 25. Ich lege mich zu Bett, lese noch eine Stunde Nietzsche und schlafe gegen 6 Uhr ein.

Ich bin augenscheinlich in die kleine blonde dicke Tänzerin in Moulin Rouge verliebt. Ich träume schon die ganze Woche von ihr. Beim leisesten Gedanken an sie strecke ich unwillkürlich die Zunge heraus.

Ich stehe gegen drei auf, gehe eine Stunde spazieren und kehre heim, um zu arbeiten. Ich komme nicht vorwärts. Nach Tisch gehe ich ins Café du Congrès. Ich komme auch dort nicht vorwärts. Ich trabe nach Moulin Rouge. Das Publikum ist widerlich sonntäglich. Ich bin eben im Begriff, den Saal zu verlassen, als ich vor dem Spiegel unter dem Orchester die kleine dicke blonde Tänzerin ihren Pas einüben sehe. Aber ich bin nicht rasiert, trage eine ausgefranste Hose, und, was mir das bedenklichste ist, ich scheine mir von gestern etwas matt. Allerdings sollte es mir bei ihr nicht fehlen. Ich sehe sie zweimal tanzen. Dann ist sie plötzlich verschwunden. Das nächste Mal entgeht sie mir nicht. Es ist übrigens auch schon zwölf Uhr [Mitternacht]. Ich gehe nach Hause, um zu arbeiten, komme aber nicht vorwärts. − Wie ich abends acht Uhr im Duval [am Boulevard Malesherbes] diniere, kommt Rachel vorbei in ihrem neuen Kleid. Sie klopft an die Scheiben und grüßt mit ihrer süßen, träumerischen Grazie.

20. Juni 1892

Gegen Abend lasse ich mich rasieren und gehe nach Moulin Rouge. Vergebens warte ich bis fast 12 Uhr auf die kleine dicke blonde Tänzerin. Kurz vor Schluß kommt ein junges nettes Tier in Seebadtoilette, das ich den ganzen Abend mit leidlichem Vergnügen tanzen sehe, und bittet mich um eine Gefälligkeit. Ein blauäugiges Blondköpfchen, höchstens 17 Jahre alt, mit sehr üppigen Lippen. Sie erinnert mich, ich weiß nicht an wen. Am Hals trägt sie noch die blutunterlaufenen Spuren ihrer gestrigen Liebe. Nachdem der Saal geschlossen, gehe ich für einen Moment ins Café de la Paix, soupiere au Chien qui fume und gehe gegen vier nach Hause.

21. Juni 1892

Nachdem ich den Tag über gearbeitet, gehe ich gegen 6 zu Weinhöppel. Ich höre schon im Korridor den Gesang seiner Schülerinnen. Er kommt aus ihrem Zimmer, um auch in seinem zu empfangen. Er sagt, erstens sei er vollständig ermattet [...], und zweitens sei er [...]. Wenn sie wenigstens hübsch wäre. Dabei sei sie eifersüchtig. Er habe ihr glücklich Minet beigebracht, daß er wenigstens ihr Gesicht nicht zu sehen brauche. Während er mir das erzählt, erscheinen abwechselnd zwei Damen am gegenüberliegenden Fenster, die mir allerdings keinen sehr deliziösen Eindruck machen. Meinen Vorschlag, nach Moulin Rouge zu gehen, nimmt er mit Freuden auf. Hoffentlich gingen seine Damen nicht mit. Meine Verheißung, er werde Jeanne la folle sehen, versetzt ihn in Trunkenheit. Die Damen gehen mit uns zu Tisch, wobei ich seinen Kummer vollkommen begreifen lerne. Die angenehmere von ihnen, Frl. [...], ist weit über die Jahre hinaus und doch wohl kaum je so recht mitten drin gewesen. Die andere Frl. [...] mit herunterhängender Nase und schiefen Augen ist geradezu gewöhnlich. Während des Essens unterhalten sie mich lediglich auf Kosten Weinhöppels. Nachdem wir die Damen glücklich abgesetzt, steigen wir nach Moulin Rouge hinauf: Weinhöppel im Geiste mit Jeanne la folle, ich mit dem kleinen dicken blauen Schwein beschäftigt. Kaum sind wir eingetreten, als Weinhöppels Aufmerksamkeit durch ein hübsches großes Mädchen mit reizendem Kopf und orientalischen Zügen in Anspruch genommen wird, das wir seinerzeit schon im Jardin de Paris haben tanzen sehen. Sie tanzt aber sehr mangelhaft. Jeanne la folle erscheint nicht auf dem Schauplatz. So halten wir uns an meine Sehnsucht, das kleine dicke blaue Schwein, das heute aber auch nichts Außerordentliches leistet. Ich bin eben im Begriff, sie einzuladen, als die mit den orientalischen Zügen am Arm einer Tänzerin von der Bühne uns um ein Bock bittet. Weinhöppel ist Feuer und Flamme, da sie aber mich angesprochen, so nehme ich die Orientalin für mich in Beschlag. Sie ist aus Alexandrien gebürtig, hat lange Jahre Trapez geturnt, ist dann beim Voltigieren gefallen, war seitdem vexée vor dem Sprung und wandte sich dem Bauchtanz zu. Als Bauchtänzerin zog sie dann durch Deutschland und Rußland mit der Gruppe Baya. Sie war in Moskau, Petersburg, Nowgorod, Berlin, München, Hannover, spricht englisch, russisch, deutsch, von allem einige Brocken. Sie enjôliert mich in einer so reizenden Art, daß das Wohlgefallen unserer Umgebung erregt wird. Sie fällt gleich über meinen Zwickelbart her. An Weinhöppel, der in stummer Andacht seiner Dame den Rücken kehrt, richtet sie einige Worte in reizendem Deutsch mit arabischem Akzent, der mich an Ikonomapulis erinnert. Wenn wir sie auf ihr Zimmer begleiten, will sie uns Bauchtanz vortanzen. Ich sage, das sei mir zu teuer. Sie verlangt für sich und ihre Freundin zusammen einen Louis. Weinhöppel erklärt sich bereit, an der Partie teilzunehmen. Wir verlassen den Saal; an der Tür will er noch Reißaus nehmen, da er aber hört, daß die Damen zusammenwohnen, schließt er sich uns an. So gelangen wir in ein mit orientalischen Draperien, Waffen, Vogelkäfigen, Polstern und anderem Plunder ausgestattetes Gemach, wo sich die Damen der großen Hitze wegen sofort ausziehen. Die Chahuttänzerin, übrigens ein sehr hübsches Weib, ist durch Weinhöppels Unaufmerksamkeit etwas pikiert. Durch einige Höflichkeit gelingt es mir, sie vollständig zu beruhigen, so daß sie ihre Rolle von der besten Seite nimmt. Kaum ist Kadudja entkleidet, so fällt Weinhöppel über sie her. Ich packe ihn am Kragen und werfe ihn in die andere Ecke. Ich gebe Kadudja für beide 30 frs. Sie teilt das ihrer Freundin, die unsere Verhandlungen etwas mißtrauisch verfolgt hat, mit, und die Damen anerkennen unsere Generosität. Kadudja verschwindet ins Nebenzimmer, ich will ihr folgen. Die Freundin hält mich zurück, es gäbe eine Überraschung. Kadudja kommt in einem bis auf die Füße reichenden, weitmaschigen schwarzen Spitzenhemd zurück. Ich ergreife eine Mandoline die an der Wand hängt, Weinhöppel ein Tamburin, und wir spielen den Bauchtanz. Kadudja tanzt eine volle halbe Stunde mit großer Verve, vollendeter Disziplin und einem entzückenden Mienenspiel. Weinhöppel hängt lediglich an den leidenschaftlichen Verdrehungen ihrer schwarzen Augen, ich an denjenigen ihres Leibes. Nachdem sie fertig ist, beginnt die Freundin einen Chahut, wozu ich die Solopartie aus der Quadrille spiele. Sie tanzt sehr gewandt, aber kalt wie eine Puppe. Kadudja sagt mir, wir wollten das Bett im Nebenzimmer für uns okkupieren, die anderen könnten auf dem Diwan bleiben. Ich folge ihr in ein elendes kleines Kabinett mit sehr behaglichem, breiten Lager und genieße sie auf zwei verschiedene Arten. Als wir ins Zimmer zurückkehren, ist auch Weinhöppel schon wieder mit Ankleiden beschäftigt. Wir verabschieden uns und gehen ins Café Wetzel soupieren. Weinhöppel ist von Kadudja entzückt. Sie ist auch in der Tat in allem, was sie tut und spricht, so natürlich lieb, so schlicht und voll Humor, daß ich seine Begeisterung wohl verstehe. Während ihres Tanzes brach er in den Ausruf »diese wundervollen Beine« aus, den sie mit arabischem Akzent so drollig nachsprach, daß mir selber das Herz bebte. »Qu'est-ce que ça signifie?« fragte ihre Freundin. »Des jambes magnifiques«, erklärte ich ihr. Kadudja sagte, sie hätte die Worte schon in Deutschland öfter gehört. Die Freundin entgegnete, sie sei nur einmal in Monaco gewesen. Das sei ihre ganze Reiseerfahrung. Ob er das kenne, fragt sie Weinhöppel. Weinhöppel, in den Anblick Kadudjas versunken, weist es mit stummer Befremdung zurück. Er will sich mit seiner Dame übrigens ausgiebig amüsiert haben und bewundert seine Leistungsfähigkeit, indem er seit acht Tagen [...] dreimal koitieren müsse. Für sein geliebtes Mimi hat sie sich indessen gar nicht empfänglich gezeigt.

Wir trennen uns gegen vier. Ich schleppe mich hundemüde nach Hause, lese noch eine Stunde und schlafe ein.

Nachdem ich den Tag über gearbeitet, treffe ich gegen ein Uhr nachts im Café d'Harcourt mit Rachel zusammen. Sie sagt, sie habe noch nicht zu Mittag gegessen. Wir soupieren demzufolge. Als ich sie begleiten will, schützt sie Kopfweh vor. Ich hatte ihr nämlich gesagt, ich hätte keinen Sou mehr in der Tasche. Ich mache sie auf das Eigentümliche der Situation aufmerksam, worauf sie in Tränen ausbricht und mir auf morgen verspricht, mich vom Gegenteil zu überzeugen. Sie spricht von ihren Sentiments. Ich entgegne ihr, es sei sehr unklug, Sentiments zu hegen, man komme immer zu kurz damit.

Um die Zeit zwischen dem Diner und Mitternacht zu verbringen, will ich ins Elysée Montmartre gehen, finde die Bude aber geschlossen. Ich gehe nach Moulin Rouge. Beim ersten Rundgang durch den Saal begegne ich Kadudja und ihrer Freundin. Ich sage Kadudja, ich hätte mein Lorgnon bei ihr vergessen, ich werde kommen und es holen, morgen oder übermorgen. Sie sagt, sie erwarte mich übermorgen, sie werde ihren Nachmittag für mich reservieren. Bei der nächsten Quadrille sehe ich Jeanne la folle in einem kleinen Zuschauerkreis tanzen. Sie tanzt in einer schweren, schwarzen, dunkelrot gefütterten Samtrobe, aber ohne Schuhe an den Füßen. Sie soll eine starke Morphinistin sein, worauf auch ihre großen, ewig umschleierten Augen schließen lassen. Ich bedaure, daß Weinhöppel nicht da ist. Ihr Publikum zeigt sich sehr anerkennend, und sie tut ihr möglichstes, den Beifall zu rechtfertigen. Nach Schluß der Quadrille setze ich mich auf den Omnibus und fahre ins Café d'Harcourt. Nachdem wir zusammen soupiert haben, begleite ich Rachel nach Hause. Als wir ins Zimmer treten, hüpft ihr das Meerschweinchen entgegen. Es logiert in einer zusammengerollten Matte neben der Tür. Sie überschüttet es mit Zärtlichkeiten »Mon tout petit petit petit Rickicki!« Ich bleibe bis Tagesanbruch bei ihr. Nach Hause gekommen, merke ich, daß ich meine Zigarettenspitze bei ihr vergessen.

24. Juni 1892

Treffe Rachel nachts im Café d'Harcourt, begleite sie nach Hause, um meine Zigarettenspitze zu holen, bleibe natürlich in ihren Armen. Wir haben ziemlich viel Wein getrunken. Sie ist etwas bekneipt. Während unserer ersten Umarmung bricht ein heftiges Gewitter los. Sie kriegt hysterische Anfälle, spricht von Gott und dem Teufel und behauptet, sooft ich sie küsse, stehe der ganze Horizont in Flammen.

25. Juni 1892

Stehe gegen drei Uhr auf, arbeite darauf die ganze Nacht hindurch und den folgenden Tag bis abends fünf Uhr. Abends bei Bullier.

27. Juni 1892

Dekoriere mein Zimmer mit einem Gobelin. Kaufe Photographien etc.

28./29. Juni 1892

Gearbeitet.

30. Juni 1892

Mit Rachel im Café d'Harcourt soupiert. Ich bleibe bei ihr bis anderntags 12 Uhr. Es schläft sich sehr appetitlich bei ihr. Dessenungeachtet würde ich dem Himmel danken, wenn ich sie los wäre. Beim Abschied verspricht sie mir, mich in den nächsten Tagen zu besuchen, frühmorgens, so früh wie möglich.

1. Juli 1892

Abends nach Tisch gehe ich in eine Brasserie an der
Gare St. Lazare in der Hoffnung, Weinhöppel zu treffen.
Finde ihn aber nicht und begebe mich ins Hotel Termi-
nus in ein Konzert, bestehend aus zwei Geigen, einem
Kontrabaß nebst Klavier. Das Klavier wird von einem
gar nicht häßlichen Mädchen ganz in Schwarz bearbeitet,
das sich in den Zwischenpausen reichlich mit Absinth
stärkt. Das Publikum ist gewöhnlich, aber originell, sehr
zusammengewürfelt. Ich fühle mich so schwach, daß ich
nach Schluß des Konzertes direkt nach Hause fahre.

2. Juli 1892

Abends nach Tisch höre ich mir eine Zigeunerkapelle am
Boulevard des Capucines an. Nachher bis zwei im Café
d'Harcourt.

3. Juli 1892

Nachdem ich erst gegen Morgen eingeschlafen, stehe ich
nachmittags um drei Uhr auf und schleppe mich nur mit
Mühe zur Madeleine. Ich dürste nach Gesellschaft, nach
einem vernünftigen Wort. Ich beschließe, Weinhöppel
aufzusuchen, und den Abend, wenn irgend mit ihm zu
verbringen, auch wenn seine Damen mit von der Partie
sein sollten. Ich finde ihn auf seiner Stube mit Brief-
schreiben beschäftigt. Er erzählt mir, daß seine Dame
glücklicherweise im Bett liege, indem sie glücklicherweise krank sei, da sie glücklicherweise ihre Menses bekommen habe. Die andere werde von Hr. Wormser unterhalten, der sich glücklicherweise in sie verliebt und ihm damit die Hälfte seiner Last abgenommen habe. In der Tat
ertönt auch aus dem gegenüberliegenden halbverhängten
Fenster die Stimme des Herrn Wormser und dazwischen
das wollüstig meckernde Gekicher des Frl. von S. Weinhöppel schlägt vor, in den Jardin de Paris zu gehen. Wir
dinieren sehr reichlich im Duval und wandern im herr-

lichsten Abendsonnenschein durch die Champs-Elysées. Wir sehen uns die erste Hälfte des Varietés an und fahren, da kein Ball stattfindet und das Publikum ausnehmend gewöhnlich ist, um 10 Uhr per Wagen nach Moulin Rouge. Kaum in den Saal getreten, sehe ich Kadudja und gehe in weitem Bogen um sie herum. Da Jeanne la folle zu Weinhöppels lebhaftem Bedauern nirgends zu finden ist, halten wir uns an das kleine dicke blaue Schwein, das heute in der Tat auch ihr Allerbestes leistet. Weinhöppel lernt meine Begeisterung vollständig begreifen. Schließlich tanzt auch Kadudja. Weinhöppel sieht ihr einige Augenblicke zu, aber ich führe ihn zu der Blauen zurück. Schließlich begegnen wir doch noch Kadudja mitten im Saal. Sie fragt mich, warum ich an dem betreffenden Tage mein Lorgnon nicht geholt. Ich sage, ich sei ganz krank gewesen, ich sei vom Omnibus gestürzt. Sie meint, indem sie mir meine Krawatte bindet, ich solle es heute abend holen. Ich sage, ich käme die nächsten Tage. Sie sagt, sie kenne das. Ich solle gleich eben heraufkommen, ich könne dann gleich wieder gehen. Ich sage, ich kenne das, ich hätte kein Geld bei mir. Sie sagt, es kostet heute nichts. Schließlich bittet sie mich, mit ihr zu tanzen. Ich lehne es ab; als ich aber merke, daß Weinhöppels Stirne mahnt, darauf einzugehen, gebe ich ihm meinen Schirm in die Hand. Ich tanze wie unter höherer Inspiration, so leicht finde ich mich hinein, und lasse nicht eher nach, als bis sie ermüdet ist. Ich bin aber auch dem Zusammenbrechen nahe. Kadudja meint, wir sollten auf ihrer Stube etwas zu uns nehmen. Im vollkommenen Bankrott meiner Kräfte sage ich zu, und wir verlassen zu dritt den Saal. Dabei habe ich die grauenhaftesten Kopfschmerzen. Vor ihrer Türe mache ich noch einen schwachen Abschiedsversuch. Umsonst, Kadudja sagt, sie liebe mich nicht mehr.

Während sie in der Kneipe nebenan Wein holt, sage ich zu Weinhöppel, ich gäbe ein Königreich daran, wenn ich sie nicht zu erotisieren brauchte. Weinhöppel meint, wenn es weiter nichts sei, das wolle er schon besorgen. Das gibt mir meine Energie einigermaßen zurück. Oben angelangt, läßt uns Kadudja auf Kissen Platz nehmen, gibt jedem einen Fächer in die Hand, holt Gläser und zieht sich aus. Da sie Weinhöppel etwas niedergeschlagen sieht, fragt sie ihn, ob sie ihre Freundin holen soll. Aber Weinhöppel sagt, sie sei ihm zu kalt. Nachdem sie sich entkleidet, läßt sie sich in einen Lehnsessel sinken, hebt ihr Hemd auf, und Weinhöppel fächert ihr den Bauch. Sie hat vorzügliche türkische Zigaretten, deren Rauch ich mir von ihr entlocken lasse. Das nämliche Experiment macht sie übrigens auch mit dem Wein, den ich von ihren Lippen trinke. Darauf zeigt sie uns ihre Fortschritte im Chahut. Über dem Kopfende ihres Bettes hat sie eine Rolle angebracht, über die ein Seil geht. Mit diesem Seil zieht sie sich kraft des Beins in die Höhe. Ich lege ihren Arm unter die Kniekehle, um die Bravourkünste der Jeanne la folle mit ihr zu exekutieren. Schließlich ziehen wir uns in die Kammer zurück, während Weinhöppel seine Zuflucht zu ihrer Mandoline nimmt. Sie erhebt sich indessen noch einmal, um Weinhöppel ins Ohr zu flüstern, er möchte sich doch selber helfen, was sie ihm durch eine allgemeinverständliche Geste erläutert. Ich finde mich immerhin frischer als ich gedacht, zumal das stechende Kopfweh ununterbrochen fortdauert.

Als wir zurückkehren, hat Weinhöppel bereits den Bauchtanz spielen gelernt. Ich ziehe mich an und kann natürlich im letzten Augenblick meine Manschetten nicht finden. Kadudja sagt, sie habe ihren sämtlichen Schmuck versetzt und die Versatzzettel versetzt. Ich sollte mal sehen, was sie sich gekauft habe. Sie führt mich in die Küche, wo ein großes Veloziped steht. Ich sage ihr, das habe wohl einer ihrer Freunde als Liebespfand dagelassen. Ich sehe nämlich, daß es kein Damenveloziped ist. Aber Kadudja sagt, sie lasse die Bindestange herausnehmen und durch eine gebogene ersetzen. Darauf zeigt sie mir ihr dreijähriges Abonnement in einer Fahrschule. Wir verabschieden uns, bleiben bis eins im Café Wetzel, worauf ich todmatt im Wagen nach Hause fahre. Weinhöppel sagt, er werde Kadudja in den nächsten Tagen seine Aufwartung machen.

4. Juli 1892

Stehe um 9 Uhr auf und arbeite bis 12. Bin aber nachmittags und abends vollkommen kaputt.

5. Juli 1892

Ich suche vergebens zu arbeiten.

6. Juli 1892

Fühle mich um vieles wohler, bin aber nach dem Frühstück in solch beispielloser nervöser Erregung, daß ich notwendig irgendeinen Ausweg finden muß. In meiner Verzweiflung stürze ich mich in das Magazin Printemps und lasse mir einen Anzug anmessen. Das beruhigt mich einigermaßen, aber noch nicht so, daß ich einen Gedanken festzuhalten vermöchte. Mit Aufbietung alles moralischen Mutes entschließe ich mich, ein kaltes Bad zu nehmen. Ich muß die Erinnerung an meine Münchner Abenteuer zu Hilfe nehmen, um bis ins Wasser zu gelangen, fühle mich aber nachher so gestärkt, daß ich bis um 12 arbeite. Nach Mitternacht gehe ich ins Café d'Harcourt. Habe aber absolut kein Verlangen, mit Rachel zusammenzutreffen. Ich bin noch nicht eingetreten, als sich unsere Blicke begegnen. Ich kehre sachte um und gehe den Boulevard hinunter. Sofort höre ich Schritte hinter mir. Man klopft mir auf die Schulter. Ob ich nicht ins Harcourt käme? – Natürlich, ich hätte sie gesucht, aber nicht gefunden. – Ich solle mich nur an meinen Platz setzen, sie käme gleich. Wir verabschieden uns auf Wiedersehen.

Ich gehe oben um die Terrasse herum hinter dem Café durch nach der rue Soufflot und setze mich dort in eine Brasserie. Ich sitze noch keine Viertelstunde, so kommt ein sehr hübsches Kind, einfach gekleidet, und erkundigt sich bei mir nach Leontine. Sie hat mich vor drei Tagen schon auf der Straße angesprochen. Ob ich nicht wüßte, wo Leontine sei, sie sei seit drei Wochen verschwunden, niemand habe sie gesehen, und es sei schade um sie, denn sie sei ein gutes Mädchen. Sie nennt sie übrigens nicht Leontine, sondern Sarah. Nachdem ich ihr gesagt, ich hätte nichts von ihr gehört, fragt sie mich, ob ich noch in die Brasserie Pont Neuf gehe. – Woher sie denn wisse, daß ich dort hingehe. – Sie hätte mich ja mit Sarah dort getroffen. – Ob sie denn Jeanne heiße und im Hotel Voltaire wohne. – Ja natürlich. –

Es ist mir indessen unmöglich, irgendeine Ähnlichkeit zwischen ihr und Anastasia in München wiederzufinden. Ich suche vergebens die Weichheit der Züge, die schwellenden Lippen, die Madonna-Augen, die mir in der Brasserie Pont Neuf an ihr aufgefallen. Ich biete ihr ein Bock an, aber sie ist mit ihrem Amant da. Während ich noch mit ihr spreche, geht Rachel an uns vorüber, düster, mit schlangenhaftem Blick und schlangenartig unartikulierten Bewegungen. Ich sehe sie natürlich nicht. Die Damen verabschieden sich. Gleich darauf setzt sich Rachel neben mich. Mir ist das alles ganz recht – um meiner selbst willen. Es beschleunigt den Bruch. Nach einiger Weile wird mir aber das schmierige, dumpfe Lokal selber unbehaglich. So lasse ich mich von ihr ins d'Harcourt zurückschleppen. Je unangenehmer die Situation ist, um so mehr fühle ich mich in dem Gedanken befriedigt: Es ist das letzte Mal! – Demgemäß begleite ich sie auch in ihre Wohnung. Auf dem Korridor beim Concierge ein neuer Zwischenfall: Es hat jemand ihren Schlüssel geholt. Ich sehe natürlich voraus, daß es ein Freund ist, und hoffe schon loszukommen. Aber es ist eine Freundin, die den nämlichen Tag aus dem Spital entlassen worden. Es hatte ihr jemand einen Tritt in den Unterleib versetzt. Rachel besteht darauf, bei mir zu schlafen. So begleitet sie mich auf mein Zimmer, wo sie alles sehr hübsch findet. Sie bittet mich zu spielen, wirft sich in meine Kleider, die ihr weit besser stehen als Leontine. Sie sieht wirklich entzückend darin aus, ein zwölfjähriger Bengel zum Küssen – aber das ist auch alles. Von all den Faxen, die Leontine als Gamin zu machen wußte, kennt sie nichts. Wir trinken sehr viel Schnaps, und meine Liebe ist abgestanden und flau.

7. Juli 1892

Rachel erhebt sich gegen zwölf, zieht sich an und geht. In ihrem hellen Kleid, mit ihren ruhigen Bewegungen, ihrer eleganten Haltung ist sie eine so achtunggebietende Schönheit, daß ich bei mir mit innigem Behagen überlege, wie sich die besten Lenzburgerinnen neben ihr ausnehmen würden. Ich stehe gegen drei auf, gehe baden und arbeite bis in den lichten Morgen hinein.

8. Juli 1892

Schon vor 9 Uhr kommt Rachel. Wir trinken zusammen Tee, darauf zieht sie sich aus und legt sich zu mir. Gegen zwei stehen wir auf. Durch irgendeine Bemerkung meinerseits fühlt sie sich beleidigt, fängt an zu heulen und geht — ein Manöver, durch das sie mich der Versuchung enthebt, ihr ihren Besuch zu bezahlen. Nachdem ich ein Bad genommen habe, kommt gegen 6 Weinhöppel, musiziert mir einiges vor, darauf gehen wir zu Tisch und dann wieder zu mir, wo ich ihm mein Lustspiel vorlese. Seine Kritik ist sehr herzlich, aber ich kann mir nicht leugnen, daß ich auch mich selber beim Lesen beruhigt fühlte. Wir gehen zu Bullier, das wir geschlossen finden, darauf in die Source, dann ins Café d'Harcourt, wo wir bis 2 vergebens auf Rachel warten. Ich begleite ihn nach au Chien qui fume, wir soupieren zusammen und nehmen um fünf Uhr jeder einen Wagen, um nach Hause zu fahren.

9. Juli 1892

Gearbeitet.

10. Juli 1892

Kaufe mir »Rose et Ninette« par Daudet.

11. Juli 1892

Schwigerling vollendet. Treffe Rachel nachts im Café d'Harcourt. Sie begleitet mich zu mir. Ich schenke ihr meine Photographie.

12. Juli 1892

Frühmorgens klopft es. Ich denke, es ist der Garçon mit dem Tee und öffne. Aber es war nicht bei mir, sondern bei meinem Nachbarn. Bald darauf klopft es wieder. In der Voraussetzung, es sei der Garçon, gehe ich zur Tür. Aber es ist die Blanchisseuse. Da Rachel aber splitternackt auf dem Bett liegt, bitte ich sie, später zu kommen. Im Bett empfängt mich Rachel mit Vorwürfen und Verdächtigungen, es sei nicht die Blanchisseuse gewesen, sondern eine andere Frau, die mich habe besuchen wollen. Sie kenne diese Art Blanchisseuse. Nach einer Weile klopft es wieder, und der Garçon bringt den Tee herein. Wir frühstücken zusammen im Bett. Es klopft zum fünften Mal. In der Voraussetzung, es sei die Blanchisseuse springe ich auf, krame die schmutzige Wäsche aus dem Schrank und schiebe sie, da ich im Hemd bin, mit dem Fuß zur Tür hinaus. Vor der Tür steht die kleine Jeanne und einige Schritte hinter ihr am Fenster Leontine. Ohne meine schmutzige Wäsche erst wieder zusammenzupakken, schlage ich die Tür zu und kehre zu Rachel zurück, die mich mit einer Flut von Schmähungen überschüttet. Gegen zwei stehen wir auf, und, nachdem sie Abschied genommen, arbeite ich noch bis sechs, gehe dann zu Weinhöppel, um ihn verabredetermaßen nach Neuilly in das neuentdeckte Amerika abzuholen. Aber es regnet, und die Vorstellungen finden im Freien statt. Er erzählt mir eine lange Geschichte von Frl. von S. Sie hat vergangene Nacht Herrn W. mit auf ihr Zimmer kommen lassen und hat ihn dann, nachdem er zwei Stunden im Lehnstuhl auf sein Glück gewartet, auf fürchterlichste Weise an die Luft gesetzt. Anderntags schreibt er ihr einen sehr anständigen und edel gehaltenen Abschiedsbrief. Nachdem er mir einige seiner Lieder vorgespielt, die ich trotz meines Hungers mit herzinnigem Genuß anhöre, gehen wir ins Duval dinieren und fahren dann nach Moulin Rouge. Kaum eingetreten, sehe ich im Büro Kadudja stehen und ziehe Weinhöppel möglichst rasch am Ärmel vorüber. Da alles besetzt ist, nehmen wir eine Loge, aber noch ehe wir hinaufgelangen, ist Kadudja an unserer Seite. So lade ich sie denn ein, sitze neben ihr an der Rampe, Weinhöppel hinter uns. Das Varieté bietet nichts Interessantes. Nach der Quadrille kommt auch Kadudjas Freundin nach. Ich gebe ihr meinen Platz und mache ihr einige Komplimente über ihre Tanzerei. Indessen verabredet Weinhöppel mit Kadudja ein Rendezvous. Nach Schluß der Vorstellung bittet mich Kadudja, ihm auf deutsch auseinanderzusetzen, er möchte sie um Mitternacht erwarten und möchte keine andere Dame engagieren, da sie ihren Abend für ihn reserviere. Die Damen verabschieden sich, da sie die erste Polka fahren. Wir machen einige Rundgänge durch den Saal und stoßen dabei unerwartet auf Weinhöppels Liebe, Fernanda, rue Naples 15, aus dem Café Wetzel mit einem anderen kleinen, ganz hübschen Tier. Die Damen betteln uns um einige Eselstränen an und sind so ungenügsam wie möglich. Jeanne la folle ist nirgends zu sehen: Kurz vor 12 entferne ich mich, Weinhöppel seinem Schicksal überlassend und gehe ins Café Wetzel. Zur Vorsorge gibt er mir noch seinen letzten Louisdor mit – »aber machen Sie nicht etwa derweil ein Minet dafür«. Nachdem ich etwa eine Stunde allein im Café gesessen, kommt Weinhöppel, gefolgt von Fernanda und ihrer Freundin, die sofort bei uns Platz nehmen. Ich frage ihn nach Kadudja. Er ist entzückt – noch ganz betrunken. Ich frage ihn, wo er denn diese Weiber aufgelesen. Er weiß es nicht. Die Damen erzählen mir, daß sie eine Stunde lang auf dem Boulevard Rochechouart Karussell gefahren. Weinhöppel erzählt mir, daß ihn Kadudja bis auf den Boulevard begleitet. Augenscheinlich sind ihm die Weiber von dort aus gefolgt. Wie wir um drei Uhr die Rechnung verlangen, geht Weinhöppels letzter Louisdor doch noch bis auf ein

Minimum zum Kuckuck. Ich werfe mich in einen Fiaker und fahre nach Hause.

13. Juli 1892

Ich ziehe meinen neuen Anzug an, lasse mich rasieren und gehe zu Frl. Jung. Was einen Abschreiber für mein Stück betrifft, wendet sie sich an ihren Sekretär, Herrn St., der mir auf Sonntag einen zu schicken verspricht. Ich erzähle ihr von Weinhöppel. Sie zeigt mir ein sehr vorteilhaftes Bild der Familie Conrad-Ramle. »Rose et Ninette« behauptet sie, sei von Daudet nur entworfen. Die Feinheiten der Zeichnung rührten von seiner Frau her, die jedes seiner Werke durchsehe. Sappho sei das letzte, was er allein geschrieben. Sie habe mit Bedauern daraus ersehen, wie er sich wieder überall herumgetrieben und seither an jeder seiner Arbeiten seltener teilgenommen. Die gesellschaftlichen Schilderungen sollen übertrieben sein – die französische Gesellschaft sei weit besser als ihr Ruf, im Gegensatz zur deutschen. Daß Weinhöppel zwei Schülerinnen nachgereist, findet sie recht deutsch.

Ich arbeite bis tief in die Nacht.

14. Juli 1892

Nationalfest. Gehe nur um Mitternacht für eine Stunde in die Source.

15. Juli 1892

Gearbeitet.

16. Juli 1892

Finde um Mitternacht Rachel im Café d'Harcourt. Sie ist etwas angeheitert, sehr erregt und willens, um jeden Preis mit mir zu schlafen. Nach längeren Einwendungen nehme ich sie dann auch mit. Wir trinken viel Schnaps.

17. Juli 1892

Ich stehe um 9 Uhr auf, bin eben angezogen, als es klopft. Ich ziehe die Gardinen vor dem Alkoven zu und lasse Herrn St. eintreten. Er verlangt 45 frs für die Abschrift, erzählt mir noch eine Stunde von seinem Elend, wir lesen zusammen hebräisch, und ich setze ihm Schnaps vor. Nachdem er sich entfernt, lege ich mich wieder zu Rachel. Gegen vier stehen wir auf und gehen zum Déjeuner. Sie möchte um alles gern mit mir in Chernetre baden, aber ich bin zu faul. Nach dem Kaffee verabschieden wir uns.

18. Juli 1892

Ich bin in großer Unruhe, da Rachel meinen Ring behalten. Sobald ich aufgestanden, kaufe ich eine Schachtel Bonbons für ihr Bébé und gehe zu ihr. Bébé ist bei seiner Nourrice. Sie gibt mir den Ring nebst ihrer Photographie. Nach Tisch gehe ich in den Cirque d'Été, wo noch immer die Clowns Lee arbeiten und mir vor allem eine Hellseherin auffällt. Sie sieht in der Tat alles, die Jahreszahl eines jeden Geldstückes, das man im Portemonnaie trägt.

19. Juli 1892

Wie ich nachts ins Café d'Harcourt trete, fällt mir eine Erscheinung auf, die Kadudja so ähnlich wie ein Ei dem anderen. Aber sie ist kleiner und trägt das Haar anders. Wie sollte auch Kadudja ins Café d'Harcourt kommen. Sie lächelt mich natürlich an, aber ich kehre mich nicht weiter daran. Bald kommt Rachel, stark angekneipt, setzt sich zu mir, sie sei sehr erregt, ich solle sie zu mir nach Hause nehmen. Ich gebe ihr zu essen, zu trinken, kaufe ihr eine große Brosche, aber nach Hause begleiten, könne ich sie nicht. Während ich mit ihr spreche, sehe ich im Spiegel, wie sich Kadudja erhebt und am Arm eines Herrn das Lokal verläßt. Kurz vor der Tür sieht sie sich noch einmal um; sie ist es entschieden nicht. Auf dem Heimweg verliert Rachel ihre Brosche. Wir gehen noch zu Bovy, um Sandwiches und Torte zu holen, und steigen zu mir hinauf. Sie jammert ununterbrochen um ihrer Brosche. Im Bett spricht sie von gewesenen Regungen. Ich kann mich aber nicht entschließen, sie dazu zu ermuntern.

20. Juli 1892

Mr. Lewis hat gestern seine Karte bei mir abgegeben. Nachdem mir Rachel mein letztes Hemd geflickt, suche ich ihn auf. Er ist schon seit drei Tagen da. Ich finde ihn in Gesellschaft seines französischen Lehrers, den er mit nach Deutschland geschleppt hatte. Miss Marx ist vor einigen Tagen abgereist. Fred Bulard hat sich in Boston als Privatlehrer etabliert. Er selber hat eine Stelle als Sportlehrer in Aussicht. Jeden Abend besucht er die Comédie Française und ist auch im übrigen angestrengt wie ein Rennpferd. Nächste Woche will er mich gelegentlich zu Weinhöppel begleiten. In München haben die Amerikaner einen Krach mit Pottkifer wegen Feller gekriegt. Wir gehen zum Déjeuner, wobei ich ihm einige Abenteuer erzähle, die indessen nur einen Achtungserfolg erringen.

Gestern im Café d'Harcourt hat sich jemand auf meinen Zylinder gesetzt. Infolgedessen trage ich meinen Chapeau [...], der mir am Abend heftige Zahnschmerzen verursacht.

21. Juli 1892

Abends beim Diner im Duval am Boulevard des Capucines sitzt mir ein Herr gegenüber, der fortwährend über die große Hitze auf deutsch in sich hereinflucht. Er macht den Eindruck eines Handelsreisenden. Dessenungeachtet gehe ich auf sein Selbstgespräch ein. Er kommt eben aus Ägypten und [...] hier an den ausgestellten Chahutphotographien, zumal immer Heiligenbilder dazwischenstehen. Ich rate ihm, sich die Sache in natura anzusehen, so gehen wir zusammen nach Moulin Rouge. Er scheint mir bereits etwas mehr als ein Handelsreisender zu sein, vielleicht irgendwer bei der Gesandtschaft in Kairo. Der Chahut interessiert ihn dann auch im höchsten Grunde. Wenn seine Frau da wäre, würde er sie entschieden mal mit hernehmen. Indes spricht mich Estalla an, darauf ihre Freundin Andrée, mit der wir ein Bock trinken. Sie gefällt ihm sehr gut. Er kommt nur schwer wieder von ihr los. Als wir uns wieder zu einem Bock gesetzt, engagiert er zwei steinalte Huren, die sich indessen bald entfernen. Kaum sind sie fort, erscheint Kadudja, macht mir Vorwürfe darüber, daß ich sie im Café d'Harcourt nicht begrüßt. sie sei mit einem Freund dagewesen, der früher im Quartier gewohnt und der ihr das Café habe zeigen wollen. Mein Begleiter spricht zuerst arabisch, dann russisch mit ihr. Darauf tanze ich mit ihr eine brillante Mazurka. Während ihrer letzten Quadrille machen wir uns indessen aus dem Staub, nehmen einen Wagen und fahren ins Café d'Harcourt, von dem ein Rumäne meinem Begleiter auf der Eisenbahn erzählt. Rachel trägt zu meinem großen Ärger eine etwas schofel aussehende Toilette. Ich stelle ihr meinen Begleiter als einen alten Freund vor, den ich seit zehn Jahren nicht mehr gesehen. Er klopft ihr begeistert auf die Beine, was sie aber als Indiskretion zurückweist. Daraufhin ist er wie erstarrt. Um sie während unseres Politisierens zu beschäftigen, bestelle ich ihr ein Souper. Um zwei begleite ich meinen Unbekannten noch bis zur Brücke. Er gesteht mir beim Abschied ein, daß eine Pariser Kokotte etwas anderes als die Berliner Schneppe sei.

22. Juli 1892

Verlobungsanzeige von Professor Dr. Carl Schmidt mit Charlotte Herdtwalker aus Hamburg.

Im Café d'Harcourt treffe ich Rachel. Ich habe keine Lust, sie zu begleiten. Sie sagt aber, sie habe etwas gekauft, das ich sehen müsse. Wir holen bei Bovy eine Flasche Wein nebst Kuchen und steigen zu ihr hinauf. Ich bin ziemlich marode und sinke sofort in einen ihrer hochlehnigen Armsessel zusammen. Sie selber zieht sich aus, wirft ein schwarzseidenes, rotgestreiftes Nachhemd über und klettert, während wir zwei Stunden lang über allerhand schwatzen, auf ihrem anderen hochlehnigen, höchst baufälligen Armsessel herum. Sie sagt, in vierzehn Tagen gehe sie in die Ferien. Ihr Bébé nehme sie mit und gebe es bei ihren Eltern als Kind ihrer Direktoren aus. Sie könne das ganz gut, da es noch kein Wort spreche. Sie zeigt mir die Hemden, die sie sich näht, Kleider für Bébé, ein blaues Jäckchen mit weißem Spitzenüberwurf. Zuletzt zeigt sie mir ein Sparkassenbuch mit 500 frs. Ich wundere mich darüber, da ich sie nie mit einem Herrn gesehen. Sie sagt, sie habe allerdings nur wenig Freunde, den Vater von Bébé und noch zwei, drei andere. Im Café treffe sie selten jemand. Sie erzählt mir ihre Träumereien von Mondschein, von Waldeinsamkeit, von unzertrennlicher Liebe ohne Heirat. Sie erzählt mir von ihrer Jugend, vom einsamen Hinwandeln über blühende Wiesen im Abendschein oder vom Herbst, wie sie allein hoch oben am Berg gesessen. Alles sei so ruhig und traurig gewesen. Ihr jüngster Bruder, der mit dem Hut in der Stirn auf ihrem Familienbild, sei ebenso. Sie liebe ihn über alles. Sie möchte einen Sohn haben, wie ihr Bruder sei, der müsse dann ganz ihr gehören, dürfe mit niemandem sprechen, nur mit ihr alleine im Walde spazierengehen und träumen – sie wisse nachher allemal selbst nicht mehr von was. Wie sie die Vorhänge lüftet, scheint die Morgensonne im Garten des Louvre. Wir legen uns rasch zu Bett. Nachdem ich kaum eine Stunde geschlafen, wache ich auf, von fürchterlichen Zahnschmerzen und Wanzenstichen geplagt. Ich werfe mich in die Kleider, gehe nach Hause, mache mir eine möglichst starke Einlage, lege mich zu Bett und schlafe bis nachmittags drei.

23. Juli 1892

Ich gehe ins Luxembourg, wo mir die Manetsche Venus immer lieber wird, das einzige Bild in vornehmem Stil. Darauf nehme ich meiner Zahnschmerzen wegen ein Seinebad.

Gratulationsbrief von Mati. Sie ist in Genf in der Pension. Mieze feiert Triumphe über Triumphe in Lenzburg. Willy, schreibt man, fühle sich in Afrika noch zehnmal besser unglücklich als in Europa glücklich. Sie bittet mich, ihr Fr. Er. (Frühlings Erwachen) zu schicken.

24. Juli 1892

Mein Geburtstag. Von dem sonstigen Katzenjammer bei dieser Gelegenheit verspüre ich diesmal nichts. Er läßt mich vollkommen gleichgültig. Abends im Café Laune konzipiere ich den dritten Akt meiner Schauertragödie, kehre dann vergebens bei Weinhöppel vor, setze mich auf die Bahn und fahre nach Neuilly, um mir die Entdekkung Amerikas anzusehen.

25. Juli 1892

Erhalte die Kritik aus der Vossischen Zeitung nebst einem Brief von Dr. Paetow. Schreibe sofort an H. [. . .]. Nachdem ich abends gebadet, gehe ich zu Weinhöppel. Nachdem er mir einiges vorgespielt und sich seinen Damen empfohlen, dinieren wir zusammen und fahren nach Moulin Rouge. Alles ist besetzt, wir nehmen eine Loge. Die Quadrille wird brillant getanzt, besonders von unserer Freundin, die uns von der Bühne aus mit einigen Blicken beehrt. Beim ersten Rundgang im Saal begegnet sie uns mit Kadudja. Kadudja möchte gern mit mir durchbrennen. Ich sage, ich habe kein Geld. Sie sagt, sie sei reich, sie brauche keins und zeigt mir mehrere Louisdor, die sie unter dem Strumpfband auf dem Fußrücken trägt und die über dem Rand des mit ihrem Namen gestickten Brokatpantoffels durch die schwarzseidenen Maschen schimmern. Ich vertröste sie auf später.

Frank und Tilly Wedekind in »Erdgeist«

Weinhöppel sagt mir, er habe vor einigen Tagen das kleine dicke blonde Schwein, mein langverehrtes Ideal wiedergesehen. Im nämlichen Augenblick streift sie an uns vorbei, nachdem sie vor dem Spiegel ihre Pas eingeübt. Leider trägt sie ihr ausgeschnittenes Kleid nicht mehr. Nach der nächsten Quadrille biete ich ihr eine Erfrischung an, die sie mit einem Blick voll feuriger Zärtlichkeit auf Weinhöppel sofort annimmt. Damit sehe ich mein Spiel verloren, finde mich aber ohne weitere Beklemmung damit ab. Sie spricht ein so rasches Pariser Französisch, daß es mir selbst schwer wird, sie zu verstehen. Weinhöppel versucht, ihr ein Kompliment über ihre Ohren zu machen, das aber eine unglückliche Wendung nimmt, daß ich mich ins Mittel lege. Ich mache sie, sie heißt Jeanne, auf Weinhöppels Vorzüge, auf seinen imposanten Körperbau aufmerksam, während er selber hinter ihrem Rücken seinen letzten Louisdor in ein Couvert wickelt und in einer geheimen Tasche vergräbt. Ich mache sie auf die Traurigkeit meiner Rolle aufmerksam. Weinhöppel nimmt das ernst, und während Jeanne zur Quadrille geht, versichert er mich, um mich zu trösten, ich sei doch entschieden schöner als er. Sie kommt zurück, und Weinhöppel, weitere Konversationsversuche aufgebend, wirft sich in eine heldenhafte und zugleich schmachtende Pose. Seine Augen werden kleiner, seine Mundteile treten hervor und auf der niederen Stirn lagert sich eine vielversprechende Wetterwolke. Dabei versetzt er ihr hin und wieder einen Rippenstoß, um sie von der Heftigkeit seiner Empfindung zu überzeugen. Den nächsten Walzer tanzt er mit ihr. Er kommt bleich und verstört zurück, er habe während des Tanzes heftiges Herzklopfen und einen Anfall von Diarrhöe bekommen. Jeanne hat die Dänin Siphon alias Morpion mitgebracht, mit der sie zusammenwohnt. Ich tue mein Möglichstes, um die Damen anständig zu bewirten. Derweil teilt Jeanne der Dänin Siphon mit, sie habe einen Anfall von Diarrhöe bekommen. Ich setze Weinhöppel davon in Kenntnis, der über diese Sympathie der Naturen in neue Träumerei versinkt. Die Dänin Siphon erzählt mir, sie sei eigentlich Sängerin, gehe auch kommenden Winter wieder nach Amerika. Sie habe in Peru und Chile gesungen, in Lima, Valparaiso, Arequipa etc. Nach Deutschland möchte sie recht gern einmal, besonders nach München. Sie fragt mich, ob man da per Schiff hinfahre. Nach Schluß des Balles lasse ich Weinhöppel mit den Damen allein, gehe ins Café Wetzel, wo sich Adèle zu mir gesellt, und fahre um zwei Uhr hundemüde nach Hause.

26. Juli 1892

Nachdem ich im Duval diniert, treffe ich meinen Ägyptologen auf dem Boulevard. Wir bummeln durch die Champs-Elysées und setzen uns dann bei der Madelaine vor eine Brasserie. Er ist Ägyptologe und reist in einem Auftrag der ägyptischen Regierung nach London. Er erzählt mir den Tod vom verstorbenen Vizekönig, der an einem Tripper gestorben sein soll. Im Winter soll das Leben in Kairo im höchsten Grad überspannt und großartig sein durch die vielen Fremden, Engländer und Deutsche, die sehr viel Geld mitbrächten. Bis jetzt sei überall öffentlich roulettiert worden. Durch internationales Vorgehen sei das Spiel jetzt einigermaßen eingeschränkt, aber die Bankhalter, meistens Griechen, ließen es darauf ankommen. Die vorüberschlendernden Kokotten erregen ununterbrochen seine Bewunderung. Er muß immer an seine Frau denken, die in Bremen im Hospital liegt. Er ist nämlich seit 6 Jahren verheiratet, und nun möchten sie gern einen kleinen Jungen haben. Es sei doch das rechte nicht, wenn man immer daran denken müsse, es sei für nichts und wieder nichts. Wenn er nur mit einem Wort daran gerührt habe, seien seiner Frau die Tränen in die Augen gekommen. So hat sie sich dann jetzt operieren lassen. Er hatte ihre Sterilität für nicht so bedeutend gehalten. Es hat sich aber herausgestellt, daß sie drei Fehler im Uterus gehabt. Nun sie operiert, werde es ja viel besser gehen. Ich spreche ihm meinerseits meine aufrichtigsten Wünsche aus. Wir sprechen noch viel über biblische Mythologie, über Ascheren etc.

Er schildert mir die Reise von St. Jean d'Acon nach Jerusalem. In Samaria ist er sehr gut aufgenommen worden, da er die Bibel der Samaritaner übersetzt. Am Berg Tabor hat er bei Beduinen übernachtet, was ihm beinahe das Leben gekostet. Jerusalem sei das größte Hypokritennest der Welt. Engländer kämen hin, ließen sich beim Tischler schwere Kreuze machen und schleppten sie durch die Stadt nach Golgatha hinauf. Einer habe beim Tischler noch ein Stück absägen lassen müssen, da es zu schwer gewesen. Jeder spiele seine Rolle aus dem Evangelium. Dabei werden neuerdings von der Bevölkerung eine Unmenge Findelkinder gemacht, um ein Findelhaus zu bevölkern, das kürzlich von einer deutschen Gräfin gestiftet. Die Stadt sei so mit Stiftungen überhäuft, daß ihr keine andere Stiftung mehr übrig geblieben. Die Juden in Jerusalem beziehen sämtlich eine Pension, von der sie behaglich leben können. An der Kirche des Heiligen Grabes halten verlumpte türkische Soldaten Wache, um unter den Christen der verschiedenen Nationen Händel zu schlichten. Frankreich hat den Vortritt, dann kommt Rußland. Der Einfluß Rußlands in Palästina sei enorm. Er hegt keinen Zweifel, daß das Land mit der Zeit an Rußland fällt. So kommen wir auf den Krimkrieg, auf die [. . .] und die ostafrikanische Frage zu sprechen. Er kennt Wissmann persönlich. Wenn Wissmann in Kairo sei, saufe und hure er fürchterlich, aber er habe die Konstitution dazu. Emin Pascha wirtschaftet, durch die deutsche Bürokratie zurückgeschreckt, wieder vollkommen auf eigene Faust.

Ich begleite meinen Freund nach Hause und lege mich schlafen.

27. Juli 1892

Hole mir Rachel aus dem Café d'Harcourt. Auf meiner Stube zieht sie sich sofort aus bis auf das Hemd, einen duftig rosa Unterrock und ihre schwarzen Strümpfe. So sielt sie sich mit aufgelöstem Haar, ihren schwarzen Fächer zwischen den Fingern, auf meinem Diwan herum,

zwischen der Gitarre, meinen verschiedenen dicken [. . .]
und den beiden unförmigen, dunkelroten Rupfenkissen.
Sie stellt eine deliziöse Pose nach der anderen, damit beschäftigt, eine Zitrone, die auf dem Tisch lag, bis auf den
letzten Tropfen auszusaugen. Die Zitrone inspiriert sie
sowohl wie mich mit unzüchtigen Ideen. Nachdem wir
uns zu Bett begeben, macht sie mir Minet, was ich aber
vor unerträglicher Enervation nicht lange aushalte. Am
anderen Morgen erzählt sie mir, sie habe die ganze
Nacht von ihrer Mutter geträumt. Sie hätte ihr durchaus
Minet machen wollen. Zuerst habe sie es nicht leiden
wollen, sei dann aber darauf eingegangen, und das sei so
süß, so süß gewesen.

28. Juli 1892

Bleibe zu Hause und arbeite irgend etwas.

29. Juli 1892

Nach dem Diner suche ich Weinhöppel auf, finde ihn bei
seinen Damen. Er musiziert mir einiges vor. Darauf bitte
ich Frl. Sch[. . .] zu singen. Ihr Gesang versöhnt mich
vollkommen mit ihrer unglücklichen Erscheinung. Nach
einer Weile erscheint Herr Wormser. Er will durch seine
Schwester, die schriftstellert, schon von mir gehört haben, was wahrscheinlich auf einem Irrtum beruht. Wir
gehen in die Brasserie Molard, worauf uns Wormser zu
sich zu einem Glas echten Schwarzwälder Kirschwasser
einlädt. Kaum sind wir oben, so beginnt er zu hypnotisie-
ren, zuerst Frl. v. S[. . .], die sich seinem Einfluß mit
wollüstigem Schluchzen überantwortet. Ich bitte ihn, mit
mir zu experimentieren. Er konstatiert sofort eine warme
Empfindlichkeit. Nachdem er mich zweimal eingeschlä-
fert, kann er mich nicht mehr wecken. Trotzdem er mich
mehrere Male zum Bewußtsein bringt, verfalle ich sofort
immer wieder in Hypnose. Schließlich bringt er mich so
weit, daß ich aufstehe. Wie mir aber Weinhöppel unversehens etwas tief in die Augen sieht, falle ich rückwärts

der Länge nach auf den Boden. Darauf bemächtigt sich der Gesellschaft eine stumme Panik, die Damen bekommen Zustände, Wormser rennt aus dem Zimmer. Einzig Weinhöppel bewahrt seine Ruhe, indem er mir ins Ohr redet, wir wollten im Café Wetzel noch einen Américain trinken. Darauf kehrt die Besinnung zurück. Wir begleiten die Damen nach Hause. Im Café Wetzel erzählt mir Weinhöppel noch sein Abenteuer mit dem kleinen blonden Schwein, daß sie mit ihm nach Hause gekommen, die ganze Nacht bei ihm geblieben sei, daß er ihr nur 7 frs gegeben, daß sie ein Weib sei, wie er noch keines geküßt etc. etc. Ich werfe mich in eine Droschke und fahre nach Hause.

30. Juli 1892

Zu Hause.

31. Juli 1892

Um 10 Uhr kommt St. mit seiner Abschrift. Wir trinken zusammen ein Glas Bier, wobei er mir von den Bettlerkriegen in der Nähe des Hotel de Ville erzählt. Wir verabreden, gelegentlich zusammen hinzugehen. Ich leide an einem heftigen Magenkatarrh und gehe nach Tisch zu der Heilsarmee. Einige Reihen vor mir sitzt die Gräfin Keßler in tiefer Trauer. Wir wechseln verschiedentlich Blicke, indessen gelingt es mir nicht, ihrer nach Schluß der Vorstellung habhaft zu werden. Nach dem Diner gehe ich wieder hin. Die Marschallin Borth, die Tochter der verstorbenen Generalin, hält eine Predigt. Sie ist erst vor acht Tagen niedergekommen und infolgedessen mit dem ganzen spiritistischen [...] der Wöchnerin ausgestattet. Dessenungeachtet wirkt ihre unweibliche Härte peinigend auf mich.

Neben mir sitzt ein junger Mensch mit einer immensen, abstehenden, graumelierten Perücke. Er erzählt mir, er sei Décadence-Dichter, habe in [...] ein Chat-Noir gegründet, habe nun aber alles aufgegeben, um

Lieutenant in der Heilsarmee zu werden. In seinem Reisesack trägt er seine Bücher und Gedichte, damit verläßt er morgens seine Wohnung, setzt sich auf irgendeine Bank und liest und schreibt dort den Tag über. Er ernährt sich von Brot und Wasser. Das schwächt zwar seine Konstitution, er kann oft kaum mehr die Treppen zu seinem Zimmer ersteigen, aber die Seele wird hell und frei. Was er anstrebt, ist die Verrücktheit, in der er es, wie mir scheint, schon ziemlich weit gebracht hat. Vor etwa einem Monat starb in der Rue Honge 37 ein Bildhauer tatsächlich Hunger. Im Todeskampf schlug er noch mit der Hand an die Mauer, man sprengte die Zimmertür, aber er war nicht mehr zu retten. Dies lesen und nach Paris reisen, war für meinen Begleiter eins. Er geht in die Rue Honge 37 und bittet die Wirtin, ihm das Zimmer zu geben, in dem der Bildhauer gestorben sei. – Ist hier nicht ein junger Bildhauer verhungert? – Allerdings. – Geben Sie mir sein Zimmer. –

Die Wirtin soll einer Ohnmacht nahe gewesen sein, was ich meinem Begleiter angesichts seines Exterieurs sehr wohl glaube. Der unglückliche Bildhauer soll ihn nun auch bereits schon einmal besucht haben. Er selber zählt 22 Jahre und ist im Gegensatz zu seiner ersten Erscheinung von einer mädchenhaften Liebenswürdigkeit und inneren Glückseligkeit. Beim Sprechen legt er die Finger an die Unterlippe. Er will halb Spanier, halb Franzose sein, aus begüteter Familie. Er sei Handelsreisender gewesen, dann Redakteur, habe sich dabei dem Absinth ergeben, habe sehr viel mit Frauen verkehrt, sei aber noch Jungfrau. Die Keuschheit gestatte einen unvergleichlich höheren Stimmungsgenuß als die natürliche Befriedigung. Ich rede ihm lebhaft zu, die Heilsarmee aufzugeben und statt dessen in Paris die Rolle eines Dieffenbach zu kreieren. Er nimmt meine Schilderungen mit Begeisterung auf. Beim Abschied an der Ecke des Boulevard St. Germain kramt er lange in seiner Reisetasche herum und findet schließlich ein Sonett, das er mir zum Andenken gibt. Leon Escalus, publiciste.

1. August 1892

Gehe abends nach Moulin Rouge und treffe dort unversehens Weinhöppel mit seiner Schülerin. Frl. Sch. hat an jenem Abend, da er mit seiner Jeanne nach Hause kam, eine Vision gehabt. Plötzlich fährt sie aus dem Schlaf empor, etwa gegen elf, und wird die Vorstellung nicht los, daß ihr Richard in den Armen einer andern liege. Sie sieht auf die Uhr und sagt sich, es sei Unsinn, da es noch viel zu früh. In der Tat muß er etwa um 11 mit ihr zu Hause gewesen sein. Ihre Herzbeklemmungen lassen nicht nach. Sie denkt an Kadudja, die er ihr gezeigt hat, aber die Vision leitet sie hartnäckig von Kadudja ab. So bleibt sie schließlich, so unwahrscheinlich es ihr scheint, bei der kleinen Blonden. Sie würgt ihre Eifersucht hinunter und begleitet ihn acht Tage später selber nach Moulin Rouge, um ihm Gelegenheit zu verschaffen, seine Gefühle zu erneuern. Weinhöppel erzählt mir, etwa zwei Tage nach seiner Untreue habe sie ihm mal an einem heißen Nachmittag in aller Gemütlichkeit eine halbe Stunde lang Minet gemacht. Gleich nach dem Koitus, sein Penis habe noch getropft, habe sie aus tiefster Brust erleichtert aufatmend gesagt, jetzt sei es vorbei, überwunden – nämlich ihr Groll gegen ihn. Es war der erste Koitus [. . .].

Während ich mit ihr beim Bock sitze, geht Weinhöppel auf die Suche nach seiner Jeanne. Er kehrt sehr verstimmt zurück, nachdem er sie nicht gefunden, und entblödet sich nicht, seinen Unmut darüber an seiner armen Schülerin auszulassen. Er hat seine Schülerin so klein gemacht, daß sie sich in seiner Gegenwart nicht zu rühren wagt. Sie läßt jede Demütigung über sich ergehen. Mir gegenüber hält er sich dadurch gedeckt, daß er zu scherzen vorgibt. Das arme Mädchen sitzt wie auf der Folter, indem es hinter jedem seiner Worte eine neue Erniedrigung wittert. Kurz vor Schluß machen wir noch einen Rundgang durch den Saal. Jeanne tanzt in einem großen Zuschauerkreis. Wie sie Weinhöppel sieht, bricht sie mitten in der Quadrille ab und stürzt hinaus. Das gibt

Eine Pariser Kokotte des Moulin Rouge

seinen Gefühlen neue Nahrung. Kurz darauf sehen wir noch Jeanne la folle in sehr heruntergekommener [...] einige Sprünge machen. Ihr Gesicht ist entstellt, ihre Frisur zerzaust. Man sieht ihr die Morphinistin auf hundert Schritte an. Wir gehen noch zusammen ins Café Wetzel, wo Weinhöppels [...] ihren Höhepunkt erreichen. Ich bin aber so zerschlagen, daß ich ihn machen lasse.

2. August 1892

Zu Hause.

3. August 1892

Fahre zu Frl. Huny, die aufs Land gereist sein soll, was mir schwer wird zu glauben, schicke Schwigerling an Entsch. Schreibe an Thomar. Hole Rachel aus dem Café. Sie ist entzückt von dem Rahmen, den ich ihr für ihr Bild gekauft. Nachdem wir noch zwei Stunden geschwatzt, legen wir uns nieder. Ich bin aber noch von der Huny her in einer ganz sonderbaren Stimmung, so daß ich ihre Zärtlichkeit nach der ersten Bataille zurückweise. Mich überkommt eine sonderbare Melancholie. Plötzlich schlägt bei Rachel die Laune um, sie zieht sich rasch an und will tatsächlich gehen. Ich schließe die Tür zu und lege den Schlüssel unter mein Kopfkissen. Nachdem sie ihn dennoch gefunden, ziehe ich ihr einen Schuh aus und verschließe ihn in meinem Schrank. Dabei überlege ich fortwährend, ob ich sie nicht dennoch laufen lassen soll. Da es ihr aber völlig ernst zu sein scheint, kann ich mich nicht dazu entschließen. Gegen 5 Uhr stelle ich mich schließlich schlafend, indem ich sie dadurch zu ermüden hoffe. Sie bleibt aber tatsächlich auf dem Sofa. Nachdem es Tag geworden, löscht sie die Lichter und sieht zum Fenster hinaus. Darauf schleicht sie sich ans Bett, den Schlüssel suchend. Gewalt habe ich vorher schon vergebens anzuwenden gesucht. Jetzt nehme ich meine letzte Geste Vernunft zu Hilfe, ziehe sie mit deren Hilfe aus und werfe sie ins Bett. Wir schlafen, von einigen Waffengängen, vom Kellner, der die Schokolade bringt, nur kurz unterbrochen, in einem Zuge bis nachmittags uns aus. Darauf fahre ich nach Gare St. Lazare und setze mich vor die Brasserie Molard. Gleich darauf geht die kleine Andrée de Villiers vorbei. Ich bitte sie, Platz zu nehmen in der Absicht, mich mit ihr etwas von Rachel zu rekreieren. Sie hat die Nacht einen Logier bei sich gehabt, der ihr nicht einen Pfennig gegeben etc., etc. Ich verstehe das wenigste von ihrem Geschwätz. Sie begleitet mich noch bis zur rue Provence.

Darauf gehe ich zu Weinhöppel, den ich bei seinen Damen finde. Nach einer Weile kommt die Tante von Mr. Derval. Derval war Sänger am Covent Garden in London. Weinhöppel hat ihn durch Amsel kennengelernt. Seither studiert er ihm Wagner ein. Die Tante hat ihn besonders in Affektion genommen. Sie war einst eine große Sängerin. Jetzt ist sie ein kleines eingehutzeltes, sehr bewegliches altes Weibchen. Sie hat mit der Dalli zusammen an der Scala gesungen, ist von einer australischen Insel gebürtig und spricht Französisch mit stark englischem Akzent. Sie hat Weinhöppel mit Elena Sang bekanntgemacht, der er ein Lied gewidmet. Er erwartet übrigens, auf Oktober ein Engagement als Kapellmeister bei einem hiesigen Café chantant zu erhalten. Ein Zigeuner, erster Geiger bei Lamonreux, hat es ihm so gut wie sicher versprochen. Nachdem die Damen mit der Alten zum Essen gegangen, gehen wir ins Duval dinieren und dann nach Moulin Rouge. Das erste, was uns unter den Zuschauern auffällt, ist Jeanne la folle. Nachdem sich die Blicke gekreuzt, erhebt sie sich von ihrem Sessel und verschwindet. Ich gehe ihr nach durch den ganzen Saal, kann sie aber nicht mehr finden. Weinhöppel hat indessen mit der kleinen Andrée angebändelt. Für seine geliebte Jeanne, die Dicke, trägt er einen goldgestickten Gürtel für 3 frs in der Tasche, den er ihr schenken will. Er schenkt ihn ihr auch tatsächlich, sie bindet ihn sofort um und tanzt darin. Natürlich bringt sie, wie wir uns zum Bock setzen, für mich eine Freundin mit, mit der ich mich aber infolge meiner großen Müdigkeit kaum, so-

223

weit es der Anstand erfordert, beschäftigen kann. Da er seine Jeanne mit nach Hause nehmen will, lasse ich ihn um 12 Uhr mit den Damen allein, trinke noch eine halbe Flasche in der Brasserie Pont Neuf und lege mich schlafen.

3. Dezember 1892

Ich bin eben aufgestanden, als Herr Muth zu mir kommt. Es ist beinahe 4 Uhr. Wir gehen durch den Luxembourg-Garten, wobei er mich auf die feinen Töne der herbstlichen Landschaft aufmerksam macht. Er hat im ungarischen Verein Munkácsy kennengelernt. Munkácsy hat ihn eingeladen, ihn in seinem Atelier zu besuchen. Er will ein Feuilleton über ihn schreiben. Von seinen Bildern kennt er so gut wie nichts. Ich mache ihn auf die bedeutendsten aufmerksam. Er fragt mich, ob es mich interessieren würde, Munkácsys Atelier zu sehen. Er werde ihn fragen, wir könnten dann gelegentlich zusammen hingehen. Das verleiht Herrn Muth in meinen Augen einen neuen Wert, zumal im ungarischen Verein sehr hübsche Mädchen verkehren sollen. Ich bemühe mich, mein Verlangen nicht zu sehr zum Ausdruck gelangen zu lassen, damit Herr Muth seine Gefälligkeit nicht zu hoch anschlägt und sie deswegen vernachlässigt. Wie wir den Montparnasse hinunter zum Invalidendom gehen, schwärmt er mir in begeisterten Worten über Pierre Loti vor. Wie sich bald herausstellt, hat er keine Zeile von ihm gelesen, sondern nur einige Besprechungen in verschiedenen Zeitschriften. Von Ehrfuchtsschauern geschüttelt, wandeln wir über die Place Concorde und gelegentlich des ersten Clubhauses, das der Baron Hirsch gekauft, beginnt Muth wieder über Juden zu schimpfen. Ich lasse ihn schwatzen, wie er aber zu keinem Ende gelangt, mache ich ihn darauf aufmerksam, daß Munkácsy Jude ist. Er weiß nichts davon, will sich aber erkundigen. Auf dem Boulevard de Palliens erzählt er mir eine so schmutzig antisemitische Geschichte von Judenwitterung, die sich unter ihm, seinem Freund Lienhard und

224

einem jüdischen Dramatiker abgespielt, daß ich das Gleichgewicht verliere. Er ekelt mich derart an, daß ich mich versucht fühle, ihm den Laufpaß zu geben. Die Aussicht auf Munkácsy hält mich davon zurück. Ich sage ihm, ein anständiger Mensch sei kein Antisemit und ein Antisemit kein anständiger Mensch, worauf er seinen Antisemitismus einschränkt, behauptet, es sei eine Gefühlssache, der noch die richtige Bezeichnung fehle, er möchte es Nationalismus nennen. Ich entgegne ihm, die Juden seien keine Nation, und die Christen hätten kein Recht, sie von ihren Nationen auszuschließen, und bitte ihn, aufgeregt wie ich bin, mit mir zum Essen zu kommen. Er nimmt es an, wenn ich bezahlen wolle, nachher gehe er aber nirgends mit hin.

Wir dinieren zusammen im Duval, wo ihm das Beefsteak zu zäh ist und wir im Gespräch darüber wieder etwas versöhnlicher gestimmt werden. So begleitet er mich denn auch nach Folies-Bergère unter der Bedingung, daß er für das Entrée mein Schuldner bleiben dürfe. Ich beruhige ihn, er dürfe es bleiben, so lange er wolle. Folies-Bergère ist schon beinahe ausverkauft. Wir erhalten zwei Monpartins dicht an der Bühne. Muth bemächtigt sich meines Opernglases und hält sich darüber auf, daß man die Schminke zu deutlich sehe. Sooft er aufstehen muß, um die Passanten durchzulassen, läßt er ein entrüstetes Grunzen hören. Rechts neben uns in der Loge sitzt ein wunderschönes Weib in schwarzem Atlas, statt des fehlenden Busens eine talergroße Brillantbrosche. Sie hat einen schneeweißen Teint, schwarze, kurze, emporgezogene Brauen, rötlich gefärbte Haare, eine kräftige Stumpfnase und im übrigen den Ausdruck von John Henry Mackay, was sich besonders in ihrem weltschmerzlichen Lachen und den weltschmerzlich herabgezogenen Mundwinkeln kundgibt – Mundwinkel, als wären unter ihren vollen Wangen die Eckzähne ausgefallen. Als ich Muth zuflüstere, sie erinnere mich an Lord Byron, entgegnet er, das habe er mir eben auch sagen wollen.

Hinter uns im Parkett ist die Aufmerksamkeit eine

sehr geteilte. Die Blicke irren fortwährend von der Bühne ab nach der bezaubernd schönen Maitresse über uns. Eine ganz hübsche Kokotte, die in gleicher Reihe mit mir sitzt, wendet kein Auge von ihr. Die Vorstellung bietet mir wenig Interessantes. Das Ballett habe ich schon dreimal gesehen. Mademoiselle Campana gelangt nicht zur Entfaltung ihrer Künstlernatur. Das Anziehendste sind die Rücken, die man bei sämtlichen Tänzerinnen bis auf den Gürtel hinab zu sehen bekommt, einige darunter lieblich und imposant, nicht zu hoch gepolstert, ohne doch die Knochenhaut durchschimmern zu lassen. In der Pause besuchen wir den Garten und sehen uns in fürchterliches Gedränge eingekeilt die schöne Fatma an. Den Bauchtanz, von dem Muth vor einer halben Stunde noch keine blasse Ahnung hatte, will er, nachdem er ihn mit aufgerissenen Augen betrachtet, in Algier viel natürlicher gesehen haben. Wie wir das Lokal verlassen, sagt er mir, in betreff der schönen Maitresse, die am Arm eines gebückten Graubartes von einigen jungen Dandys beschirmt vor uns hergeht, sie sei das Abbild eines Mädchens, das er in Berlin gekannt, er könne es mir aus seinem Album beweisen, habe dasselbe nur zufällig noch in Berlin, es sei ihm auf den ersten Blick aufgefallen, er habe sich nur nicht gleich darauf zu besinnen gewußt.

Bei strömendem Regen gehen wir die rue Montmartre entlang. Muth, der keinen Regenschirm bei sich hat, geht mit mir unter dem meinigen. Derselbe sei zwar durchlöchert, aber das mache ihm nichts. In der goldenen Palette will er die Zeche bezahlen. Ich bitte ihn, es zu unterlassen, er möge mich dafür zu Munkácsy führen. Er sagt, die Bemerkung sei beleidigend für ihn, und steckt sein Geld wieder ein. Er zeigt mir seinen Militärpaß, aus dem ich ersehe, daß er katholischer Christ und straflos durchgekommen ist. Er erzählt mir seine Reise von Spanien nach Algier, wobei er nicht über seine entsetzliche Seekrankheit hinauskommt. In Algier ist er spazierengegangen und hat Kaktusfeigen gegessen. Auf der Rückfahrt hat er einen Kellner, der ihm zuviel fürs Nachtlager abgenommen, ins Unglück gebracht. Er ist in

Die Tänzerin Cléo de Merode. Aufnahme um 1900

den Niederlanden, in Spanien, in Italien und Afrika gewesen, ohne daß ihm was Bemerkenswertes dabei aufgefallen wäre. In Berlin hat er einmal eine ganze Nacht
lang mit einer Hure im Bett gelegen, ohne daß sich dieselbe von ihm hat auf den Rücken legen lassen. Seine
literarischen Bekanntschaften sind Lienhard und vor allem Wilhelm Walloth. Seine lyrischen Bedürfnisse befriedigt die Droste-Hülshoff. In Henckells Diorama findet er nur diejenigen zwei Gedichte schön, auf die ich
ihn zufällig aufmerksam gemacht habe. Mädchen mit
Stumpfnasen sind ihm unausstehlich. Ich sage, mich
könnte schwerlich ein anderes Mädchen aufregen. Er erwidert, deshalb seien sie ihm eben unausstehlich, weil sie
ihn zu sehr aufregen würden. Er ist von schlanker Figur
und hat den Gang eines jungen lutherischen Zeloten, die
Beine dünn und stramm, die Knie durchgedrückt, der
Rücken gekrümmt, der Hals vorgestreckt, der Kopf mit
einem sterotypen Stirnrunzeln, jeden Schritt durch ein
kurzes Nicken akzentuierend. Sooft wir umkehren, hüpft
er hinten um mich herum, um wieder an meine linke Seite zu gelangen. Trotz seines strammen Schrittes hat er
das Schleichende eines Reptils, klagt sehr über Nervosität, ist augenscheinlich blutarm, leidet an eingebildeten
Krankheiten, neigt zum Vegetarismus, onaniert und begeistert sich bei jeder Gelegenheit in markigen Ausdrük-
ken für das echte, derbe Deutschtum. Urdeutsch ist sein
Lieblingswort, Luther sein Ideal; in seiner Schublade zu
Hause hat er einen westfälischen Schinken, zu dem er
sich jeden Abend einen wässerigen Kakao kocht. Er
trägt einen seidenweichen, schwarzen, kurzen Vollbart,
hat süßliche Lippen, starkgebogene Nase, zwinkernde
Augen und eine Hand, auf die er sich sehr viel einbildet
und an der er einen Damenring aus den vierziger Jahren
trägt. Seines etwas schofeln, hellkarierten Anzuges wegen glaubt er von den Französinnen für einen Engländer
angesehen zu werden. Seit ich ihn kenne, spricht er von
einem Zylinderhut, den er sich kaufen will. Was mich an
ihn fesselt, ist der Umstand, daß seit Weinhöppels Abreise oft 14 Tage vergehen, ohne daß ich mit einem Men-

schen zusammenkomme. Plötzlich überfällt mich ein rasendes Kopfweh, und wir gehen gegen drei nach Hause.

4. Dezember 1892

Stehe gegen zwei auf, gehe zum Frühstück und begegne Rachel dicht vor dem Restaurant. Sie will mit einem schmollenden Seitenblick an mir vorüber, aber ich halte sie auf. Sie trägt einen neuen Mantel, hellviolett mit doppeltem Kragen, einen weißen Schleier und sieht frisch und gesund aus. Ich suche vergebens die Spuren von Syphilis an ihr. Sie kommt aus dem Châtelet, wo sie sich zwei Billette für die »Damnation de Faust« geholt hat. Sie fragt mich, ob ich ihre Liebessymphonie noch habe. Ja, ich werde sie ihr ins Café d'Harcourt bringen. – Sie werde sie sich selbst holen, ob ich morgen früh um 11 Uhr zu Hause sei. – Ja, es werde mir ein großes Vergnügen sein. – Aber ich soll ihr bis morgen nicht untreu werden. Ob ich immer noch mit der kleinen Poitrinaire zusammenlebe? – Welche sie denn meine? Nein. Ich hätte nie mit ihr zusammengelebt. Ich kenne sie überhaupt gar nicht.

Ich begleite sie ein paar Schritte, gehe dann zu Tisch und gegen Abend nach Hause, um den ersten Akt meiner Astarte fertigzuschreiben. Wie ich gegen elf vor dem Kaminfeuer sitze, klopft es leise an. Ich rühre mich nicht. Es ist Henriette. Sie ist lautlos heraufgeschlichen, hat sich auf der Treppe in acht genommen, um nicht zu husten, und ist ohne das leiseste Geräusch bis zur Tür gelangt, aus Furcht, wenn ich sie höre, möchte ich den Schlüssel drehen. Der Schlüssel ist schon gedreht. Seit acht Tagen bin ich nur noch hinter verschlossenen Türen zu Hause. Sie klopft noch einmal, dreht die Klinke, dann kein Laut mehr. Ich starre regungslos in die Kohlen. Ich denke, sie wird darauf warten, daß ich nach einiger Zeit die Tür öffne, um zu sehen, ob sie fortgegangen. Ich warte noch, bis ich die Haustür unten wieder ins Schloß fallen höre. Darauf kehre ich zum Schreibtisch zurückund arbeite weiter. Gegen 4 Uhr bin ich fertig, lege mich

zu Bett und lese die letzten hundert Seiten von Bel Ami.
Darauf kommt mir der Gedanke, Heinrich in Canossa
vor Gregor VII., im Hintergrund Beatrix und Mathilde,
möchte ein passender Stoff für Munkácsy sein. Ich lese
die betreffenden Kapitel im Konversationslexikon durch.
Darüber wird es Tag, und der Garçon bringt den Kaffee
herein.

5. Dezember 1892

Auf 11 Uhr hat sich Rachel angemeldet. Ich stehe also
um 10 Uhr auf, ziehe mich möglichst rasch an und gelange gerade noch wenige Minuten vor 11 in Sicherheit. Ich
gehe direkt zu Herrn Muth, der noch im Bett liegt. Er
liest mir eine Reihe Gedichte von Walloth vor. Sie stehen ungefähr auf der künstlerischen Höhe derjenigen
von Mackay, ohne die nämliche starke Persönlichkeit zur
Unterlage zu haben. Er macht mich auf die Revolution
in der Literatur von seinem Freund Lienhardt aufmerksam. Ich lese einige unflätige Schimpfereien gegen Heine
in schülerhaftem Stil und sage Muth, derartige eigene
Unfähigkeit, verbunden mit der Unverschämtheit, zu
kritisieren, verdiente Ohrfeigen.
Darauf gehen wir zu Tisch. Muth hat am Abend vorher mein Frühlings Erw. gelesen. Von einem Koitus, der
darin vorkommt, hat er nichts gemerkt. Er trägt sich mit
dem Plan zu einem Buche, in dem er die neuesten französischen Schriftsteller durch Auszüge aus ihren bedeutendsten Werken charakterisieren will. Einige biographi-
sche Notizen schreibe er sich aus den Besprechungen Le-
maîtres zusammen. Die Auszüge hingegen müßten dem
Buch die nötige Dicke verleihen. Auf diese Weise könne
man ein ganz respektables Honorar einstreichen, ohne
sich dafür abschinden zu müssen. Leider würden ja in
Deutschland so wenig Bücher gekauft. In Frankreich
würde ein derartiges Werk Hunderte von Auflagen erleben. Beim herrlichsten Sonnenschein bummeln wir den
Boulevard St. Germain zur deutschen Gesandtschaft hinunter. Der Graf Arco aus München hat in einer Pariser

Versammlung eine Rede gehalten. Muth hat die Versammlung für das Wiener Tageblatt besprochen und geht eben, seine Besprechung dem Grafen Arco vorzulegen. Er seinerseits sähe darin nichts Schimpfliches. Ich sage, es müßte sich jeder von uns in dieser oder jener Hinsicht prostituieren. Muth entgegnet mir, er habe leider nur so wenig Talent dazu. Ich schlendre im Abendsonnenschein über die Place Concorde nach der Madeleine und setze mich im Café Baine fest. Bald darauf erscheint auch Muth. Graf Arco hat ihm 20 frs in die Hand drücken wollen, er habe sie aber zurückgewiesen. Er werde wohl noch öfter kommen, es summiere sich dann, und schließlich könne doch noch wohl was Besseres dabei resultieren. Nachdem wir bis 7 über Schiller und Goethe gesprochen, fahre ich ihn in die Maison Fara und von dort in den Cirque d'Hiver. Muth meint zwar, ob wir nicht in eines der kleinen Theater gehen wollten, von denen ich ihm soviel vorgeschwärmt. Ich bitte ihn aber, allein ins Theater zu gehen; im Zirkus könne man sich bewegen, das sei was anderes. Muth sagt, er gehe überhaupt nicht gern allein irgendwohin. Gleich zu Anfang bemerke ich, daß die Gebrüder Lee nicht mehr da sind. Statt ihrer produzieren sich zwei italienische Clowns ohne Witz und mit um so mehr Anmaßung. Auch die Nekrophilen treten nicht mehr auf, ebensowenig die Siebenzentnermänner. Mein Interesse wird durch einen zwölfjährigen schlanken Bengel gefesselt, der mit Geschick und Todesverachtung an einem ungesattelten Pferd voltigiert, einem feuersprühenden Springpferd mit schmalem Rücken und vor Erregung zitternden Füßen. Der Jockeyreiter ist so erbärmlich, daß mich die Müdigkeit überwältigt und ich an Muths Seite einschlafe. Ich bin eben wieder erwacht, als mir die Garderobiere folgenden Zettel überbringt:

Herzlichen Gruß von Willi Morgenstern alias Rudinoff. Da ich im 2ten Teil auftrete, kann ich leider nicht zu Ihnen auf den Platz kommen. Würden Sie so liebenswürdig sein, in der Pause mich am Stalleingang erwarten.

W. Morgenstern

Ich habe kaum das Wort Morgenstern gelesen, so bin ich am Eingang. Wie wir uns in die Arme sinken, bin ich dem Weinen nahe. Mein Horizont ringsum ist so verdüstert, da geht mit einem Schlag eine Welt auf. Morgenstern stammelt ein Mal über das andere: Sie glauben nicht welche Freude! Nein, diese Freude! Wir gehen in den weiten, menschenleeren Stall, da er unter dem Personal nicht so laut deutsch sprechen darf. Er ist mit 1000 frs monatlich engagiert. Er sieht mich sitzen und sagt sich: Sieht der Herr aber dem Wedekind ähnlich! Nein, sieht der aber dem Wedekind ähnlich! Wer sollte eine solche Ähnlichkeit nur für möglich halten! Wie ich dann einige Worte an Muth richte, ruft er: Er ist es! Er ist es! rennt in die Loge hinauf und schreibt mir den Zettel. Er sagt, die Angestellten um ihn herum müßten geglaubt haben, er werde toll. Da er eben im Begriff ist, sich anzuziehen, trennen wir uns bis zur Pause. Ich bin neubelebt. Zu Muth zurückgekehrt, skizziere ich ihm in wenigen Worten Morgensterns Charakter und seine enorme Vielseitigkeit. Im Zwischenakt treffen wir uns am Stalleingang und schlendern unter dem Publikum durch den Stall. Morgenstern ist in Brüssel, in Antwerpen, in Amsterdam, in Köln, Colmar etc. gewesen. In Düsseldorf hat er Schereschefskys Bild ausgestellt gesehen, in Antwerpen im Eldorado hat er Linde getroffen, der nach Indien ging. Pohl soll noch in Ägypten sein. Aus München hat er seit einem Jahr nichts gehört. Ich frage ihn, ob die Gerard noch auftritt, und er zeigt sie uns auf der Tagesordnung als drittletzte Nummer. Morgenstern hat die zweitletzte. Nach Schluß der Vorstellung erwarten wir ihn vor dem Ausgang der Artisten. Seine Schattenbilder haben, so bescheiden sie sind, den meisten Beifall geerntet. Einen Kuß, der darin vorkommt, markiert er als Vogelstimmenimitator. Nachdem wir eine Weile im Regen gewartet, erscheint die Gerard, den einen Arm auf ihren Amant, den anderen auf einen kurzen Krückstock gestützt. Sie hinkt. Für die zehn Minuten ihres Auftretens scheint sie sich davon befreien zu können. Sie ist nicht minder hübsch als auf dem Panneau, sieht aber mitleid-

*Radierung vom Montmartre, rue Caulaincourt, von Willi Ru-
dinoff (eig. Wilhelm Morgenstern). Wedekind traf Rudinoff,
mit dem er seit 1887 befreundet war, in Paris wieder.*

erweckend elend aus. Schließlich erscheint Morgenstern in Radmantel und breitem Barett, das ihn im Verein mit seinem spitz zugeschnittenen Bart als Rembrandt erscheinen läßt. Wir gehen ins Café de la Terrasse. Muth wiederholt jede meiner Bemerkungen mit anderen Worten, lacht nur, wenn ich lache, und bemüht sich ununterbrochen, auf der linken Seite zu bleiben. Bevor Morgenstern zu uns stieß, hat er mich eindringlich gebeten, ich möchte doch dafür sorgen, daß es nicht so spät werde. Im Café de la Terrasse zeigt uns Morgenstern sein Rezensionsalbum, einige Nummern des Artisten, für den er arbeitet, mit auffallenden Annoncen, wie »ein praktischer dicker Bauch, der zu verkaufen ist, Riesenohren mit elektrischer Glutvorrichtung, Löwen, eine Tigerkatze mit fehlender Schwanzspitze etc. etc.

Wir sprechen viel von München, der Dichtelei, Dr. Flörke, dem Café Luitpold, schließlich kommt er auf Antisemiten zu sprechen, und ich stelle ihm Herrn Muth als solchen vor. Muth kneift sofort den Schwanz zwischen die Beine, während Morgenstern ihn ruhig um seine Gründe bittet. Auf dem Heimweg bringt Muth mit phänomenaler Unverschämtheit alles das zu seiner Reinwaschung vor, was ich ihm vor zwei Tagen gegen seinen Antisemitismus ins Feld geführt habe. Wir haben uns zu dritt auf Mittwoch zu mir zum Kakao verabredet. Nachdem sich Morgenstern verabschiedet, sage ich zu Muth: Da haben Sie den Dreck, Muth desertiert nunmehr völlig auf meinen ihm von mir präzisierten Standpunkt und zeiht mich der Taktlosigkeit. Ich mache ihn darauf aufmerksam und sage ihm beim Abschied, daß ich ihn Mittwoch erwarte. Er sagt zu unter der Bedingung, daß man nicht mehr über Antisemitismus spreche, indem das bei ihm eine Gefühlssache sei, die er sich von niemand antasten lasse. Ich gehe nach Hause, lese noch einiges und schlafe ein.

6. Dezember 1892

Schreibe im Café an Donald, daß ich ihm den Zarathustra nebst der Korrektur seiner Feuilletons Ende der Woche schicken werde. Zu Hause angekommen, finde ich
seinen New Yorker Aufenthalt so schwach, daß ich beschließe, ihn völlig umzuschreiben, komme aber nicht
weit damit.

7. Dezember 1892

Stehe um 12 Uhr auf, kaufe Geschirr, Kakao und Ge-
bäck zusammen und erwarte meine Gäste Um 4 erscheint Morgenstern. Wir musizieren. Er liest mir seine
Memoiren vor, die er aus der Erinnerung schreibt. Ich
rate ihm, täglich seine Aufzeichnungen zu machen, und
gebe ihm einen Tag aus meinem Pariser Aufenthalt zum
Beispiel.

Es ist unser erster Besuch bei Kadudja. Wie wir zusammen vor dem Feuer sitzen, erzählt mir Morgenstern
von Durow. Durow dressiert Hunde, Ziegen, Schweine
und Ratten. Er hat monatlich 4 000 frs, geht mit Brillan-
ten bedeckt, hält sich zwei Diener, Equipage mit zwei
russischen Ponys, besäuft sich mit Champagner und läßt
sich von den Pariser Kokotten seine Liebe bar bezahlen.
Morgenstern war bei ihm zum Tee. Er dekoriert sich seine Appartements mit Spitzen und malt in freien Stunden
große Bilder nach kleinen Photographien mit sehr viel
Geschick. Da er kein Fleisch malen kann, malt er Spit-
zenschleier darüber. In Rußland ist er der Liebling des
Volkes. In Petersburg hat er gehabt Skandal mit Polizeipräsident. Heißt Polizeipräsident Gresser. Hat er gelegt Goldrubel in Manege. Hat Schwein apportiert Goldrubel. Hat er gelegt Silberrubel, hat Schwein apportiert
Silberrubel. Hat er gelegt Papierrubel. Hat Schwein
nicht apportiert. Hat er gesagt: Ist Papierrubel so
schlecht, daß man nicht kann machen Schwein aufheben
Papierrubel. Hat er bekommen 50 Rubel Strafe diktiert.
Hat er gezahlt, und hat er gemacht am nächsten Tag das

gleiche. Hat er bekommen Strafe und Androhung von Ausweisung. Folgenden Tag ist Samstag, kommen alle Juden in Zirkus, kann er sprechen deutsch. Ist gekommen Polizeipräsident Gresser, um zu sehen, ob er wieder macht Schwein apportieren Goldrubel. Hat er drei Schweine. Hat er gesagt zu Publikum: Dies ist kleines Schwein. Dies Schwein ist gresser. Dies Schwein ist ganz Gresser. Hat er bekommen Ausweisung. Kennt er Adjutant von Kaiser. Ist er gekommen zum Kaiser. Hat Kaiser zerrissen Ausweisung. Hat er gesagt: Dumes Zoich!

Durow war Schulmeister. Man sieht ihm auf den ersten Blick den rohen Kerl an. Er ist aber ohne Zweifel ein subjektiver Künstler. Wir gehen ins Restaurant de la Bourse dinieren und von dort ins Café de la Terrasse. Nachdem wir uns getrennt, laufe ich sämtliche Buchhandlungen des Boulevards nach Maupassants »Mont Oriol« ab, ohne es finden zu können. Ich fahre nach Hause und lese den Rest der Nacht in meinen Tagebüchern von 89 mein Techtelmechtel mit Minna durch. In Berlin hatte ich einmal große Lust, diese Episode zu verbrennen. Es freut mich nun doch, daß ich es nicht getan habe.

8. Dezember 1892

Stehe sehr spät auf und bin noch in Hemd und Unterhosen, als es klopft. Ich rufe: Qui est là? Keine Antwort. Ich öffne die Tür, Henriette steht vor mir. Sie sagt, sie käme nur, um sich einen Moment mit mir zu unterhalten. Warum ich letzte Woche nicht zu ihr gekommen sei? Ich hätte ihr versprochen, Mittwoch oder Donnerstag zu kommen. Das sei nicht schön von mir, sie umsonst warten zu lassen. Sie sei dann vorgestern abend gegen elf die vier Treppen heraufgestiegen, aber ich hätte die Tür verschlossen gehabt. Ich sage, ja, ich sei leider fortgewesen. Und mein Licht, das sie schon von der Straße unten gesehen habe? – Ich hätte vergessen, es auszulöschen. – Und mein Schlüssel, der nicht im Büro gehängt habe? – Ich hätte ihn aus Versehen mitgenommen. – Ja ja, sie wisse schon. Es sei nicht schön von mir, sie vier Treppen steigen zu lassen und dann nicht einmal aufzumachen. Sie hätte sich gedacht, Rachel sei vielleicht bei mir und sei deshalb wieder gegangen. Ich erzähle ihr, Rachel habe mich am andern Morgen besucht, ich sei aber auch nicht zu Hause gewesen. Sie sagt, ich sei immer so lieb gegen sie gewesen, warum ich jetzt auf einmal anders sei. Ich solle es ihr doch einfach sagen, wenn ich nichts mehr mit ihr zu tun haben wolle. Ich sage ihr, ich sei auch jetzt noch lieb gegen sie, wenn sie da sei, ich könne gegen sie nicht anders als lieb sein. Deshalb sei es mir eben lieber, wenn sie nicht käme. Indem ich das sage, lasse ich einen Louis in die Hand gleiten. Ich sage, ich hätte ein Ballett für Folies-Bergère geschrieben, mit dem es nicht vorwärts wolle. Ich hätte ein Lustspiel für Berlin geschrieben, mit dem es nicht vorwärts wolle. Als ich vor drei Monaten nach Paris gekommen sei, hätte ich Geld gehabt. Jetzt sei es anders. Sie sagt, nun gut, nun ich ihr das gesagt habe, werde sie nicht mehr kommen. Ich sage ihr, beleidigt könne sie sich dadurch nicht fühlen, da sie doch sehr gut wisse, daß ich nicht zu anderen Frauen gehe. Sie meint, das wisse sie doch nicht ganz so genau. Ich sei doch fast jeden Abend auf der anderen Seite des Wassers. Darauf zählt sie mir alle Abende auf, an denen ich im Lauf der letzten vierzehn Tage nicht zu Hause gewesen. Sie scheint jeden Abend unten vorbeizugehen, um zu sehen, ob ich zu Hause bin oder nicht. Mit ihrem Husten geht es besser, seit die Kälte trocken geworden. In ihrem langen Mantel, ihrem hochgeschnürten Kleid, ihrem breiten Federhut sieht sie tatsächlich wie eine kleine Lady aus, vielmehr wie ein als Lady verkleidetes Kind, wozu ihre großen Augen, ihr feines Stumpfnäschen, ihr großer Mund und ihr reiches, kastaniendunkles Lockenhaar das meiste beitragen mögen. Bevor sie sterbe, gehe sie noch einmal auf den Maskenball. Sie werde sich als schwarzer Kater verkleiden. Sie werde sich Kaninchenfell kaufen und ihre Untertaille damit besetzen, die Arme nackt, am Hals ein wenig dekolletiert. Sie sagt, sie werde entzückend aussehen. Sie begleitet mich noch bis zur Seine und sagt beim Abschiednehmen, sie werde nun also nicht mehr kommen.

Ich gehe den Boulevard Sebastopol hinunter bis zur Gare de l'Est und kaufe mir an der Ecke des Boulevard Magenta ein paar Gummischuhe, zu denen mir Morgenstern gestern geraten hat. Ich bin eben damit fertig, als ich Morgenstern begegne, der mir seinen Begleiter, einen Herrn Levis, vorstellt. – Wissen Sie, was mir gestern abend passiert ist? – Nein. – Ein Mädchen hat mir 200 frs gestohlen. – Nicht möglich. – Aus der Tasche gestohlen! – Sie Unglücksmensch! – Und das leere Portemonnaie wieder hineingesteckt. Er ist sehr niedergeschlagen. Es waren ihrer zwei. Er hat sie nach der Vorstellung in einem Restaurant getroffen, sie haben ihm Sprachunterricht erteilt: er solle nachsprechen: Oh, ne voulez vous prendre. Dann sei er mit ihnen ins Hotel soundso gegangen, habe sich für höchstens zwanzig cts amüsiert, und wie er zu Hause sein Portemonnaie aufmacht, ist es leer. Heute hat er sofort Anzeige auf der Polizei gemacht, der Herr möge sein schlechtes Französisch entschuldigen, er sei eben ein Fremder. Der Polizeikommissar entgegnet ihm, das sei nicht so schlimm. Er sei doch immerhin schon so weit Pariser, um mit zwei Damen in ein Hotel gehen zu können. Morgenstern sagt, er habe zuerst keiner Seele etwas davon sagen wollen; er hat es nun aber tatsächlich schon halb Paris erzählt, zuerst Herrn Levis, dann dessen Schwester, darauf deren Mann und schließlich noch ihren Kindern. Eben erzählt er es mir und ist auf dem Weg nach dem Zirkus, um es dem Direktor zu erzählen und ihn um einen Vorschuß zu bitten. Wir raten ihm beide davon ab, er solle lieber sagen, er habe das Geld aus freien Stücken verklopft. Morgenstern rechnet aus, wie oft er dafür hätte Urlaub haben können, eine wie weite Reise er dafür hätte machen können, ein wie großes Zimmer er sich dafür hätte mieten und wieviel Paar Stiefelsohlen er dafür hätte ablaufen können. Wir raten ihm, sich lieber einzubilden, er habe die Nacht in den Armen einer pikanten Tänzerin von der großen Oper zugebracht, es gäbe Leute, die bezahlten das vierfache dafür und hätten schließlich auch nicht mehr davon gehabt als er. Er besteht aber darauf, daß er sich für nicht mehr als 20 cts amüsiert habe. Wir gehen zu Georges zum Essen und nachher ins Café de la Terrasse, wo Morgenstern in den Zeitungen Trost sucht, während mir Levis viel von seiner Schwester erzählt. Sie schreibt für deutsche Blätter, ist mit Pollini in Hamburg liiert, übersetzt französische Stücke und schreibt auch selbst Romane. Nachdem wir uns Rendevous auf Sonntag gegeben, gehe ich nach Hause, kaufe mir unterm Odeon noch »Mont Oriol« und ein dickes Quartheft und nehme meine Anfang August abgebrochenen Aufzeichnungen mit dem 3. Dezember wieder auf. Ich schreibe bis drei, lese noch bis sieben und schlafe bis Mittag zwei Uhr.

9. Dezember 1892

Ich hatte mir vorgenommen, schon um 11 Uhr bei M. Leblanc zu sein, stehe aber erst gegen 4 auf, gehe eine Stunde spazieren, kaufe mir einen Hühnerflanken, den ich zu Hause abnage, arbeite dann bis um 12 und fahre mit dem letzten Omnibus ins Café de la Terrasse, lese dort »Die fliegenden Blätter« durch und bin kurz nach ein Uhr schon wieder zu Hause.

10. Dezember 1892

Stehe wieder erst spät am Nachmittag auf, gehe ins Restaurant de la Bourse dinieren und nachher ins Casino de Paris. Vor der Tür werde ich gewahr, daß die erste diesjährige Redoute abgehalten wird und der Eintritt 5 Mark kostet. Da ich nicht zu Mittag gegessen, erlaube ich mir den Luxus. Die Vorstellung bietet nichts Erfreuliches. Dicht hinter mir sitzt M. Horley, mein Nachbar aus München, mit seinem Neffen. Ich bedaure, ihm nicht vorgestellt zu sein. Mit einer seiner Töchter habe ich mal bei Süßners gegessen, aber ohne ihre Bekanntschaft gemacht zu haben. Auf dem Ball erscheinen nur einige alte

Kokotten maskiert, nichts delikat Anziehendes, so verlasse ich den Saal gegen 12 und gehe ins Café de la Terrasse in der Hoffnung, Morgenstern zu treffen. Er ist eben fortgegangen. Ich trolle mich durch den Faubourg St. Denis nach Hause und werde von einigen alten Huren angerempelt. Die eine leiert ihre Herrlichkeiten wie ein Paternoster ab. Tu ne payes pas cher, je serais très gentile, je ferais un bon feu, je sais des petites cochonneries etc.

11. Dezember 1892

Um halb sechs Uhr abends treffe ich im Café de la Terrasse Morgenstern, der mich seiner Freundin, Frau Gotthelf, vorstellt. Frau Gotthelf ist eine Hamburger Jüdin, die seit acht Jahren mit ihrem Mann und ihren Kindern in Paris lebt – eine kleine, pummlige Person mit einem sehr lieben, beinahe hübschen Gesicht ohne jüdische Merkmale, während ihre Kinder, die um sie herumsitzen, alle ausgeprägt jüdischen Typus zeigen. Sie ist eine gewiefte Übersetzerin, bearbeitet Pariser Salonstücke für Pollini in Hamburg, schreibt Romane in das Hamburger Fremdenblatt und kennt persönlich eine Anzahl Pariser Schriftsteller, Coppée etc. Sie erzählt mir die Fabel von »Les paroles restent«, wie man besser eine Fabel nicht erzählen kann. Nachdem sie zu Ende ist, trage ich ihr meine Affaire mit dem Flohballett vor. Sie sagt, ich solle mich in acht nehmen, daß mir die Idee auf der Redaktion nicht entwendet werde, und rät mir, ohne weiteres zu Auderan zu gehen. Ich erzähle ihr über mein Stück Schwigerling. Sie bittet mich, es ihr vorzulesen, und ich sage zu; ich werde ihr indessen zuvor mein Fr. Erw. zuschicken. An Morgensterns 200-frs-Diebstahl nimmt sie lebhaft Anteil. Morgenstern las mir, als er bei mir war, zwei Briefe von seinem besten Freund vor, einem Annoncenagenten.

Frank Wedekind als »Vermummter Herr« in
»Frühlings Erwachen«.
Uraufführung am 20. 11. 1906 in den Kammerspielen, Berlin

12. Dezember 1892

Stehe um 9 Uhr auf und gehe auf die Redaktion [...] Camille Selden. Wir sprechen von Maupassant, der, während er seinen Wahnsinn nahen fühlte, ununterbrochen auf seiner Jacht auf dem mittelländischen Meer umherstreifte. Er habe überhaupt immer gerudert, auch geturnt und gefochten. Wir sprechen von Baudelaire. Er ist Frl. Huny zu stark, dagegen schwärmt die Breslau für ihn, besonders sein »Charogne« hat sie entzückt. Über mein Fr. Erw. schreibt die Breslau der Huny, es sei trotz der unglaublichen Rohheiten sehr talentvoll. Wir sprechen von Dr. Conrad. Die Huny hält sich darüber auf, daß er Muth gesagt habe, er habe sich von seiner ersten Frau scheiden lassen. [...] in sehr angeregter Stimmung, gehe nach Hause, arbeite bis morgens um vier und lese noch bis sieben.

13. Dezember 1892

Wie ich abends 8 Uhr vom Diner nach Hause komme, finde ich beiligenden Brief in meinem Fach.

13 Décembre

Mon cher ami,
Je me trouve dans un grand embarras et je t'assure que je ne m'attendais pas à cela. Je dois 35 frs à ma propriétaire, elle m'a fermé la porte et mon manteau était resté dans la chambre.

Je t'avais bien promis de ne plus rien te demander, mais tu sais comme je suis malade. Surtout depuis deux ou trois jours je crache le sang.

J'espère que j'en aurais bientôt fini avec la vie. Si tu pouvais me rendre encore ce dernier service, je t'assure que je te serais bien reconnaissante.

Le médecin m'a dit que quand je cracherais le sang je n'en aurais plus pour longtemps.

Alors je t'en supplie, rends-moi ce dernier service, je serais bien heureuse.

Ta pauvre Henriette qui t'embrasse et qui compte sur toi

Henriette

Si cela ne t'ennuie pas apporte-le-moi au café ou au 12, rue des Carmes, chez la blanchisseuse, pour le moment c'est chez elle que je suis. Merci mille fois d'avance.

Ich bedaure bei mir, ihr nicht helfen zu können, da ich selber nicht mehr viel habe. Was mir am meisten leid tut, daß sie ihren Mantel dagelassen hat, den ich ihr vor drei Wochen gekauft. Ich mache Feuer und setze mit Ach und Krach die Epistel an M. Leblanc auf. Um Mitternacht gehe ich in die Source, um noch etwas zu essen, den Brief auch eventuell dort fertig zu komponieren. Es ist große Studentenredoute bei Bullier. Ich bin eben am Nachhausegehen, als eine Maske zur halboffenen Tür hereinschaut. Einer der Anwesenden geht ihr entgegen, kehrt dann an seinen Platz zurück, wirft den Mantel über und begleitet das Mädchen. Das macht auf mich den nämlichen Effekt, wie wenn ein keuscher Jüngling einen Arm sich entblößen sieht. Ich bezahle und gehe ins Café d'Harcourt. Es ist halb zwei, und Henriette jedenfalls schon nach Hause gegangen. Rachel pflegt am Dienstag überhaupt nicht auszugehen.

Ich setze mich an meinen gewohntem Platz und bestelle mir einen Américain. Am Tisch nebenan sitzen drei alte Herren in eifrigem Gespräch. Vor mir wälzt sich die Menge vorbei, darunter einige hübsche Masken. Zu meiner großen Beruhigung bemerke ich im ganzen Café kein bekanntes Gesicht. Da um zwei nicht geschlossen wird, bestelle ich mir noch einen Américain, und gleich darauf stürzt Clarisse am Arm einer Freundin auf mich zu. Clarisse ist ein etwas kleines, stark brünettes Mädchen mit hübschem Gesicht, blendenden Zähnen, vollen, dunklen Lippen und großen, pechschwarzen Augen. Ich kenne sie seit dem dritten Tag meines zweiten Pariser Aufenthalts. In ihrem geschwätzigen, oberflächlichen, ewig lachenden Wesen gemahnt sie mich unabweisbar an Mieze, während mich ihr Äußeres auffallend an jemand anderes erinnert, auf den ich mich seit drei Monaten schon zu verschiedenen Malen vergebens besonnen habe. Auch jetzt wieder suche ich, ihm umsonst auf die Spur zu kommen. Was mich vor ihr sichert, ist ihr verständnisloses, fahriges Benehmen im Bett. Nachdem ich einmal vier Nächte keinen Schlaf gefunden, ging ich zu ihr, um schlafen zu können, schlief dann auch die ganze Nacht, nachdem mich ihr rastloses Geschwätz aufs beste eingelullt, und den folgenden Tag, es war irgendein Feiertag, bis abends vier. Sie war schon um acht Uhr früh aufgestanden, hatte ihre Garderobe geordnet, war zu Tisch gegangen und wieder zurückgekommen. Sooft ich für einen Moment erwachte, hörte ich sie vor sich hinschwatzen und singen. Dabei beschäftigte sie sich mit ihren Hüten, deren sie ungefähr zwanzig besitzt. Sie kleidet sich gewählt und geschmackvoll, scheint mir aber nicht gerade ein Muster von Reinlichkeit. Auf meine Frage, ob sie Syphilis habe, antwortete sie, bis jetzt noch nicht. Sie werde sie ja jedenfalls mal bekommen. Es bekäme sie jede. Ob ich sie schon gehabt habe? – Ja. – Um so besser, dann sei ich ja davor sicher. – Sie fragt mich, ob ich bei ihr schlafe. Ich sage nein, aber wenn sie was trinken wolle, möge sie Platz nehmen. Sie setzt sich mit ihrer Freundin zu mir. Die Rede kommt auf Henriette, die ihr in der rue des Carmes gegenüberwohnt. Clarisse behauptet, sie halte sich Manreaux. Warum ich nicht diese Nacht mit ihr käme. Ich sage, ich erwarte Henriette. Sie sagt, sie sei schon dagewesen und nach Hause gegangen. Sie käme jedenfalls nicht wieder. Ich solle mit ihr kommen. Ich sage nein. Nach einiger Zeit gehe ich schiffen. Plötzlich stürzt Clarisse zur Lokustür herein, ob ich die Nacht nicht mit ihr käme? – Ich sage, ich wolle mich noch besinnen. Sie dringt aber auf bestimmte Antwort. Ich bin eben im Begriff zuzusagen, als ein Herr sie zur Tür hinauswirft.

Als ich wieder ins Lokal trete, sitzt, ihre großen Augen voll dicker Tränen, Henriette an unserem Tisch. Ich bitte sie, sich neben mich zu setzen. Clarisse schimpft aus vollem Hals auf sie ein. Indessen ergreifen die drei alten Herren am Tisch nebenan plötzlich Henriettes Partei, und Clarisse zieht, nachdem sie sich noch eine Weile herumgezankt, mit ihrer Freundin ab. Ich frage Henriette, warum sie denn weine. Weil sie die Kraft nicht mehr habe, um antworten zu können. Sie hätte es ihr sonst schon sagen wollen. Ich sage ihr gleich, daß ich ihr die fünfunddreißig Francs nicht geben könne.

13. Dezember 1892

Nachdem wir einige Américains getrunken, gehen wir in den Gambrinus und soupieren dort bei einigen Flaschen Wein. Das Lokal ist voll Masken. Gegen fünf Uhr sind wir schließlich die letzten, die es verlassen. Auf meiner Stube angelangt, koche ich Grog und Tee. Wir setzen uns vors Kaminfeuer und schwatzen. Henriette wird sehr animiert. Sie zieht meinen Überzieher an, setzt meinen Klapphut auf und spielt mir eine Szene vor zwischen einem jungen Pariser und einer hohen Kokotte: die Begrüßung, das Souper bei Silvain, die Szene vor dem Schlafengehen und am andern Mittag der Abschied. Sie behauptet die Hundertfrancs-Scheine seien nicht so häufig. Sie habe fünfmal einen bekommen, zweimal während der Ausstellung, später noch zweimal von ihrem Meerschwein und einmal von einem Fremden in großem Räuberhut und Radmantel. Sie habe die ganze Nacht für ihr Leben gezittert, er habe ein fürchterliches Paar Augen gehabt. Er habe ihr gesagt, sie passe nicht für das Métier, sie werde ihren Weg nicht machen, sie werde noch an ihn denken. Sie habe gedacht, wenn er nur schon fort wäre, geben werde er ihr jedenfalls nichts. Aber das sei das wenigste, wenn er sie nur nicht umbringe. Ich frage, er war wohl noch Jungfrau? – O nein, er verstand die Liebe. Am andern Morgen, ohne sie noch einmal umarmt zu haben, sei er aufgestanden. Sie denkt sich, der gibt sicher nichts. Sie habe jede seiner Bewegungen vom Bett aus gefolgt, indem sie immer noch einen plötzlichen Wutausbruch befürchtet. Zum mindesten werde er sie doch noch durchhauen. Er habe ihr das nämlich vom Abend zuvor wiederholt: Sie solle umkehren. Sie sei nicht zur Sünde geboren. Als er seinen Radmantel wieder umgeworfen und den Hut ins Gesicht gedrückt habe, habe er sein Portefeuille gezogen und ein Billett auf den Tisch gelegt. Sie habe vor Staunen nicht gewußt, was sagen, habe sich aber gedacht, es werden eben 50 frs sein. Nachzusehen habe sie nicht gewagt, sei aber doch aus dem Bett gesprungen und noch rasch so liebenswürdig wie möglich mit ihm gewesen, habe ihm den Kragen gebürstet, den Mantel zurechtgezupft, den Regenschirm dargereicht, habe ihm die Tür geöffnet und ihm noch auf den Gang nachgerufen, ob er auch nichts vergessen. Wie sie zurückkommt und das Billett entfaltet, sind es 100 frs. Er hat sich geirrt, sagt sie sich, oder er ist verrückt.

Sie erzählt mir die Geschichte noch ganz unter dem Eindruck des Schauders, den sie damals dem Menschen gegenüber empfunden. Darauf spielt sie mir eine andere Komödie vor. Mein weißseidenes Halstuch steckt sie sich als Begine auf dem Kopf zurecht und hängt meinen Havelock als Kutte über. Sie sieht entzückend aus. Die Szene ist eine Klosterschule während der Stunde des großen Schweigens. Die Mädchen sind mit Handarbeiten beschäftigt und gebärden sich so unartig wie möglich, um die Schwester Miletia zum Sprechen zu bringen. Sie spielt einmal die Schwester Miletia, deren stumme Gesten immer wütender werden, und dann sich selbst, wie sie als Mädchen im Kloster war, das räudige Schaf unter ihren gesetzteren Mitschülerinnen, dem das Kunststück, die Schwester zum Sprechen zu bringen, regelmäßig gelingt. Die Produktion schließt mit dem Ausruf der vor Wut bebenden Schwester: »Voulez vous sortir!« Der Ausruf kommt ihr völlig tonlos, röchelnd, aus der hohlen Brust, als riefe jemand von unten durchs Treppenhaus herauf. Ich habe mich vor Lachen aufs Bett gewälzt. Henriette sagt mit einem Anflug von Wehmut: So hat dich Rachel doch niemals lachen gemacht!

Die Nacht oder vielmehr der Tag vergeht ruhiger als ich gefürchtet. Nur einmal erwache ich über ihrem herzzerreißenden Husten. Dabei riecht sie auch schon stark nach Verwesung. Ihr Blutspucken hatte ich angezweifelt. Nun zeigt sie mir die breiten, tiefroten Spuren in ihrem Taschentuch. Ich sage ihr, das käme aus der Nase. Ein Sonnenstrahl erhellt ihr Gesicht. Es wäre ja vielleicht möglich. Sie schneuzt sich mit aller Gewalt, aber es kommt kein Blut.

Während wir im Café d'Harcourt saßen, kam eine schlanke Maske in Herrenkleidern herein. Ich stoße Henriette an: Da ist Rachel. Sie beginnt zu zittern. Ich fürchte in der Tat selber, es möchte Rachel sein. Wie die Maske aber an ihren Platz gekommen und die Larve vom Gesicht nimmt, ist es ein altes Weib.

14. Dezember 1892

Wir stehen sehr spät auf. Ich gebe Henriette ihre 40 frs, wofür sie mir verspricht, mich bis Januar nicht mehr belästigen zu wollen. Neujahr möchte sie gern mit mir feiern. Ich gehe ins Restaurant de la Bourse essen und nachher in den Zirkus.

15. Dezember 1892

Stehe früh auf, arbeite, gehe nach Tisch in den Louvre und sehe, wie ich nach Hause komme, einen Herrn in Zylinder das Haus verlassen. Es ist Herr Muth. Ich rufe ihn an und bereue es im selben Moment. Er begleitet mich auf mein Zimmer und erzählt mir des langen und breiten, daß er drei Tage verreist war, aber nichts dabei erlebt habe. Wie wir zum Essen gehen, beginnt er eine Geschichte, hüpft dann aber rasch auf die linke Seite, weil er so besser erzähle. Er hat in Combien ein Dienstmädchen getroffen, eine Deutsche, die vorher in Paris engagiert war. Ihre Pariser Herrschaft mutete ihr zu, täglich einen elfjährigen Kaben zu baden. Später ist sie krank gewesen, und jetzt lebt sie nur von Kaffee und Brot.

Nach Tisch gehen wir unter die Odeonarkaden, wo ich mir »Aziyadé« von Pierre Loti kaufe. Darauf gehen wir ins Café d'Harcourt. Unter den anwesenden Mädchen ist auch nicht eine einzige, die vor Muths kritischen Blicken Gnade findet. An jeder hat er was auszusetzen. Die eine ist ihm zu dick, die andere zu dünn, die eine zu traurig und die andere zu fidel. Ist das zum Beispiel ein Scheusal! raunt er mir ins Ohr, wie wieder eine neben uns zur Tür hereintritt. Die betreffende sieht sich um und lacht mich mit vollem Gesicht an. Es ist Clarisse. Nachdem er sie von vorne gesehen, findet Muth sie doch nicht ganz so übel. Sie hatte nur unglücklicherweise ihren Hut schief auf dem Kopf. Das ändert indessen nichts an seinen Prinzipien. Was ihm denn so ein Geschöpf sein könne. Wollust empfinde er nicht, und mehr sei ja da nicht zu haben. Ich zitiere ihm das Gedicht »Kenner und Enthusiast« von Goethe, das er lächelnd hinnimmt, sich aber doch in tiefster Seele gewurmt fühlt, besonders durch den zweiten Teil, der den Schauplatz in die Gemäldegalerie verlegt. Nach einer Weile tritt Fernande herein und begrüßt mich, wo ich denn immer sei, man sehe mich gar nicht mehr, Rachel habe ich gesagt, daß ich verreist sei. Ich sage ihr, ich hätte Rachel verschiedene Male gesucht, aber nicht getroffen. Sie möge sie von mir grüßen. Nachdem sie fort ist, sage ich Muth, die Dame gelte im Quartier als Gugnotte. − Was das sei, Gugnotte? − Eine Lesbierin. − Das habe er ihr auch auf den ersten Blick angesehen. Er habe es mir gerade sagen wollen. Ich sage, es sei jetzt höchste Zeit zum Aufbruch, sonst falle ich Rachel in die Arme. Wir gehen, verabschieden uns; auf mein Zimmer zurückgekehrt, lege ich mich zu Bett, lese »Aciadée« und habe noch in derselben Nacht drei Pollutionen.

16. Dezember 1892

Gearbeitet.

17. Dezember 1892

Gearbeitet. Nachmittags im Luxembourg. Abends im Café Rouge.

Gearbeitet. Nach dem Abendessen gehe ich den Boulevard St. Michel hinauf und begegne Rachel. Sie nimmt
meinen Arm, nun sie mich habe, lasse sie mich nicht
mehr los. Sie sei am Montag bei mir gewesen. Mein
Schlüssel habe gesteckt, der Riegel sei aber vorgescho-
ben gewesen. Sie habe geklopft, niemand hätte geantwortet. Fernande habe sie gefragt, warum man mich
nicht mehr sehe, sie habe ihr gesagt, ich sei verreist, um
nicht sagen zu müssen, ich gehe ihr aus dem Weg, ich
gehe mit andern. Ob ich schon diniert habe? – Ja. –
Dann wollten wir einen Spaziergang machen. Das sei gesund. – Vor einem Hotel am Boulevard St. Germain
sagt sie, ich möchte ihr das kaufen, wenn ich mal gerade
bei Geld sei. Ich sage, das sei nicht schön genug für sie.
Ich werde ihr eines in den Champs-Elysées einrichten.
Ob sie auch eine Equipage wolle mit zwei Dienern? –
Ja. – Und was für Pferde, russische Ponys oder englische? – Das möchte sie ganz meinem Geschmack überlassen. – Die große saubere Küche des Hotels im Sou-
terrain mit dem blanken Kupfergeschirr imponiert ihr
ungeheuer. Im Notfall, sagt sie, würde sie auch mit diesem vorliebnehmen. Es ist grimmig kalt, und so angenehm mir der Spaziergang ist, säße ich doch lieber mit
ihr in irgendeiner Kneipe. Aber sie schleppt mich erbar-
mungslos weiter. Vor dem Palais Bourbon zeigt sie mir
in einer Seitenstraße ihr früheres Logis, wo sie ein Jahr
lang mit ihrem Amant gewohnt. Jeden Nachmittag sei sie
mit Bébé in die Champs-Elysées spazierengegangen. Sie
bekäme es jedenfalls nie wieder so schön.

Die Seine ist ungewöhnlich hoch. Vom Pont de la
Concorde macht sie mich auf die großen, langgezogenen
Wellen aufmerksam, die unter dem hellen Mondschein
wie eine unabsehbare Schar Riesenfische daherge-
schwommen kommen. Wir gehen auf die großen Boulevards, sehen die Blumenläden an und treten auf dem
Rückweg ins Café de l'Univers. Ich bin in ziemlicher Besorgnis, daß ihr Charakter als Grisette unangenehm auf-

fallen möchte. Um das zu verhüten, lasse ich die Unterhaltung nicht einen Moment stocken, und da ich nichts Besseres weiß, sage ich ihr, man habe mir erzählt, Fernande sei Gugnotte. So kommen wir auf Daudets Sappho zu sprechen, über die sie meine Ansicht teilt. Ich erzähle ihr dann von Pierre Loti, der mit der Päderastie kokettiert, und so kommen wir schließlich auf den Unterschied zwischen deutscher und französischer Literatur. Auf diese Weise geht alles gut. Ein Herr und zwei Damen uns gegenüber machen zwar ihre Bemerkungen über uns, aber wir verschonen sie ebensowenig. Die jüngere der Damen, mit englischem Typus und hellem, herzlichen Lachen hat Rachels vollkommene Anerkennung. Auf dem Heimweg frage ich sie, ob sie nicht noch ein Glas trinken wolle, aber sie hat Angst, ich möchte jemandem begegnen. Sie kauft sich ein Pfund Kastanien an der Ecke, und wir gehen auf mein Zimmer, wo ich Tee koche.

Rachel zieht sich wie gewöhnlich gleich bis aufs Hemd aus und rekelt sich auf dem Diwan. Wir schwatzen noch bis gegen zwei. Sie beginnt Chahut zu tanzen, steigt mir auf die Schultern, und ich trage sie, so schwer sie ist, im Zimmer herum. Sie ist durchaus appetitlich, und ich bin ausnahmsweise ziemlich verliebt. Wir verbeißen uns ineinander, sie appliziert mir einige Liebesmale, und ich erreiche trotz meiner falschen Zähne auf ihrem Schenkel ebenfalls einen Anflug davon. Wie wir zu Bett gehen, zieht sie die Gardine so weit wie möglich vor. Es geschieht wegen ihrer Drüsennarben unter dem Kinn, die bedeutend größer geworden sind. Ob sie offen sind, weiß ich nicht. Ich tue, als merke ich nichts davon. Ich finde mich ausnahmsweise etwas stärker als schwach, schlafe dann aber sofort ein mit einem Bonsoir, ma petite femme, das sie mit einem Bonsoir, mon mari, erwidert und schnarche ununterbrochen bis nachmittags um drei.

Rachel sucht mich vergebens zum Aufstehen zu bewegen. Schließlich nimmt sie die Peitsche und reißt mir die Decken weg. Zuletzt will sie mir gar die Strümpfe anziehen. Wie sie in Hemd und seidenem Unterrock mit offenen Haaren vor dem flackernden Kaminfeuer kauert, ist sie ein Bild zum Malen, eine reizende Mignon, halb Französin und halb Zigeunerin. In ihren schwarzen Augen sehe ich vom Bett aus die roten Flammen sich spiegeln. An ihren nackten Armen flimmern die Lichter auf und nieder. Dazu bläst sie den Rauch ihrer Zigarette in die Kohlen und erzählt mir von der Damnation de Faust, indem sie das, was ihr davon im Kopf geblieben, vor sich hinträllert. Nachdem ich mich endlich angezogen, gehen wir ins Café Cluny, wohin wir uns beim Abschiednehmen auf übermorgen abend zwölf Uhr verabreden. Ich gehe zu Tisch und höre mir nachher die Kapelle im Café Scribe an. Lege mich dann beizeiten schlafen, um früh aufstehen zu können.

20. Dezember 1892

Arbeite bis 12, nehme Frühstück im Palais Royal und gehe zu Mme. Gotthelf. Sie ist nicht zu Hause, soll aber um 5 zu sprechen sein. Ich besuche die Ausstellung der Neoimpressionisten im Hotel Brébant, gehe nachher ins Café de la Terrasse, wo Hr. St. auf mich zukommt. Die Huny hat mir ein Billett für einen Subskriptionsball im Hotel Continental gegeben. Herr St., der gleichfalls hingeht, schlägt mir vor, wir wollten uns im Café de la Terrasse treffen. Wie ich um fünf zu Mme. Gotthelf komme, ist sie noch immer nicht eingetroffen. Morgen um 10 Uhr soll sie zu Hause sein. Ich gehe nach Hause, arbeite und kann die ganze Nacht nicht schlafen.

21. Dezember 1892

Mache mich schon um neun Uhr mit meinem Schwigerling unter dem Arm auf die Beine und fahre zu Frau

Gotthelf. Ihr Mann empfängt mich im Salon. Er ist klein, dick, mit aufgedunsenem roten Gesicht, vorspringenden Lippen und etwas scheuem Blick. Er lädt mich ein, öfters zu kommen. Sein Schwager Louis erzählte mir, er sei ein Scheusal, besaufe sich jeden Tag, komme nach Hause und prügle Weib und Kind, gebe keinen Sou für den Haushalt her und habe das jüngste seiner Kinder wörtlich Hungers sterben lassen. Im Eßzimmer lese ich Frau Gotthelf den ersten Akt vor. Dann ist es Mittagszeit. Sie zeigt mir noch zwei Bilder, die sie kürzlich von Sacher-Masoch erhalten und rät mir, Sacher-Masoch mein Fr. Er. zu schicken. Er könne vielleicht auch was für meinen Schwigerling tun. Sie rät mir auch, Frl. Read zu besuchen. Frl. Read sei die intimste Freundin von François Coppée. Sie fragt mich, ob sie sich von Morgenstern malen lassen solle. Ich rate ihr dummerweise ab, indem ich bezweifle, ob er schon so weit sei. Wir verabreden uns auf abends 9 Uhr im Café de la Terrasse.

Ich gehe zu Tisch und dann auf die Redaktion des National, um mich womöglich eines Balletts wieder zu bemächtigen. M. Leblanc ist aber eben fortgegangen. Ich gehe nach Hause, um zu arbeiten, bald aber stellt sich Herr Muth ein. Nach einigen nichtssagenden Worten beißt er den Chauvinisten heraus, und ich ereifere mich ihm gegenüber. Wir schließen mit einem inhaltslosen Zank über die Worte sinnlich und geil. Dann ist es Zeit für mich, zum Essen zu gehen. Im Café de la Terrasse treffe ich zuerst Morgenstern und seinen Compagnon, Herrn Freund, mit dem er eine Tournee durch Südfrankreich unternehmen will. Für den nächsten Monat ist er zu Rency in Lyon engagiert. Herr Freund war Bildhauer in Berlin, wurde dann Schnellbildhauer, reiste als solcher die ganze Welt ab, erwarb sich ein Vermögen von 50 000 frs, verheiratete sich mit einer Pariserin und gründete ein Geschäft in Paris. Die Pariserin hatte indessen einen Liebhaber, besser gesagt eine Liebhaberin, eine Hausfreundin, eine Cicisbea, die sich einstellte, sooft Herr Freund auf Geschäftsreisen ging. Er wurde benachrichtigt und ertappte die beiden Damen in flagranti, darauf ließ er sich scheiden. Sein Geschäft reüssierte indessen ebensowenig, und vor einigen Wochen hat er den letzten Rest seines Vermögens aufgezehrt.

Nach einer Weile kommt Frau Gotthelf mit ihrer ganzen Familie. In einer andern Ecke des Cafés sitzt Herr Gotthelf beim Kartenspiel. Die Unterhaltung wird sehr einschläfernd, zumal für mich, der ich zwei Nächte nicht geschlafen habe. Morgenstern geht in den Zirkus, die ganze Gesellschaft bricht auf, läßt sich aber bei Herrn Gotthelf wieder nieder, um Morgensterns Rückkunft zu erwarten. Nachdem er zurückgekehrt, fordert ihn Frau Gotthelf auf, das Gedicht vom doppelt zugespitzten Bleistift vorzutragen. Er tut es mit Widerstreben. Darauf fragt sie mich, ob ich nichts deklamiere. Ich versichere sie, gar kein Talent dazu zu besitzen. Es werden hebräische Witze gerissen und von der ganzen Gesellschaft belacht. Der alte Gotthelf sagt mir auf meine Versicherung, daß ich das nicht verstehe: Nun tun sie man nicht so. Beim Aufbruch lädt uns Frau Gotthelf sämtlich ein, uns am Dienstagabend bei ihr zusammenzufinden.

Morgenstern und ich gehen ins Café Wetzel, wo er mir erzählt, wie er gleich zu Beginn seines Pariser Aufenthaltes einer Artisten-Hochzeit beigewohnt. Neben uns sitzen einige Damen, deren Consommation wir bezahlen. Plötzlich fährt Morgenstern empor: Da sind ja Leitner und Holtoff!

Leitner und Holtoff sind die beiden stärksten Männer der Welt und im Casino d. P. engagiert als Konkurrenz gegenüber einem amerikanischen Bruderpaar, gleichfalls die beiden stärksten Männer der Welt, die demnächst in Folies-Bergère auftreten. Leitner hat eine junge Dame bei sich. Holtoff setzt sich an unseren Tisch. Er ist ein schöner Mensch mit der einem starken Mann eigenen, harmlos-selbstgefälligen Kindlichkeit. Er erzählt, wie sie sich beim Austritt aus dem Casino mit Fäusten der Weiber hätten erwehren müssen. Zu fünfundzwanzig seien sie über sie hergefallen ... Hübsch, die Pariserinnen, was? – Er ist aus Elberfeld, war Handelsreisender wie Leitner auch. Er erzählt, daß sie gestern Unglück gehabt, das eine Pferd sei von der Planche gefallen – und fällt das Tier auf einen, so schlägt es einen tot! – Sie sprechen von Freund. Das ist so 'n Kerl, sagt Holtoff, der dem Direktor das Blut aus den Nägeln preßt. Das muß man, wissen Sie. Wenn der Direktor einen nicht braucht, scheißt er auf einen. Wenn er einen nötig hat, schneidet er einen vom Galgen herunter. – Auf einmal fällt Holtoff eine Dame um den Hals, eine Kokotte feinster Eleganz in tadellosen Handschuhen, in gewähltester Toilette, funkelnd von echten Diamanten. Sie ist selig, ihn zu sehen, ihn zu haben, mit ihm schlafen zu können. Sie hat ihn vor zwei Jahren in Folies-Bergère kennengelernt und auf den ersten Blick wiedererkannt. Sie schwärmt sonst nicht für die, qui font les poids. Ihre höchste Wonne sind die Schützen. Sie erzählt von einem amerikanischen Schützen in Folies-Bergère; sooft er losgedrückt, sei ihr ein Schauder durch den Leib gerieselt. – Mais il est un joli garçon, sagt sie auf Holtoff zeigend zu ihrer Freundin. Je jouirai, oh, je jouirai. Sie legt ihre Hand in diejenige Holtoffs. Sie verschwindet wie ein Pistolengriff darin. Dabei kommt sie mit ihrer Freundin dahin überein, daß er für einen Athleten eigentlich doch keine große Hand habe. Die Verehrung, die die Damen für Holtoff hegen, übertragen sie auch auf Morgenstern und mich. Man redet sich gegenseitig mit der denkbar größten Ehrerbietung an. Als ich der einen auf ihre Frage, was ich denn ausübe, sage, ich sei nur Schriftsteller, beruhigt sie mich, das sei auch aller Ehren wert. Die Weiber an den Tischen umher, die vorher kollegial mit uns geplaudert, betrachten uns jetzt mit scheuer Bewunderung, wie Geschöpfe höherer Art, die man nicht so ohne weiteres zum Mitkommen auffordern darf.

Wir sind eben am Aufbrechen, als sich jemand von hinten über mich beugt und mir die Hand gibt. Es ist Adèle. Sie ist schlecht gekleidet und sieht etwas betrunken, vielmehr etwas wahnsinnig aus. Sie fragt nach meinem Freund. Ich sage, er sei in Amerika, in New Orleans. Da ich gerade beim Bezahlen bin, gebe ich ihr einen Franc, worauf sie sich drückt. Nachdem wir ins Freie

gelangt, wünsche ich Holtoffs Dame beim Abschied eine
geruhsame Nacht. Sie versetzt mir mit dem Fächer einen
Schlag auf den Mund; wie ich ihr sowas wünschen könne.
Ich begleite Morgenstern noch bis zum Boulevard Sebastopol, werfe mich dort in eine Droschke, schlafe in derselben ein und werde vor meinem Hotel vom Kutscher
geweckt.

22. Dezember 1892

Stehe gegen 9 Uhr abends auf, diniere und gehe in den
Zirkus. Ich hatte Morgenstern versprochen, hinzukom-
men. Nach Schluß der Vorstellung begleite ich ihn in die
Garderobe und sehe mich Mister Daniel gegenüber. Mi-
ster Daniel ist der dumme August im Cirque d'Hiver. Ich
frage ihn, wo die Gebrüder Lee geblieben. Sie sind nach
Berlin gereist. Morgenstern führt mich in eine Artisten-
kneipe in der rue Richen. Im vorderen Lokal neben dem
Buffet sitzt mit gespreizten Beinen eine Balletteuse aus
Folies-Bergère und pafft ihre Zigarette zur Decke empor. Im Hinterstübchen finden wir den Katzenbändiger
Tescho aus Folies-Bergère. Er übt sich gerade auf der
Mandoline ein. Morgenstern und er sagen sich zuerst in
allen lebenden Sprachen guten Tag, bleiben dann aber,
was die Unterhaltung betrifft, beim Deutschen stehen.
Tescho ist aus Mainz gebürtig. Er war ehedem Recktur-
ner, hat sich dann seit zwei Jahren auf die Katzendressur
geworfen, wodurch er Durow Konkurrenz macht. Durow
wollte ihm seine Katzen abkaufen. So kommt das Gespräch auf den Prozeß Durow-Rubini. Frau Rubini, eine
Agentin in Paris, hat Morgenstern sein Engagement zu
Rency vermittelt. Das hat Durow gewurmt, und er nennt
Morgenstern seither im Zirkus statt Rudinoff Rubini. Er
schickt seinen Diener zu Morgenstern, um ihn zu fragen,
ob er nicht Rubini heiße. Morgenstern stößt ihn mit der
Nase auf das Programm, wo sein Name angeschlagen
steht, und will ihm außerdem noch einen Schlag ins Gesicht versetzt haben. Gleich darauf kommt Frau Rubini
in den Zirkus, erfährt den Handel und hat Durow ge-

richtlich verklagt. Man kommt dahin überein, daß Durow an Größenwahn leide, indem er sich Prinz Durow titulieren lasse und in den Nachmittagsvorstellungen die Jugend auffordere: Vive Duroff! zu rufen.

In schwerem Pelzrock mit Pelzmütze, die Reitpeitsche unter dem Arm tritt Herr Valende ein, der in Folies-Bergère die dressierten Doggen vorführt. Er war früher Karussellbesitzer, ist jetzt ein reicher Mann, reist im Sommer mit einer eigenen Truppe, bei der auch Tescho engagiert ist, und hat sich neuerdings noch einige Löwen beigelegt. So kommt das Gespräch auf Kupferstiche. Er hat sich gestern einen Stich gekauft, auf dem Herkules dem Löwen den Rachen aufreißt. Ich bemerke ganz beiläufig, es werde wohl Simson gewesen sein, was mir aber niemand glauben will. Zwei junge Leute kommen mit einem sehr hübschen Mädchen. In Folies-Bergère treten sie als ein junger Mann mit zwei hübschen Mädchen auf. Ich habe sie schon mehrmals gesehen, ohne den Betrug im entferntesten zu ahnen.

Die ganze Gesellschaft außer Valende beschließt, zu Charly zu gehen. Tescho, Morgenstern und ich trinken noch einen Wacholder am Buffett und begeben uns dann gleichfalls zu Charly. Als wir vor der Spelunke angelangt, tönten uns aus dem Inneren Mandolinenklänge, Gitarrengeklimper und Gesang entgegen. Im vorderen Raum stehen Artisten und Artistinnen Kopf an Kopf. Wir drängen uns mühsam durch und gelangen so in das zweite Gemach. Das erste, was mir auffällt, ist Mlle. Campana, die erste Ballerina von Folies-Bergère, dieser Engel, der mich durch seine übermenschliche Grazie so oft fast zu Tränen gerührt, dieser entzückende Schmetterling mit den blühenden Wangen, den blendenden Zähnen und dem geradezu seligen Blick ihrer edel geschnittenen Augen. Ihr Teint ist aschgrau bis erdfarben, ihre Augen zum Erbarmen müde, ihre Wangen tief ausgehöhlt, ihr Kleid ist so unvorteilhaft wie möglich und läßt einen hochgewölbten Rücken vermuten. Sie sitzt neben einem grauen Herrn und hat vor sich einen hohen, mit Bonbons gefüllten Blumenkorb. Sie scheint mich zu

*Toulouse-Lautrec, Darstellung des amerikanischen Clowns
»Chocolat«, der in den neunziger Jahren des letzten Jahrhunderts in Paris große Popularität genoß.*

erkennen, was kein Wunder wäre, da ich stets auf den ersten Plätzen sitze. Tescho, Morgenstern und ich erobern uns im gegenüberliegenden Winkel einen kleinen Tisch und bestellen Stout mit Limonade. In ihren Gesten, in ihrem Sprechen und Sichbewegen entwickelt die Campana übrigens die nämliche Grazie wie auf der Bühne. Im Nebenzimmer wird ununterbrochen zur Mandoline gesungen, und ein Jockey von dem großen Rennen tanzt in einem eigenen Kreise den Niggertanz. Der Wirt Mr. Charly ist ein Deutscher, weist aber einen ausgesprochen französischen Typus auf. Er hat ein reizendes Weibchen, eine geborene Pariserin, die jeder für eine Engländerin halten würde. Mlle. Campana hustet ununterbrochen. Es ist das kurze, matte, mühsame Husten der Schwindsucht. Die Krankheit steht ihr übrigens auch unter den Augen geschrieben. Um zwei Uhr, da alles aufbricht, drängt sie sich mehrmals dicht an mir vorbei. Ich bringe indessen den Mut nicht zusammen, sie anzusprechen.

Tescho trollt sich mit seiner Mandoline nach Hause, und Morgenstern und ich steuern dem Café Wetzel zu. Als wir beim Restaurant de la Rotonde vorbeikommen, erzähle ich Morgenstern das Abenteuer, das ich dort eines Abends mit [. . .] hatte. Es war an einem der letzten Tage vor seiner Abreise in die andere Welt. Wir kamen aus dem Café Wetzel, waren noch einigen Mädchen nachgeschlendert und hatten auf diese Weise die oberen Lokalitäten des Re. d. L. R. entdeckt. Wir bestellten uns dort eine Flasche Wein, und bald kam eine alte Hure, um mitzutrinken. Ich bat sie indessen höflichst, sich wieder an ihren Platz setzen zu wollen. Für die Unterhaltung der ganzen Gesellschaft sorgte Chocolat, der Clown aus dem Nouveau Cirque. Er gab allerlei Kunststücke zum besten, ließ sich von sämtlichen Weibern zu gleicher Zeit ohrfeigen und abküssen und versuchte, einen Mittelweg zwischen dem Pascha und dem Eunuchen zu finden. Sein Interesse wurde durch eine edle [. . .] gefesselt, die ihn an die Schauspielerin Heese in Mailand erinnerte und die sich gleichfalls auf beide Arten an Chocolat verging.

Als sie aufbrach, folgten wir ihr, [. . .] sprach sie an, wir gingen zusammen ins Café Foyer, machten uns dort in einem Chambre séparée bequem. Die Schöne zog sich sofort aus, und der Kellner zitterte, wie er behauptete, vor Emotion, als er den Champagner auftrug. [. . .] der sich der Reize des Mädchens rasch bemächtigt hatte, stellte mich ihr als seinen Vater vor. Ich war von allerhand vorhergegangenen Strapazen sehr ermüdet und empfand kein Verlangen, die Beute mit ihm zu teilen. Ich bat mir nur die Erlaubnis aus, zusehen zu dürfen.

Zu dem Behuf mußte das Gas heruntergeschraubt und, da es schon lichter Morgen war, die Gardine zugezogen werden. Vor mir auf dem Diwan knäulte sich unter einigem Gegrunze ein düsterer Klumpen zusammen, an dem nur die nackten Schultern des Mädchens deutlicher erkennbar waren. [. . .] sagte: Jetzt! − Ich schob das Gas wieder in die Höhe, und der Liebesakt vollzog sich bei praller Beleuchtung. Als man sich allseitig wieder beruhigt hatte, zeigte das Mädchen ihre rechte Hand, an der der kleine Finger fehlte. Sie habe ihn als ganz kleines Kind während des Krieges 71 verloren gelegentlich einer Keilerei, die die deutsche Einquartierung im Haus ihrer Eltern hatte. Beim herrlichsten Morgensonnenschein brachten wir sie per Fiaker zu ihrer Wohnung, nachdem ihr Weinhöppel das Geld für ein Paar neue Handschuhe gegeben hatte.

Morgenstern kennt [. . .] nicht näher, hat indessen einmal an einem Abend der modernen Gesellschaft mit ihm zusammen in einem Stück Gumpenbergs gespielt.

Im Café Wetzel spricht mich gleich Adèle wieder an und fragt wieder nach [. . .]. Nachdem ich ihr fest versichert, er sei in Amerika, fragt sie mich mit einem wohlgefälligen Blick auf Morgensterns imposante Figur, ob das auch mein Freund sei? − Ja. − Dann möchte ich ihm doch sagen, er solle [. . .] bei ihr ersetzen. Ich teile das Morgenstern mit, der sich die Sache überlegen will. Morgenstern findet übrigens großen Gefallen am Café Wetzel. Neben uns sitzt eine ausnehmend hübsche Mulattin, vielmehr [. . .], mit etwas plattgedrückter Nase, starken

Lippen und lechzenden, pechschwarzen Augen. Ihre weichen, kleinen Hände trägt sie von Ringen überladen, was sich bei ihrer dunklen Haut vorzüglich ausnimmt. Sie ist von der Insel Djerba gebürtig und als Kind nach Frankreich gekommen. Ihre Toilette ist tadellos und geschmackvoll. Wir sprechen davon, daß wir uns schon öfters im Moulin Rouge begegnet, einmal auch im Restaurant de la Rotonde, und als das Café geschlossen wird, fordert sie uns auf, sie ins Re. d. l. R. zu begleiten. Wir sagen zu, indem wir ihr im voraus beide versichern, daß sie im übrigen nicht auf uns rechnen könne. Im oberen Saal des Rotonde hat sich ungefähr die nämliche Gesellschaft zusammengefunden, die ich mit Weinhöppel dort antraf. Wir haben uns kaum eine Flasche Wein bestellt, als die nämliche alte Hure von damals wieder an unseren Tisch rückt und sehr demütig darum bittet, mittrinken zu dürfen. Da wir ohnedem schon Gesellschaft haben, schenke ich ihr ein Glas ein. Chocolat fehlt leider. Einer der anwesenden Herren setzt sich ans Klavier und intoniert einen Walzer, worauf allgemein getanzt wird. Morgenstern, der gleichfalls etwas zur Unterhaltung beitragen will, beginnt Vogelstimmen zu imitieren, findet aber keinen Anklang. Am Tisch hinter mir in Gesellschaft zweier Herren sitzt wieder die ernste Schönheit, die uns damals ins Café Foyer begleitet. Ich frage Marguerite, so heißt unsere Mulattin nämlich, ob sie sie kenne. – O gewiß, sie habe öfters mit ihr gesprochen. Darauf frage ich sie, ob es wahr sei, daß sie ihren kleinen Finger im Krieg 71 verloren. Von dem kleinen Finger weiß Marguerite aber gar nichts. Es ist in der Tat auch erstaunlich, mit welcher Geschicklichkeit das Mädchen den Fehler zu verbergen weiß. Marguerite rennt sofort zu ihr hinüber. Ich sage, sie soll keine Dummheiten machen. Nein nein, sie wolle ihr nur was sagen, bittet sie denn aber direkt, ihr die linke Hand zu zeigen. Das Mädchen weigert sich. Ich höre sie höchst verlegen einige Ausreden stammeln. Ich sehe einem heillosen Skandal entgegen. Ich gehe deshalb ohne weiteres hinüber, nehme die Mulattin am Arm und führe sie zu unserem Tisch zurück.

Nach einer Weile bricht alles auf. Unsere Damen bitten uns, sie zu begleiten. Wäre Weinhöppel zugegen gewesen, so hätte die Mulattin zum mindesten ihr Glück gemacht. Morgenstern denkt indessen noch an seine 200 frs, und mir fehlt jede Lust und Liebe zu neuen Bekanntschaften in dieser Sphäre. Beim Verlassen des Lokals ernte ich noch einen Blick voll treuherzigen Dankes von dem schönen Mädchen mit dem fehlenden Finger.

Wie Morgenstern und ich die Chaussee d'Autin zurückgehen, erzähle ich ihm, daß ich erst einmal Unannehmlichkeiten bei einer derartigen Gelegenheit gehabt und zwar in Gesellschaft von einem gewissen Langhammer aus Berlin. − Langhammer? sagt Morgenstern wie vom Blitz getroffen. − Nicht der berühmte Langhammer, sage ich. − Karl Langhammer aus Berlin? − Aus Berlin, Sigmundhof 7. − Sigmundhof 7! den kenn ich, den kenn ich. Es gibt nur einen Langhammer in Berlin. − Darauf erzählt er mir, wie er mit ihm auf derselben Schulbank gesessen, wie sie sich später ganz unverhofft als Statisten am Residenztheater in der Wildente von Ibsen wiedergetroffen, d. h. er, Morgenstern, habe schon kleinere Rollen gespielt, wie sie dann eine Volksbibel zusammen illustriert hätten, er, Morgenstern, die Figuren und Langhammer das Landschaftliche, und daß er ihn seither vollkommen aus den Augen verloren.

Wir sprechen von Langhammers Äußerem und seinem kindlich offenen Charakter, seiner Harmlosigkeit − es ist ganz unzweifelhaft der nämliche. Ich stehe gegenwärtig in engem Briefwechsel mit ihm, da ich ihn gebeten, meinen Schwigerling von Entsch abzuholen und einer anderen mir durch ihn empfohlenen Agentur zu überbringen. Morgenstern bittet mich, wenn ich nun wieder schreibe, ihm von ihm, Morgenstern, Nachricht zu geben, aber ich verstehe schon, ich soll ihm sein Auftreten im Zirkus im richtigen Licht darstellen, nicht, daß Langhammer etwa wähnt, er, Morgenstern, sei seinen Idealen untreu geworden. Anläßlich Langhammers herrlicher Kindlichkeit erzählt mir Morgenstern eine Mordgeschichte, die Langhammer seinerzeit mit großem Gefallen von sich erzählt haben soll. Langhammer sei zu den Weibern gegangen und habe sich, um vor Ansteckung sicher zu sein, Präservative gekauft. Diese Präservative sei es dann praktisch genug gewesen, da er nicht zuviel Geld besessen, zu Hause jedesmal wieder auszuwaschen, aufzublasen und zum Trocknen hinzuhängen. Seine Mutter, so habe er erzählt, habe ihn dann gefragt, wozu er diese Häute gebrauche. Und er habe ihr dann gesagt, er brauche sie, um Farben hineinzutun.

Beim Abschiednehmen lädt mich Morgenstern auf Montagmittag zum Frühstück ein.

23. Dezember 1892

Gearbeitet.

24. Dezember 1892

Kaufe mir eine weiße Krawatte und werfe mich gegen Abend in Balltoilette.

8. September 1893

Ich erwache gegen vier. Die Vorhänge sind noch zugezogen. Es ist stockfinster im Zimmer. Ich zünde die Lichter an und stehe allmählich auf. Ich fühle mich von den gestrigen Strapazen wie neugeboren; eine eigentümliche Beweglichkeit in den Gelenken, den Kopf frei und den Körper um zwanzig Pfund leichter. Ich fühle mein spezifisches Gewicht...

Wie ich auf die Straße trete, spielt die Abendsonne in den obersten Fensterscheiben. Ich gehe in mein kleines Restaurant, kaufe mir unterm Odeon Maeterlincks »Princesse Maleine« und lese sie im Café auf einen Zug durch. — Hätte er seinen Geistern etwas mehr Fleisch gegeben, sie wären wohl auch länger am Leben geblieben. — Ich diniere im Palais Royal und arbeite zu Hause bis Mitternacht.

Wie ich um zwei Uhr aus der Brasserie Pont Neuf

komme, geht ein Mädchen in fliegendem Radmantel vor mir her; das erinnert mich an Marie Louise, aber sie ist es nicht.

Ich gehe zu Bovy im unbewußten Bedürfnis, etwas über Raimonde zu erfahren. Das einzig bekannte Gesicht in der kleinen Bude ist Marie Louise. Sie bittet mich um ein Glas Milch und erzählt mir, es habe sich gestern ein Mädchen im Café d'Harcourt auf der Terrasse mit Sublimat vergiftet. Raimonde sei noch im Quartier. Sie sei dans la purée. Sie habe vierzigtausend Francs Schulden. – Das erfüllt mich mit ungeheurer Genugtuung.

Ich frage sie, ob sie noch Morphium nehme. Nein, schon lange nicht mehr. Sie schlägt ihren Radmantel auseinander und macht mich darauf aufmerksam, daß sie von ihrer Last befreit ist. Sie war ihrer Fehlgeburt wegen drei Wochen im Spital; dabei hat man ihr das Morphium abgewöhnt. Sie sieht auch in der Tat um vieles besser aus. Sie schminkt sich nicht mehr, schläft des Nachts wie ein Kind und ist beim Erwachen von keinen düsteren Gedanken mehr heimgesucht. Vor dem Einschlafen liest sie immer noch im Bett. Sie liest jetzt »La faute de l'Abbé Mouret«. Sie hätte sich nie gedacht, daß Zola ein so schönes Buch schreiben könne. Sie hat vorher den »Assommoir« angefangen, aber sie findet ihn geschmacklos und langweilig. So etwas könne sie auch noch schreiben, wenn sie die nötige Zeit hätte!

Derweil drängt sich ein Mädchen an mich heran, dem ich vor einem halben Jahr einmal einen Louisdor gegeben. Ich weiß nicht mehr, wie sie heißt. Damals war sie in Schwarz; jetzt trägt sie ein nagelneues, helles Kleid mit blauseidenem Einsatz! Ich hatte ihr eines meiner feingeblümten Hemden gegeben, darauf nahm sie ein Buch zur Hand »La fille Elisa« von Edmond de Goncourt, das mir die kleine Germaine geliehen, las es bis zum lichten Morgen durch und lief davon. Das Hemd hätte sie auch gerne mitgenommen. Ich muß ihr versprochen haben, ihr statt dessen einen Brillantring zu schenken.

Sie hat ein rundes, bleiches Gesichtchen mit vollen Wangen und hübschem Kinn, ein feines Stumpfnäschen, blühende Lippen, nach außen emporgezogene, schmale Brauen und ein ungemein sympathisches, feuchtschwarzes Augenpaar.

Da sie äußerst elegant gekleidet ist und blinkende gelbe Glacés trägt, setze ich voraus, daß sie auch persönlich gewonnen hat. Sie wohnt auch nicht mehr im Hotel Voltaire in der Rue de Seine, sondern in der Rue St. Sulpice im ersten Stock. Ich frage sie, ob sie etwas trinken wolle. – Nein, sie habe keinen Durst.

Ich habe in meinem Leben kein so nettes, behagliches Zimmerchen gesehen. Es ist mit gelbem, feingeblümten Kattun austapeziert, als wäre mein Nachthemd von damals dazu verwendet worden. Aus dem nämlichen Stoff sind die enormen Bettgardinen, die das halbe Gemach einnehmen.

Das Mädchen in seinem korngelben, hübschen Kleid mit dem blauen Einsatz paßt so ausgezeichnet in dieses niedliche Etui, daß ich mich in dem kleinen Raum zwischen Tür und Fenster von allem, von der Welt, von Sünde, von Verschwendung, Gefahr und Pflichten durch Ätherfernen getrennt fühle.

Sie fragt mich, ob ich gern eine Chartreuse trinke, nimmt ein geschliffenes Flakon vom Kamin und füllt zwei Gläschen. Die Chartreuse hat die Farbe von flüssigem Gold und rinnt auch so ungefähr durch die Adern. Dabei sprechen wir über ihre »Kolleginnen«.

Ob Lulu und Nini sich lieben, wisse sie nicht; es sei möglich, warum nicht. Lulu wohne zwar in ihren eigenen Möbeln, es sei aber nur ein ganz kleines Loch, ein einziges Zimmer, in dem sie ihre paar Möbel aufgestellt. Dabei sage sie jedermann, dem sie begegnet, sie wohne in ihren eigenen Möbeln. Lulu sei entschieden die Dominierende, die Intelligenz, während Nini den Pudel machen müsse und nur mit denjenigen Herren gehen dürfe, die ihr Lulu erlaube. – Ob ich Lulu denn kenne?

Ich sage nein und füge unvorsichtigerweise hinzu, es sei meine Schuld nicht.

Darauf kommt die Rede auf Raimonde, – Ja, das sei eine! – Sie hat mich in jener denkwürdigen Nacht mit ihr au grand comptoir gesehen. – Auf wieviel einen denn die wohl zu stehen komme?

Um meine Unvorsichtigkeit mit Lulu wiedergutzumachen, sage ich auf – fünfzehn frs.

Pas plus que ça?

Nein, Sie habe noch darum winseln müssen.

Wie mir denn Raimonde gefalle?

Ich schüttle ernst den Kopf und sage: C'est une belle femme!

Darauf zählt sie mir Raimondes sämtliche Geliebten her – la grande Susanne, die kleine Lucie, die damals mit uns au grand comptoir war, die hübsche Lucienne, die mit uns zusammen bei Barrat war – sie begreife es nicht, wie man sich mit einem Mädchen schlafen legen könne!

Ich sage, sie werde sich wohl einen Geliebten halten.

Oh là là! Es seien die Freunde von anderen Mädchen, die zu ihr kämen, um das Geld, was die Mädchen ihnen geben, mit ihr durchzubringen. Daher kenne sie es. Nein, sie möchte in ihrem Leben keinen Geliebten.

Ich sage, es sei doch schön, einen zu haben, der einem ganz gehöre, mit dem man nicht handeln müsse, dem man Gutes tun und dem man sich nur aus Liebe geben könne.

Sie lacht hell auf, es seien ja die Männer, die die Frauen, von denen sie Geld hätten, beherrschten. Die Frauen lägen ja vor ihnen auf dem Fußboden, es seien ja nur Sklavinnen.

Während wir so sprechen, sehe ich ein Kartenspiel auf dem Tisch. Ich frage sie, ob sie die Karten schlage; sie fragt mich, ob sie sie mir schlagen solle – dire la bonne aventure, die Prozedur nimmt eine gute halbe Stunde in Anspruch. Wir nehmen einander gegenüber Platz, und sie erzählt mir viel von meiner Mutter, von meinen beiden Schwestern, von einem Haufen Gold, den ich von einem blonden Herrn erhalten werde, in dem ich sofort meinen Verleger erkenne.

Eine Stunde später wird meine Angebetete plötzlich munter und meint, wir könnten noch ein wenig zu den Hallen gehen, un peu vadrouiller. Es sei so warm draußen und so eng hier im Zimmer.

Meine Einwendungen helfen nicht viel. Ich erhebe mich mit Ach und Krach, wir trinken rasch noch eine Chartreuse und schlendern durch die graue Morgendämmerung über den Pont Neuf den Hallen zu. Sie möchte nur gerne eine Soupe au fromage essen au grand comptoir. Es werde jedenfalls große Gesellschaft dasein.

Es ist weder Musik noch Gesellschaft da. Im hinteren Lokal sitzen einige vereinsamte Grisetten. Meine Schöne bestellt die Suppe, ich eine Flasche Wein, und wir essen schweigend in uns hinein. Darauf kommt der Kellner: Des écrévisses? Une douzaine de Marenes? Un demi poulet? – Sie schüttelt dreimal den Kopf, und der Kellner geht. Das rührt mich fast zu Tränen. Ich rufe ihn zurück, er solle zwei Dutzend Austern bringen; und während wir sie schlürfen, sage ich, wir wollten dann zum Kaffee zu Barrat gehen.

Bei Barrat sind die Lampen schon ausgelöscht. Uns gegenüber sitzt die Musikgesellschaft und verzehrt ihr Souper. Meine Schöne fragt mich, wie mir die Frau gefalle. Ich entgegne, sie habe nur zu sehr das Aussehen einer Kokotte. Darauf fragt sie mich, ob sie denn nicht das Aussehen einer Kokotte habe. Ich sage ihr eine Schmeichelei, worauf sie mich fragt, ob denn Raimonde nicht das Aussehen einer Kokotte habe? – Mais c'est une belle femme! sage ich, was sie mir zugesteht: »Tu l'aimes à la folie!«

Ich habe fünf oder sechs Tassen getrunken und möchte noch mehr. Aber hier ist mir der Kaffee zu teuer, die Portion kostet einen Franc. So mache ich den Vorschlag, wir sollten nach au Chien qui fume gehen. Sie kennt das Lokal nicht. Ich sage, es liege dicht in der Nähe. So pilgern wir im ersten Sonnenblick des Tages durch endlose Spaliere von Blumenkohl, von weißen und roten Rüben au Chien qui fume, klettern die Wendeltreppe zum Salon hinauf, setzen uns ans Fenster und haben das dichte

Marktgewühl der Hallen unter unseren Augen. Wir kommen dahin überein, daß es nichts Schöneres auf Gottes Welt gibt als mitanzusehen, wie so recht gehörig gearbeitet wird.

Um unseren Betrachtungen im vollsten Maße gerecht zu werden, bestelle ich statt des Kaffees wieder Austern und eine Flasche recht kräftigen Wein dazu.

Der große Napoleon liefert den Stoff zur Unterhaltung. Mein kleiner Engel betet ihn an. Wenn sie ein Mann wäre, dann könnte Europa sich in acht nehmen! − Wir sprechen vom Herzog von Leuchtenberg, für dessen schöne Augen sie schwärmt, und ich schildere ihr das prachtvolle Grabmonument, das er in der Michaelskirche in München hat. Sie meint, er sei der Schwager Napoleons gewesen. Ich halte ihn für seinen Stiefsohn. Wir sind beide unserer Sache nicht ganz sicher.

Sie hat kürzlich ein Buch gelesen, der Name des Autors ist ihr entfallen, das sämtliche Maitressen am französischen Hof, von Diane de Poitiers bis auf die schöne Thérèse, behandelt. So sprechen wir von der Dubarry, der Maintenon, Madame de Pompadour, Madame de Sévigné, Madame de Staël, von Adèle Courtois, von der Soubise, von Cora Pearl, Giulia Barucci, Anna Deslions und gelangen schließlich glücklich bei der Päpstin Johanna an.

Dann kommt die Rede auf kulinarische Genüsse, auf die verschiedenen Restaurants im Quartier und à l'autre côté de l'eau. Mit den kleinen Restaurants mit festen Preisen sei es nichts. Man bekomme zwar ein vollständiges Diner, aber werde nicht satt davon, wenn man arbeite. Ich muß ihr Recht geben. Ich habe die gleiche Erfahrung gemacht. Ebenso wie ich kann sie nur grünes Gemüse verdauen. Von Spargeln abgesehen, zieht sie Brüsseler Kohl allen übrigen vor. Blumenkohl ist ihr zu fade. Es geht ihr wie mir. Wir sprechen von frischen Erdbeeren, von Ananas; wir werden allmählich ein Herz und eine Seele. Wie sie für einen Augenblick hinausgeht, bitte ich den Kellner, eine Flasche Pommery zu bringen.

Ein milder Sonnenschein liegt über den Hallen. Vor

unserem Fenster wimmelt es wie ein Ameisenhaufen. Die hohen, bunten Barrikaden aus Rüben und Blumenkohl sind schon verschwunden – vielleicht schon gegessen. Ich fühle mich unsagbar wohl.

Das Mädchen scheint mir aus guter Familie. Ich bemerke nichts an ihr, was dem nicht entspräche. Sie setzt sich mir wieder gegenüber und hebt das Glas zum Mund, wie sie es in besserer Gesellschaft nicht besser könnte. Sie ist aus der Normandie, aus Falaise. Ich kenne das Nest zur Genüge, um sie kontrollieren zu können. Die »Maison Tellier« von Maupassant hat sie auch gelesen, aber sie lenkt das Gespräch davon ab. Sie sagt, sie habe in Falaise noch eine reiche verheiratete Schwester, die jeden Winter nach Paris komme, aber sie sehe sie nicht. Sie selber erwartet auch noch Geld, wenn sie volljährig geworden, einige dreißig- bis vierzigtausend Francs. Sie werde sich jedenfalls sofort Toiletten kaufen und wohl in drei Monaten damit fertig sein. Vom geringsten Wunsch, sich bei der Gelegenheit wieder ins Privatleben zurückzuziehen, ist nichts zu entdecken. Sie sagt, sie passe nicht mehr dahin, nach Falaise, wo man abends um acht Uhr schlafen gehe und morgens um sieben aufstehe, wo man Sommer und Winter nicht ins Café gehe und das Jahr nicht eine Nacht vadrouillieren könne. Ich mache ihr den Vorschlag, wenn sie ihr Geld bekomme, mich zu ihrem speziellen Freunde zu wählen. Ich mache sie auf meine Vorzüge aufmerksam, auf mein leichtes Gemüt und meine Übung im Verkehr mit Damen. Sie lacht und sagt, ich sei ja reicher als sie. Ich schüttle den Kopf, ich hätte keine dreißig- bis vierzigtausend frs mehr zu erwarten. Gut denn, sie sei damit einverstanden, wenn ich das, was ich noch hätte, mit ihr durchbringen wolle; ich brauche es nur auf den Tisch zu legen. Ich ziehe vor, nicht darauf einzugehen, um meinen Kredit nicht zu schädigen.

Ich sehe nach der Uhr und sage, mir, sie ist stehengeblieben. Ich frage den Kellner: Weiß Gott, schon halb eins! Meine Schöne ist nicht weniger überrascht. Jetzt müssen wir doch notwendig noch déjeunieren.

Vor dem Spiegel will sie ihr Haar ordnen, aber sie

sieht sich nicht. Der Spiegel ist von oben bis unten über und über mit Inschriften bedeckt; nicht soviel freier Raum, um eine Briefmarke darauf zu kleben. Dessenungeachtet bittet sie mich um einen Diamanten. Ich gebe meinen Hemdknopf, aber er schreibt nicht. Ich sage, ich müsse ihn gelegentlich wieder schleifen lassen.

Der blendenden Sonne wegen gehen wir unter den Hallen durch und zwar über den Blumenmarkt. Rosen vom zartesten Schnee bis zur tiefsten Kohlenglut liegen zur Rechten und zur Linken haushoch aufgeschichtet. Ich ziehe gierig den betäubenden Duft in die Nase. Ich empfinde ihn als ein kräftiges Stärkungsmittel. Im grand comptoir herrscht angenehme Kühle. Der Kellner, der sich erinnert, uns vor zehn Stunden schon einmal gesehen zu haben, fällt vor Ehrfurcht auf den Bauch. Wir hegen beide das Bedürfnis nach etwas Erfrischendem und déjeunieren mehr aus Pflichtgefühl. Wir einigen uns auf ein Poulet-Mayonnaise, eine riesige Schüssel Salat, einen Korb voll Pfirsiche und saftiger Birnen und einen leichten Weißwein. Den Kaffee werden wir im Quartier einnehmen.

Mit den appetitlichsten Fingern einen Pfirsich schälend, fragt mich meine Schöne, wie sie denn nun eigentlich aussehe. Ich sage natürlich: Bezaubernd. Sie sieht ein ganz klein wenig nach dem Seziersaal aus. Der feuchte Glanz ihrer Augen ist indessen noch der nämliche und, was mich nicht weiter überrascht, auch das blühende Rot ihrer Lippen.

»Du hast etwas Karmin aufgelegt?«

»Nein, das ist echt. Ich habe immer solche Lippen.« Und sie beweist es mir, indem sie sie mit aller Energie mit dem feuchten Taschentuch reibt. Das braucht sie gerade nicht blasser zu machen, denk ich mir, aber was liegt denn daran.

Im offenen Fiaker fahren wir über den Pont St. Michel ins Quartier zurück. Paris zeigt sich uns in seinem schönsten Glanz; oder bin ich vielleicht außergewöhnlich dafür empfänglich? Die glitzernde blaue Seine mit ihren unzähligen Dampfschwalben, ihren dunklen Bugsierschiffen, ihren langen, weißen, schimmernden Kähnen, die Bäume auf dem Boulevard, deren letztes Grün in der warmen Mittagsluft zittert, in deren Zweigen da und dort noch bunte Serpentinen vom letztjährigen Karneval baumeln – alles trägt dazu bei, meine Stimmung zu erhöhen, und scheint mir vom lieben Gott auch nur dazu geschaffen zu sein.

Im Café de la Source schlägt mir meine Angebetete eine Partie Petits paquets vor. Sie gewinnt eine Kleinigkeit, die ich ihr in zwei Taillen wieder abnehme. Darauf gewinnt sie fünf Francs, bricht das Spiel ab und dringt auf Bezahlung. Ich vertröste sie auf übermorgen; da sie aber nicht nachläßt, rücke ich schließlich in der Erwägung, daß für sie, umgekehrt wie für mich, Zeit Geld ist, damit heraus, unter der Bedingung, daß sie mir im Café Vachette noch einen Kaffee bezahlt. Ich habe tatsächlich keinen Sou mehr in der Tasche.

Wir schlendern ins Café Vachette. Der Kellner, der mich hier täglich in meiner einsamen Ecke sitzen sieht, fragt mich mit verdoppelter Höflichkeit, was gefällig sei. Ich verweise ihn an Madame. Madame fühlt sich in ungeheuchelter Verlegenheit. Sie stammelt mit niedergeschlagenen Augen: Zwei Kaffee. – Mit Cognac? fragt mich der Kellner. – Das hänge von Madame ab. – Mit Cognac, natürlich! beeilt sich Madame zu bemerken.

Wir fühlen uns beide etwas abgeschlagen. Nachdem ich ausgetrunken, bitte ich sie, mir noch einen zu bezahlen. Die fünf Francs hält sie in der Hand; sie hat sie noch nicht eingesteckt, und wie der Kellner vorbeikommt, bestellt sie noch einen Kaffee für mich.

Es ist halb vier. Ich habe nicht mehr viel Zeit übrig. Wir gehen zusammen zum Carrefour de l'Odéon, dort trennen wir uns. Ich sehe ihr noch eine Weile nach. Wie sie mit ihrem leichten elastischen Schritt um die Ecke von St. Sulpice biegt, fällt mir ein, daß ich vergessen habe, sie nach ihrem Namen zu fragen. Ich gehe in mein Hotel. ziehe die Gardinen zu und lege mich angekleidet aufs Bett.

PS: Wie ich diese Zeilen wieder durchlese, fällt mir etwas an ihnen auf. Das ist das Eigentümliche an Tagebuchblättern, wenn sie echt sind, daß sie keine Ereignisse enthalten. Sobald die Ereignisse ins Leben eingreifen, verlieren sich Freude, Interesse und Zeit für das Tagebuch, und der Mensch findet die spontane Naivität des Kindes oder des Tieres in seiner Wildnis wieder.

1. Januar 1894

Um 12 Uhr bin ich im Café d'Harcourt, begegne Alice, die drei Wochen in Brüssel war. Sie ist etwas bleich, aber immer noch schön wie eine Königin. Ich gehe in die Source, trinke zwei Glas Grog, gehe nach Hause, schreibe einige Szenen ab und lese den dritten Akt durch. Dann lege ich mich schlafen, lese bis gegen acht Uhr »La joie de vivre«. Der Garçon stellt mir die Stiefel ins Zimmer und wünscht mir guten Morgen. Darauf schlafe ich ein. Um 11 Uhr bringt mir der Garçon einen Brief von Mlle. Read, in dem sie mir schreibt, sie fühle sich so disposée à parler avec moi même de ce, dont on ne parle jamais. Auf dem Couvert steht pressée, dick unterstrichen. Ich schlafe noch bis gegen drei.

Auf 6 Uhr habe ich ein Rendezvous mit Gaston Fero im Duval St. Michel, bin indessen entschlossen, nicht hinzugehen. Was soll ich mir durch den aufgeblasenen, verrückten Dummkopf den Abend verderben lassen, den ich besser anwenden kann. Ich gehe gegen vier Uhr abends zum Déjeuner und dann nach Hause, finde aber mein Zimmer nicht gemacht. Ich gehe ins Café Vachette und lese die Zeitungen, darauf wieder nach Hause, das Zimmer ist noch immer nicht gemacht. Ich lege Feuer in den Kamin und schreibe bis um 8, gehe in den Duval St. Michel dinieren und schreibe nachher weiter bis Mitternacht. Darauf gehe ich ins Café d'Harcourt, unterhalte mich zwei Stunden mit Rachel, Bertha, Germaine, Lucie, Susanne etc. und bin um zwei wieder auf meinem Zimmer. Es ist noch immer nicht gemacht. Ich arrangie-

re das Bett ein wenig, lege mich schlafen, lese noch bis
gegen fünf und schlafe ein.

2. Januar 1894

Ich lasse mir um 9 Uhr eine Chocolade vors Bett bringen, schreibe bis drei, gehe in mein petit Restaurant déjeunieren, dann ins Café Vachette und gegen fünf zu
Mlle. Read. Ich bin auf jede Art Gefühlsausbruch gefaßt. Ich habe mich darauf vorbereitet, daß sie mich um
Rat fragen werde, ob sie Mme. Herwegh die 500 frs geben soll, um die sie sie angepumpt hat. Sie schleppt einige dicke Bände herbei und zeigt mir ihr Lebenswerk. Sie
sucht auf der Nationalbibliothek alle Zeitungsartikel zusammen, die jemals über Barbey d'Aurevilly erschienen
sind, und klebt sie in dicke Hefte. Sie schenkt mir die
Photographie von Barbey d'Aurevilly und die Gedichte
von Mme. Ackermann, gibt mir Heines Testament und
einiges andere zu lesen mit und überreicht mir im Namen
von Mlle. Rousseil deren Broschüre. Mlle. Rousseil war
gestern bei ihr, sie hat ihr das Album gezeigt, das ich ihr
geschenkt, und Mlle. Rousseil hat lebhaft bedauert, daß
sie nicht auch darin vertreten sei. Nachdem wir eine
Stunde gesprochen, gehe ich nach Hause und schreibe.
Um 12 im Café d'Harcourt treffe ich Gaston Fero. Mit
seiner Gesundheit geht es besser, er fühlt sich wenigstens
in guter Stimmung und nimmt seine Beziehungen mit
den Scheusälen, die er sechs Wochen hat schmachten lassen, wieder auf. Rachel kommt und wünscht mir ein
gutes neues Jahr. Schließlich kommt auch Alice, der ich
auf morgen ein Rendezvous gebe. Mein dickes Christkindchen ist nirgends zu sehen. Kurz vor zwei Uhr entwickelt mir Gaston Fero noch folgende Theorie: Wenn
er mit einem Mädchen im Bett liege, so lasse er sie
immer zuerst warten. Daraus könne man sie am besten
erkennen. Wenn sie selber die Initiative ergreife, so sei
das ein Zeichen, daß ihr das dem Weibe eingeborene
Schamgefühl abgehe. Es sei das ein sichereres Kriterium,
als wenn eine elegant angezogen sei. Sobald eine elegant

angezogen sei, wittere er in ihr die große Dame, und das sei ihm unangenehm, während das dem Weibe eingeborene Schamgefühl auch noch bei einer Prostituierten vorhanden sein müsse. Er sei der Abnehmer, er sei derjenige, der bezahle; deshalb müsse das Mädchen, wenn es nicht schon alles Schamgefühl verloren, warten, bis er den Anfang mache.

Um zwei Uhr trennen wir uns. Ich arbeite noch eine Stunde, schlafe dabei ein, erwache starr vor Kälte und lege mich schlafen.

3. Januar 1894

Stehe gegen drei Uhr auf, déjeuniere und gehe bei eisiger Kälte in den Bon-Marché, um mir einen Plaid zu kaufen. Bei der Read treffe ich Mlle. Douglas, Mlle. Marie Lefond und eine schweigsame Dame, die ich nicht kenne. Die Unterhaltung dreht sich wieder um Mme. Block, die sich in Balltricette erschossen, nachdem sie ihren Mann und eine zehnjährige Tochter verlassen in der Erwartung, Dr. Privier, Professor an der Sorbonne, werde sie heiraten. Sie war unter die Dames de France gegangen und hatte sich dabei in Dr. Privier verliebt. Ihr Mann hatte ihr trotz vollzogener Scheidung noch genügende Mittel gegeben, daß sie in einem mit allem Geschmack und Luxus ausgestatteten Appartement an der rue des Écoles wohnen konnte. Da sie aber Dr. Privier nicht heiraten wollte oder konnte, hat sie sich in Balltricette erschossen. Alles anerkennt, daß sie eine Frau von außerordentlicher Schönheit gewesen sei, und das einzige, was man ihr nicht verzeiht, ist, daß sie um ihres Geliebten willen eine zehnjährige Tochter verlassen habe.

Es kommt ein junges Mädchen von tadelloser Haltung und einem sehr langweiligen Gesicht und spricht mit der Douglas über Schumann im Gegensatz zu Schubert, eine Unterhaltung, an der ich mich mit Glück beteilige. Schließlich bleibe ich mit der Read und der Douglas allein. Wir kriechen zu dritt in den erloschenen Kamin und Mlle. Read, eine Chaufferette unter den Füßen, plappert wie ein Gebetsrad. Ich gebe ihr Heines Testament zurück und gehe zu Boulant dinieren, treffe dort M. Montreuil, unterhalte mich besser als je mit ihm über die Dramen von Couturier, dem ich bei der Read auf der Treppe begegnet bin, dessen »L'inquiétude« sie mir mitgegeben, die vor zwei Tagen auf dem Théâtre libre aufgeführt – gehe nach Hause, schreibe noch die letzten drei Sätze am vierten Akt und trage das Manuskript zur alten Herwegh.

Die Alte empfängt mich mit ungeheuchelter Freude. Wir haben uns seit drei Tagen nicht gesehen. Sie braut mir einen Grog und setzt mir Datteln vor. Darauf gratulieren wir einander zum neuen Jahr. Neben dem Kamin liegt wieder ein mächtiger Scheiterhaufen aufgeschichtet, auf den sie mich mit Stolz aufmerksam macht. Sie komme sich vor wie eine indische Witwe. Ich solle ihn mir genau ansehen, in zehn Tagen sei nichts mehr davon übrig. Wenn bis dahin die Read nicht mit ihrem Geld ankomme, wisse sie nicht, wovon sie heizen solle. Sie zeigt mir zwei Briefe, die sie zum Neujahr empfangen, einen von Mme. Street und einen von Mme. de Rousseau. Die Ménard habe noch nicht von sich hören lassen. Vielleicht werde sie mit ihrer Tochter kommen und sie besuchen. Sie sei zwar von Gesundheit schwach, habe indessen ja ihren Wagen. Von Natur aus sei Mme. Ménard sehr gesund gewesen, während der Kommune habe man aber ihren Mann arretiert, und die Frau habe darüber ihre Periode verloren. Infolgedessen leide sie an Blutarmut im Kopf und Neuralgie. Kinder könne sie gar nicht mehr bekommen. Die Verlobung ihrer Tochter mit Georges Hugo werde ihr übrigens auch genug zu denken geben.

Mit Zittern und Zagen und doch nicht ohne Stolz sieht die Alte dem Erscheinen des Artikels über sie und Orsini im Figaro entgegen. Mit ihrem Sohn Horace werde es einen fürchterlichen Krakeel setzen, die Street indessen werde dann behaupten, sie sei ihre beste Freundin. Gestern sei die Lewenoff bei ihr gewesen, hätte sich nach mir erkundigt. Sie habe ihr gesagt, ich habe Silvester mit ihr gefeiert. Darauf habe die Lewenoff gesagt: »Und zu mir kommt er nicht!« Schließlich erzählt sie mir noch 70 Jahre alte Geschichten aus ihrer Pensionszeit. Wir trennen uns gegen zwölf, und ich gehe ins Café d'Harcourt.

Im finstersten Winkel sitzt Gaston Fero. Er sagt, er gehe jedenfalls bald fort, er habe etwas vor. Ich bitte ihn, sich nicht abhalten zu lassen. Darauf kommt Alice und fragt mich, ob ich sie mit mir nehme. Ich führe sie zu Mimbach hinüber, wir essen zwei Dutzend Austern, trinken eine Flasche Wein, darauf kommt ihre Freundin Emma und erzählt von Folies-Bergère, von Emilienne d'Alençon, von deren Schönheit sie ganz entzückt ist. Wir kehren ins d'Harcourt zurück, und Emma macht sich auf die Suche nach einem Herrn. Schließlich hat sie einen gefunden, ein konfisziertes Gesicht, der reine Bauchaufschneider. Sie kommt zurück, zeigt ihn uns und fragt, ob sie ihn wohl nehmen solle. Er habe ihr 10 frs geboten, sie werde sich aber jedenfalls im voraus bezahlen lassen. Bevor sie mit ihm geht, kommt sie nochmal, um uns adieu zu sagen. Neben uns sitzt Bibi mit seinem glattrasierten Spitzbubengesicht, mit eingeschlagenem Hut und macht mimische Kunststücke, indem er die Augenlider hinaufklappt. Gegen zwei Uhr nehmen wir der scheußlichen Kälte wegen eine geheizte Droschke, in der die Scheiben fehlen, und fahren nach Hause.

Ich mache Feuer, Alice entledigt sich ihrer reizenden Toilette, ich entkleide mich gleichfalls bis auf meine silbergrauen Trikots, und wir setzen uns vor den Kamin, rauchen und plaudern. Sie löst ihr dunkelblondes, üppiges Haar auf, das ihr wie eine Mantille um die Schultern bis auf die Hände fällt. Ihre großen, lichtvollen blauen Augen, das Olympisch-triumphierende in ihren Zügen, ihre herrlich gezeichneten frischen Lippen, ihre vollen, frischen, weißen Arme, ihr feines Spitzenhemd mit den blauen Schleifen, das alles ist von einem Reichtum, von einer Vollendung, wie ich sie noch bei keiner anderen gefunden.

Ich nehme ihre Füße auf meinen Schoß, klappe sie mehrmals auseinander, sinke dann dazwischen und mache ihr Minet. Obschon sie sich vorher nicht gewaschen,

ist nicht der leiseste Beigeschmack zu spüren. Ich genieße die gebotene Delikatesse um ihrer selbst willen, als
Lusthyliker, als Gourmet, ohne mich im geringsten sinnlich dabei aufzuregen. Sie hat mir ihre Beine über die
Schultern gelegt und setzt mir die Fersen in den Rücken,
um mich anzuspornen. Mit den Händen hält sie mich bei
den Haaren fest. Ihr voller Körper gerät ins Zittern, er
windet sich und bäumt sich auf; schließlich wiehert sie
wie ein Füllen. Ich renke mir die Kinnlade wieder ein,
merke, daß ich mir das Zungenband zerrissen habe und
lispele wie ein Jude. Nachdem sich der Sturm in ihrem
Körper gelegt, geht sie ins Cabinet de toilette, um sich zu
waschen, ein Bedürfnis, das ich meinerseits nicht empfinde.

Nachdem wir noch eine Ewigkeit geschwatzt, legen wir
uns zu Bett. Ich frage sie, ob sie Sozialistin oder Anar-
chistin sei. Sie sagt, sie sei je-m'en-Foutiste. Sie hat un
petit pucelage von 14 Tagen und genießt mich mit der
Klugheit, Umsicht und Vorsorge einer Künstlerin in ihrem Beruf. Bei brennenden Kerzen schlafen wir ein unter einem neuen schottischen Plaid, den ich mir heute im
Bon-Marché gekauft und den ich der großen Kälte wegen über meine Bettdecke gebreitet habe.

4. Januar 1894

Alice erhebt sich um ein Uhr. Es ist stockfinster im Zimmer. Die dichten Vorhänge lassen keinen Lichtstrahl
durch. Ich mache Licht und stecke frische Kerzen auf.
Darauf zieht sie sich rasch an. Jedes ihrer Kleidungsstük-
ke ist einfach und elegant, patent und sauber, von den
feinen Schnürstiefeletten bis zu ihrer schwarzen, mit Pelz
verbrämten Samtmantille und ihrem mächtigen Federhut. Ihre Erscheinung ist imposant, ohne irgendwie ins
Kolossale zu gehen. Ihre Augen strahlen olympische Le-
bensfreude. Ich wälze mich noch bis drei Uhr im Bett,
gehe dann bei schneidender Kälte zum Déjeuner und ins
Café Vachette, wo ich die Broschüre von Mlle. Rousseil
lese.

Es mischt sich darin ihr Haß gegen Mlle. Téoudier mit ihrer Begeisterung für das klassische Altertum, Klagen über schlechtes Essen bei der Tischlendier, über schlaflos auf dem Nachttopf zugebrachte Nächte mit Zitaten aus Tacitus, mit Briefen vom Präsidenten Cornot, von Bessing, von Gounod, mit Gedichten von Armand Sylvester, daneben heftige Anklagen gegen Mme. Adam, die ihren ersten Gatten umgebracht und drei Kinder von Père Dedor haben soll, den sie einen Judas nennt, dann die Beschreibung des Elends der aus Rußland vertriebenen Juden, die sie in Paris aufgesucht, um ihnen Trost zu spenden, neben der Beschreibung der Lage der Tischlendier im Odeon, die sie ein Wanzennest nennt, die Behauptung, die Tischlendier esse ungekochte Kalbsfüße, während sie selber, wenn sie in Tragödie auftrete, sich von Beefsteaks nähren müsse, dazwischen Streitigkeiten über alte Kleidungsstücke, über Hemden, die ihr die Tischlendier gegeben, die aber zerrissen gewesen sein sollen, sodann ihre Verteidigung vor Gericht, mit Versen aus Phädra und Athalon gespickt, Kritiken von Richeque und Serery, den sie einen alten Silen nennt, ihre Jugendgeschichte und die ihrer Mutter, die in Straßen Blumen verkauft, eigene Gedichte über Elsaß-Lothringen, Landpartien, die die Tischlendier mit einem reichen Herrn unternommen, Beziehung zum Hause Rothschild, das beide nach Kräften angebettelt haben. Etc. etc.

Zum Diner gehe ich in die Maison Fara, wo mir die Bonne sagt, die Herren kämen noch zuweilen, seien heute abend sogar noch dagewesen. Ich schreibe zu Hause bis um zwölf und gehe ins Café d'Harcourt. Alice sagt mir guten Abend und fragt, wann ich aufgestanden sei. Emma ist mit ihrem konfiszierten Herrn von gestern sehr zufrieden. Il était très gentil. Im letzten Moment kommt noch mein Christkindchen, wird sentimental, aber herzlich, läßt sich eine heiße Bouillon kommen und nimmt mir das Versprechen ab, sie vor meiner Abreise nach London noch einmal nach Hause zu begleiten. Ich kehre auf mein Zimmer zurück und lege mich gegen vier Uhr schlafen.

5. Januar 1894

Um acht Uhr lasse ich mir eine Chocolade bringen, schreibe bis zwei, gehe déjeunieren und ins Café, wo ich drei Stunden wie ein Schneider friere und dann zur Read. Anwesend: la belle Mme. Ritter, der Professor vom Lycée Condorcet, Mlle. Douglas und Frl. Read. Die Ritter erhebt sich, sie muß nach Hause, ihre Mutter hat sich die Hand verbrannt. Auch der Professor empfiehlt sich, er ist sehr beschäftigt, er arbeitet seit zehn Jahren an seiner Doktordissertation. Darauf frage ich Mlle. Douglas nach ihrem Eindruck von der Broschüre Rousseil. Sie fragt die Read, wie sie so etwas habe drucken lassen können. Die Read sagt, sie wisse ja nicht, wieviel sie vorher ausgemerzt. Ich sage ihr, es sei schade um jedes Wort, das sie darin unterdrückt habe. Das Gespräch kommt auf Forain, und die Read gefällt sich darin, einige seiner heftigsten Zoten zu erzählen. Durch die Ankunft von Mlle. Chevet läßt sie sich nicht darin stören. Die Chevet bringt die Unterhaltung wieder auf Mme. Block, und ich empfehle mich. Beim Abschied empfiehlt mir die Read »Les liaisons dangereuses«, ein Buch, das das stärkste enthalte, was sie jemals gelesen, und sie vertrage doch gehörige Dosen. Bourget habe sie darauf aufmerksam gemacht. Er schätze es als eines der bedeutendsten Produkte des vorigen Jahrhunderts. Außerdem bittet sie mich zum dritten Mal, ihr etwas in ihr Album zu schreiben.

Ich gehe zum Diner und nachher zur alten Herwegh. Sie bittet mich, ihr vorzulesen, und ich will eben beginnen, als Marcel kommt. Er hat einiges für sein Konzert zu schreiben und benimmt sich dabei so lümmelhaft, daß es mir schwer wird, ihm eine Antwort zu geben. Die Alte fürchtet einen Auftritt und hält mich durch alle erdenklichen Liebenswürdigkeiten, Datteln, Marzipan, Rum, Zigaretten und ihr seelengutes, angstvolles Lächeln im Zaum. Nachdem er seinen Brief beendet, renommiert er noch eine Weile in der schamlosesten Art und empfiehlt sich. Die Alte und ich stehen wortlos am Kamin. Sie bittet mich, laut zu denken. Ich sage ihr, das habe ja gar keinen Zweck und beschränke mich, auf ihr wiederholtes Dringen ihr darauf zu sagen: Er behandelt sie unter aller Kanone. Sie hat mich nie darum gebeten, um ihn verteidigen zu können, um womöglich den elenden Eindruck, den er auf mich gemacht, zu verwischen. Er meine es nicht böse etc. etc., er habe es von seinem Vater, sein Vater sei ebenso gewesen. Darauf bittet sie mich, ihr doch noch einen Akt vorzulesen.

Ich lese so schlecht wie möglich, dessenungeachtet scheint es einen tiefen Eindruck auf die Alte zu machen. Anknüpfend an die Schilderung meiner Heldin erzählt sie mir dann die Geschichte, wie sich Marcel erschossen hat. Sie, die alte Herwegh, hatte eine alte Freundin, mit der sie seit dreißig Jahren im besten Einvernehmen stand, eine Mme. de la Nux. Mme. de la Nux hatte einen Sohn, der mit siebzehn Jahren ein fünfzehnjähriges Mädchen heiratete, eine Mlle. Livaro. Sie hatten sich als Kinder gekannt und waren in der Ehe wie Kinder miteinander. Nach einem Jahr war das erste Kind da. Der Vater sprang mit ihm wie ein Kind im Zimmer herum. Ein Jahr später war er vollständig verrückt und mußte in eine Irrenanstalt gebracht werden. Die damals siebzehnjährige junge Frau ergab sich einem reichen Herrn, dem sie nach einigen Jahren versprach, ihn zu heiraten, wenn er das nötige Geld zur Scheidung von ihrem im Irrenhaus befindlichen Mann hergebe. Nach vollzogener Scheidung heiratete sie, um ihr Versprechen nicht einlösen und die Frau ihres Geliebten werden zu müssen, einen alten Herrn, der weniger seiner Jahre wegen als aus anderen Gründen ungalant war. Sie behauptete, er habe eine Fistel. Darauf fürchtete sie Tag und Nacht, ihr ehemaliger Liebhaber werde sie gelegentlich umbringen. Mit der alten Herwegh stand sie trotz alledem auf bestem Fuß. Sie nannte sie la mère idéale, und die Alte scheint sie auch sehr gern gehabt zu haben. Aber gelegentlich einer Soirée, an der Marcel mit ihr spielte, sagte die alte Herwegh zu ihrer alten Freundin Mme. de la Nux: Wenn sich die Frau um Gottes willen nicht in Marcel verliebt! Das wäre sein Verderben. Die alte de la Nux behauptete von ihrer ehemaligen Schwiegertochter, sie sei die einzige Ursache, daß ihr Sohn verrückt geworden sei. Das hinderte sie indessen nicht, ihrer ehemaligen Schwiegertochter sofort die Befürchtungen der alten Herwegh zu hinterbringen. Tags darauf begegnet die junge Frau Marcel auf der Straße und fragt ihn: Voulez-vous être mon amant? Und Marcel antwortet: Oui. Die alte Herwegh behauptet übrigens, sie hätte schon mit ihm angebändelt gehabt. Sie hat ihn dann soweit gebracht, daß er sich erschossen hat. Ein Knopf verhinderte die Kugel einzudringen. Marcel glaubte indessen, sich getroffen zu haben und stürzte nieder. Die Kugel fand sich unten im Rockfutter. Er ging darauf zu seiner Mutter. So, sagt die alte Herwegh, kam mir mein Kind wieder. Einzig den Bemühungen des alten Dr. Lallier sei es gelungen, ihn vom Tode zu retten. Vorher soll er sich übrigens schon zweimal mit Morphin vergiftet haben, wobei es ebenso lediglich dem alten Lallier zu danken gewesen sei, daß er am Leben geblieben. Die junge Frau hatte sich dann von ihrem impotenten Mann, nachdem derselbe ihr Vermögen durchgebracht, scheiden lassen. Sie hat ihren Mädchennamen wieder angenommen, und Mme. Livaro schreibt vor einem Jahr von Nizza aus einen Brief an die alte Herwegh.

Die alte Herwegh holt ihre Briefmappe vom Schreibtisch und liest mir den Brief vor. Mme. Livaro sieht sich aller Existenzmittel beraubt und trägt sich mit der Absicht, eine Stelle als dame de compagnie anzunehmen. Der Brief ist warm und ehrlich, nicht ohne eine gewisse Kindlichkeit. Sie sucht die alten Beziehungen wieder herzustellen. Sie hat so lange nichts von der alten Freundin, von ihrer mère idéale, gehört. Sie bittet um Nachrichten. Die alte Herwegh hatte ihr geantwortet, wenn ihr Sohn noch am Leben sei, so sei das nicht ihr zu danken, sondern dem alten Lallier, und das einzige, worum sie sie bitte, sei das, sich von ihr und ihrem Sohn fernzuhalten. Sie hat den Brief noch da. Marcel hatte ihr verboten, ihn abzuschicken. Darauf hatte sie ihren alten Freund Lallier gefragt, der ihr gleichfalls geraten, lieber gar nicht zu antworten. Die junge Frau hat sich drei Monate, nachdem sie der alten Herwegh damals geschrieben, mit einem jungen Offizier verheiratet, zehn Jahre jünger als sie, der aus [. . .] zurückkam, da er den dortigen Dienst nicht ertragen konnte. Gegenwärtig lebt sie mit ihm in Algier.

Es ist schon nach ein Uhr, wie ich die Alte verlasse. Ich gehe rasch noch ins Café d'Harcourt und lege mich schlafen.

6. Januar 1894

Ich wache um 9 Uhr auf, lasse mir eine Chocolade bringe, schlafe wieder ein und erwache nicht mehr vor sechs Uhr abends. Gehe zum Odeon und in einige andere Buchhandlungen, um mir die »Liaisons dangereuses« zu kaufen. Überall sagt man mir, sie seien polizeilich verboten. Bei einem Antiquar an der rue Soufflot finde ich schließlich ein wunderschönes Exemplar, die erste Ausgabe, ganz in Leder mit Goldschnitt zu 10 frs. Ich diniere chez Catelain im Palais Royal. Wie ich wieder auf die Straße trete, ist der nördliche Himmel rot. Ich gehe dem Schein nach. Es scheint mir im Théâtre des Variétés zu brennen. Es ist indessen jenseits des Boulevards, dicht neben Folies-Bergère. Flammen sieht man nicht, dagegen sind zwei Straßen taghell vom Widerschein. Nachdem ich eine Weile zugesehen, nehme ich mir einen Fauteuil in Folies-Bergère und freue mich an den bezaubernd schönen Beinen der Emilienne d'Alençon, die in dem »Ballet des 42 arts« gradatim enthüllt werden. Nach Schluß der Vorstellung ist von dem Feuer nichts mehr zu sehen. Die Spritzen arbeiten noch. Die Schläuche, die die Straße entlang liegen, sind sehr defekt und spritzen den Damen, wie sie darüber treten, in die Kleider hinauf, wobei ein allgemeines Gekreisch entsteht. Ich gehe in die Brasserie Pont Neuf und lege mich um zwei Uhr hundemüde ins Bett.

7. Januar 1894

Gegen Abend gehe ich zur alten Herwegh. Sie hat den 3. Akt noch einmal durchgelesen und findet ihn fürchterlich. Aber vor allem, sagt sie, eine Frage ans Schicksal. Können Sie mir 10 frs. leihen? Ich gebe ihr die 10 frs und bin eben im Begriff, mit dem 4. Akt zu beginnen, als Marcel kommt, wie immer in einer Aufregung, um die Billette für sein Konzert zu sortieren. Es entwickelt sich eine ekelhafte Hickhackerei zwischen ihm und seiner Mutter, dazwischen schimpft er auf seinen Bruder und mutet mir zu, seine Witze zu belachen. Absichtlich sagt ihm seine Mutter mit einer gewissen Feierlichkeit, sie hätte sich ihr Billett für das Konzert selber gekauft. Er dringt in sie, es sich doch von ihm schenken zu lassen. Sie entgegnet, sie mache es sich zum Neujahrsgeschenk, er solle ihr doch die Freude lassen, sie habe sich ja sonst auch immer ihr Billett gekauft; und dabei gibt sie ihm die 10 frs, die sie mir eben abgepumpt, er solle nur gleich gehen und die Einladungskarten damit spedieren. Er umarmt und küßt sie und nimmt die 10 frs in Empfang. Er hatte sich jedenfalls am Vormittag mit ihr darüber beraten, wo wohl das Geld zum Expedieren der Karten aufzutreiben sei. Sie wird ihm geantwortet haben: »Wedekind kommt heute abend. Ich will versuchen, ob er was hat.« Nun führen sie mir zusammen diese Komödie vor. Wie er sich verabschiedet, bringe ich es noch über mich, ihm freundschaftlich die Hand zu drücken, aber kaum ist er draußen, so spüre ich einen grauenhaften Nervenanfall. Ich habe die Sprache verloren, ich bringe den Mund nicht auf und schlage der Länge nach auf die Diele hin. Ich fühle, es wäre mir eine Wohltat zu schreien, aber ich kann nicht. Die Alte überblickt sofort die Situation, holt Eau de Cologne, reibt mir die Schläfe ein und hält sich ruhig. Ich raffe mich denn auch wieder auf, es vergeht aber etwa eine Viertelstunde, bis ich wieder sprechen kann. Wie die Alte sieht, daß es besser wird, erzählt sie mir eine dumme Geschichte von einem Menschen mit einem komischen Namen und bringt mich allmählich zum Lachen. Sie benimmt sich gerade so, wie sich Mati vor sechs Jahren nach der fürchterlichen Katastrophe benahm. Nur daß Mati, während sie lachte, die Augen voll Tränen hatte.

Ich verabschiede mich, renne eine Stunde an der Seine herum und gelange schließlich ins Café d'Harcourt. Neben mir sitzt Marie Louise und fragt mich, ob ich Morphinist sei. Germaine kommt und gibt mir die Hand. Marie Louise fragt mich, ob ich mit ihr geschlafen. Sie hätte die Syphilis. Sie hätte einen Offizier krank gemacht, daß er sich drei Monate in Fontainebleau hätte kurieren lassen müssen. Ich sage, sie hätte sie vielleicht von mir. Sie hätte mir ja seinerzeit auch gesagt, Henriette sei syphilitisch. Sie sagt, daß Henriette syphilitisch gewesen sei, wisse das ganze Quartier. Sie sei ja auch daran gestorben. Um zwei Uhr gehe ich nach Hause und lege mich schlafen.

8. Januar 1894

Wache schon um acht Uhr auf, bin aber wie gerädert. Nach Tisch im Café schreibe ich an Hartleben. Nachdem ich abends in der Rue Viovema diniert, gehe ich wieder zur alten Herwegh. Dabei bemächtigt sich meiner eine heillose Angst. Bei jedem Schritt wächst meine Aufregung. Ich fühle, daß es nur eines Wortes bedarf, damit sich mein Anfall von gestern wiederholt. Ich bin entschlossen, wenn Marcel da ist oder kommt, sofort Reißaus zu nehmen. Den ganzen Tag über fühlte ich mich so zerschlagen an Leib und Seele, als wäre ich gestern geprügelt und verhauen worden. Wie ich anklopfe, habe ich das Bewußtsein, daß ich schreckenerregend aussehe. »Endlich, endlich!« sagt die Alte, wie sie mich sieht und fragt mich, wie es mir gestern noch ergangen. Nachdem ich sie beruhigt, sagt sie mir, sie hätte eben den vierten Akt schon gelesen, sie finde ihn fürchterlich. Die Read sei bei ihr gewesen und habe ihr die hundert Francs gebracht. Sie habe sie gebeten, mit mir zusammen das Französische im vierten Akt durchzugehen, sie sei jederzeit bereit, ich möchte ihr nur einen Vormittag bestimmen. Darauf gibt sie mir die dreißig Francs zurück, die sie mir noch schuldig ist. Dann sei jemand anders dagewesen, habe ihr Marrons glacés gebracht und mich auf Donnerstagabend zum Tee eingeladen. Ich rate auf Mme. de Lewenoff, aber es war die Huny. Ich hatte ihr gestern geschrieben, sie möchte mir Hauptmanns »Weber« zurückschicken. Wir gehen die französischen Stellen im vierten Akt zusammen durch, plaudern noch einiges. Gegen zwölf verabschiede ich mich und gehe ins Café d'Harcourt.

Alice und Emma sagen mir guten Abend. Da ich mich sehr langweile, biete ich Alice eine Erfrischung an, sage ihr aber gleich, ich werde sie nicht mitnehmen, da ich gestern einen Nervenanfall gehabt. Sie behauptet dagegen, sich sehr disponiert zu fühlen, da sie seit gestern nacht um zwei bis heute abend um 7 geschlafen habe, und zwar allein. Sie bittet mich, sie nach Chez Balzac zu begleiten, sie müsse durchaus jemanden finden, sie könne heute nicht allein zu Bett gehen. Bis um zwei Uhr habe ich mich indessen eines Besseren besonnen und denke nur noch daran, womöglich die Droschke zu sparen. Das gelingt mir denn auch, indem ich sie bis zum Boulevard St. Germain im Zweifel lasse. Dann bedaure ich, daß kein Wagen da sei, ich würde sie sonst gerne mitnehmen.

Auf meinem Zimmer mache ich Feuer, sie zieht sich aus, und ich lese den Brief von der Huny, den ich im Schalter gefunden, eine vier Seiten lange Epistel. Es sei eine alte Freundin von ihr überfahren worden etc. Alicens blendende, volle Arme erregen meine Begierde. Ich promeniere meine Zunge auf und nieder; sie behauptet, ça me fait jouir. Noch empfindlicher ist sie im Rücken, der Wirbelsäule entlang. Im übrigen ist unser Verkehr etwas deprimiert. Sie hat nicht mehr die erhabene Ehrfurcht vor mir wie am ersten Tag unserer Bekanntschaft. Sie kommandiert mich, ihr die Waschschale herzusetzen, ihr die Serviette zu bringen, ohne sich indessen ästhetisch das geringste zu vergeben. Ich lege mich zu Bett und wärme das Nest. Ich denke immer noch an meinen Nervenanfall von gestern. Wie sie schließlich an meiner Seite liegt, rege ich sie zuerst von Hand bis zum Wahnsinn auf, ehe ich mich ihrer erbarme. Darauf genießt sie aber auch wie ein wildes Tier. Während sie ihre Toilette macht, fragt sie mich, wann sie das letzte Mal bei mir gewesen. Ich nehme meine Memoiren vor und sehe nach. Es war am 3. Januar. Sie fragt, ob ich ein Tagebuch führe, und will durchaus lesen. Da das nicht geht, bittet sie mich, ihr zu übersetzen. Das tue ich, so gut ich kann, sie meint aber, ich halte sie zum besten. Es scheint ihr nicht recht glaublich, daß ich solche Schweinereien zu Papier bringe. Einige Details überzeugen sie indessen von der Echtheit. Sie sagt, moi aussi je vais faire mon journal – écrire des cochonneries – je fais un michet – il me fait muni – ça fera du bon, ça!

Die ganze Nacht lasse ich sie nicht mehr aus den Händen. Selbst im Schlaf setze ich meine Exerzitien fort. Sooft ich aufhöre, wacht sie auf und bittet mich fortzufahren. Sie könne sonst nicht schlafen. Mittags um ein Uhr wache ich auf und bemächtige mich ihrer, aber sie schläft noch. In meiner Umarmung wacht sie erst auf. Sie bleibt bis vier Uhr nachmittags zu Bett. Einmal träumt mir, sie sei schon fortgegangen. Wie ich erwache, ist sie noch da. Ich zeige mich auch ihrer Gegenwart noch würdig. Um vier Uhr zieht sie sich an, natürlich bei brennenden Kerzen und geht, nachdem sie mir noch ein kleines [. . .] geschenkt, von dem ich hier eine Probe einklebe.

Ich stehe um sechs Uhr auf, gehe an Leib und Seele gestärkt und erfrischt ins Café Vachette, schreibe an die Huny, diniere an der Avenue de l'Opéra. Den Abend verbringe ich in der Olympia. Wie ich im Promenoir sitze, kommt ein Mädchen in blendender Toilette mit Diamanten am Hals und fragt mich, ob ich ihr etwas anbiete. Ich sage: Oh, je suis tellement [. . .]! – Sie dreht mir den Schnurrbart, flicht mir einen Zopf aus meinem Bart und bittet mich, ihr zwei Sous zu geben: Ça me portera bonheur. Ich gebe ihr zwei Sous. Darauf küßt sie mich ab, daß mir die Sinne schwinden, und geht ihrer Wege.

Bis um zwei Uhr lese ich in der Brasserie Pont Neuf die Zeitungen.

10. Januar 1894

Es ist schon der 10., und ich habe meine Hotelrechnung noch nicht bezahlt. Ich stecke ein Tausend-Franken-Billett zu mir, das zweitletzte, und wechsle es im Crédit Lyonnais. Darauf lasse ich mich photographieren, um dereinst zu wissen, wie ich aussah, als ich 1 000 frs in der Tasche hatte. Gegen Abend gehe ich zur Read. Mlle. Read hat Damentee, die Katze Barbey d'Aurevillys auf dem Schoß und erzählt wieder einmal, anknüpfend an den Gesundheitszustand ihrer Mutter, die seit drei Wochen an Nasenbluten leidet, den Tod ihrer jüngst verstorbenen grauen Katze, den Dr. Seligmann steinhart so klug prognostiziert hatte: die Augen sind dilatiert, die Zunge sieht schlecht aus. Jedenfalls steckt es im Hirn. Entweder stirbt sie, oder sie kommt davon. Den ganzen Tag hat sie in ihrem Bett zugebracht, und die anderen sechs Katzen waren abwechselnd hingegangen, um sich nach ihrem Befinden zu erkundigen. Man hatte ihr die Brust geschoren und ein Pflaster darauf geklebt. Um Mitternacht kam sie an den brennenden Kamin geschlichen und war tot, nachdem sie zwei Kaffeelöffel voll Boisson getrunken.

Mir gegenüber sitzt Dr. Letourneau, um dessentwillen sich die jüngste Tochter von Alexander Herzen, noch keine sechzehn Jahre alt, in Florenz erschossen hat. Die Rede kommt auf die Broschüre von Mlle. Rousseil; es klingelt, und Mlle. Read bittet uns, einen Augenblick etwas leiser zu sprechen, da sie es vielleicht selbst sei. Es ist la belle Mme. Ritter. Sie ist in entsetzlicher Angst. Sie hat schon fünf Besuche gemacht, und überall hat man sie gefragt, ob Vaillant zum Tode verurteilt sei oder nicht. Wenn man ihn zum Tode verurteile, werde er zum Märtyrer, und dann sei kein Mensch mehr seines Lebens sicher. Mlle. Douglas, die sich sonst vor jedem Luftzug fürchtet, ist dafür, daß man ihn hinrichtet. Die Unterhaltung wird so langweilig, daß ich mich verabschiede.

*Wedekind ließ sich am 10. 1. 1894 in Paris photographieren,
»um dereinst zu wissen, wie ich aussehe, als ich 1 000 frs in
der Tasche hatte«.*

Nach dem Diner gehe ich zur alten Herwegh. Um Mitternacht im Café d'Harcourt treffe ich Gaston Fero. Er hat seine so schmerzlich unterbrochene Ausbildung zum Genußmenschen wieder aufgenommen. Er hat ein Mädchen gefunden namens Jeanne, ein Gesicht von echt griechischer Schönheit. Glücklicherweise ist sie nicht da. Zu seiner Susanne wird er nicht mehr zurückkehren. Sie zieht sich ihm zu anständig an. Sie ist auf dem Wege, sich zur großen Dame zu verunstalten.

11. Januar 1894

Stehe um halb neun auf und bin um halb zehn bei der alten Herwegh. Gleich darauf kommt Mlle. Read, und wir nehmen zu dritt noch einmal das Französische im vierten Akt durch.

Mlle. Read thront wie eine Prinzessin auf dem Sofa, die Alte zu ihrer Linken, ich zur Rechten. Ich fühle mich sehr befriedigt durch dieses entgegenkommende Verständnis der beiden Damen. Die letzte Szene und die Figur der kleinen Kadega überhaupt erregt bei beiden rückhaltloses Gefallen. Nach vollendeter Arbeit kommt die Rede auf Dr. Letourneau und somit auf Alexander Herzen und seine Tochter Nathalie, die ihrer Mutter, Herzens erster Frau, in jeder Hinsicht gleich sein soll. Nach den Junitagen wurde er aus Paris ausgewiesen und ging mit seiner Frau nach Genf. Sie war hochschwanger.

Die alte Herwegh sagte damals zu ihrem Mann, er solle auch gehen, da ihm das gleiche Schicksal drohe. Sie konnte ihn nicht begleiten, da das nötige Geld fehlte. Herwegh hatte Herzen zwei Jahre lang seiner vollkommen unbedeutenden Frau wegen bemitleidet, verliebte sich aber in Genf in sie, und alle drei mieteten am Genfer See eine Villa. Darauf gingen sie nach Nizza, wohin ihnen dann die Herwegh, die bereits Lunte gerochen, folgte. In Nizza deliberierten Herzen und Herwegh darüber, ihre Frauen zu tauschen. Herzen scheint sich indessen mit der Herwegh nicht eingelassen zu haben, dem

Verkehr zwischen seiner Frau und Herwegh sah er indessen ruhig zu. Mit Charles Eduard zusammen gab er dafür seinen Freunden Feste im Bordell, wofür ihn seine Frau anbetete. Sie wußte ihren Mann und ihren Liebhaber zu fesseln, bis ein Freund Herzens ihn einmal bei einem Diner zur Rede stellte wegen des Betragens seiner Frau. Herzen stellte in der nämlichen Nacht seine Frau zur Rede und beauftragte Frau Herwegh, am folgenden Morgen ihrem Mann zu sagen, er wolle sich mit ihm schießen. Die Herwegh entgegnete ihm, er möge auf ihren Mann schießen, wenn er glaube, sich dadurch Genugtuung zu verschaffen. Dagegen könne sie ihm im voraus sagen, daß Herwegh niemals auf ihn schießen werde. Darauf forderte er von ihr, sie solle mit Herwegh zusammen abreisen. So reiste sie mit ihrem Mann nach Genua, indem sie die Stelle der barmherzigen Schwester bei ihm versah und ihn nach Kräften über das zerrissene Verhältnis tröstete.

Herwegh hatte keinen Appetit und aß nichts, und Frau Herwegh sagte sich, dann esse ich eben auch nichts. Er hatte sich mit Herzens Frau dahin verabredet, sie wollten ein Jahr getrennt leben, um jeder seine Schuld zu sühnen, dann wollten sie sich scheiden lassen, sie von ihrem Mann, er von seiner Frau, und sich heiraten. Vor der Abreise nach Nizza hatten sie sich schon zusammen erdolchen wollen, ein Entschluß, den gleichfalls Herweghs Frau vereitelt hatte. Sie besitzt den Dolch heute noch.

Herzens verließen indessen bald darauf Nizza und versöhnten sich wieder, wiewohl Herzens Frau wiedermal hochschwanger war, und zwar von Herzen, wie Frau Herwegh behauptet. Herwegh hielt es in Genua nicht lange aus. Er ging in die Schweiz, nach Zürich und Laufenburg, wo er drei Jahre lang in tiefster Verkommenheit lebte. Seine Frau hatte in Genua bald einen Hof von Verehrern aus der italienischen Emigration um sich. Es war die Zeit, wo sie Orsini, Garibaldi, den Conte Pepoli, Mazzini, Fabrici etc. kennenlernte. In einen derselben verliebte sie sich und schrieb es, da sie sich nicht sicher fühlte, ihrem Mann. Herwegh schrieb ihr zurück, er habe seine Rechte an sie verloren. Sie sei frei. Sie sagt, sie habe das furchtbar grausam gefunden. Um dieselbe Zeit kam Karl Vogt von Nizza herüber, sagte ihr, die Herzens seien fort, sie möge doch wieder nach Nizza kommen. Sie gab ihm denn auch ihren Sohn Horace, der damals acht Jahre alt war, gleich mit und folgte wenige Tage später nach Nizza.

Kaum war sie in Nizza, als auch die Herzens wieder einrückten und sich gerade ihr gegenüber einmieteten. Herzens Frau kam bald darauf nieder und starb im Wochenbett. Die alte Herwegh erinnert sich noch, wie sie an einem sonnigen Nachmittag bei geschlossenen Fensterläden in einer gegenüberliegenden Tischlerwerkstatt einen Sarg für sie zimmern hörte. Herzen berief darauf ein Ehrengericht, bestehend aus Mazzini, Karl Vogt und anderen, um Herwegh als verräterischen Freund ehrlos erklären zu lassen. Außerdem ließ er in Nizzaer Blättern Artikel erscheinen, in denen Herwegh, der Mann, auf den einst eine ganze Nation mit Stolz geblickt, als heruntergekommenes Subjekt hingestellt wurde. Dann schickte er seinen Herrn Harry nach Zürich mit dem Auftrag, Herwegh bei einer öffentlichen Versammlung zu ohrfeigen.

Eines Tages kam auch Charles Edouard, von Herzen abgeschickt, mit einem Brief zu Frau Herwegh, in dem Herwegh an Herzen schrieb, daß er seine Frau nicht mehr liebe. Sie sei häßlich. Sie sei ihm zu klassisch. Frau Herwegh sagte ihm, das Metier, das er da betreibe, sei ein niederträchtiges und wies ihm die Tür. Sie hat ihn nicht wiedergesehen. Er lebt in Paris und hatte noch diesen Winter ein Stück, »L'Agente«, auf dem Theater Dejaret, das an die zweihundert Mal gegeben wurde. Sie sagt, er habe es sich zur Ehre angerechnet, jede Nacht mit einer anderen zu Bett zu gehen. Als er von Algier kam, hatte sie einmal seine Brieftasche in der Hand und fand ein Präservativ darin. Sie sagt, sie begreife es, wie man einen Mann so und so und so an sich drücken könne. Wenn er dann aber plötzlich sage »entschuldige«, dann müsse alle Illusion entschwinden. Sie habe in ihrer

Ehe nie etwas dergleichen gekannt. Charles Eduard war als sechzehnjähriger Jüngling Polizeispion in Warschau und mußte fliehen, weil er ein Verhältnis mit der Frau des Polizeipräsidenten angefangen. Er ging nach Berlin, wo ihn die Herwegh als junges Mädchen kennenlernte.

Herzen ging nach dem Tod seiner Frau von Nizza nach London zu seinem besten Freund. Eines Tages sagte er ihm, ich bin ein schlechter Mensch, ich habe deine Frau genommen. Der Freund entgegnete ihm, du kannst sie behalten, und holte sich am nämlichen Abend ein Mädchen von der Straße herauf. Herzen heiratete seine Eroberung. Sie war eine Freundin seiner ersten Frau. Er hatte fünf Kinder mit ihr. Von seiner ersten Frau hatte er einen Sohn und eine Tochter, die oben erwähnte Nathalie, die schon als Kinder geschlechtlich miteinander verkehrt haben sollen. In dieser Gesellschaft wuchs seine älteste Tochter aus zweiter Ehe auf und verliebte sich mit siebzehn Jahren in Florenz in den damals längst verheirateten Dr. Letourneau. Letourneau erwiderte ihre schriftlichen Anträge mit der Absicht, das Mädchen zur Vernunft zurückzuführen. Dann lag er drei Wochen schwer krank darnieder. Als er wieder genesen, erfuhr er bei seinem ersten Ausgang zu Bekannten, daß sich das Mädchen derweil erschossen hatte.

Der Sohn Herzens, der heute Professor in Lausanne ist, besitzt die Memoiren seines Vaters. In einer Anwandlung von Geldverlegenheit wollte er sie veröffentlichen. Daran hat ihn Dr. Letourneau gehindert. Die Memoiren dürften nicht vor dem Tod der Frau Herwegh veröffentlicht werden. Die alte Herwegh hat das vor vielen Jahren von ihrer Freundin Nicoline erfahren, deren intimer Freund Dr. Letourneau war und bei der sie ihm ein einziges Mal begegnet.

Nachdem Herwegh in der Schweiz drei Jahre lang die Schweine gehütet, bat er seine Frau, zu ihm zurückzukehren. Sie sagte sich damals, ich kann das nur, wenn ich gewiß bin, daß nie ein Vorwurf über meine Lippen kommt. Sie will diese Bedingung, die sie sich gestellt, erfüllt haben. So kam sie in den fünfziger Jahren nach Zürich in die Gesellschaft von Liszt, Wagner, Bülow, der Gräfin Hatzfeld, Semper, Moleschott, Lassalle etc. Dies ist die Herzensgeschichte, die mir die Herwegh vor mehreren Wochen erzählt hat und von der sie sagt, daß eine Frau sich entweder damit abfinden oder das Maul halten müsse. Ich werde begreifen, warum sie trotz aller Anerbieten und Ermunterungen keine Memoiren schreiben könnte.

Ich begleite Mlle. Read nach Hause, gehe zum Déjeuner, verbringe den Nachmittag im Café und bin abends neun Uhr bei der Huny, bei der ich Dr. Felix Vogt und eine Studentin der Medizin treffe. Die Unterhaltung ist so langweilig wie möglich. Felix Vogt ist uninteressant, linkisch, häßlich, ungeniert und abgeschmackt.

Um elf Uhr bricht man auf, und ich schlage der Medizinerin vor, zu Fuß bis ins Quartier zu gehen. Sie ist Ostpreußin, stark brünett, kräftig gebaut, sehr sympathisch mit ausdrucksvollen Augen. Sie schreibt medizinische Berichte für die Huny. Wir unterhalten uns, wie wenn wir seit zehn Jahren miteinander bekannt wären, über die Prostitution minderjähriger Kinder und über Syphilis. Sie wohnt weit hinter dem Pantheon. Nachdem ich sie nach Hause gebracht, gehe ich ins Café d'Harcourt. Mein Christkindchen bittet mich, ich möchte doch einen Américain mit ihr trinken. Uns gegenüber sitzt Alice mit einigen Freunden. Plötzlich tritt ein junger Arbeiter herein und ruft: »Vive Vaillant! Vive l'anarchie! Vive Ravachol! Vive Vaillant! Vive l'anarchie!« Die Studenten klatschen und ermuntern ihn, ohne daß jemand einstimmt, fortzufahren. Der Wirt drängt ihn sachte, nicht ohne Höflichkeit, zur Tür hinaus.

12. Januar 1894

Nachdem ich am Vormittag gearbeitet, gehe ich abends zur Read. Mlle. Read und Mlle. Douglas streiten sich über die Liebe. Mlle. Read behauptet, man könne auch das empfinden, was man nicht erlebt habe. Man errate es dank seiner Intuition. Man mache sich davon ein Bild, wenn man viel gelesen habe. Mlle. Douglas behauptet, das Bild werde niemals der Wirklichkeit entsprechen, es möge ähnlich sein, aber sei nicht getroffen. Es sei toujours à côté. Sie solle ihr eine große Schauspielerin nennen, die züchtig gelebt habe. Ebenso sei es mit den Dichtern. Sie hätten alle nur am Tage geschrieben, was sie in der Nacht vorher ausgeführt hätten. Mlle. Read behauptet, sie hätte aber geliebt, einmal schon mit 12 Jahren und einmal mit 15. Mlle. Douglas fragt sie, was denn das für eine Liebe gewesen sei. Sie schlägt die Hände über dem Kopf zusammen, sie solle sich doch nichts einbilden. Sie habe so wenig geliebt wie der Fauteuil, auf dem sie sitze. Mlle. Read sagt, sie habe es aber empfunden, wozu man denn Romane lese, man kann alles empfinden, wenn man die Anlagen dazu habe, wenn einem die Empfindung ins Herz gelegt sei. Sie würde die Phädra ebensogut spielen, wie eine, die zehn Liebhaber gehabt.

Die Read ist achtundvierzig Jahre alt und die Douglas zweiundfünfzig. Ich hetze von beiden Seiten, soviel ich kann. Beim Abschied sagt mir die Read, morgen oder übermorgen werde die Nemethy in Paris sein. Sie habe ihr von München aus geschrieben.

Nach dem Diner will ich zu Hause arbeiten, schlafe aber dabei ein und lege mich schon um elf zu Bett.

13. Januar 1894

Stehe um fünf Uhr morgens auf, arbeite den ganzen Tag und gehe abends zur alten Herwegh. Ich bin so herunter, daß ich mich schon um zwölf Uhr schlafen lege.

14. Januar 1894

Nach dem Diner gehe ich zur alten Herwegh. Sie kommt auf die Herzensgeschichte zurück. Herzen reiste nach den Junitagen allein nach Genf, und Herwegh reiste mit Herzens Frau nach. Die Gräfin d'Agoult sagte damals zur Herwegh, sie möchte sich vor dieser Frau in acht nehmen. Die d'Agoult hatte ein Verhältnis mit Herwegh gehabt. Als sie das Verhältnis in die Brüche gehen sah, schloß sie sich der Frau Herwegh an.

Die Huny hat Felix Vogt eins von ihren Freibilletten fürs Konzert gegeben. Darüber hat die Alte die ganze Nacht kein Auge zugetan. Felix Vogt hat vorgestern eine abfällige Kritik über Marcel geschrieben. Sie sagt von ihm: Dieser Caliban! Dieser Sauhund! Ich will übrigens den Sauhunden nicht zu nahetreten. Wenn dem jemals die Musen und Grazien erschienen, um ihn zu begaben, so sind sie es mit ihrer Kehrseite – und zwar direkt ins Maul hinein. Wir sprechen von Mlle. Rousseil, von ihrer Korpulenz, und die Alte sagt: Sie hat ein bedürftiges Fleisch, vielmehr ein begattungsbedürftiges Fleisch. Sie bringt gleich die Matratze mit. Sie erzählt mir von Lassalle, er habe eine Pension von 12 000 frs von der Gräfin Hatzfeld bezogen. In seinem Testament habe er allerhand Legate ausgesetzt. Herwegh habe 2 000 frs bekommen, Oberst Rüstow eine jährliche Rente von 300 frs. Rüstow hätte das Duell um jeden Preis verhindern sollen. Er habe es nicht getan, da er selber ein Verhältnis mit der Gräfin Hatzfeld gehabt.

Bis um zwei Uhr im Café d'Harcourt.

15. Januar 1894

Am Nachmittag nehme ich den 4. Akt unter den Arm und gehe damit zur Read. Sie hat mir versprochen, ihn noch einmal lesen zu wollen. Im Salon herrscht Halbdunkel. Eine schlanke Figur erhebt sich neben der Read und streckt mir die Hand entgegen. Es ist die Nemethy. Mme. Read sitzt im Fauteuil zusammengesunken neben dem Kamin, sieht sehr leidend aus und hat einen starken Schnupfen. Die Rede kommt aufs Konzert, und ich fühle mich wonnig berührt, wie die Nemethy sagt, Marcel Herwegh möge sich doch in einem Orchester engagieren lassen. Er spiele ohne Empfindung. Jeder Zigeuner sei ihr lieber. In Paris sei er eventuell noch möglich, dagegen in Deutschland würde sich kein Mensch um ihn kümmern. Ich empfehle mich, mache Toilette, gehe dinieren und nachher zur alten Herwegh. Sie fragt mich, ob sie ›convenable‹ aussehe. Ich sage ihr, sie sei elegant. Sie hat sich eine Brosche, die ihr die Marquise Tollney geschenkt, an die Hutbänder gesteckt. Sie sagt, die Mode könne sie nicht mehr mitmachen, es bliebe ihr nichts übrig, als Moden zu kreieren. Sie gibt mir das Geld für die Hinfahrt in Papier eingewickelt. Das sei weit praktischer, indem man es nicht erst zusammenzusuchen brauche. Sie hatte mir schon˙vorgestern gesagt, daß sie die eine Droschke bezahle. Nachdem sie noch einige Male mit dem Licht in ihre Kammer gelaufen, bittet sie mich, das Papier aufzumachen, sie glaube 2 frs zuviel hineingewickelt zu haben, es sei eine Republik gewesen. Ich habe das Geld längst herausgewickelt, leere also meine Taschen, es findet sich auch ein Zweifrancsstück, es ist aber keine Republik. Sie sagt, dann müsse sie es woanders hingetan haben, sie kenne ja ihr Geld so genau, sie habe es für etwaige unvorhergesehene Ausgaben mitnehmen wollen. Sie fürchtet sehr, während des Konzertes einen Diarrhöeanfall zu bekommen, und wickelt deshalb ihr letztes Ende Licht in ein Papier. Sie gibt es mir, ich möchte es in die Tasche stecken, fordert es dann aber wieder zurück, wickelt es aus und zündet es noch einmal an. Sie wolle doch zu Hause noch einen letzten Versuch machen. Ich solle derweil den Wagen holen.

Ich hole den Wagen und erwarte sie vor der Tür. Während der Fahrt erzählt sie mir, daß fünf oder zehn Billette verkauft sind, Marcel habe gestern abend noch 150 an Duchemin zum Verteilen gegeben. Im Vestibül der Salle Frand erkundigt sie sich beim Personal nach den Einrichtungen, um im Notfall gleich orientiert zu sein. Der Saal ist schon zur Hälfte gefüllt, alles Einladungen, ein unelegantes Publikum. Nachdem wir in der zweiten Reihe Platz genommen, kommen Dr. Beluse, Mlle. Riocii, Herr und Frau Duchemin, um die Alte zu beglückwünschen. Dann tritt Marcel auf und spielt eine hübsche Suite von Sinding. Ich habe mir alle Mühe gegeben, ihn mit Applaus zu begrüßen. Herr und Frau Duchemin, denen die Alte nach dem letzten Konzert bittere Vorwürfe über ihr kühles Verhalten gemacht, scheinen das gleiche getan zu haben. Im übrigen herrscht lautlose Andacht. Dann folgten Henri Falk und Mme. de Lewenoff auf zwei Klavieren. Die Lewenoff, stark dekolletiert, hellgetüpfelt, hat das Auftreten einer übergeschnappten Köchin. Unter ihrem Spiel zittert der riesige Flügel wie ein Zeitungsblatt. Er fährt bei jedem Anschlag zurück. Sie droht, ihm die Beine zu brechen. Nachdem sie sich für den Mangel an Applaus mit einer ungraziösen Verbeugung bedankt und von Herrn Falke eine immense weiße Papiertüte erhalten, in der sich Rosen befinden sollen, erscheint eine zweite Köchin und singt einige Lieder ohne Stimme, ohne Geschmack, von denen man glücklicherweise kein Wort versteht.

Bevor Marcel zum zweitenmal auftritt, packt mich die alte Herwegh krampfhaft am Arm und sagt: »Wenn er wiederkommt, gehen sie doch ein wenig aus sich heraus. Tun Sie mir den Gefallen.« Ich gehe also aus mir heraus, indem ich den Ekel überwinde, den mir sein Anblick verursacht und den scheußlichen Eindruck, den mir die Sängerin hinterlassen. Nach der letzten Nummer kommt Herr Ménard d'Oréant in Begleitung seiner Frau, die aus Angst um ihn während der Kommune ihre Periode verloren, und beglückwünschen die alte Herwegh. Darauf begleite ich die Alte ins Foyer, drücke Mme. Lewenoff meine Bewunderung aus, unterhalte mich mit ihrer jüngeren Tochter, dann kommt Mlle. Read und, wie wir uns eben entfernen wollen, begegne ich noch den wunderschönen Augen von Mme. de Rousseau. Auf dem Vorplatz fragt mich die Alte, ob ich ihr nicht guten Abend gesagt. Ich sage, sie werde mich kaum bemerkt haben. Sie entgegnet, ich solle es doch lieber tun. Ich sage: Ich hätte gar nichts auf der Zunge. Nun, dann lassen wir's, sagt sie, besinnt sich aber auf der Treppe nochmal und schickt mich zurück. Ich solle ihr sagen, ich hätte eben gehört, daß sie da sei, und könne nicht umhin, ihr guten Abend zu wünschen.

Ich gehe also in die Garderobe zurück und sage es ihr. Sie erinnert sich sehr wohl meines Besuches bei ihr und öffnet ihre märchenhaften, unergründlichen Augen meinen Blicken so weit wie möglich. Sie ist in der Tat mehr eine Göttin als ein menschliches Wesen und dabei schon nahe an Fünfzig, wenn nicht darüber. Sie ist die Geliebte von George Street und hat eine elfjährige Tochter von ihm, ein großes, schönes Kind, das morgen ins Leben treten könnte. Das Mädchen hat in Wuchs und Ausdruck das Erbe ihrer Großmutter, der Mme. Street angetreten. Unten im Vestibül sehe ich mich noch einmal Mme. de Rousseau gegenüber. Sie wendet ihre Blicke extra zurück und läßt mich hineinlaufen. Dann erscheint sie noch einmal vor der Wagentür und grüßt zu uns herein, immer in der gleichen, traumartigen Märchenhaftigkeit.

Auf der Heimfahrt erzählt mir die Alte, daß an der Kasse noch 5 Billette genommen worden sind. Das Defizit werde 300 frs betragen. Wenn sie ihren Sohn so spielen höre, möchte sie ihm die Sterne vom Himmel herunterholen. Ich gehe ins Café d'Harcourt und setze mich, da sonst kein Platz zu finden, zu der niedlichen kleinen Madeleine, die vorigen Sommer einige Male bei mir übernachtet. Ich bitte sie, mir eine Empfehlung nach London mitzugeben an ihren Freund Dr. Fox, Oxfordstreet 123. Sie sagt, er werde sich ihrer kaum mehr erinnern. Dann zeigt sie mir ihre neue Brosche, die 200 frs gekostet haben soll, und einen Brillantring, für den sie 400 frs bezahlt. 1 800 frs habe sie auf der Sparkasse. Ich frage sie, ob das ihr väterliches Erbteil sei. Sie sagt nein, sie habe sie sich selbst verdient. Ihr väterliches Erbteil hat sie in Papieren und bezieht jährlich eine Rente von 2 000 frs davon. Davon könne sie mit dem, was sie sich dazuverdiene, ganz behaglich leben.

Dann kommt Gaston Fero. Er ist wieder vollkommen obenauf. Madeleine gefällt ihm nicht schlecht, wenn sie nur nicht so anständig angezogen wäre. Überdies werde ich ihm wohl auch schon die Preise verdorben haben. Gestern hat ein Mädchen im Gespräch mit einigen Herren einen kleinen Revolver aus dem Korsett gezogen. Darauf ist er zum Gérant gegangen und hat ihn gebeten, ihr das zu untersagen.

Gehe abends zur Read, die Unterhaltung dreht sich um
das Konzert, eine nicht ganz waschechte Begeisterung.
Mme. Fourgeuse drückt mir freundschaftlichst die Hand.
Dann kommt la belle Mme. Ritter, sehr leidend, sie wird
in den nächsten Tagen abreisen. Sie ist entrüstet darüber, daß Peladan das Schloß Les Beaux gekauft. Eine
Gönnerin hat ihm das Geld dazu gegeben. Jetzt wird
eine Subskription eröffnet, um in Les Beaux eine Heim-
stätte der Rosenkreuzer zu schaffen. Les Beaux ist eine
alte Besitzung der Tempelritter, in wunderbarer Natur
gelegen. Es drückt ihr das Herz ab, daß der Scharlatan in
diesem Paradies sein Wesen treiben wird. Da er in Paris
und Marseille unmöglich geworden, hat er sich in Nîmes
festgesetzt. Er hat sich bereits in der Mönchskutte photographieren lassen.

Ich verabschiede mich, mache Toilette, gehe zum Diner und nachher zur alten Herwegh, um ihr zu sagen,
daß ich den Abend anderwärts verbringe. Marcel hat am
Tag vor dem Konzert bei Mme. Ménard d'Oréant gespielt. Mme. Ménard schreibt ihm, wie sie sich materiel-
lement bedanken kann. Darauf hat er seiner Mutter ein
Billett an sie diktiert, daß es ihm unmöglich sei, seine
Leistung zu schätzen. Die Alte ist in einer Aufregung, ob
sich die Ménard nicht beleidigt fühlen und am Ende gar
nichts schicken werde. Sie liest mir beide Billetts vor und
fragt mich dringend nach meiner Ansicht.

Nachdem ich mich glücklich losgeankert, nehme ich einen Wagen und fahre zur Nemethy. Sie ist noch nicht
ganz eingerichtet. Im Kamin flackert ein kleines Feuer.
Sie setzt sich zwischen mich und die Lampe. Wir sprechen von Strindberg. Sie sagt mir, er habe sie heiraten
wollen. Das habe sie nachher aus Briefen von ihm an Ola
Hansson erfahren. Er sei sehr in Bedrängnis gewesen
und habe daran gedacht, sich durch sie zu retten. Sie
sagt, der Direktor des Vaudeville habe sie um die Übersetzung eines Stückes von ihm gebeten. Er möchte gern
etwas von Strindberg aufführen. Persönlich habe Strind-

berg auf sie gar keinen Eindruck gemacht. Er habe überhaupt keinen Einfluß auf Frauen, dagegen einen ungeheueren Einfluß auf Männer. Er habe schon mehrere dazu gebracht, sich von ihren Frauen scheiden zu lassen. Die Anklagen gegen seine Frau in seiner Beichte halte sie durchweg für unberechtigt.

Wir kommen auf mein Frühlings Erwachen zu sprechen, und sie gibt mir die Adresse eines Verlegers in Paris, dem ich die Übersetzung anbieten solle.

Darauf kommt die Rede auf Marcel Herwegh. Sie sagt, er habe sich flegelhaft bei ihr benommen. Einer ihrer Freunde habe ihn ohrfeigen wollen. Die Gräfin Soundso, die sehr arm sei, habe ihm 10 000 frs geborgt und als sie die Zinsen gefordert, habe er [. . .], sie hätte wollen, er solle ihre Tochter heiraten und sei wütend darüber, daß er es nicht getan. Einer anderen habe er angeboten, sie zu heiraten, wenn sie ihm 300 frs vorschieße. Der Nemethy selber habe er den Vorschlag gemacht, ihm ihr ganzes Vermögen zu übergeben, er wolle es in Kalifornien zu acht Prozent anlegen. Wenn sie ihr ganzes Vermögen nicht wagen wolle, solle sie ihm wenigstens 20 000 frs anvertrauen. Er habe ihr gesagt, er gäbe seiner Mutter jährlich 2 000 frs; wenn er sich mal verheirate, hätten seine Kinder ein großes Vermögen zu erwarten etc. etc. Dann erzählt sie mir auch die Geschichte, wie er sich bei der Dame erschossen, zur Erde gestürzt ist und sich die Kugel nachher im Rockfutter gefunden hat, und fragt mich, ob ich denn daran glaube, wie er erzählt, daß man seinen Vater vergiftet habe.

Es ist mir eine langersehnte Erleichterung, mich über ihn auszulassen. Sie fragt mich − und sieht mich dabei durchdringend an − ob ich zu ihm gehe. Sie fürchtet, ich möchte ihre Photographie bei ihm gesehen haben. Ich sage, der Himmel bewahre mich. Ich bedauerte, nachdem sie mir das alles erzählt, nur, daß ich mich so über ihn geärgert hatte. Er fange an, mir interessant zu werden. Um elf erhebe ich mich und gehe ins Café Vachette, schreibe an die Breslau, die mich auf Freitag zum Tee gebeten, und bleibe bis zwei im Café d'Harcourt.

18. Januar 1894

Stehe sehr spät auf und fahre, ohne déjeuniert zu haben zum Buchhändler Langen, 112 Boulevard Malesherbes. Ich gebe ihm mein Buch. Er fragt mich, wie alt die Nemethy sei. Ich sage, das hätte ich sie nie gefragt und empfehle mich. Ich verbringe einige Stunden im Grand Café und im Café de l'Univers und gehe nach dem Diner zur alten Herwegh.

Eben hat ihr Mme. Ménard 300 frs für ihren Sohn geschickt mit einem reizenden Billett an sie. Vor Stolz legt sie beide Ellbogen auf den Tisch und sieht mich herausfordernd an. Darauf liest sie mir einen Brief an Mme. Schweizer vor, worin sie ihr wörtlich schreibt, wenn die Musen und Grazien dem Doktor Felix Vogt jemals nahe getreten wären, so sei es höchstens geschehen, um ihm ins Maul zu scheißen. Dann erzählt sie mir per Zufall wieder die Geschichte, wie sich Marcel erschossen und sich die Kugel innen im Rockfutter gefunden hat. Marcel hat den alten de la Nux im Konzert gesprochen. Der Alte hat ihm erzählt, er habe seine Tochter Jeanne verflucht, weil sie gegen seinen Willen einen Arzt geheiratet. Der Arzt habe sie mit Stockprügeln traktiert. Jetzt liege sie im Spital, ohne einen Sou, und sei dans la misère noire. Die Herwegh, die die Jeanne immer sehr gern gehabt, hat einen Brief, von dem Marcel nichts wissen darf, an den alten de la Nux geschrieben, worin sie ihn bittet, ihm die Adresse seiner Tochter mitzuteilen. Sie möchte sie besuchen, um ihr womöglich Trost zu spenden. Dann erzählt sie mir, daß Jeanne mit einem Arzt zusammen bei ihr, der alten Herwegh, Sprachstunden genommen und etwa drei Jahre später plötzlich einen etwa dreijährigen Jungen adoptiert hätte, der damals schon ihr und dem Arzt so auffallend ähnlich gesehen habe. Sie habe eine unabweisbare Ahnung, als sei der Arzt, um dessentwillen ihr Vater sie jetzt verflucht, der nämliche von damals. Die Dame, bei der sich Marcel erschossen hat, war übrigens nicht die Tochter des alten de la Nux, sondern nur eine Bekannte, so wie auch die Phegine, die später die Maitresse des Grafen Morny wurde, und, als sie der Graf abschütteln wollte, ihn eines Abends noch einmal in seiner Badestube besuchte. Graf Morny saß im Bad, die Phegine stand hinter ihm, dem Spiegel gegenüber. Sie sagte Bonsoir und jagte sich eine Kugel ins Herz.

Bis zwei im Café d'Harcourt.

19. Januar 1894

Nehme um halb fünf Uhr einen Wagen und fahre zur alten Herwegh. Sie ist schon fix und fertig, ich führe sie hinunter, und wir fahren zusammen zur Read. Auf der Treppe begegnet uns ein Priester. Wir treten ein, ich sehe natürlich nichts, und die Read fragt: Wer will die Damen vorstellen? Indessen habe ich die Nemethy entdeckt und präsentiere sie der Alten. Gegenseitige stumme Enttäuschung. Die Alte ergeht sich darauf in starrköpfigen Lobreden auf Marcels gefühlvolles Spiel, während ich der Nemethy meinen gestrigen Besuch beim Buchhändler Langen erzähle. Ich nehme ihr das Versprechen ab, wenn Langen anbeißt, die Übersetzung sofort zu vollenden. Sie bittet mich, anderwärts nicht von Langen zu sprechen. Er fange erst an zu verlegen, er scheine viel Geld zu haben, und wenn das ruchbar würde, werde er von Schriftstellern überlaufen. Darauf sagt sie der alten Herwegh, sie möchte Marcel bitten, sie recht bald zu besuchen. Sie sehne sich so sehr danach, ihn wiederzusehen. Mich bittet sie um die Adresse der Alten und um die Marcels. Ich gebe ihr beide, ohne daran zu denken, daß ich ihr vorgestern gesagt, ich kenne Marcels Adresse nicht. Sie wirft mir wieder einen durchdringenden Blick zu. Darauf erzählt sie der Gesellschaft, sie sei im Zweifel, ob sie Eremitin oder Nonne werden solle. Sie fühle sich so schrecklich einsam. Bei sich zu Hause halte sie es nicht aus. In Schliersee habe sie den ganzen Tag über den dreijährigen Jungen Ola Hanssons bei sich gehabt. Sie möchte so gerne Kinder haben. Mlle. Read meint, man könne ja eins adoptieren, aber das sei auch eine heikle Geschichte. Ich habe auf der Zunge, wenn man ein Paar Stiefel brauche, so lasse man es sich machen.

Auf der Heimfahrt erzählt mir die alte Herwegh, der alte de la Nux habe ihr geschrieben, an dem Unglück seiner Tochter sei kein wahres Wort, sie habe allerdings den Arzt von damals geheiratet, der sich zu dem Zweck zuerst hat scheiden lassen müssen, befinde sich aber in jeder Hinsicht wohl, werde von ihrem Mann nicht mißhandelt und liege auch nicht im Spital.

Ich mache Toilette, gehe dinieren und fahre zur Breslau. Ich finde sie in Gesellschaft ihrer Schwester und ihrer Gesellschaftsdame. Ich empfinde schon wieder das Enervierende ihres lauten, unschönen, rohen Wesens. Ihre Unterhaltung macht mir den Eindruck, als fuchtle man mir mit einer scharfen, blanken Klinge vor den Augen. Sie selber macht mir den Eindruck eines abgehetzten aufgeregten Rennpferdes, das für fünf Minuten still steht, mit zitternden Gliedern, mit kurzem, keuchendem Atem, und den Moment nicht erwarten kann, wo es wieder ausgreifen darf. Ihre Person läßt alles das vermissen, was sie malt. Sie ist der diskrepanteste Gegensatz ihrer Kunst. Sie wohnt weder in anständigen Zimmern noch in einem Zigeunerlager, sondern in einer Wüstenei. Im Gespräch ist sie starrköpfig. Sie kennt nur ihren eigenen Gedankengang, und wenn ich ihr sage, der Pilatus sei höher als die Rigi, läßt sie sich nicht mehr davon abbringen, mir auseinanderzusetzen, daß der Pilatus keineswegs der höchste Berg der Welt sei. Ihre sechzehnjährige Schwester ist die Karikatur von ihr, mit hysterisch aus dem Kopf knallenden Augen. Sie spricht über Prostitution mit der rohen Objektivität der Geschlechtslosigkeit. Von einem sechzehnjährigen Mädchen ist nicht eine Spur mehr an ihr zu finden. Die Breslau führt mich in ihr Atelier, wirft sich auf die Knie und kramt in den Mappen herum. Sie zeigt mir einige entzückende Pastells, bei deren Anblick ich angesichts der um mich herrschenden Verrohung weinen möchte. Bei aller erdenklichen Lieblichkeit und Tiefe haben die Gesichter, beson-

Der Verleger Albert Langen

ders der Kinder, dieselbe Verzerrung in den Augen, die ich während des ganzen Abends bei mir spüre. Sie sehen aus, als blickten sie in die Sonne oder als fuchtle man ihnen mit einem blanken, scharfen Instrument vor den Augen herum. Auf der Staffelei steht die älteste Tochter Bjørnsons als junges Mädchen, die gegenwärtig mit dem Sohn Ibsens verheiratet ist. Die Breslau macht mich auf den Gegensatz der Norwegerin zu den uns umgebenden entzückenden Pariserinnen aufmerksam, den starken Knochenbau, die großen Hände, das barbarisch Scheue im Ausdruck der Augen. Wie ich die Damen verlasse, fühle ich mich wie von tausend Nadeln gestochen. Ich fühle mich tief unglücklich von all der Brutalität, die ich aufgenommen und von mir gegeben. Als ich mich verabschiedete, erschien ich mir wie ein Tierbändiger, der rückwärts den Löwenkäfig verläßt und, um nicht zerrissen zu werden, keine der Bestien aus dem Auge lassen darf, bis die Tür sich geschlossen. Ich gehe ins Café d'Harcourt mit dem Vorsatz, soviel Bier wie möglich zu trinken und mich dabei soviel wie möglich karessieren zu lassen, aber ich bringe es nicht dazu, ein freundliches Wort an eine zu richten. Alice kommt und fragt mich: Qu'as tu donc? – Tu as l'air tellement malheureuse. – Ich seufze und sage ihr: Oh, tu ne sais pas d'où je viens!

20. Januar 1894

Wie zerschlagen von den gestrigen Strapazen bleibe ich bis um zwei Uhr zu Bett. Ich denke mir, ich müsse der Breslau den Eindruck eines im Harem erzogenen Byzantiners gemacht haben. Wie ich am Abend zur alten Herwegh komme, fühle ich noch die peinliche Nervenerregung in mir. Ich spreche lauter als sonst, abgebrochen; es wird mir schwer, meiner Gedanken habhaft zu werden, bis unsere Unterhaltung danach wieder ihren gewohnten behaglichen Charakter annimmt. Ich lasse das Wort Päderastie fallen, und die Alte fragt mich, ob der passive Teil dabei nicht körperlich furchtbaren Schaden leide.

Frank Wedekind als Tierbändiger und Gertrud Eysoldt als Lulu in »Erdgeist«, Berlin 1902

Ich bin im vollen Zuge, ihr darüber Aufschluß zu geben, als sie mich unterbricht. Heute morgen sei ihr Arzt bei ihr gewesen. Sie habe ihn ebenfalls über Päderastie gefragt, er habe aber nicht recht mit der Sprache heraus wollen. Sie sei vielmehr diejenige gewesen, die die Unterhaltung geführt habe.

Marcel hat ihr wieder etwas vorgelogen. Die Nemethy habe häßliche Hände und beiße sich die Nägel. Als ich ihr versichere, daß in jeder Beziehung das Gegenteil der Fall sei, bricht sie das Gespräch unwillig ab. Darauf erzähle ich ihr meine Liebesgeschichte mit der Juncker, unser fortwährendes beiderseitiges Balancieren zwischen Lieben und Zum-Teufel-Sagen und gehe gegen ein Uhr in sehr angenehmer Stimmung noch ins Café d'Harcourt.

21. Januar 1894

Nach dem Déjeuner nehme ich einen Wagen und fahre zum Buchhändler Albert Langen, 112 Boul. Malesherbes. Er erwartet eben Knut Hamsun, um mit ihm zur Nemethy zu gehen. Er will mein Fr. Erw. nicht vor Hamsuns Hunger herausgeben, von dem er sich in Paris einen großen Erfolg verspricht. Wir sprechen etwa eine Stunde zusammen. Darauf empfehle ich mich und lese im Café de l'Univers die ersten 50 Seiten von Hamsuns Mysterien, die er mir mitgegeben. Darauf mache ich Toilette, diniere, nehme eine Droschke und fahre zur Nemethy. Ich bleibe bis nach Mitternacht bei ihr. Hamsun und Langen sind nicht dagewesen. Ich habe noch keinen so angenehmen Abend mit ihr verlebt. Wir sprechen über die verschiedensten Dinge, und ich komme zu der Überzeugung, daß sie ein hilfloses Kind ist und von allen Seiten ausgebeutet und gemißbraucht wird. Wie ich sie verlasse, trage ich mich, wie seinerzeit Strindberg, mit dem Gedanken, sie zu heiraten. Ich habe ihr mein Manuskript gebracht mit der Bitte, es bis zu meiner Rückkehr zu bewahren. Im Café d'Harcourt treffe ich Gaston Fero und verabrede mich mit ihm auf übermorgen abend um 6 Uhr zum Diner.

Am Nachmittag gehe ich zur alten Herwegh und hole meine Bücher. Sie kommt nicht darüber hinweg, daß, als sie jung war, alles hübsch an ihr war, ohne daß sie es im ganzen war. Sie zählt mir ihre Reize von oben herunter her: Haar nicht sehr voll, aber seidenweich, Stirne schmal, Nase außerordentlich fein, Lippen ideal, aber mit dem Kinn habe die Schönheit ein Ende gehabt. Dann die Figur [...] Hände und Füße geradezu künstlerisch gebildet. Ich verabschiede mich bis auf neun Uhr, kaufe mir ein halbes Dutzend Strümpfe und diniere am Boulevard Stebastopol.

Am Abend treffe ich sie in gedrückter Stimmung. Im »Matin« ist eine anerkennende Kritik erschienen, aber nicht anerkennend genug. Marcel ist auf eine Stufe gestellt mit Mme. de Lewenoff. Die Kritik stammt aus der Feder dieser Gans, Mme. de Rousseau. Wenn ihr Geliebter George Street im Konzert gewesen wäre, ein so schlechter Mensch er ist, so wäre er doch Musiker genug gewesen, um Marcel Herwegh und diese Bourgeoise Mme. de Lewenoff voneinander unterscheiden zu können. Ich sage, ich hätte über George Street nie etwas anderes gehört, als daß er ein charmanter Garçon sei. Sie entgegnet, sie habe seiner Mutter einmal gesagt, wenn ihr Sohn doch nur ebensogroß wäre, wie er lang sei. Er hätte sich nämlich von Marcel beleidigt geglaubt, darauf hatte ihm Marcel einen neckischen Brief geschrieben; er neckt ja so gern. Darauf hatte George Street ihn nicht mehr gegrüßt. Marcel Herwegh kam in einer Aufregung zu seiner Mutter, weinte und sagte, wenn George Street so fortmache, werde er ihm noch seinen Zeugen schikken. Die Alte bekam einen Gliederschrecken, sagte, er soll sich nur weiter nicht darum kümmern, sie wolle alles wieder in Ordnung bringen. Darauf setzte sie sich auf den Omnibus, fuhr zu Mme. Street und stellte sie darüber zur Rede, wie ihr Sohn dazu komme, sich so gegen ihren Marcel zu betragen. Sie anerkennt, daß George Street ein vorzüglicher Musikkritiker sei, aber er sei ein kleinlich denkender Mensch, keine große Seele. Man müsse nur bedenken, wie er sich gegen seine Maitresse Mme. de Rousseau benommen, die ihn doch nie einen Sou gekostet habe, im Gegenteil, und der er von den ersten vierzehn Tagen an untreu gewesen sei. Wie das aber auch anders möglich sei bei einer Mutter wie Mme. Street, die einen Sohn vom Prinzen Napoleon habe, von dem sie fortwährend Geld bezogen. Schließlich sei es dem Prinzen zuviel geworden. Er habe zu seinem Sekretär gesagt, diese Frau hat mich schon genug gekostet.

Um 12 Uhr gehe ich ins Café d'Harcourt. Alice und Emma setzen sich zu mir. Alice ist reizender denn je. Sie hat ein neues Kleid an. Sie fragt mich: Tu m'envies? Sie offeriert mir un pucelage de quatre jours. Ich sage, ich käme eben von meiner Maitresse. Alice verreist morgen nach Brüssel. Ohne sie berührt zu haben, finde ich mich sehr disponiert. Ich ertränke meine Empfindungen in Bier, gehe nach Hause und lege mich schlafen.

23. Januar 1894

Stehe um acht Uhr auf und packe meine Koffer. Nach Tisch schleppe ich zwei Packen Bücher zur Read und sage ihr Lebewohl. Darauf kehre ich noch eben bei der alten Herwegh ein. Ich finde sie in Gesellschaft ihres Arztes. Sie erzählt ihm gerade die Geschichte, wie Haydn davor bewahrt blieb, kastriert zu werden. Haydn hatte als Knabe eine auffallend schöne Stimme, so daß sich einige spekulative Köpfe seiner annahmen und ihn öffentlich singen ließen. Als er zwölf Jahre alt war und man fürchten mußte, daß die Stimme umschlage, beschlossen sie, ihn nach Rom zu bringen und dort kastrieren zu lassen. Sie sprachen von einer außerordentlichen Zukunft, die ihm nur durch das Studium in Rom erschlossen werden könne. Der ahnungslose Knabe erzählte seinem Alten davon, der sofort merkte, was man mit seinem Kind vorhatte und es noch früh genug den Händen seiner Professoren entriß. Diesem Zufall hatte es Haydn zu danken, daß ihm seine Zeugungsfähigkeit erhalten blieb. Sie gibt mir eine Empfehlung mit, die mir Marcel für Mme. Trübner geschrieben. Dazu ein Flakon Eau de mélisse, das ich bei eventuellem Brechreiz auf Zucker träufeln soll. Dr. Belnec will sich empfehlen, da er glaubt, ich hätte mit der Alten noch Herzensangelegenheiten zu besprechen. Ich bitte ihn, sitzenzubleiben, und gehe in mein Hotel.

Punkt sechs Uhr kommt Gaston Fero. Ich schenke ihm ein Gedicht, das auf dem Tisch liegt, zum Andenken; er will es aber nicht nehmen. Er läßt sich lange nötigen, bevor er sich entschließt, es einzustecken. Darauf fahren wir zur Gare St. Lazare, expedieren mein Gepäck und gehen dinieren. Die Unterhaltung ist gleich Null. Ich erzähle ihm, Nietzsche habe kurz vor Ausbruch seines Wahnsinns einen Brief an Strindberg geschrieben, den die Nemethy übersetzt habe und der nächster Tage im Figaro erscheinen solle. Er entgegnet mir, es sei schade um das viele Porto, das man beim Briefeschreiben ausgebe. Im Grand Café, wo wir noch bis zur Abfahrt des Zuges beieinander sitzen, stört ihn die Eleganz des Lokals. Auf dem Bahnhof empfehle ich ihm Alice, Rachel, Germaine, Marie Louise, Raimonde, Madeleine, Lucienne und mein Christkindchen, er möge mich bei ihnen ersetzen. Er will nicht glauben, daß mir ernst damit sei. Wie ich ihn dessen versichere, senkt er trübselig den Kopf; ich hätte ihm ja alle Preise verdorben. Ich drücke ihm die Hand und lehne mich in meine Ecke. Der Zug setzt sich in Bewegung, ich denke, er ist längst fort, als er noch einmal die Tür aufreißt und hereinschreit, ob ich auch nichts vergessen hätte.

Mir gegenüber sitzt ein Engländer. Am anderen Ende des Coupés sitzt gleichfalls ein Engländer, einer Französin gegenüber, der er gleich seinen Plaid über die Beine legt, mit der er aber erst in Dieppe eine Unterhaltung anknüpft. Er raunt ihr einige geheimnisvolle Worte zu. Sie unterhält ihn dafür von ihrer Seekrankheit. Sie hat

den Weg schon siebenmal gemacht, sie habe alle sieben
Male brechen müssen. Sie werde jedenfalls auch diesmal
brechen. Das hindert den Engländer nicht, ihr Gepäck
mit dem seinigen an Bord bringen zu lassen. Auf dem
Schiff okkupiert er aber gleich einen geschützten Platz,
augenscheinlich ist das sein Stammplatz, wickelt sich in
seinen Plaid und kriecht erst in New Haven wieder heraus. Da ich in der Kajüte Brechreiz bekomme, renne ich
auf dem Verdeck hin und her, trinke von Zeit zu Zeit
einen kräftigen Schluck Eau de mélisse und verfolge eine
kleine Französin, eine Kellnerin oder was, die mir schon
auf dem Perron in Paris aufgefallen. Ich knüpfe eine Unterhaltung über Wind und Wetter mit ihr an und steige
ihr auf die Passerelle nach. Dann entschwindet sie mir
plötzlich auf Nimmerwiedersehen. Ich habe sie in Verdacht, daß sie zum Steuermann in seine Kajüte geschlüpft
ist. Da aber auch die übrigen Damen unsichtbar geworden, beruhigt sich mein Herz, und ich renne allein gegen
den Wind. Außer dem Schläfer in seiner Stammecke bin
ich der einzige Passagier auf Deck. Ich befinde mich in
ausgezeichneter Stimmung. Ich habe noch nie mit so
leichtem Herzen, so ohne alle moralischen Beschwerden
mein Domizil gewechselt. Das Übermaß an Freundlich-
keit, an Liebe und Entgegenkommen, das ich in den
letzten Monaten in Paris gefunden, mag die Hauptursa-
che meiner sonnigen Zuversicht sein. Um fünf Uhr steige
ich in die Kajüte hinunter, strecke mich auf eine Bank
und schlafe trotz meines fürchterlichen Hungers augenblicklich ein.

London
Januar – Juni 1894

Der Stewart rüttelt mich bei der Schulter. Wir sind angekommen. Auf der Zollstation öffne ich meinen Koffer
und belege mir einen Platz im Coupé. Nach einer Weile
sehe ich, wie mein Koffer wieder angefahren und allgemein besprochen wird. Er ist nicht zugeschlossen. Ich
schließe ihn zu und setze mich ins Coupé. Darauf kommt
ein Schaffner, bittet mich mitzukommen, und führt mich
zum Gepäckwagen. Er zeigt mir, daß mein Koffer nicht
zugeschlossen ist. Ich schließe nochmals zu, aber es geht
nicht. Er bleibt offen. Der Schaffner gibt mir durch Zeichen zu verstehen, ich müsse anders herumdrehen. Ich
drehe anders herum und kehre zu meinem Coupé zurück.
Mir gegenüber sitzt ein junger Engländer, der von Genua
kommt. Die Fenster sind gefroren.

Bei schneidender Kälte kommen wir um 7 Uhr morgens in Victoria Station an. Ich trinke einen heißen
Kaffee, nehme ein Cab und fahre ins Hotel New York.
Mr. Marlin ist seit zwei Monaten tot. Der andere Besit-
zer spricht glücklicherweise Französisch. Ich nehme mir
ein Zimmer, fahre nach Victoria Station zurück und hole
meinen Koffer, trinke noch einen Kaffee im Hotel und
gehe ins Britische Museum. Ich finde massenhaft Material für meine Gottesgeburt. Darauf nehme ich in einem
Café einen Lunch und suche den Weg zum Tower. Ich
gelange bis St. Pauls Kathedrale, bin aber so zerschlagen,
daß ich in eine Bar eintrete und nachher per Cab nach
Hause fahre. Bestelle Diner auf 7 Uhr und schlafe ein.
Nach dem Diner lege ich mich zu Bett. Ich träume von
Mlle. Read, von der Nemethy, von Alice, Marie Beriht
und von meiner Alten.

Ich gehe in die Nationalgalerie und ärgere mich grün und
schwarz über die Glasscheiben vor jedem Bild. Nach dem
Lunch setze ich mich in Cherrey Cross auf die unterirdi-
sche Bahn und fahre zum Tower, besehe mir das

Museum, das langweiligste, geschmackloseste, das ich je
gesehen, gehe unter der Themse durch über London-
bridge zurück und fahre durch die Unterwelt nach Hause, diniere um 7 Uhr und fahre per Omnibus zum London Pavillon. Außer zwei echt englischen Kindern finde
ich nichts Neues und wenig Erquickliches. Ich verbringe
noch einige Zeit in einer Bar unter einem Rudel scheuß-
licher Huren und lege mich um 12 Uhr zu Bett.

26. Januar 1894

Schlendre durch die Straßen, kaufe mir den Daily.

[. . .] 1894

Beim Diner erzähle ich, ich sei vor einigen Tagen in
Middlesex Musikhall in Drury Lane gewesen. Mein
Nachbar zur Linken sagt mir, das sei das kommunste
Theater in ganz London, und mein Nachbar zur Rechten
sagt, es gelte in seiner Art für das rangierteste. Mein
Gegenüber, Mr. Meß aus Frankfurt, bittet mich, ihn
doch mitzunehmen, wenn ich wieder irgendwohin gehe.
Ob ich für heute abend nichts vorhätte. Ich sage, ich hät-
te in eine Musikhall in Whitechapel gehen wollen. Er ist
Feuer und Flamme, braucht aber so lange, um seinen
Überrock anzuziehen, daß es zu spät wird. Indessen
schließt sich uns noch ein junger französischer Schweizer
an, und wir gehen nach Middlesex Musikhall. Die beiden
Herren zeigen nicht das blasseste Verständnis für den
Ort, wo wir sind. Die Tänze langweilen sie, die Musik ist
ihnen nicht schön genug. Die auftretenden Kinder sind
ihnen zu jung, das Publikum zu laut, die Melodien hören
sie nicht, die Kostüme sehen sie nicht, und die hundert-
jährige Atmosphäre, die sie umgibt, fühlen sie nicht. Der
eine nimmt seine Pruntruter Lokalzeitung aus der Tasche, der andere bedauert, in seiner Umgebung keine
»Bekanntschaft« machen zu können.

In der Mitte des Parterre, den Rücken gegen die Bühne gekehrt, umgeben von seinem Stab, vor sich auf dem

Tisch einen kleinen viereckigen Spiegel, in dem er die
Szene übersehen kann, sitzt auf erhöhtem Podium der
Chairman, erhebt sich nach Schluß jeder Produktion, um
mit einer kurzen Ansprache an Ladies und Gentlemen
die folgende Nummer anzuzeigen, und weist die Galerie,
wenn sie zu laut wird, zur Ruhe. Das Programm zeigt
folgende Notiz: Indem es der Wunsch des Herrn
J. L. Graydon ist, daß die in Middlesex Musikhall gebotene Unterhaltung jederzeit frei von irgend zu tadelnden
Fehlern sei, lädt er das geehrte Publikum dazu ein und
wird jedem verbunden sein, der ihn von irgend mißzu-
deutenden aggressiven Worten oder Handlungen auf der
Bühne, die dem Auge der Direktion entgangen wären,
unterrichtet.

Das Publikum gibt den Beifall durch Pfeifen und das
Mißfallen durch Zischen kund. In den Pausen stimmt jeweilen einer auf der Galerie den Refrain des vorhergegangenen Liedes an, das gesamte Publikum fällt ein und
singt ihn, bis der Vorhang wieder aufgeht. Das Zischen
und Pfeifen tönt jeweilen, wie wenn sie hundert Lokomotiven in Bewegung setzen. Den meisten Beifall erntet
ein etwa vierjähriges Dancing-Girl in kurzem, weißem
Prinzeßkleidchen mit nackten Beinen, kurzen, weißen
Socken und Schühchen aus goldenen Saffian. Dabei
kneift sie sich ein Monokel ins Auge, singt das Monte-
Carlo-Lied und zeigt bei jedem Paukenschlag ihr knap-
pes, weißes Spitzenhöschen bis unter den Gürtel. Wie sie
sich hinter die Kulissen zurückzieht, erhebt sich ein wahres Schlachtgeschrei, ein Geheul wie in einem Kaffern-
kraal, ein Brüllen, Kreischen und Pfeifen wie in einer
Menagerie, wenn das Fleisch vor dem Käfig erscheint.

In dem ersten Teil des Programms ist eine wüste Posse
eingeschaltet, in der die Polizei über und über blutig geschlagen wird. Den Schluß der Vorstellung bildet ein
ernstes Schauspiel in zwei Akten. Ein reicher Bösewicht
und ein armer Bursche streiten sich um ein Mädchen.
Das Mädchen nimmt den armen Burschen, der sich für
den asiatischen Krieg anwerben läßt. Der Bösewicht
wird schon bei seinem ersten Auftreten von der Galerie

mit solchem Zischen empfangen, daß sich der Chairman genötigt sieht, einzuschreiten. Er geht gleichfalls nach Asien und wird Kirgisenhäuptling. Wie er am Beginn des zweiten Aktes in seinem Kirgisenkostüm auf die Bühne tritt, fliegen ihm von der Galerie herunter einige faule Apfelsinen an den Kopf. Jedes seiner Worte wird mit allgemeinem Hohngelächter aufgenommen. Wie es ihm dann gelingt, die Frau seines Gegners gefangenzunehmen und zum Tode zu führen, schimpft das gesamte Publikum auf ihn ein. Das Mädchen, eine hübsche schlanke Erscheinung, trug im ersten Akt ein schlichtes graues Kleid mit breitem, weißem Fichu: Marie Antoinette. Jetzt erscheint sie ganz in Weiß, mit aufgelöstem dunklen Lockenhaar, einen weißen Gürtel um die Taille, die Hände mit einem Schiffstau auf dem Rücken gebunden. Während sie regungslos dastehend in einer langen Tirade mit schöner Altstimme auf die Wahrung ihrer Tugend besteht, herrscht Grabesstille. Auf den Galerien strecken die Zuschauer derart die Hälse, daß man je zwölf Gesichter übereinander sieht. Beim Herannahen des englischen Militärs bricht ein tausendstimmiges Pfeifen los. Der arme Bursche, der indessen Hauptmann geworden ist, wird von einem Dutzend Kirgisen zugleich angefallen, deren er einen nach dem andern zu Boden schlägt. Das Publikum unterstützt seinen Heldenmut vor jedem neuen Kampf durch begeisterte Zurufe und pfeift, wenn wieder einer zu Boden taumelt, in allen Tonarten. Wie er schließlich seinem Gegner mit dem blanken Schwert gegenübersteht, liegen die Leichen so dicht, daß die Kämpfer nicht mehr wissen, wo hintreten. Nach kurzem Geplänkel faßt er ihn mit dem linken Arm um den Leib und bohrt ihm mit der Rechten das Schwert zwischen die Kleider. Das englische Militär führt das gefesselte Mädchen herein, wobei sich wieder ein Beifallsgeheul erhebt. Nachdem ihr Mann das Schiffstau glücklich durchgesäbelt, wendet sie sich noch in einigen Tiraden an die Zuschauer, und der Vorhang fällt.

Berlin
21. Dezember 1905 − 1. Juli 1908

Tilly Newes und Frank Wedekind am Hochzeitstag in Berlin,
1. Mai 1906

Abschluß eines Schauspielervertrages zwischen der Direktion Max Reinhardt vom Deutschen Theater in Berlin und mir, gültig vom 1. Oktober 1906 bis 31. März 1907 zu 1 000 Mk. pro Monat. Direktor Reinhardt hat das Recht, den Vertrag auf ein weiteres Jahr unter gleichen Begingungen für verlängert zu erklären.

15. März 1906

Probe von »Tartüffe«. Herr Max Reinhardt führt Regie. Nachdem Herr Reinhardt die Rolle des Tartüffe zwei Stunden hindurch sehr anstrengend mit mir probiert hat, kommt Herr Felix Hollaender in der Pause mit einem fertig aufgesetzten Konktrakt auf mich zu, von dem vorher nie mit einer Silbe die Rede war. Er bittet mich, ins Büro zu kommen, und versichert mir dort, der gleiche Kontrakt sei von allen übrigen Autoren des Deutschen Theaters unterzeichnet worden, ich werde daher nicht zögern, ihn ebenfalls zu unterschreiben. Der Kontrakt verpflichtet den Unterzeichner, *auf fünf Jahre alle seine dramatischen Werke zum Zweck der Aufführung zuerst dem Deutschen Theater einzureichen.* Irgendwelche Gegenleistung, die dieser Verpflichtung entspräche, ist in dem Kontrakt nicht stipuliert. Es ist nicht einmal ein Aufführungstermin für die einzelnen Stücke festgesetzt.

Abgespannt und verwirrt, wie ich infolge der vorangegangenen Anstrengungen bin, unterzeichne ich den Vertrag.

Nachdem dann die Probe noch etwa eine Stunde gedauert, lädt mich Herr Hollaender zum Mittagessen bei Borchardt ein, an dem auch Herr Direktor Reinhardt und Herr Levin teilnehmen.

19. Juni 1907

Herr Reinhardt fragt mich im Deutschen Theater, ob ich dazu bereit bin, meinen Schauspielervertrag auf ein weiteres Jahr mit ihm zu verlängern. Ich erkläre mich damit einverstanden.

1. Oktober 1907

Seit dem 19. Juni warte ich vergeblich auf eine schriftliche Erledigung der zwischen uns besprochenen Kontraktverlängerung, treffe aber heute trotzdem pünktlich in Berlin ein, nachdem ich seit drei Wochen an den Vorbereitungen für die als erste der bevorstehenden Saison festgesetzte Aufführung gearbeitet habe.

8. Oktober 1907

Nachdem ich acht Tage auf Benachrichtigung gewartet, gehe ich ins Kammerspielhaus, wo ich mich an den Proben beteilige, und frage Herrn Hollaender, ob mein Schauspielervertrag, da schriftlich nichts darüber abgeschlossen ist, als verlängert zu betrachten ist oder nicht. Herr Hollaender gibt mir die feste Versicherung, daß der Vertrag durch die mündliche Vereinbarung vom 19. Juni tatsächlich verlängert worden ist.

4. November 1907

Nachdem ich seit dem 8. Oktober an sämtlichen stattgehabten Proben teilgenommen, gehe ich in die Kanzlei, um meine Gage zu erheben. Der Rendant teilt mir mit, daß er keine Anweisung hat, mir etwas auszubezahlen. Ich mache Herrn Max Reinhardt davon Mitteilung. Herr Reinhardt sagt mir: »Ich werde die Sache sofort in Ordnung bringen.«

5. November 1907

Ich gehe in die Kanzlei, um meine Gage zu erheben. Der Rendant teilt mir mit, daß er immer noch keine Anweisung hat, mir etwas zu bezahlen. Daraufhin mache ich keine weiteren Versuche mehr, zu meiner Gage zu kommen, und habe sie auch tatsächlich nicht erhalten.

Frank und Tilly Wedekind auf dem Weg zur Probe in den Kammerspielen, Berlin

8. November 1907

Herr Reinhardt bietet mir schriftlich eine Verlängerung des Kontraktes unter abgeänderten Daten an, worauf ich mich aber nicht mehr einlasse.

14. November 1907

Ich mache Herrn Hollaender Mitteilung, daß ich auf mein Engagement für den laufenden Winter (Mark 6 000) verzichte, wenn ich dafür den am 15. März 1906 während der Tartüffe-Probe unterzeichneten Autoren-Vertrag zurückerhalte. Herr Hollaender entgegnet mir, daß nicht er, sondern Herr Max Reinhardt darüber zu entscheiden habe.

15. Februar 1908

Auf meine Vorstellung, daß der zwischen uns bestehende Vertrag vom 15. 3. 06 unbillig sei, lehnt Herr Max Reinhardt die Verantwortung ab, da nicht er, sondern Herr Hollaender ihn mit mir vereinbart habe. Herr Reinhardt gibt mir aber in Gegenwart des Herrn Direktor Andreae wiederholt die feste Versicherung, daß er mir für die in dem Vertrag noch vorgesehenen drei Jahre eine entsprechende Entschädigung für meine Verpflichtungen auszahlen werde.

8. April 1908

Herr Reinhardt weigert sich auf das entschiedenste, irgendwelche Bezahlung für die durch den Autoren-Kontrakt vom 15. 3. 06 mir auferlegten Verpflichtung kontraktlich mit mir zu vereinbaren, erbietet sich aber mündlich, die Forderungen meines Verlegers an das Deutsche Theater für die drei Jahre in bestimmter Höhe zu garantieren. Ich ersuche Herrn Reinhardt inständig, mir den strittigen Kontrakt, für den er nicht einen Pfennig bezahlt hat, zurückzugeben. Meine Zugehörigkeit

Der Theaterregisseur Max Reinhardt (1873–1943) in jungen Jahren

zum Deutschen Theater werde dadurch in keiner Weise beeinträchtigt werden, dagegen werde mein Gefühl persönlicher Entwürdigung durch die Zurückgabe beseitigt. Ich suche Herrn Reinhardt begreiflich zu machen, daß ich nicht zwanzig Jahre um meine persönliche Freiheit gekämpft habe, um schließlich unbezahlter Angestellter der *Direktion Max Reinhardt* zu sein, um schließlich weniger Rechte in Berlin zu haben als jeder erste beste beliebige andere Schriftsteller. Ich suche Herrn Reinhardt ganz vergeblich davon zu überzeugen, daß der zwischen uns bestehende Vertrag zwischen Menschen, die gesellschaftlich miteinander verkehren, unmöglich ist und daß ein anständiger Mensch dem anderen gegenüber nie auf der Erfüllung eines so unbilligen Vertrages bestehen würde.

Herr Reinhardt entgegnet mir, daß er den Vertrag ohne Einwilligung der *Sozietäre des Deutschen Theaters* nicht lösen darf. Auf diese handgreifliche Unwahrheit hin erkläre ich ihm, daß ich mich dann eben an die Sozietäre des Deutschen Theaters wenden werde.

Aus den mir vorgelegten, mit anderen Autoren abgeschlossenen Verträgen ersehe ich, daß kaum ein einziger mit dem von mir unterzeichneten übereinstimmt, daß ich also durch die mir am 15. März 1906 von Herrn Felix Hollaender gegebene Versicherung schlechtweg betrogen worden bin.

22. April 1908

Herr Max Reinhardt unterbreitet mir schriftlich einen Vertrag, in dem auf drei Jahre eine Garantie der Forderungen meines Verlegers festgesetzt ist unter der Bedingung, daß ich in den Kammerspielen und am Deutschen Theater zu Spielhonoraren auftrete, die dreimal niedriger sind, als wie sie mir zur Zeit von anderen Theaterdirektoren bezahlt werden.

Für die Möglichkeit, daß mir Herr Max Reinhardt am 8. April die Wahrheit gesagt haben sollte, stelle ich aus meinen Tagebuchaufzeichnungen die auf diesen Blättern enthaltenen Daten für die Herren Sozietäre des Deutschen Theaters zusammen und richte an die Herren Sozietäre das Gesuch, Herrn Direktor Reinhardt zur Lösung des unbilligen und für mich unwürdigen Kontraktes zu bevollmächtigen, damit ich nicht nach dreijähriger künstlerischer Tätigkeit in Berlin diese Stadt mit dem Gefühl persönlicher Demütigung verlassen muß. Ich sage mir ganz bescheiden, daß sich der Mensch nicht zum Künstler emporringt, um durch die Tatsache, daß er Künstler geworden ist, eine solche Ansammlung von Ekelhaftigkeiten zu erleben. Sollte sich das Deutsche Theater nicht zur Lösung des Kontraktes entscheiden können, dann würde ich — andere Maßnahmen vorbehalten — mich eben gezwungen sehen, für die nächsten drei Jahre meine dramatische Produktion einzustellen. In diesem Falle wäre es ziemlich ausgeschlossen, daß das Deutsche Theater nach Ablauf dieser Frist noch jemals eine Bühnenarbeit von mir zur Aufführung erhielte.

Frank und Tilly Wedekind im Deutschen Theater in Berlin,
Karikatur von Lida von Wedell

München
16. Februar−23. Februar 1918

16. Februar 1918

Mit Friedenthal bei Benz. Nachher in seiner Wohnung mit ihm. Wir trinken Brüderschaft.

17. Februar 1918

T. St. [Torggelstuben] alleine. Weinkrampf wegen meines Bruches.

18. Februar 1918

Die Morena telephoniert, ich lade sie für den Abend zu Tisch. Tilly telephoniert. Verabrede mich mit ihr auf morgen abend. Diktiere Tillys beide Briefe vom Januar 1906. Zum Tee bei Lion Feuchtwanger. Frau Dr. G[. . .]. Hole die Morena im Continental ab. Verbringe den Abend mit ihr im Odeon Casino. Trinke zu Hause noch eine Flasche Wein. Lese Tillys Briefe.

19. Februar 1918

Fanny K. bleibt zu Bett. Halsweh. Nachmittag mit Schaumberger im Club bei Schwarzwurst und Zwetschgenwasser. Gehe zu Tilly zum Tee. Sie wohnt bei Müllers, die in Augsburg gastieren. Ich lasse sie ihre Briefe lesen. Wir fahren zum Abendessen ins Odeon Casino. Vergnügter Abend. Gehen nach Hause. Sie schläft in meinem Zimmer. ☌ auf dem Diwan.

20. Februar 1918

☌ im Bett. Tilly steht um 10 Uhr auf, spielt mit Kadidja, geht um 12 Uhr zu Müllers. Ich esse mit Pamela zu Mittag. Herakles memoriert. Spaziergang. Kaufe dieses Tagebuch. Club mit Schaumberger. Mit Anna Pamela zu Abend gegessen. T. St. mit Friedenthal und Dr. Albert.

*In diesem Haus in der Prinzregentenstraße 50, München,
wohnte Frank Wedekind 1908–1918*

Frank Wedekind mit den Töchtern Pamela und Kadidja
musizierend

21. Februar 1918

Herakles studiert. Zum Kaffee im Club. Mit Stollberg bespreche ich im Schauspielhaus die Aufführung und Szenarien von Herakles. Mit den Kindern zu Abend gegessen. Ich schneide ihnen eine Puppe mit Kleid aus. T. St. mit Friedenthal. Wir besetzen Herakles. Auf dem Heimweg sagt er mir so richtige Dinge über mich, daß ich mich ganz erleichtert fühle.

22. Februar 1918

Herakles memoriert. T. St. allein. Mit Dr. Kaufmann von den Kammerspielen auf meinem Zimmer.

23. Februar 1918

Herakles memoriert. Bei Frau Dreßler, die mir mitteilt, daß Anton gestern abend von England zurückgekommen sei. Bei Hans Carl Müller zum Tee. Mit Tilly in den Kammerspielen. Wintermärchen. Mein Bruch macht mir Beschwerden. Ich werde ausfällig. Gehe fort, komme zurück. Wir scheiden in Frieden. T. St. mit Mühsam und seiner Freundin.

An Tilly

Mit Gewalt reißt des Schicksals Wut
Grausam uns voneinander
Ob auch jeder sein Liebstes tut
Wir sterben selbander.
Tilly gib mir noch einen Kuß!
Es kommt ja doch, wie es kommen muß.

Du bist jung und dein Herzblut wallt
Mächtig dem Glück entgegen.
Keinem grämlichen Aufenthalt
Widme dich meinetwegen.
Tilly gib mir noch einen Kuß!
Es kommt ja doch, wie es kommen muß.

Eine der letzten Aufnahmen von Frank Wedekind, 1918

Ich bin alt und der Gebrechen Last
Zwingt mich ins Eigenbrödeln
Nimmer wollt mit dem siechen Gast
Ich meine Zeit vertrödeln.
Tilly gib mir noch einen Kuß!
Es kommt ja doch, wie es kommen muß.

Anmerkungen

15 **Autobiographisches** Wedekind schrieb 1901 diesen Text, der als Grundlage für einen von Ferdinand Hardekopf geplanten Aufsatz dienen sollte; gedruckt allerdings erst im Januar 1911 in der Zeitschrift »Pan«, 1. Jg., Nr. 5, S. 147–149; danach erfolgt die Textwiedergabe. Unwahrscheinlich, auch nach den Tagebüchern, sind Wedekinds Angaben zu den Reisen mit dem Zirkus Herzog und mit Rudinoff; auch seine Londoner Sekretärstätigkeit für den Maler und Kunsthändler Willy Grétor ist zweifelhaft.

21 **Ich langweile mich** Artur Kutscher, der Verfasser der umfangreichsten Wedekind-Biographie in den zwanziger Jahren, datiert diese Aufzeichnungen mit 1888. Die Originale sind verschollen. Der Text wird hier nach dem Erstdruck wiedergegeben; Frank Wedekind, Die Fürstin Russalka, Paris, Leipzig, München 1897, S. 104–119.

21 **Wilhelmine** Die Personennamen sind in diesem für den Druck 1895–1897 überarbeiteten Tagebuch geändert.

21 **Schloßberg** Von der Lenzburg bei Aarau führten 365 Stufen herab. Wedekinds Vater hatte das Schloß 1871 nach seiner Umsiedlung in die Schweiz als politischer Oppositioneller erworben.

21 **Enveloppe** (Franz.) Umschlag, Hülle.

22 **»Waffenschmied«** Oper von Albert Lortzing (1801–1851).

22 **Tante Helene** Wohl Bertha Jahn in Lenzburg, später die »erotische« Tante genannt, ein Erlebnis aus dem Jahre 1883.

23 **Meine Mutter** Emilie Wedekind, geb. Kammerer, 1840–1915, hatte nach dem Tod ihrer Eltern in Chile den Sänger und Gastwirt Hans Schwengerle geheiratet; 1860 lernte sie als Varieté-Künstlerin Dr. Friedrich Wilhelm Wedekind in San Francisco kennen. Heirat 1862. Bezeichnend an diesem Tagebuch ist, daß Frank Wedekind nicht seinen Vater erwähnt, mit dem es nach einer tätlichen Auseinandersetzung im Oktober 1886 zum Bruch kam. Der Vater starb plötzlich am 11. 10. 1888.

24 **Palais de Glace** Pariser Vergnügungsstätte, »Der Eispalast«.

29 **Buen-Retiro** (span.) schöne Zuflucht.

29 **nach Paris** Wedekinds Sehnsucht, hier möglicherweise stilisiert, sollte sich erst 1892 erfüllen.

31 **Orsina** die Mätresse Orsina in Lessings Drama »Emilia Galotti«.

35 **Welti** Dr. Heinrich Welti, Musikkritiker und Schriftsteller, den Wedekind schon seit seiner Aarauer Kantonsschulzeit kannte.

35 **seine Braut** die Sängerin Emilie Herzog.

35 **Julius Hart** 1859–1930, Lyriker, Kritiker und Herausgeber, seit 1887 Kritiker der »Täglichen Rundschau«.

35 **Cul** Anspielung auf den Cul de Paris, Pariser Steiß, das Polster oder Halbreifengestell, das etwa 1880–1890 unterhalb der Taille hinten unter dem Kleid getragen wurde.

35 **Stützen der Gesellschaft** Schauspiel in vier Akten von Henrik Ibsen, Uraufführung 1877.

36 **Thomar** Elias Tomarkin, Bakteriologe in Zürich, mit Wedekind seit seiner dortigen Studienzeit befreundet.

36 **Erkner** Gemeinde im Kreis Niederbarnim, Endpunkt der Berliner Vorortzüge. Dort hatte Gerhart Hauptmann von 1885 bis 1889 seinen festen Wohnsitz.

36 **Villa Lassen** Villa von Nicolaus Lassen, in der Hauptmann wohnte.

36 **Gerhart Hauptmann** 1862–1946, war durch die Erzählung »Bahnwärter Thiel« (1887) berühmt geworden.

37 **seine Frau** Marie Hauptmann, geb. Thienemann. Der Schriftsteller hatte sie 1885 geheiratet.

37 **Schwägerin** Pin Thienemann.

37 **Schmidt** der Maler Hugo Ernst Schmidt.

37 **»Papa Hamlet«** von Arno Holz (1863–1929). Die Novelle erschien unter dem Pseudonym Bjarne P. Holmsen, Mitverfasser war Johannes Schlaf (1862–1941).

37 **Karl Henckell** 1864–1929, Lyriker, den Hauptmann bei seinem Zürich-Aufenthalt 1888 kennengelernt hatte. Von dort rührt auch die Bekanntschaft mit Wedekind.

37 **Hammi** Rufname für Wedekinds Bruder Armin, den Hauptmann ebenfalls in Zürich kennengelernt hatte. Er hatte nach Beendigung des Medizinstudiums im März 1889 Emma Frey geheiratet.

38 **Zolas Ästhetik** Emile Zola (1840–1902) trug in zahlreichen Manifesten sein Kunstideal einer experimentellen naturwissenschaftlichen Erzählkunst vor.

38 **Ludwig** Otto Ludwig (1813–1865). Seine Erzählung »Zwischen Himmel und Erde« erschien 1856.

38 **Hauptmanns Frau...** In Erkner wurden geboren: Ivo (9. 2. 1886), Eckart (21. 4. 1887), Klaus (8. 7. 1889).

38 **Akt eines Dramas** »Vor Sonnenaufgang«, Mitte August erschienen.

38 **das amerikanische Bürgerrecht** Wedekind besaß nur eine Abschrift seiner amerikanischen Staatsangehörigkeit, ausgestellt in der Schweiz.

40 **Rückenmarksstarre** Folge einer Syphilis-Erkrankung.

40 **Diem perdidi** (lat.) Ich habe den Tag vergeudet.

40 **Regimentstochter** Oper von Gaetano Donizetti, 1840.

41 **an Hannover** Dort war Wedekind am 24. 7. 1864 geboren und hatte seine Kindheit bis 1871 verlebt.

43 **Don Juan** wohl Mozarts Oper »Don Giovanni«.

44 **Kletzengarten** Münchner Bierlokal.
44 **Brief von Minna** Wedekinds Vertraute, die Cousine Minna v. Greyerz.
44 **Tournüre** hufeisenförmiges Gesäßpolster, mit Bändern in der Taille befestigt, das den Kleidern die gewünschte Form verlieh.
46 **en canaille** (franz.) wie Gesindel.
46 **Pensionsszene** Eingangsszene der Komödie »Die junge Welt« (Erstausgabe 1891, Uraufführung 1908).
47 **Helene Lange** 1848−1930, Vorkämpferin der deutschen Frauenbewegung, 1887 hatte sie eine Neuordnung des Mädchenschulwesens gefordert.
47 **Michelets Buch** Jules Michelet (1798−1874), Essayist und Geschichtsschreiber, hier ist seine sozialpsychologische Studie »L'Amour« gemeint, zuerst 1859 erschienen.
47 **Onkel Erich** Bruder des Vaters Dr. med. Friedrich Wilhelm Wedekind, der am 11. 10. 1888 verstorben war.
48 **»Kyritz-Pyritz«** Posse von H. Wilken und O. Justinus, 1887.
49 **Franz Moor** Gestalt aus Schillers Drama »Die Räuber«.
50 **Stoecker** Adolf Stoecker (1835−1909) war von 1874−1889 Hof- und Domprediger in Berlin, Mitglied des Reichstags, deutsch-konservativ.
53 **Emilie** Emilie Herzog.
54 **Torquato Tasso** Schauspiel von Goethe.
54 **Pergamenischer Altar** Zeus und Athena geweihter monumentaler Altar auf dem Burgberg von Pergamon. Pergamon wurde seit 1878 im Auftrag der Berliner Museen ausgegraben; nach Freilegung durch C. Humann 1878−86 gelangten die Funde nach Berlin, wo sie seit 1930 im Pergamon-Museum ausgestellt sind.
54 **Gastmahl von Feuerbach** Anselm Feuerbachs (1829−1880) Bild »Gastmahl des Plato«.
54 **Reclamsche Übersetzung** von Platons Dialog über die Liebe »Symposion«.
55 **Demosthenes' Olynthische Reden** Demosthenes (384−322 v. Chr.), griechischer Redner, hier seine Reden gegen Philipp von Makedonien für die Freiheit der Griechen.
56 **Zenobia** Das Schicksal der Fürstin von Palmyra wurde mehrfach dramatisiert, 1889 von A. Wilbrandt unter dem Titel »Der Meister von Palmyra«.
56 **Frau Pansegrau** Wedekinds Wirtin in der Genthinerstr. 28, 4. Stock, Hinterhaus.
56 **Donald** Wedekinds jüngster Bruder (1871−1908), sein Lieblingsbruder. Er half ihm bei seinen schriftstellerischen Arbeiten. Ohne Schulabschluß versuchte er sich 1889 in den USA als Hauslehrer durchzubringen. Selbstmord am 4. 6. 1908. Ein Erzählband von ihm erschien 1985 unter dem Titel »Der gefundene Gürtel«.
56 **Willy** Wedekinds Bruder William Lincoln, geb. 16. 5. 1866, ebenfalls in den USA abenteuernd, nahm 1889 seinen Erbteil, heiratete

im Juli 1889 Anna W. Kammerer aus New York und zog später mit ihr nach Südafrika.

56 **De l'amour** Stendhals Buch war 1822 bei Mongie in Paris und 1888 erstmals in deutscher Übersetzung in Berlin erschienen.

56 **Mieze** Wedekinds Schwester Frieda Marianne Erika, Kammersängerin in Dresden.

58 **Figaro** Oper von Mozart, 1768.

61 **Mati** Wedekinds Schwester Emilie.

61 **literarischen Verein** Berliner Literatur-Club für die Moderne.

62 **die Harts** Julius und Heinrich Hart (1859–1930 und 1855–1906). Beide gaben zu dieser Zeit (1882–84) das Organ der naturalistischen Ästhetik »Kritische Waffengänge« heraus.

62 **Don Quichotte** Roman von Miguel de Cervantes, erschienen 1605–1614.

63 **sein Bruder** Carl Hauptmann (1858–1921) Erzähler und Dramatiker.

64 **Rodenberg** Julius Rodenberg (1831–1914), Schriftsteller und Herausgeber der 1874 von ihm gegründeten »Deutschen Rundschau«.

65 **Böcklin** Arnold Böcklin (1827–1901), Schweizer Maler. Er bevorzugte Landschaften mit mythologischen Gestalten oder ausdrucksstarke Stimmungsbilder in kräftig leuchtendem Kolorit.

65 **zwei junge Herren** Max Marschalk, Hauptmanns späterer Schwager – 1904 heiratete Hauptmann Margarete Marschalk (1875–1957) – und Emil Strauß (1866–1960), Erzähler, bekannt vor allem als Novellist. Strauß schilderte die Begegnung in einem Brief an Margarete Hauptmann vom 30. 4. 1947: »Es war im Juni 1889, vielleicht sogar Johannistag, jedenfalls ein Samstag. Max und ich hatten eine Nachtwanderung verabredet, wir fuhren gegen Abend nach Friedrichshagen [. . .] Am nächsten Tag kamen wir müde und hungrig in der Vorlaube der Bahnhofswirtschaft zu Erkner an, aßen, was es gab, ruhten uns ausgiebig aus und vertrieben uns die Zeit mit einer Bierkarte an Halbe. [. . .]

Bei der Überlegung, wohin wir nun weiter wandern sollten, schlug ich vor, zunächst einmal dem Gerhart Hauptmann auf die Bude zu rücken, der vor kurzem eine gute Geschichte ›Bahnwärter Thiel‹ in der ›Gesellschaft‹ gehabt und ein Gedicht ›Promethidenlos‹ herausgegeben habe [. . .] wir machten uns auf dem vom Wirt beschriebenen Weg auf die Suche und fanden auch richtig das Haus, das aber eine richtige Villa in größerem Garten war und dem Max gesellschaftliche Bedenken erregte; er wollte umkehren, packte, da ich weiterging, meinen Rockzipfel und zerrte zurück.

Ich machte mich frei, schritt weiter und sagte, er solle uns nicht lächerlich machen, vielleicht stehe einer im Fenster und schaue uns zu. Protestierend folgte er, nicht ohne an der Hausecke – man mußte ums Haus herumgehen – noch einmal meinen Rockzipfel zu gefährden.

Endlich stand ich vor der Glastür und konnte klingeln. Eine dunkle, zierlich anmutige, unmittelbar einnehmende Dame öffnete, Pin; ich fragte nach Gerhart Hauptmann, sie ging und schickte ihn. Ich sagte ihm, wir seien auf einer kleinen Wanderung und wollten ihn im Vorbeigehen grüßen, wir bewunderten seinen ›Bahnwärter Thiel‹, und ich wüßte große Strecken des ›Promethidenloses‹ auswendig. Er lächelte erfreut und beschämt, was ihm gut stand und ihn noch jünger erscheinen ließ, er führte uns ins Zimmer, machte uns mit seiner Frau bekannt, mit der Schwägerin Pin, dem Bruder Carl, dem Freund Schmidt, dem Maler, und mit Frank Wedekind, der noch einen demokratischen Schnurr- und Knebelbart trug. Wir tranken Tee, schwatzten von Literatur und sozialen Fragen, in denen sich der Reserve-Uniform tragende Carl besonders radikal gebärdete, und schließlich las uns Gerhart Hauptmann den ersten Akt des noch nicht vollendeten Dramas ›Vor Sonnenaufgang‹ vor. Ich war hingerissen. ›Naturalismus‹ und ›Naturalismen‹ waren uns ja damals die Hauptsache, und so etwas wie Hauptmanns Vorlesen, so auch im kleinsten ausdrucksvoll und untheatralisch, unrhetorisch, hatte ich noch nicht erlebt.

In familienartiger Karawane zogen wir gegen Abend zur Bahn. Carl im bunten Rock und Frank Wedekind fuhren mit in die Stadt; jener erzählte mir von einem Buch ›Metaphysik der Physiologie‹, an dem er arbeite, Wedekind sprach von einem politischen Lustspiel, das er gerade an die Bühnen versandt habe.

So war der Besuch beträchtlich anders geworden, als ich mir vorgestellt hatte; auch Max war zufrieden und verzieh mir meinen Mangel an Respekt vor der Villa [...]. Hauptmann hatte uns eingeladen, wiederzukommen; im Juli, kurz vor Semesterschluß, fuhren wir noch einmal hinaus und bekamen einen weiteren Akt vorgelesen.« (Zit. nach: Walter Requardt u. Martin Machatzke, Gerhart Hauptmann und Erkner, Berlin 1980, S. 54 f.)

65 **Promethidenlos** Hauptmanns Epos, 1885.
65 **Karl Bleibtreu** 1859–1928, radikaler Vorkämpfer des Naturalismus mit seinem Manifest »Revolution der Literatur« (1886), Kritiker, Erzähler und Dramatiker.
65 **Büchner** Georg Büchner (1813–1837). 1879 hatte Karl Franzos erstmals seine »Sämtlichen Werke« herausgegeben.
66 **Wortführer** Emil Strauß war gebürtiger Freiburger.
66 **Secrétan** Charles Secrétan (1815–1895), Philosophieprofessor in Lausanne, beschäftigte sich auch mit sozialen Fragen wie beispielsweise der Beseitigung der Klassenprivilegien und der Gleichberechtigung der Frau.
67 **Lustspiel** »Kinder und Narren«, später »Die junge Welt«, zuerst veröffentlicht München 1891.
69 **Willys Braut** Anna W. Kammerer aus New York.
69 **Tante Plümacher** Olga Plümacher, Jugendfreundin von Franks Mutter, philosophische Schriftstellerin, u. a. »Der Pessimismus in

Vergangenheit und Gegenwart«. Wedekind war stark von ihr beeinflußt.

70 **Des Knaben Wunderhorn** Sammlung von Volksliedern, herausgegeben von Clemens Brentano und Achim von Arnim (1806–08).

73 **Freischütz** Oper von Carl Maria v. Weber, 1821 uraufgeführt.

74 **Bennat** Franz Bennat, Königlicher Kammermusiker.

76 **meiner Novelle** wohl »Marianne, Eine Erzählung aus dem Bauernleben«.

76 **»Frauenbildung«** wohl im Zusammenhang mit Helene Langes Bemühen, 1889 in Berlin ein Mädchengymnasium zu errichten.

83 **Buxtehude** Spottname für Provinzstadt: »In Buxtehude, wo die Hunde mit dem Schwanze bellen.«

83 **Hilpert** Fritz Hilpert, Cellist.

83 **Paul Heyse** 1830–1914, einer der erfolgreichsten Schriftsteller in der zweiten Hälfte des 19. Jahrhunderts, 1854 von Maximilian II. nach München berufen.

84 **Fräulein Klingenfeld** Emma Klingenfeld, Bekannte Ibsens aus dem Literatenkreis »Das Krokodil«.

84 **Dr. Muncker** Franz Muncker (1855–1926), Privatdozent für deutsche Literaturgeschichte an der Universität München, 1890 außerordentlicher, 1896 ordentlicher Professor; seit 1890 verheiratet mit Magdalena, geb. Kaula, einer erfolgreichen Gesangs- und Klavierlehrerin.

86 **Hafis** (1320–1389), persischer Lyriker.

86 **Quinte** (lat.) Finte, Schwindel.

86 **Prinz Rupprecht** 1869–1955, Kronprinz, ältester Sohn Ludwigs III. von Bayern.

87 **Frl. von Alten** Adelheid v. Alten aus Hannover, verlobt mit Arnim v. Pöppinghausen, Direktor der Versicherungsgesellschaft Thuringia.

87 **Dr. Güttler** Carl Güttler, später Universitätsprofessor für Philosophie.

90 **Engelmann** Ernst Julius Engelmann (1820–1902), seit 1853 in München ansässig.

90 **Millets Angelus** Gemälde von Jean-François Millet (1814–1875).

90 **Wagner** Richard Wagner, seit 1843 Hofkapellmeister in Dresden, nahm aktiv am Maiaufstand 1849 teil, danach emigrierte er nach Zürich.

90 **Semper** Gottfried Semper (1803–1879), seit 1834 Professor für Architektur in Dresden, Erbauer der Dresdner Oper, emigrierte nach dem Maiaufstand nach Paris und London.

91 **Stahl** pensionierter Cellist.

92 **die Pilotyschen Bilder** Karl v. Piloty, 1826–1886, seit 1874 Direktor der Münchner Akademie, bedeutendster Vertreter der deutschen Geschichtsmalerei, u. a. Lehrer von Franz Lenbach.

92 **Iphigenie von Feuerbach** Anselm Feuerbachs »Iphigenie« gibt es in den Fassungen von 1862 und 1871.

93 **Lenbach** Franz v. Lenbach, 1836—1904, bedeutender Porträtma-
ler in München; er arbeitete oft nach photographischen Vorlagen,
die Hahn herstellte.

96 **an die Fliegenden** Fliegende Blätter, humoristische Zeitschrift in
München, gegründet 1845.

96 **Zigeunerbaron** Operette von Johann Strauß, 1885.

99 **Buchholz** Dramaturg des Münchner Hoftheaters.

99 **Weinhöppel** Richard Weinhöppel wurde seit dieser Begegnung
ein enger Freund Wedekinds. Weinhöppel war später Komponist
des Kabaretts »Die elf Scharfrichter«.

100 **den Prinzen Wilhelm** der spätere Kaiser Wilhelm II.

100 **Anny Bark, Oskar Schibler . . .** Schulfreunde aus der Lenzburger
Zeit.

102 **Ibsens Kömödie der Liebe** Stück mit scharfen Angriffen auf die
konventionelle Moral.

102 **Kellers Legenden** Gottfried Kellers (1819—1890) »Sieben Legenden«, 1872.

102 **Dóczys »Letzte Liebe«** Drama von Ludwig v. Dóczy
(1845—1919), erschienen 1887.

104 **Piccolo** Umschreibung für Penis.

104 **Skerle** Harfenist aus Graz.

106 **Sommernachtstraum** Schauspiel von William Shakespeare.

107 **Marie Conrad-Ramlo** Hofsängerin und Schriftstellerin.

108 **Goethes Distichon** das von Goethe unterdrückte Venezianische
Epigramm:
»Kehre nicht, liebliches Kind, die Beinchen hinauf zu dem Him-
mel! Jupiter sieht dich, der Schalk, und Ganymed ist besorgt.«
Wedekinds Gebrauch des Wortes Füße statt Beine ist süd-
deutsch.

108 **Krafft-Ebing** Wohl bezogen auf »Psychopathia sexualis« (1886)
des Psychiaters Richard v. Krafft-Ebing.

108 **Puck** Gestalt aus Shakespeares »Sommernachtstraum«.

110 **Höllriegelsgreut** Gemälde von Karl Wilhelm Diefenbach, bis 1892
in München lebend.

110 **Nur weniges an Eppur** eppur si muove (ital.) »Und sie bewegt sich
doch«, Ausruf, der Galilei zugeschrieben wurde.

113 **Frl. Scholz** Sängerin im Lokal Münchner Kindl—Keller, Rosen-
heimer Straße 18—22. Fassungsvermögen 5 000 Personen, größter
Saalbau Münchens.

114 **Kirche im neugotischen Stil** Mariahilfkirche.

116 **Capotte** kleiner hochsitzender Damenhut, seit 1850 getragen.

116 **Proselyten** Neubekehrter.

117 **die Schanze** von Schloß Lenzburg.

117 **Nora** Drama von Henrik Ibsen (1879).

119 **Scholastica** Münchner Restaurant in der Ledererstraße 25.

119 **den ersten Aufzug** von »Kinder und Narren«, später »Die junge
Welt«.

120 **Kloster Muri …** Kloster und Freiamt in Kanton Aargau.

123 **Goethes Fischer** die Ballade »Der Fischer«.

123 **une certaine froideur du coeur** (franz.) eine gewisse Lauheit des Herzens.

124 **Sputum** (lat.) Auswurf.

124 **Phthisiker** Schwindsüchtiger.

125 **Hagia Sophia** Hauptkirche Istanbuls mit der den Bau beherrschenden Hauptkuppel.

125 **Fanny** Wedekinds zweite Tochter wird Fanny Kadidja heißen.

125 **Hahn** Photograph bei Lenbach.

126 **die Kaulas** vgl. Anm. zu Dr. Muncker, S. 84.

127 **»Macht der Finsternis«** Drama von Leo Tolstoi (1886).

127 **Raskolnikow** Rodion Raskolnikow, Hauptgestalt in Dostojewskis Roman »Schuld und Sühne«.

128 **Bild von Jokisch** Eduard Jokisch, geb. 1867 Maler und Radierer.

129 **Levi** Hermann Levi (1839–1900), seit 1872 Hofkapellmeister in München, Anhänger der Bayreuther Festspielidee, mit Richard Wagner persönlich bekannt.

129 **Matkowsky** Der Schauspieler Adalbert Matkowsky (1858–1909) kam 1889 an das Königliche Schauspielhaus Berlin.

130 **Stieler** Karl Stieler (1842–1885), ein sehr geschätzter Lieder- und bayrischer Dialektdichter.

131 **Erich Schmidt** 1853–1913, war seit 1885 Direktor des Goethe-Archivs in Weimar, ab 1887 Professor in Berlin. Im Auftrag der Goethegesellschaft gab er die Werke in sechs Bänden heraus.

131 **Kutschenreuter** … Musiker des Residenztheaters.

132 **alten Kaiser** Wilhelm I.

132 **Cosima und Siegfried** Gemeint sind Cosima Wagner (1837–1930), seit 1870 mit Richard Wagner verheiratet, und Sohn Siegfried (1869–1930).

134 **I. Akt** von »Kinder und Narren«.

134 **Jungdeutschland** Schriftstellerkreis in Zürich.

135 **Rambergstraße** Nach dem Maler Arthur Georg v. Ramberg (1819–1875), Professor an der Münchner Akademie.

135 **Mythen** So heißen zwei Voralpengipfel nordöstlich von Schwyz.

136 **Andrea del Sarto** 1486–1530, bedeutender Kolorist der Florentiner Renaissance.

138 **Galerie Schack** Adolf Friedrich v. Schack (1815–1894), Diplomat und Schriftsteller, seit 1855 in München, förderte viele Maler. Seine Sammlung, die Schack-Galerie, enthält Bilder von Bonaventura Genelli, Anselm Feuerbach, Moritz v. Schwind u. a.

138 **Lustra** (lat.) Mehrzahl von Lustrum, Zeitraum von fünf Jahren.

138 **Sixtinische** Madonna von Raffael.

138 **Tizians Lavinia** Bildnis von Tizians Tochter Lavinia.

139 **»Die Glocken von Cornville«** Operette von Robert Plaquette, 1877.

342

140 **Schauspieler Davideit** Heinrich Davideit (1833–1894), Königlicher Hofschauspieler.

141 **Henckells Ausnahmegesetz** Karl Henckells Gedicht »Das Ausnahmegesetz«:

Das Ausnahmegesetz
Vermittelst Ausnahmegesetzen kann
jeder Dummkopf regieren.

Camillo Cavour

Es steht ein Blatt beschrieben
        im Buch der deutschen Schmach,
Das muß der Teufel lieben
        bis an den Jüngsten Tag.
Das brennt auf schwarzem Grunde
        mit roter Flammenschrift,
Das schwärt wie rote Wunde
        mit schwarzem Schlangengift.
O hätt' ich Donnerstimme,
        gleich des Gewitters Macht,
Ich schrie in heiligem Grimme:
        Fluch höllischer Niedertracht!
Ich rollte alle Geschütze,
        gerichtet Lauf an Lauf
Und spiee rächende Blitze
        blauschwarz am Himmel auf.
Weh dir, du fetter Würger,
        du Staatsverbrecher Staat,
Für hunderttausend Bürger,
        den Strick der Missetat!
Für hunderttausend Deutsche
        das hinterlistige Netz,
Die Sklavenhalterpeitsche,
        geflochten vom Gesetz!
Du Schandgesetz für Schergen,
        die des Verräters Gier
In Freundesmaske bergen,
        Spürdogge, wehe dir!
Du Folterbank der Freien,
        du quälst die Freiheit tot –
Und doch mußt du gedeihen
        für unser Aufgebot . . .
Es steht ein Blatt beschrieben
        im Buch der deutschen Schmach,
Das muß der Teufel lieben
        bis an den Jüngsten Tag.
Sturm läutet das Gewissen.

Es zittert die Geduld:
Wann wird in Staub zerrissen
das Riesenblatt der Schuld?

(Zit. nach: Karl Henckell, Ges. Werke, Bd. 2, München 1921, S. 115 f.)

142 **Wildenstein** Burg im Bezirk Liestal, Kanton Basel Land.

142 **Wildegg** Schloß in der Gemeinde Möriken, Kanton Aargau, im 11. Jahrhundert von den Grafen Habsburg gegründet.

142 **Drummond** altes schottisches Geschlecht.

147 **Angelika Kauffmann** 1741–1807, Malerin und Radiererin, seit 1763 in Rom ansässig.

149 **Gianettino Doria** Anspielung auf Schillers Drama »Die Verschwörung des Fiesko zu Genua«, 1783.

149 **Levi** wegen seiner jüdischen Abstammung.

150 **Kirche** Heilige Spitalkirche

150 **Krankenhaus** Erinnerungen an seinen Krankenhausaufenthalt als Jurastudent im Herbst 1885 in München, erkrankt an einer ›falschen Rose‹ am Unterschenkel.

153 **Heines Wintermärchen** die Verserzählung »Deutschland, ein Wintermärchen«, 1844 erschienen.

153 **pulvis pectoralis** (lat.) Brustpulver.

154 **Trompeter von Säckingen** Versepos von Viktor v. Scheffel, 1854 erschienen.

157 **Der Lehrer von Mezodur** Diese Moritat nahm Wedekind 1905 in seinen Gedichtzyklus »Die vier Jahreszeiten« wenig verändert auf.

158 **zweiten Akt** von »Kinder und Narren«.

158 **Herr Frische** Rudolph Frische. Bei der Wirtin Mühlberger in der Akademiestraße 21, III. Stock wohnten neben Wedekind Frische, die Maler Heinrich Lefler und Ragau sowie die Sängerin Nina Ninon.

158 **Penelopeia** Odysseus' Gattin Penelope, die sich bei der zwanzigjährigen Abwesenheit ihres Mannes auf diese Weise ihrer Freier erwehrte.

160 **Klara Ziegler** 1844–1909, gefeierte Heldendarstellerin, lebte 1868–1874 in München.

160 **Maxsche Astarte** Gabriel v. Max (1840–1915) malte vor allem weibliche Bildnisse von sinnlichem Reiz. Astarte ist die Fruchtbarkeitsgöttin.

160 **nach Giesing** Dort befand sich das Irrenhaus.

161 **Makart** Hans Makart (1840–1884), österreichischer Maler, Schüler des Münchner Malers K. v. Piloty.

165 **»Die Ehre«** Hermann Sudermanns (1857–1928) Drama war im gleichen Jahr erschienen.

166 **Götterdämmerung** Oper von Richard Wagner, 1874.

169 **Lever** (franz.) Aufstehen.

169 **Schreibe an Mama…** Wedekind schrieb am 3. 5. 1892 an seine Mutter aus Paris:

Liebe Mama,
Ich beeile mich, die unterzeichnete Bevollmächtigung so rasch wie möglich zu expedieren. Daß ich mich bei der Unterzeichnung als Schweizer ausgewiesen, ist eine Unrichtigkeit. Herr Dr. Stumm hat es als selbstverständlich vorausgesetzt.
Ich gratuliere Dir und uns allen dazu, daß es Dir nun doch gelungen, den Handel abzuschließen. Wir alle haben Ursache, Dir dafür zu danken. Das Resultat ist, wenn auch kein glänzendes, so doch immerhin kein schlechtes. Es entspricht durchaus dem, was ich im besten Falle gehofft hatte. Das Nähere ließe sich nur beurteilen, wenn ich wüßte, wie Du es mit dem Inventar gehalten. Indessen bitte ich Dich, in dieser Hinsicht ganz nach Deinem Gutdünken zu verfahren. Du selber bist dank Deiner Anschaffungen ja doch am meisten dabei interessiert.
Ich wage es kaum, Dich zu fragen, was Du nunmehr zu tun gedenkst, indem ich dank meiner mangelnden Stellung nicht in der Lage bin, bestimmend auf Dich einzuwirken. Wenn Du Mati um Dich zu haben gedenkst, wäre es gewiß das Verfehlteste nicht, wenn Du mit ihr hierherkämst, indem Mati hier etwas lernen könnte. Übrigens kämst auch Du dabei natürlich in erster Linie in Betracht. In Lenzburg hat sich Dir die Überzeugung aufgedrängt, daß Du einer gewissen körperlichen Arbeit bedarfst, um Dich wohl zu fühlen. Wenn einer das begreift, so bin ich es, indem ich mich in Lenzburg noch nie besonders körperlich wohl gefühlt und immer an den Folgen von mangelnder Bewegung, Herzklopfen, Schwere in den Gliedern etc. gelitten habe. Ich hege die feste Überzeugung, daß Deine Gesundheit hier in dieser Hinsicht in keiner Weise gefährdet wäre, indem die Ausdehnung der Stadt viel mehr Bewegung mit sich bringt, als Du Dir in Lenzburg mit aller körperlichen Arbeit machen kannst. Dabei kannst Du Dir's hier so behaglich wie möglich machen und kämst vielleicht doch noch einmal dazu, Dein Leben bis zu einem gewissen Grad zu genießen. Darf ich Dich bitten, Dir dies reiflich zu überlegen, soviel wie möglich an Dich selbst und so wenig wie möglich an andere zu denken. Vielleicht daß Du andern damit am meisten nützt.
Verzeih, daß ich Dir in diesem Moment, wo Du einen Sieg errungen, mit guten Ratschlägen zu nahen wage.
Ich bitte Dich, nur wenigstens an meiner guten Absicht nicht zu zweifeln, und verbleibe mit herzlichsten Grüßen Dein dankbarer Sohn

Franklin

(Zit. nach: Gesammelte Briefe, hg. v. Fritz Strich, München 1924, Bd. I, S. 231 ff.)

170 **Frl. Huny** die Schriftstellerin Emilie Huny.

173 **Bierbaum** Otto Julius Bierbaum (1865–1910), Lyriker und Erzähler, seit 1887 Kritiker, später Mitarbeiter am »Simplicissimus«.

174 **Ausstellung von Ribot** Germain Ribot, gest. 1893, Genre- und Stillebenmaler.

175 **»Kean« im Odeon** Drama von Alexandre Dumas, dem Älteren (1802–1870).

180 **Elle me veut tailler ...** (franz.), Sie will mir ... schneiden, aber sie beißt mir in die Eier, daß ich vor Schmerz schreie.

184 **Théâtre français et la peinture** (franz.), französisches Theater und die Malerei.

184 **Elle monte aussi à cheval** (franz.) Sie reitet auch.

188 **Schauertragödie** »Die Büchse der Pandora«.

189 **Elle préfère avec!** (franz.) Sie zieht vor, mit 5 frs zu gehen!

189 **Hermann Bahr** 1863–1934, Schriftsteller, Essayist und Kritiker, Mitarbeiter der Zeitschrift »Die Freie Bühne« in Berlin. Wedekind hatte ihn 1889 in München kennengelernt.

190 **Voici les dames!** (franz.) Da sind die Damen!

190 **Au ciel on mange ...** (franz.) Im Himmel ißt man Kuchen und trinkt Weißwein.

190 **Rezension** von »Frühlings Erwachen«.

190 **Maximilian Harden** 1861–1927, jüdischer Publizist, Essayist, Kritiker und Mitbegründer der »Freien Bühne«.

190 **Fr. Lange** Friedrich Lange, 1852–1917, Leiter der »Täglichen Rundschau«.

190 **Otto Brahm** 1856–1912, Mitbegründer der »Freien Bühne«.

190 **Fritz Mauthner** 1849–1923, Theaterkritiker am Berliner »Tageblatt«.

192 **»Faites-moi un petit cadeau!«** (franz.) Machen Sie mir ein kleines Geschenk!

192 **picures** (franz.) Einstiche.

192 **faire la noce** (franz.) ins Bett gehen, Beischlaf.

192 **kajoliert** (franz.) liebkosen.

192 **mais il faut ...** (franz.) Man muß ihn besteigen. Ich fühle mich sehr beengt.

192 **elle grince des dents** (franz.) Sie knirscht mit den Zähnen.

194 **Minet** (franz.) eigentlich Kätzchen; hier aber: Cunnilingus bzw. Fellatio, oral-genitaler Kontakt.

194 **Jeanne la folle** bekannte Pariser Varieté-Tänzerin, »die tolle Jeanne«.

194 **das blaue Schwein** Kokotte.

195 **vexée** (franz.) bedrückt, gehemmt.

195 **sie enjôliert mich** (franz.) Sie betört, verlockt mich.

195 **Chahut** (franz.) eigentlich Unfug, Radau, Krawall; hier aber ein aufreizender Tanz, besonders beliebt zur Jahrhundertwende.

195 **Kadudja** Wedekind verwendet in seinem Tagebuch die französische Schreibweise des Namens Kadidja.

196 **Qu'est-ce que ça signifie?** (franz.) Was heißt das?

196 **jambes magnifiques** (franz.) phantastische Beine.

196 **Mon tout petit...** (franz.) Mein ganz kleiner Hungriger.

201 **Veloziped** Fahrrad.

203 **Gamin** (franz.) Lausbub.

204 **mein Lustspiel** »Der Liebestrank« oder »Fritz Schwigerling«.

204 **au Chien qui fume** Café »Zum rauchenden Hund« bei den Hallen.

204 **Daudet** Alphonse Daudets Roman »Rosa und Ninette« erschien 1892.

207 **Sappho** Daudets Roman »Sappho«, 1884.

208 **Nourrice** (franz.) Amme.

208 **Clowns Lee** Wedekind hatte die Artistenfamilie Lavater, John und Stephen Lee schon in Zürich bewundert.

209 **Mr. Lewis ...** Amerikanischer Bekannter von Armin und Frank Wedekind.

210 **Carl Schmidt** Jugendfreund aus der Lenzburger Zeit.

212 **Schauertragödie** Urfassung der »Büchse der Pandora«.

212 **Dr. Paetow** Walter Paetow.

215 **Vizekönig** Arabi Pascha; unter seiner Regierung wurde Ägypten ein britisch-ägyptisches Kondominium.

215 **Ascheren** Aschera, altorientalische Göttin, eine der vielfältigen Ausprägungen von Muttergottheiten, sie spielte auch im Kult Israels eine Rolle.

216 **Hypokritennest** (griech.) Heuchlernest.

216 **Wissmann** Hermann Wissmann (1853–1905), Afrikaforscher. 1888 warf er im Auftrag der Reichsregierung den Araberaufstand in Deutsch-Ostafrika nieder. 1895/96 Gouverneur von Deutsch-Ostafrika.

216 **Emin Pascha** eigentlich Eduard Schnitzer (1840–1892), seit 1890 im Dienst des Deutschen Reiches, unterwarf Ugogo und Unjamwesi und gründete am Viktoriasee die Station Bukoba. Im Kongogebiet ermordet.

219 **Rolle eines Dieffenbach** wohl Anspielung auf den Pfarrer und Schriftsteller Georg Christian Dieffenbach (1822–1901), dessen Schriften und Lieder sehr beliebt waren.

222 **Schwigerling an Entsch** Wedekind schickte »Fritz Schwigerling« an den Theatervertrieb A. Entsch, der sich wenig erfolgreich dafür einsetzte.

224 **Munkácsy** Minály Munkácsy (1844–1900), ungarischer Maler, seit 1872 in Paris lebend.

224 **Pierre Loti** Pseudonym des französischen Schriftstellers Julien Viaud (1850–1923), in seinen Romanen und Erzählungen Vertreten des Exotismus.

224 **Lienhard** Friedrich Lienhard (1865–1929) Lyriker, Dramatiker, Erzähler und Vertreter des Heimatkunstgedankens, wendet sich gegen den Naturalismus und den Einfluß der Großstadt auf die Dichtung.

225 **John Henry Mackay** Wedekind hatte den amerikanischen Schriftsteller (1864−1933) in Zürich im Kreis des »Jungen Deutschland« kennengelernt. Biographist von Max Stirner.

226 **Mademoiselle Campana** zu dieser Zeit erste Ballerina der Folies-Bergère.

228 **Wilhelm Walloth** durch historisch-naturalistische Romane bekannt gewordener Schriftsteller des Naturalismus (1856−1932).

228 **Henckells Diorama** Karl Henckells Gedichtband »Diorama«, 1890. Karl Henckell (1864−1929) war ein sozialrevolutionärer Lyriker und Vorkämpfer des Naturalismus. In pathetischer Anklagelyrik verkündete er die Freiheit des Proletariats und den Untergang der bestehenden Gesellschaft.

228 **Zeloten** Glaubenseiferer.

229 **Châtelet** auf Ausstattungsstücke spezialisiertes und größtes Theater.

229 **Damnation de Faust** »Fausts Verdammung« von Hector Berlioz, 1846.

229 **meiner Astarte** vielleicht bezeichnet Wedekind hier mit Astarte den »Lulu«-Komplex.

230 **Bel Ami** Roman von Guy de Maupassant, 1885.

230 **Heinrich in Canossa** Die Lösung vom päpstlichen Bann erreichte Heinrich IV. 1077 durch den Gang nach Canossa zu Papst Gregor VII.; das Papsttum errang Vorrang vor dem Kaisertum.

230 **Lemaître** Jules Lemaître (1853−1914), französischer Schriftsteller und einer der einflußreichsten Kritiker seiner Generation; seit 1885 Theaterkritiker am »Journal des Débats«.

231 **Willi Morgenstern** der Allroundkünstler alias Rudinoff.

232 **Panneau** (franz.) Tafel, auch Netz.

234 **Dichtelei** in Wedekinds erster Münchner Zeit neben dem Café Luitpold sein Lieblingslokal, wo auch Gustav Floerke verkehrte.

235 **Donald** Donald Wedekind schrieb für die »Züricher Post« und den »Berner Bund« Skizzen und Feuilletons.

235 **Zarathustra** Friedrich Nietzsche »Also sprach Zarathustra«, 1883−1885.

235 **Durow** Anatoli Durow (1864−1916) russischer Sprach- und Dressurclown, der satirische Szenen in sein Programm einbaute.

236 **Mont Oriol** Roman von Guy de Maupassant, 1888.

236 **Qui est là** (franz.) Wer ist da?

237 **ein Ballett für Folies-Bergère** »Les puces (La dance du douleur), Ballet-pantomime en trois tableaux. Livret par Franklin Querilinth«, Erstdruck 1897 in der Sammlung »Die Fürstin Russalka« als »Der Schmerzenstanz. Ballett in drei Bildern«.

237 **ein Lustspiel für Berlin** »Fritz Schwigerling«.

238 **Oh, ne voulez vous prendre** (franz.) Oh, möchten sie nicht nehmen.

239 **Pollini** Bernhard Pollini, eigentlich Pohl (1838−1897), Hamburger Theaterdirektor.

348

239 **M. Leblanc** Redakteur der Pariser »National«-Zeitung.

240 **Tu ne payes pas cher ...** (franz.) Es kostet dich nicht viel, ich werde sehr nett sein, ich mache uns ein hübsches Feuer, ich kenne so kleine Schweinereien.

240 **Coppée** François Coppée (1842–1908) französischer Lyriker, Erzähler und Dramatiker. Zola schätzte Coppée als ersten Lyriker des Naturalismus.

240 **Les paroles restent** »Die Worte bleiben«, Theaterstück von Paul Herrien (1857–1915).

240 **Flohballett** siehe oben, ein Ballett für Folies-Bergère.

240 **Fr. Erw.** »Frühlings Erwachen«.

242 **sein »Charogne«** Baudelaires Gedicht »Une charogne« (»Ein Kadaver«) aus »Die Blumen des Bösen«, 1857.

242 **die Breslau** in seinem Brief vom 14. 3. 1892 an Armin Wedekind über die Malerin Luise Breslau (1856–1927): »Frl. Breslau ist das interessanteste Weib, das mir je an der Nase vorbeigelaufen.« (Bd. I, S. 229).

242 **beiliegender Brief** (franz.):

13. Dezember

Mein lieber Freund,
Ich befinde mich in einer sehr mißlichen Situation, und ich versichere Dir, daß ich damit nicht gerechnet habe. Ich schulde meiner Vermieterin 35 Francs. Sie hat mich vor die Tür gesetzt, und mein Mantel ist im Zimmer geblieben.

Gewiß, ich hatte Dir versprochen, Dich um nichts mehr zu bitten, aber Du weißt, wie krank ich bin. Besonders seit zwei oder drei Tagen spucke ich Blut. Ich hoffe, daß ich das Leben bald hinter mir haben werde. Wenn Du mir noch diesen letzten Gefallen tun könntest, wäre ich Dir wirklich sehr dankbar.

Der Arzt hat mir gesagt, daß ich nicht mehr lange zu leben hätte, wenn ich Blut spucken würde. So bitte ich Dich dann inständig, erfülle mir diesen letzten Wunsch, ich wäre wirklich glücklich.

Deine arme Henriette, die Dich umarmt und auf Dich zählt.

Henriette

Wenn es Dir nichts ausmacht, bring ihn mir ins Café oder in die rue des Carmes Nr. 12 zu der Wäscherin. Bei ihr halte ich mich zur Zeit auf.

Tausend Dank im voraus.

246 **Begine** Angehörige eines Frauenverbandes für christliches Leben, im 12. Jahrhundert gegründet und bis zum 20. Jahrhundert, vor allem in Belgien, noch existent.

246 **Voulez vous sortir** (franz.) Wollen Sie hinausgehen?

247 **Aziyadé von Pierre Loti** , 1879 erschienen.

248 **Pollutionen** (lat.) unwillkürlicher Samenabgang.

251 **Frl. Read** die Schriftstellerin Louisa Read, geb. 1844, korrigierte Wedekind zusammen mit Emma Herwegh den vierten französisch geschriebenen Akt der Urfassung der »Büchse der Pandora«.

252 **Cicisbea** (ital.) Hausfreundin.

253 **Consommation** (franz.) Zeche.

253 **Leitner und Holtoff** Athleten; Holtoff wurde in Wedekinds Drama »Die Kaiserin von Neufundland« literarisch fixiert.

254 **qui font les poids** (franz.) hier: Athlet.

254 **Mais il est un joli garçon...** (franz.) Aber er ist ein hübscher Kerl ... Ich werde genießen.

262 **Ich erwache gegen vier** Teil des Pariser Tagebuchs vom 8. 9. – 10. 9. 1893, das Wedekind selbst überarbeitete und in: Frank Wedekind, Die Fürstin Russalka, Paris, Leipzig, München: Albert Langen 1897, S. 91 – 103 drucken ließ. Danach erfolgt hier die Textwiedergabe.

262 **Maeterlinck** Maurice Maeterlincks Drama »La princesse Maleine« erschien 1893.

263 **dans la purée** in der Tinte.

263 **»La faute de l'Abbé Mouret«** Roman von Emile Zola (»Die Sünde des Abbé Mouret«), 1875 erschienen.

263 **Assommoir** Roman von Emile Zola (»Der Totschläger«), 1887 erschienen.

263 **»La fille Elisa«** Roman von Edmond de Goncourt, 1877 erschienen.

264 **Chartreuse** Likör, ursprünglich in Karthäuserklöstern hergestellt.

265 **au grand comptoir** (franz.) an der großen Theke.

265 **Pas plus que ça?** (franz.) Nicht mehr?

265 **C'est une belle femme!** (franz.) Das ist eine schöne Frau!

265 **dire la bonne aventure** (franz.) wahrsagen.

265 **un peu vadrouiller** (franz.) ein wenig bummeln.

266 **Des écrévisses?...** (franz.) Krabben? Ein Dutzend Austern? Ein halbes Hähnchen?

266 **Mais c'est...** (franz.) Aber sie ist eine schöne Frau! Du liebst sie wie ein Narr!

267 **Herzog von Leuchtenberg** Eugen Beauharnais (1781 – 1824), Stiefsohn von Napoleon Bonaparte; das Grabdenkmal in der Münchner Michaelskirche hat Bertel Thorvaldsen 1827 geschaffen.

267 **de Staël** zumindestens die französische Schriftstellerin Mme. de Staël gehörte nicht zu den Mätressen der französischen Könige vor und nach der Revolution.

267 **Päpstin Johanna** soll nach einer Sage zwischen Leo IV. (gest. 855 und Benedikt III. (gest. 858) oder um 1100 als Johannes Angelicus den päpstlichen Stuhl innegehabt haben.

267 **à l'autre côté de l'eau** (franz.) auf der anderen Seite des Wassers.

268 **Maison Tellier** »Das Haus Tellier«, Novelle von Guy de Maupassant, 1881.

270 **zwei Taillen** Ausdruck beim Glücksspiel Pharao.

271 **disposée ...** (franz.) aufgelegt, mit mir darüber zu sprechen, worüber man nicht spricht.

271 **pressée** (franz.) eilig.

272 **Barbey d'Aurevilly** Jules Amadée Barbey d'Aurevilly, französischer Schriftsteller (1808–1889).

272 **Mme. Ackermann** Luise Viktorine Ackermann (1813–1890), französische Lyrikerin, u. a. verfaßte sie die pessimistischen »Pensées d'une solitaire«, 1883.

273 **Bon-Marché** ein Pariser Warenhaus.

274 **Chaufferette** (franz.) Fußwärmer.

274 **Couturier** französischer Unterhaltungsschriftsteller, Verfasser des Dramas »l'inquiétude« (»Unruhe«).

274 **vierten Akt** Urfassung der »Büchse der Pandora«.

274 **zur alten Herwegh** Emma Herwegh (1817–1904), Witwe des Lyrikers Georg Herwegh (1817–1875), dessen Lieder die Revolution verkündeten, mußte mehrfach ins politische Exil fliehen: Genf, Paris, Zürich. Wedekind hatte sie im Frühjahr 1893 kennengelernt, sie wurde seine Vertraute. Emma Herwegh lebte in einer Studentenbude im Quartier Latin, rue des Saints-Pères 40. Sie erschloß ihm den Zugang zu den Salons der Pariser Gesellschaft, speziell zu den Schriftstellerinnen Read und Huny.

276 **je-m'en-Foutiste** (franz.) eine, der alles egal ist.

276 **Sie hat un petit pucelage...** (franz.) ironisch-zynisch: Sie hat seit 14 Tagen mit keinem Mann geschlafen.

277 **Il etait très gentil** (franz.) Er war sehr zuvorkommend.

278 **Forain** Jean Louis Forain (1852–1931), französischer Maler und Karikaturist.

278 **»Les liaisons dangereuses«** »Die gefährlichen Liebschaften«, 1782, Roman von Choderlos de Laclos (1741–1803).

278 **Marcel** Marcel Herwegh (1858–1937), Violinist.

279 **la mère idéale** (franz.) das Ideal einer Mutter.

280 **Voulez vous être mon amant** (franz.) Wollen Sie mein Liebhaber sein?

280 **dame de compagnie** (franz.) Gesellschaftsdame.

281 **Ballet des 42 arts** (franz.) Ballett der 42 Künste.

281 **gradatim** (lat.) stufenweise.

283 **Hartleben** Otto Erich Hartleben (1864–1905), Schriftsteller, mit dem Wedekind seit Sommer 1893 bekannt war.

284 **Marrons glacés** (franz.) kandierte Kastanien.

285 **Ça me fait jouir** (franz.) Das erweckt meine Lust.

285 **Ça me portera bonheur** (franz.) Das wird mir Glück bringen.

286 **Alexander Herzen** 1812–1870, russischer Schriftsteller, der von früh an unter dem Einfluß des deutschen und französischen Geisteslebens, besonders Schillers, Hegels, der französischen Sozialisten, vor allem St. Simons, stand.

286 **Vaillant** Vaillant und Ravachol, französische Anarchisten, die

1893 Sprengstoffattentate verübt hatten; beide wurden hingerichtet.

292 **Gräfin Hatzfeld** Gräfin Sophie v. Hatzfeld (1805–1881), Freundin des Politikers, Publizisten und Arbeiterführers Ferdinand Lassalle (1825–1864).

293 **Nemethy** 1893 begann die ungarische Gräfin Emmy de Nemethy Wedekinds »Frühling Erwachen« ins Französische zu übersetzen; sie fand aber keinen Verleger, auch Albert Langen lehnte ab.

293 **Gräfin d'Agoult** Marie, Geliebte Franz Liszts und Mutter von Cosima.

294 **Caliban** Monster in Shakespeares Drama »Der Sturm«.

295 **convenable** (franz.) schicklich.

295 **Sinding** Christian Sinding (1856–1941), norwegischer Komponist.

297 **Gérant** (franz.) Geschäftsführer.

298 **Peladan** Josephin Peladan (1859–1918), französischer Schriftsteller, trat zunächst dem von Stanislas de Guaita gegründeten Rosenkreuzerorden bei, gründete dann aber 1888 den Ordre du Temple de la Rose-Croix. Auch in seinen Romanen versuchte er, zur einzigen wahren Magie zu erziehen.

298 **Ola Hansson** schwedischer Schriftsteller (1860–1925).

301 **Buchhändler Langen** Albert Langen (1869–1909) gründete 1893 in Paris einen Verlag, den er 1894 nach Leipzig, dann nach München verlegte. 1896 in München Gründung der satirischen Wochenschrift »Simplicissimus«.

304 **Tochter Bjørnsons** Bergliot Bjørnson, Tochter des norwegischen Schriftstellers Bjørnstjerne Bjørnson (1832–1910) war mit dem Sohn Henrik Ibsens, dem Politiker und Schriftsteller Sigurd Ibsen (1859–1930), verheiratet.

304 **Qu' as tu donc?...** (franz.) Was ist mit dir los? Du siehst so unglücklich aus. Oh, Du weißt nicht, woher ich komme.

306 **Juncker** mit der Malerin Käthe Juncker war Wedekind seit 1890/91 befreundet, sie hatten sich in München kennengelernt.

306 **Hamsuns Hunger** Knut Hamsuns Romane »Hunger« (1890) und »Mysterien« (1892). Langen erwarb sich große Verdienste bei der Verbreitung der nordischen Literatur in Deutschland.

308 **Prinzen Napoleon** Eugène Louis Napoleon (1856–1879).

308 **Tu m'envies?** (franz.) Begehrst du mich?

308 **un pucelage de quatre jours** (franz.) Sie hat seit vier Tagen mit keinem Mann geschlafen.

309 **Brief an Strindberg** Wohl Brief Nietzsches vom 18. 12. 1888 an August Strindberg, in dem er über die Verbreitung seiner Werke in Frankreich berichtet.

310 **Passerelle** (franz.) Steg.

313 **Material für meine Gottesgeburt** »Büchse der Pandora«.

314 **Beim Diner...** »Ein Fragment aus meinem Londoner Tagebuch«, zuerst gedruckt in: Mephisto, hg. von Julius Schaumberger Jg. 1,

Nr. 10 vom 28. 11. 1896. Wedekind hielt sich von Januar bis Juni 1894 in London auf.

314 **Pruntruter Lokalzeitung** Pruntrut, Bezirksstadt im Kanton Bern.

315 **Chairman** Vorsitzender.

316 **Fichu...** Hals- oder Brusttuch, eine Kleidung, die Wedekind mit der von Marie Antoinette bei der Hinrichtung am 16. 10. 1793 getragenen vergleicht.

319 **Abschluß eines Schauspielervertrages...** Diese als »Tagebuch« überschriebenen Notizen, im Nachlaß unter der Signatur L 3504, vom 21. 12.1905 bis 1. 7. 1908, spiegeln Wedekinds Auseinandersetzung mit Max Reinhardt wider und sind theaterwissenschaftlich interessant.

Nach der Eheschließung mit Mathilde (Tilly) Newes am 1. 5. 1906 lebte Wedekind bis 1908 in Berlin, wo am 20. 11. 1906 auch die Uraufführung von »Frühlings Erwachen« unter der Regie von Reinhardt an den Berliner Kammerspielen stattfand. Aus der Verärgerung über die Zusammenarbeit mit Reinhardt, aus seiner alten Liebe zu München, wo seine Stücke immer mehr aufgeführt wurden, zog die Familie Wedekind — Tochter Pamela war am 12. 12. 1906 geboren — im September 1908 dorthin.

319 **Tartüffe** Komödie von Molière, 1669.

319 **Felix Hollaender** 1867—1931, Dramaturg am Deutschen Theater, 1920 Leiter des Großen Schauspielhauses in der Nachfolge Reinhardts.

319 **stipuliert** (lat.) vereinbart.

319 **Herr Levin** Kommerzienrat Willy Levin, einer der Financiers von Max Reinhardt.

322 **Direktor Andreae** Vielleicht Bankier Dr. Fritz Andreae, Inhaber des Bankhauses Hardy & Co, Berlin, Societät des Deutschen Theaters.

324 **meines Verlegers** Georg Müller (1877—1917) in München. Er hatte 1903 den Georg Müller Verlag in München gegründet, der durch Ausgaben von Klassikern und Werken der Weltliteratur hervortrat. Später — 1932 — wurde der Verlag mit dem Verlag Albert Langen vereinigt.

329 **Friedenthal** Joachim Friedenthal, Herausgeber des »Wedekindbuchs« zum 50. Geburtstag, München 1914, und Mitherausgeber der Nachlaßbände der Gesamtausgabe zusammen mit Artur Kutscher. Korrespondent von Berliner Zeitungen.

329 **Benz** Münchner Lokal.

329 **T. St.** Torggelstuben am Platzl 8, bekannt wegen ihrer Stammtischrunde: Neben Wedekind pflegten sich dort auch Heinrich Mann, Max Halbe, Oskar Kokoschka, Klabund u. a. einzufinden.

329 **Morena** Erna Morena, geb. Fuchs (1885—1962), Filmdiva, verheiratet mit dem Schriftsteller Wilhelm Herzog.

tersunterschied, konträre Lebenshaltung hatten das Ehepaar Wedekind die Scheidung erwägen lassen. Daraufhin unternahm Tilly einen Selbstmordversuch. Nach der Entlassung aus dem Sanatorium lebte Tilly Wedekind zunächst noch nicht wieder bei der Familie, sondern bei ihrer Schwester Marthl, verheiratet mit dem Schauspieler Hans Carl Müller, in der Hiltensperger Straße. Vgl. Tilly Wedekind, Lulu. Die Rolle meines Lebens, München, Bern, Wien 1969.

329 **Continental** Hotel in der Max Joseph Straße 5.

329 **Fanny K.** Tochter Fanny Kadidja, geboren am 6. 8. 1912.

329 **Schaumberger** Julius Schaumberger, Mitglied der »Gesellschaft für modernes Leben«, Herausgeber der Zeitschrift »Mephisto«, setzte sich seit 1896 vehement für Wedekind ein.

329 **♂** Planetzeichen Erde, steht in den Kalendern für Beischlaf.

329 **Anna Pamela** Wedekinds älteste Tochter, geboren am 12. 12. 1906, gestorben am 9. 4. 1986 in Ambach.

332 **Herakles** Dramatisches Gedicht in drei Akten von Wedekind, entstanden Oktober 1916 bis März 1917, Buchausgabe 1917, Uraufführung in München 1919.

332 **Stollberg** J. G. Stollberg, Direktor des Schauspielhauses.

332 **Dreßler** Sänger und Gesangslehrer Anton Dreßler, mit dem Wedekind seit 1896 eine Freundschaft verband; Vorlage für Wedekinds Drama »Musik«.

332 **Wintermärchen** Drama von Shakespeare. In der Aufführung spielten Marthl Müller als Perdita, Hans Carl Müller als Florizel.

332 **Mühsam** Erich Mühsam (1878–1934), Lyriker und Dramatiker, Herausgeber der Zeitschrift »Kain«, 1919 dann Mitglied des Zentralrats der bayrischen Räterepublik. In der Vossischen Zeitung vom 21. 7. 1928 schrieb Mühsam:
»Ich selbst kam erst ziemlich spät in die Gesellschaft an den Torggelstubenstammtisch und zwar durch Wedekind, der mich einmal nach einer Premiere vor dem Theater ins Gespräch zog und es fortsetzte, bis wir bei den Honoratioren am Platz gelandet waren. Ich hatte bis dahin diesen Kreis gemieden, weil ich eben eine Honoratioren-Ansammlung in ihm vermutet hatte, fühlte mich aber sehr bald dort heimisch und wohler als in irgendeinem andern Zirkel der Münchner Boheme. Das geistige Niveau der Torggelstuben-Gesellschaft überragte hoch das der bloßen Vergnügungsstätten oder des Cafés Stefanie, wo man seine Zeitungen las, mancher seine Berufsarbeiten schrieb und im allgemeinen Obdach und Wärmehalle für seine anhangslose Lebensführung suchte.« (Zit. nach: Zu Gast im alten München, hg. von Richard Bauer, München 1982, S. 62).

332 **Mein Bruch** Nach einer 1914 schlecht verlaufenen Blinddarmoperation stellte sich ein Bruch ein, unter dem Wedekind besonders bei anstrengenden Schauspielrollen sehr litt. Am 24. 2. 1918 ging

354

er zu erneuter Operation ins Krankenhaus. Nach Komplikationen starb Wedekind am 9. 3. 1918.

332 **An Tilly** Tilly Wedekind datiert das Gedicht auf die Nacht vom 23. auf den 24. 2. 1918, Wedekinds letztes Gedicht, überliefert in einem undatierten Agenda-Heft (Signatur L. 3476/6/4).

Zur Edition

Für die Erlaubnis der Erstveröffentlichung danke ich herzlich Kadidja Wedekind Biel. In der Handschriften-Abteilung der Stadtbibliothek München, die den Frank Wedekind-Nachlaß verwahrt, fand ich durch Frau Reisse und Frau Weber freundliche Unterstützung. Auch ihnen gilt mein Dank.

Die Wiedergabe der Texte erfolgt nach den Handschriften und Erstdrucken (Tagebuch Berlin/München 1889, Nr. 5 und 6, Signatur L 2933; Tagebuch Paris, begonnen Dezember 1892, Signatur L 3502). Der Lautstand der Vorlagen wurde gewahrt. Orthographie und Zeichensetzung wurden der Lesbarkeit halber modernisiert. Unterschiedliche Namensschreibungen einer Person wurden vereinheitlicht. Lücken und Tilgungen in den Handschriften sowie unleserliche Wörter sind im Druck mit [. . .] gekennzeichnet.

G. H.

16, 36 ff., 47, 58, 63 ff.,
76, 284, 336, 338 f.
Hauptmann, Marie geb.
Thienemann   37 ff., 63,
336
Heese   258
Heine, Carl   18
Heine, Heinrich   152, 230,
274, 344
Henckell, Karl   16, 37, 57,
64, 69, 141, 228, 336,
343 f., 348
Herdtwalker, Charlotte   210
Herodot   38
Hervien, Paul   349
Herwegh, Emma   274,
278 ff., 283 ff., 288 ff.,
293 ff., 302, 304, 307, 313,
349, 351
Herwegh, Georg   288 ff.,
351
Herwegh, Marcel   278 ff.,
283 ff., 294 ff., 298 ff.,
306 ff., 351
Herzen, Alexander   286,
288 ff., 351
Herzen, Nathalie   288
Herzog, Emilie   9, 35, 40,
43 f., 53 ff., 56 ff., 63, 71,
73 ff., 121 f., 126 f.,
130 ff., 149, 335, 337
Herzog, Wilhelm   353
Heyse, Paul   83
Hilpert, Fritz   83 f., 91, 340
Hirsch (Baron)   224
Höninger   183
Hollaender, Felix   319 f.,
324, 353
Holtoff   253 ff., 350
Holz, Arno   37, 63 ff., 336
Höpfl, Lina   154, 156,
158 ff.
Huny, Emilie   170, 180,
222, 242, 251, 284 f., 292,
294, 347, 351

Ibsen, Henrik   16, 18, 102,
336, 340 f., 352

Jahn, Bertha   22, 335
Johanna (Päpstin)   267, 350
Jokisch, Eduard   128, 342
Juncker, Käthe   306, 352

Kammerer, Anna (Willy
Wedekinds Braut)   56,
69 338 f.
Kammerer, Emilie *siehe*
Wedekind, Emilie (Mut-
ter)
Kammerer, Heinrich   15, 18
Kauffmann, Angelika   147,
344
Kaula   95, 102, 126, 342
Keller, Gottfried   102, 104,
341
Kirstein (Pastor)   49
Klabund (eig. Alfred
Henschke)   353
Klingenfeld, Emma   84, 340
Knopp   186
Kocks, Paul de   86
Kokoschka, Oskar   353
Krafft-Ebing, Richard von
108, 341
Krüger, Elisabeth   172 f.,
180 f., 183, 190
Krüger, Rosa   170, 172 f.,
183, 190
Kutschenreuter (Musiker)
131, 342
Kutscher, Artur   335

Lange, Friedrich   190, 346
Lange, Helene   47, 76, 340
Langen, Albert   300 f.,
303, 306, 352 f.
Langhammer, Karl   183,
186, 188 ff., 261 f.
Launhardt, Anna   138
Lassalle, Ferdinand   351

Bildnachweis

S. 17, 101, 143, 171, 176−179, 187, 213, 233, 241, 287, 305, 318, 321,
325, 330, 331, 333: mit freundlicher Genehmigung von Kadidja Wede-
kind Biel und der Handschriften-Abteilung der Stadtbibliothek Mün-
chen.
S. 191, 227, 323: Archiv für Kunst und Geschichte, Berlin.
S. 25: Photoglob-Wehrli AG, Zürich.
S. 89, 155: Stadtarchiv München.
S. 45: Ullstein Bilderdienst, Berlin.
S. 221: Aus: »La vie parisienne«, 1. 6. 1889.
S. 257: Original im Musée d'Albi.
S. 303: Verlag Langen Müller.

THEATER, THEATER

Jörg W. Gronius/Wend Kässens
Tabori

Eine Hommage an den großen Theater- und Filme-
macher, Erzähler und Essayisten

Jörg W. Gronius/Wend Kässens
TheaterMacher
Neun Gespräche mit großen Regisseuren,
von Luc Bondy bis Peter Zadek

»Dichte, intelligente, uneitle Gespräche mit klugen
Fragen.«

Die Deutsche Bühne

Hans Dieter Zimmermann
Kleist, die Liebe und der Tod

»Wäre ich zu etwas anderem brauchbar, so würde
ich es von Herzen gern ergreifen: ich dichte bloß, weil
ich es nicht lassen kann.«

Kleist am 31. August 1806

athenäums Programm
im Vertrieb des Verlags
ANTON HAIN
Frankfurt

Knut Hamsun
im dtv

Segen der Erde

Die Geschichte des Bauern Isak, der in der Einsamkeit des Nordlands dem Moor ein Stück Erde abringt, es urbar und zu einer fruchtbaren, weithin angesehenen Oase des Lebens für viele macht. In seiner einfachen, manchmal biblisch anmutenden Sprache ist dieses Buch weder nur Heimat- noch nur realistisch erzählter Bauernroman. dtv 11055

Pan
Schwärmer
Die Nachbarschaft

Zwei Romane und eine Erzählung: Leutnant Glahns Erinnerungen an einen Nordlandsommer, des Postbeamten Rolandsen andauernde Geldnöte und die Beschreibung des Lebens in einer altmodischen norwegischen Hafenstadt. dtv 11095

Victoria
Die Geschichte einer Liebe

Die Geschichte von der leidenschaftlichen Liebe Victorias, die aus einem Herrenhof stammt, und Johannes, dem Sohn eines Müllers, ist wie die Geschichte von den beiden Königskindern, die zusammen nicht finden konnten. Denn bevor aus der Freundschaft ihrer Kindheit eine Liebe fürs Leben werden kann, entschließt sich Victoria zur Verlobung mit einem vermögenden Mann, um den Vater vor dem drohenden Ruin zu bewahren. dtv 11107

Unter Herbststernen
Gedämpftes Saitenspiel
Die letzte Freude
Romantrilogie

Knut Petersen (Hamsuns eigentlicher Name), heimatloser, alternder Gelegenheitsarbeiter, hoffnungslos Liebender und Schriftsteller, ist ständig auf der Wanderschaft. Er flieht aus der Stadt, um auf dem Land Ruhe zu finden, und erlebt im Fortsetzungsroman »Gedämpftes Saitenspiel« eine traurig-süße Liebesgeschichte. Auch im dritten Teil der sogenannten »Wanderer-Trilogie« ist die Einsamkeit ein faszinierendes Thema ... dtv 11122

Mysterien

In einer norwegischen Kleinstadt taucht ein Fremder auf, der durch seine Schrullen, aber auch durch seine glänzenden Eigenschaften Erstaunen auslöst. Zwei Frauen trägt er seine Liebe an, beide weisen ihn ab. dtv 11157 (Dezember 1989)

Marguerite Duras im dtv

Foto: Hélène Bamberger

Die Englische Geliebte

Den bestialischen Mord an der taubstummen Marie-Thérèse Bousquet kann sich in Viorne niemand erklären. Man findet Teile ihrer Leiche in Eisenbahnwaggons überall in Frankreich. Nur der Kopf bleibt verschollen. Die Kriminalpolizei besucht das örtliche Cafe, stellt Fragen, versucht dem Mörder auf die Spur zu kommen. Hauptleidtragende sind Claire und Pierre Lannes. Marie Thérèse war die Kusine von Claire und hat dem Ehepaar den Haushalt geführt. Obwohl noch kein Verdacht auf sie gefallen war, gesteht Claire überraschend den Mord. Ein Motiv scheint sie nicht zu haben, und sie scheint auch keine Reue zu empfinden ... dtv 10730

India Song

›India Song‹ ist eine Melodie aus der Zeit zwischen den Kriegen und die Geschichte einer Liebe, erlebt im Indien der dreißiger Jahre in einer übervölkerten Stadt am Ufer des Ganges. Im Mittelpunkt steht Anne-Marie Stretter, die schöne und elegante Frau des französischen Botschafters. dtv 10996

Zerstören, sagt sie

In einem abgeschiedenen Hotel, das umgeben ist von einem rätselhaften, undurchdringlichen Wald, erholt sich Elisabeth Alione von einer Fehlgeburt – und wird zum Objekt der Begierde. Die achtzehnjährige Alissa und ihre beiden Liebhaber, ein Pariser Professor und der Jude Stein, beobachten sie, verfolgen sie, wollen sie besitzen, vielleicht auch zerstören. Die Identitäten verschmelzen ... dtv 11063

Die grünen Augen

Kino ist für Marguerite Duras mehr als nur Kino. Wenn sie über Filme spricht oder schreibt, reflektiert sie das ganze heutige Leben: den Schrecken über die erste Atombombe, die Veränderungen der Welt durch das Fernsehen, die Revolte von '68, ihre eigenen Filme und Bücher, ihre Gefühle beim Schreiben und ihre Ansichten über Kollegen. dtv 11185

Julien Green
im dtv

Foto: Isolde Ohlbaum

Junge Jahre
Autobiographie

Aufgewachsen zwischen zwei
Kulturen, früh vom Tod seiner
Mutter betroffen, mit siebzehn als
Kriegsfreiwilliger schon an der
Front, sucht ein ebenso sensibler
wie arroganter junger Mann seinen
Weg ... dtv 10940

Jugend
Autobiographie 1919 – 1930

In Amerika, dem Land seiner Väter,
erhält der junge Julien Green den
Schlüssel zu seinen geheimen
Wünschen und Sehnsüchten. Doch
das Bewußtwerden seiner homo-
erotischen Neigungen stürzt ihn
in eine tiefe Krise. dtv 11068

Paris

In 19 Abschnitten streift Green
durch die verschiedensten Viertel
der Stadt, besucht Museen und
Straßen, erlebt Jahreszeiten und
Gesichter. dtv 10997

Leviathan

Als Gueret begreift, daß die »Liebe«
der hübschen Angèle durchaus zu
erlangen ist und daß zahlreiche
Männer von dieser Möglichkeit
Gebrauch machen, gerät er außer
sich ... dtv 11131

Von fernen Ländern

Elisabeths Begegnung mit
Jonathan, einem unberechenbaren
Abenteurer und Frauenhelden,
weckt unerfüllbare Wünsche in ihr.
Aus dem verträumten Mädchen wird
eine leidenschaftliche, zielstrebige
junge Frau. dtv 11198 (April 1990)

Meine Städte
Ein Reisetagebuch
1920 – 1984

Julien Greens Städte besitzen eine
zusätzliche Dimension; die Ein-
bildungskraft eines Dichters sorgt
für Entdeckungen, die kein Reise-
führer zu bieten hat.
dtv 11209 (Mai 1990)

Der andere Schlaf

Die Erinnerungen eines Arzt-
sohnes an seine Jugendtage in Paris,
die verhaltene Geschichte einer aus-
klingenden Kindheit und einer
Knabenliebe.
dtv 11217 (Juni 1990)

Mont-Cinère

Ein Anwesen in der Nähe von
Washington wird Gegenstand einer
alles verzehrenden Leidenschaft:
Der Geiz ergreift langsam von all
seinen Bewohnern Besitz.
dtv 11234 (August 1990)

Jakob Wassermann im dtv

Caspar Hauser oder Die Trägheit des Herzens

Die Geschichte des rätselhaften Findlings, der im Jahre 1828 im Alter von etwa 17 Jahren aufgegriffen wurde und der kaum sprechen konnte, hat die Anteilnahme ganz Europas geweckt. dtv 10192

Laudin und die Seinen

Für den wohlsituierten und gutverheirateten Rechtsanwalt Laudin eröffnet die Begegnung mit einer berühmten Schauspielerin eine neue Welt. Wohl von keinem seiner Zeitgenossen ist die bürgerliche Institution der Ehe und damit die traditionelle Rolle der Frau so radikal kritisiert worden wie von Jakob Wassermann. dtv 10767

Der Fall Maurizius

Leonhart Maurizius sitzt seit 19 Jahren in Haft, verurteilt wegen Mordes an seiner Frau. Der Oberstaatsanwalt zweifelt keinen Moment an der Rechtmäßigkeit des Urteils. Nicht so sein sechzehnjähriger Sohn Etzel ...
dtv 10839

Etzel Andergast

Der Junge Mann, der wenige Jahre zuvor für die Wiederaufnahme des Mordfalls Maurizius gesorgt hatte, befindet sich in einer schweren psychischen Krise. Der Seelenarzt Joseph Kerkhoven nimmt sich seiner an. Die Beziehung zwischen den beiden Männern erfährt eine schicksalhafte Wendung. dtv 10945

Joseph Kerkhovens dritte Existenz

Viele Patienten kommen in Joseph Kerkhovens Nervenklinik am Bodensee, so auch der Schriftsteller Alexander Herzog, dessen Leben vom quälenden Trauma seiner Ehe überschattet ist. Eine »Krankengeschichte einer Ehe ..., die finstere Wahrheit einer Jahrzehnte währenden, ein Leben bis zur Zermürbung führenden menschlichen Beziehung« (Frankfurter Allgemeine Zeitung). dtv 10995

Christian Wahnschaffe

Der Sohn eines schwerreichen Großindustriellen kehrt nach seiner gescheiterten Liebesbeziehung zu der Tänzerin Eva dem bürgerlichen Dasein in Wohlstand den Rücken. Sein neues Leben an der Seite der Prostituierten Karen ist aber nicht weniger unerträglich. Da begegnet ihm Ruth. Doch seine Freundschaft zu ihr führt in eine furchtbare Katastrophe.
dtv 11104